21世纪高等院校教材

细胞生物学习题解析

王金发 主编

科学出版社
北京

内 容 简 介

本书是与科学出版社2003年出版的《细胞生物学》(王金发编著)教材配套的习题集,收集了细胞生物学课程相关习题近2000道。多数习题是在教学过程中设计编制的,同时也从外文版细胞生物学教材中选择了部分习题。诸多习题源自经典实验,不但设计得十分巧妙,而且实用性较强,读者在系统学习掌握基础知识的同时,也可以得到充分的学术锻炼和思维启发。

本书分为习题部分和参考答案部分。习题部分共14章,每章有7种不同的题型,包括填空、判断、选择、简答、实验设计与分析、问答和名词释义。习题设计新颖,主观题和客观题兼顾,既浓缩了知识点,又注重启发性。参考答案部分提供的参考答案简明,术语规范,并与习题部分对应。

本书可作为高等院校生物类、医学、农学、林学等相关专业的本科生、研究生学习细胞生物学课程的辅助教材,也可供相关工作人员参考使用。

图书在版编目(CIP)数据

细胞生物学习题解析/王金发 主编.—北京:科学出版社,2004.12
21世纪高等院校教材
ISBN 978-7-03-014380-8

Ⅰ.细… Ⅱ.王… Ⅲ.细胞生物学-高等学校-习题 Ⅳ.Q2-44

中国版本图书馆CIP数据核字(2004)第094869号

责任编辑:席 慧/责任校对:钟 洋
责任印制:赵 博/封面设计:陈 敬

科学出版社 出版
北京东黄城根北街16号
邮政编码:100717
http://www.sciencep.com
固安县铭成印刷有限公司印刷
科学出版社发行 各地新华书店经销
*
2004年12月第 一 版 开本:787×1092 1/16
2025年10月第二十三次印刷 印张:17
字数:378 000

定价:59.80 元

(如有印装质量问题,我社负责调换)

编写人员名单

主编： 王金发

参编： (按贡献大小排序)

刘　兵

王宏斌

前　　言

2003年秋出版《细胞生物学》教材时就计划出版相应的习题集，时隔一年，才编撰整理脱稿。其实，编一本配套的习题，有两大难点：一是要避免将习题编成教材的“微缩景观”；二是如何通过主客观题的结合，既帮助学生牢固掌握基本知识，又有助于启发学生思维。由于细胞生物学是基础课，学生正确理解细胞生物学的基本概念和理论，对于后续的学习具有重要的影响，因此客观题的设计也就显得非常重要了。

全书设计了7种题型：填空题、判断题、选择题、简答题、实验设计与分析题、问答题和名词释义。

填空题、判断题、选择题是以客观为主的题型。填空题涉及一些重要的基础知识，是必须牢记的内容。填空题分单一填空和综合填空。综合填空是为考查学生对章节知识点综合掌握程度而设计的，比单一填空难得多，但对于加深知识点的理解是有好处的。判断题，又称是非题，是培养学生分析判断能力的一种主、客观相结合的题型。回答这种问题是考查学生对基础知识的掌握程度，包括理解程度。判断题可深可浅，浅的一眼就能看出正误，深的需要三思而后答。选择题是主、客观相结合的题型，分单选和多选。解答此种问题多用排除法，但应说明排除的理由。

简答题、实验设计与分析题、问答题是主观为主的题型。简答题主要是培养学生的综合提炼的能力，因此简答题的回答，要简练且切中要点，不要拐弯抹角。实验设计与分析题主要测试学生通过实验设计来证明科学推理，以及如何利用基础知识对实验结果做出正确判断的能力。问答题是测试学生综合总结的能力，此类题型的回答需要认真审题，通过对问题的分析，确定回答的要点。

名词释义是一种独特的题型，既可以当作简答题，也可以看成是问答题；既能编成填空题，也可以设计成选择题、判断题。掌握名词的核心含义才是最重要的。

习题集共有1900多道题，多数习题是在教学过程中设计编制的，同时也从外文版细胞生物学教材中选译了部分习题。

本习题集为每道题提供了参考答案，应该特别强调“参考”二字，因为很多题的答案不止一个，而且，相同的答案表述的方式也可以是多样的；更重要的是，随着科学的发展，有些答案会不断地被修改、补充。

本习题集得到中山大学“博学工程”立体化教材建设项目资助，在此谨表谢意。

限于作者水平，习题集在设计和编写过程中难免有错，敬请读者批评指正。

王金发

2004年8月于中山大学

目　　录

参考答案部分

本书动画来自“细胞生物学 3D 资源库”（科学出版社出品）

官网：https://3dcells.sciencereading.cn/cell/advertise

习题部分

第一章 细胞概述

一、填空题

1. 第一个发现细胞的是英国学者__________，时值____________________年。

2. 1874年荷兰人Leeuwenhoek用自制的显微镜第一次看到了活细胞，即是池塘里的________和鲑鱼的__________。

3. 从1665年英国学者胡克发现细胞起，到19世纪40年代的170多年的时间里，关于细胞方面的研究进展不大，其原因是__________。

4. __________、__________、__________被誉为19世纪自然科学的三大发现。

5. 细胞是由__________包围着含有________________________所组成。

6. 目前发现的最小最简单的原核细胞是__________。

7. 脱去细胞壁的植物、微生物细胞称作__________。

8. 由于真核生物具有核膜，所以，其RNA的转录和蛋白质的合成是__________进行的；而原核生物没有核膜，所以RNA转录和蛋白质的合成是__________的。

9. 真核生物与原核生物最主要的差别是：前者具有__________，后者只有__________。

10. 由于发现了__________，有理由推测RNA是最早形成的遗传信息的一级载体。

11. 无论是真核细胞还是原核细胞，都具有以下共性：①____________；②____________；③__________；④__________。

12. 在单细胞向多细胞有机体进化的过程中，最主要的特点是出现__________。

13. 虽然按重量比计算，脂肪酸分解产生的能量相当于葡萄糖所产能量的__________，但细胞内脂肪酸的主要作用是__________。

14. 从分子到细胞的进化过程中，两个主要事件是__________和__________。

15. 无机盐在细胞中的主要功能有：①__________；②__________；③__________。

16. 植物中多糖作为细胞结构成分主要是参与__________的形成。

17. 细菌细胞的基因组大约有__________个基因，而人的细胞基因组中约有__________个功能基因。

18. 从进化的角度看，真核细胞之所以不同于原核细胞，主要表现在__________________。

19. 原核细胞的核是原始状态的核，主要表现在______________________。

20. 体外培养的细胞生长时要发生形态变化，但基本上分为两种类型：①____________；②__________。

21. 构成细胞最基本的要素是__________、__________和完整的代谢系统。

22. 没有细胞壁的细胞称为________，细胞中含有细胞核及其他细胞器的部分称为________，将细胞内的物质离心后得到的可溶相称为__________，或__________。

23. 细胞是________的基本单位，最早于________年被英国学者________发现。细胞是由________包围着________所组成。________与________之间的部分叫细胞质。动物细胞和植物细胞在表面结构上的主要差别是________________________。

24. 细胞是________的基本单位，最早是由英国学者胡克于1665年发现。不过他当时发现的只是来自植物软木组织的________。________年，德国学者施莱登和施旺提出的________对细胞学的研究起了重要的推动作用，这一理论的核心观点是________________________。细胞是物质的，是由有机物________组装而成。组装细胞的最小单位叫________。组装的方式有多种，像蛋白质和DNA组装成核小体，属于________，而由葡萄糖合成纤维素或淀粉则是________。

细胞有原核和真核之分，而介于两者之间的叫中核生物，其主要特点是__________。迄今发现的最小原核细胞是________，它的结构很简单，________是其细胞内惟一的一种细胞器。

从结构上看，细胞是________________________所组成。细胞质和原生质的概念是不同的，前者是指________________________，后者则是指__________________。

细胞学的发展经历了细胞学、细胞生物学、分子细胞生物学等发展过程。现今，科学家们更注重于把细胞放在细胞群体中，用系统论的观点，研究细胞个体对群体以及细胞群体对细胞个体的作用和影响，这就是所谓的________。

二、判断题

1. 胡克所发现的细胞是植物的活细胞。
2. 原生动物是复杂的生物，它有一套特化细胞形成的组织，如鞭毛、口部、刺射器以及足状附器。
3. 生命现象是通过其组成的生物大分子，主要是蛋白质、核酸和糖复合物的相互作用来实现的。
4. 细胞质是细胞内除细胞核以外的原生质。
5. 细胞是生命活动的基本功能单位，也是生命的惟一表现形式。
6. 水是细胞的主要成分，并且多以结合水的形式存在于细胞中。
7. 一切生命活动的重要反应都是在水溶液中进行的。
8. 同一个生物中的所有细胞都具有相同数量的染色体（卵细胞与精细胞除外）。
9. 胞质溶胶含有膜结合细胞器，如溶酶体。
10. 从细胞内生物大分子的组装方式看，DNA和RNA都是复制组装，即都是以自身为模板合成一个完全相同的分子。
11. 原生质是细胞内除了细胞核以外的所有生活物质。
12. 植物由原核细胞组成。
13. 细胞核及线粒体被双层膜包围着。
14. 溶酶体及过氧化物酶体是分解废物的场所。
15. 细胞内的生物大分子是指蛋白质、脂类和DNA等。

三、选择题

1. 动物细胞中水分约占（　　）。

A. 50%以下　B. 60%～75%　C. 75%～85%　D. 95%以上

2. 细胞内结构最简单、含量最多的化合物是（　　）。

A. 氨基酸　B. 葡萄糖　C. 甘油　D. H_3PO_4　E. H_2O

3. 关于蛋白质的四级结构，下列哪项叙述有误？

A. 指由几个具三级结构的亚基聚合而成的空间结构

B. 是在三级结构的基础上形成的一种空间构象

C. 并非所有的蛋白质都具四级结构

D. 四级结构一定包含有几条多肽链

E. 构成四级结构的亚基之间以共价键相连

4. 原核细胞的遗传物质集中在细胞的一个或几个区域中，密度低，与周围的细胞质无明确的界限，称作（　　）。

A. 核质　B. 拟核　C. 核液　D. 核孔

5. 原核生物同真核生物最主要的差别是（　　）。

A. 原核生物无定形的细胞核，真核生物则有

B. 原核生物的 DNA 是环状，真核生物的 DNA 是线状

C. 原核生物的基因转录和翻译是耦联的，真核生物则是分开的

D. 原核生物没有细胞骨架，真核生物则有

6. 糖蛋白是（　　）。

A. 参与糖的分解代谢过程的酶

B. 具有一个脂肪酸侧链的糖基化了的蛋白质

C. 参与糖苷键形成的酶

D. 参与蛋白质糖基化的蛋白质

E. 具有（*N*-连接或 *O*-连接）寡糖侧链的糖基化了的蛋白质

7. 在原核细胞和真核细胞间有一过渡型，即中核细胞，它的代表生物是（　　）。

A. 支原体　B. 蓝藻　C. 甲藻　D. 类病毒

8. 最小的原核细胞是（　　）。

A. 细菌　B. 类病毒　C. 支原体　D. 病毒

9. 下列哪一种结构最小？

A. 类病毒　B. 氢原子　C. 细菌　D. 线粒体

10. 下列哪一个最原始？

A. 病毒　B. 真核生物　C. 古细菌　D. 线粒体

11. 神经细胞经甲苯胺蓝染色后在其胞质中显现出的深蓝色块状物——尼氏体（Nisslbody）实际上是哪种细胞器？

A. 线粒体　B. 高尔基体　C. 溶酶体　D. 糙面内质网

E. 滑面内质网

12. 下列哪一组氨基酸残基最像膜整合蛋白的膜内结构域的残基？

A. Ile，Val，Phe　　B. Phe，Val，Asp

C. Leu，Thr，Lys　　D. Lys，Arg，His

13. 下列哪一项不属于细胞学说的内容？

A. 所有的生物都是由一个或多个细胞构成

B. 细胞是生命的最简单的形式

C. 细胞是生命的结构单元

D. 细胞从初始细胞分裂而来

14. 以下哪一种描述不属于细胞的基本特征？

A. 细胞具有细胞核和线粒体

B. 细胞拥有一套遗传机制及应用规则

C. 细胞能够自行增殖

D. 细胞能对刺激产生反应

15. 下列哪一种不属于古细菌？

A. 产甲烷菌　　B. 嗜盐菌　　C. 嗜热菌　　D. 蓝细菌

16. 下述哪一项不是原核生物所具有的特征？

A. 固氮作用　　B. 光合作用　　C. 有性繁殖　　D. 运动

17. 哪些因素限制细胞的大小？

A. 关键物质的浓度　　B. 表面积/体积比

C. 细胞核产生的 mRNA 的数量　　D. 上述所有因素

18. 下列关于病毒的描述不正确的是（　　）。

A. 病毒可完全在体外培养生长

B. 所有病毒必须在细胞内寄生

C. 所有病毒具有 DNA 或 RNA 作为遗传物质

D. 病毒可能来源于细胞染色体的一段

19. 下列化学键在水中最强的是（　　）。

A. $HOH_2C—CH_2OH$　　B. Na—Cl

C. $CH_3COO—H$　　D. HO—H

20. 下列哪个性质不属于水？

A. 水分子不对称

B. 水分子易形成疏水作用

C. 共价键在水中高度极化

D. 水分子的三个原子都易于形成氢键

21. 一个多肽链由核糖体合成之后，（　　）。

A. 通常同时被折叠成其功能性结构

B. 常常与指导折叠过程的分子伴侣相互作用

C. 常常与指导折叠过程的分子伴侣或维持一个能够转运的构象的分子伴侣相互作用

D. 则离开细胞核，与指导折叠过程的分子伴侣相互作用

E. 若为酶蛋白的话，则常常与构成其功能结构的一部分的分子伴侣相互作用

22. 细胞质的 pH 大约是 7。H^+ 的摩尔浓度是（ ）。

A. 7　B. 7×10^{-7}　C. 1×10^{7}　D. 1×10^{-7}

23. 若能抓住下列多糖分子的末端，哪一个分子将被拽得最长？

A. 糖原　B. 淀粉　C. 纤维素　D. 都不是

24. 在一定的 pH 条件下，如不改变多肽所带电荷，下列哪些氨基酸可以替代天冬酰胺？

A. 天冬氨酸　B. 赖氨酸　C. 组氨酸

D. 酪氨酸　E. 丝氨酸

25. 下列哪些可作为区分原核细胞与真核细胞的标准？

A. 是否具有质膜　B. 是否具有细胞核

C. 是否大于 1μm　D. 同源蛋白质间氨基酸序列的差别

26. 细胞中的下列哪种化合物属于生物小分子？

A. 蛋白质　B. 酶　C. 核酸　D. 糖　E. 胆固醇

27. 下列功能团彼此间可形成弱键的是（ ）。

A. 甲基与磷酸根　B. 磷酸根与羧基

C. 羧基与氨基　D. 羧基与甲基

28. 蛋白质结构的不同级别由下列键的类型决定，除了（ ）。

A. 肽键　B. 磷酸二酯键　C. 二硫键　D. 氢键

29. 关于细胞中的无机盐，下列哪项有误？

A. 在所有细胞中无机盐都以分子状态存在

B. 有的可与蛋白质结合形成结合蛋白

C. 有的游离在水中维持细胞的渗透压和 pH

D. 有的可与脂类结合形成类脂

30. 关于核苷酸，下列哪项叙述有误？

A. 是 DNA 和 RNA 分子的基本结构单位

B. DNA 和 RNA 分子中所含核苷酸种类相同

C. 由碱基、戊糖和磷酸等三种分子构成

D. 核苷酸分子中的碱基为含氮的杂环化合物

E. 核苷酸之间可以磷酸二酯键相连

31. 维持核酸的多核苷酸链的化学键主要是（ ）。

A. 酯键　B. 糖苷键　C. 磷酸二酯键　D. 肽键　E. 离子键

32. 下列哪项不是原核细胞？

A. 大肠杆菌　B. 肺炎球菌　C. 支原体　D. 真菌

33. 在一个细胞中发现下述复杂的大分子：DNA 与 RNA 聚合酶相连、DNA 与延伸的 RNA 链相连、DNA 与核糖体相连、DNA 与两个 tRNA 相连和 DNA 与延伸的氨基酸链相连。

这个细胞必然是（　　）。

A. 植物细胞　　B. 动物细胞　　C. 病毒　　D. 原核细胞

34. 下列关于支原体的描述中，不正确的一项是（　　）。

A. 是最小的原核生物，体积只有细菌的十分之一

B. 没有核膜，无类似细菌的拟核

C. 具有核糖体

D. 具有三层膜组成的细胞膜结构

35. 下列哪些酸碱对在生命体系中作为天然缓冲液?

A. H_2CO_3/HCO_3^-　　B. $H_2PO_4^-/HPO_4^{2-}$

C. His^+/ His　　D. 所有上述各项

36. 蛋白质的二级结构指的是（　　）。

A. 氨基酸的线性顺序

B. 多肽链中所有原子的三维结构

C. 多肽链的折叠及多肽内的相互作用（骨架的结构）

D. 组成一个多亚基蛋白质的多肽链间的相互作用

E. 一个蛋白质中的带电荷与不带电荷的氨基酸组分的相对含量

37. 半胱氨酸残基中的—SH 功能团可以（　　）。

A. 有助于多肽分支处的肽键的形成，因此半胱氨酸是一个二氨基酸

B. 与 *N*-乙酰葡萄糖胺作用，从而起始 *S*-连接糖基化

C. 参与与盐类所构成的离子键的形成

D. 参与二硫桥的形成从而连接不同的多肽链

E. 参与二硫桥的形成从而连接一条多肽链的不同部分

38. 遗传物质均匀分布于整个细胞中的原核细胞是（　　）。

A. 细菌　　B. 蓝藻　　C. 支原体　　D. 黏菌

39. 下列人士中除了（　　）以外都对细胞学说做出了贡献。

A. R. 胡克　　B. M. 施莱登

C. T. 施旺　　D. T. 魏尔肖

40. 下列哪些结构在原核细胞和真核细胞中均有存在?

A. 细胞核　　B. 质膜　　C. 核糖体

D. 线粒体　　E. 细胞壁

41. 支原体是最简单的原核细胞，关于支原体，下面哪一项不正确?

A. 具有细胞壁　　B. 具有细胞膜　　C. 具有核糖体　　D. 可以寄生

42. 细胞的度量单位根据观察工具和被观察物体的不同而不同，如在电子显微镜下观察病毒，计量单位应是（　　）。

A. 毫米（mm）　　B. 微米（μm）　　C. 纳米（nm）　　D. 埃（Å）

四、简答题

1. 简述细胞学说的主要内容。
2. “当 NaCl 溶于水时，与这些离子靠得最近的水分子会倾向于这样的取向：使其氧原子朝向钠离子而远离氯离子”你认为此说法正确吗？请说明依据。
3. 简述细胞学发展的四个主要阶段。
4. 为什么说细胞学说的真正完善是 1858 年？
5. 为什么说支原体是最简单的原核细胞？
6. 真核细胞进化形成精巧的内膜系统，从而使它们能从外界输入物质。内膜系统的形成为什么对真核细胞是有利的？试举一例说明。
7. 当细菌在逆境，即在有毒物，如某种抗生素存在的环境中生存时，大多数细胞生长缓慢。但是几天以后在这种毒物仍然存在的条件下，细菌培养物的生长速率恢复了。试说明为什么会出现这种情形。
8. 人脑质量约 1 kg 并约含 10^{11}个细胞。试计算一个脑细胞的平均大小（虽然我们知道它们的大小变化很大），假定每个细胞完全充满着水（$1cm^3$ 的水的质量为 1 g）。如果脑细胞是简单的立方体，那么这个平均大小的脑细胞每边长度为多少？
9. 比较动物细胞和植物细胞的主要差异。
10. 讨论以下叙述：“病毒是寄生物，它们对宿主生物是有害的，因此使宿主生物处于进化上不利的地位。”

五、实验设计与分析

为了让细胞含有一个本身没有的特定的类脂，应当改变什么？试讨论两种可能的方案。

六、问答题

1. 一切活细胞都从一个共同的祖先细胞进化而来，证据是什么？想像地球上生命进化的很早时期，可否假设那个原始的祖先细胞是所形成的第一个仅有的细胞？
2. 比较原核细胞与真核细胞的异同。
3. 比较辅酶与辅基的异同。
4. 假定有一个边长为 100 μm，近似立方体的细胞：
   (1) 计算它的表面积/体积比。
   (2) 假设一个细胞的表面积/体积比至少为 3 才能生存。那么将边长为 100 μm，总体积为 1 000 000 μm^3 的细胞能在分割成 125 个细胞后生存吗？
5. 你对“一个活细胞的结构与功能是由物理学及化学定律所支配的”这种说法有何见解？
6. 水在细胞中是一种优良的热缓冲体系，这一特性对于细胞有什么意义？什么原因使水有如此功能？
7. 请解释蛋白质如何通过磷酸化作用或结合核苷酸（如 G 蛋白）来调节蛋白质的活性。你认为每种调控形式各有哪些优点？

8. 有一种看法认为："酶和热是相似的，因为两者均能加快反应。有些反应虽然在热力学上是可能的，但由于需要很高的活化能而不能以可测的速率进行。因此，通过细心用热（如喝热鸡汤）进行治疗的疾病，很可能是起因于某种酶的功能缺陷。"对此你怎样理解？

9. 何为糖蛋白？在生物体内有哪些功能？

10. 细菌质量约 10^{-12}g，每 20 min 能分裂一次。若一个细菌以此速率进行分裂，试问人欲使细菌质量等于地球质量（6×10^{24}kg）需要多长时间？而细菌大约起源于 3.5×10^{9} 年前且一直在分裂，试将此事实与你的结果作一比较。试解释这个表面上似乎矛盾的说法。（一个培养物在时间 t 时的细胞个数 N 以 $N=N_0\times2^{t/G}$表示，其中 N_0 是当时间为 0 时的细胞个数，G 是增代时间。）

11. 图 Q1-1 是 6 种不同的分子，请分别回答下列问题：

(1) 哪些是两性电解质？

(2) 哪些是疏水分子？

(3) 哪些是两性分子？

(4) 哪些分子是碳水化合物的结构单位？

(5) 哪些分子具有不对称碳？

(6) 哪些分子的所有碳—碳键可自由旋转？

(7) 写出你所知道的这些分子的名称，并指出它们属于哪种类型。

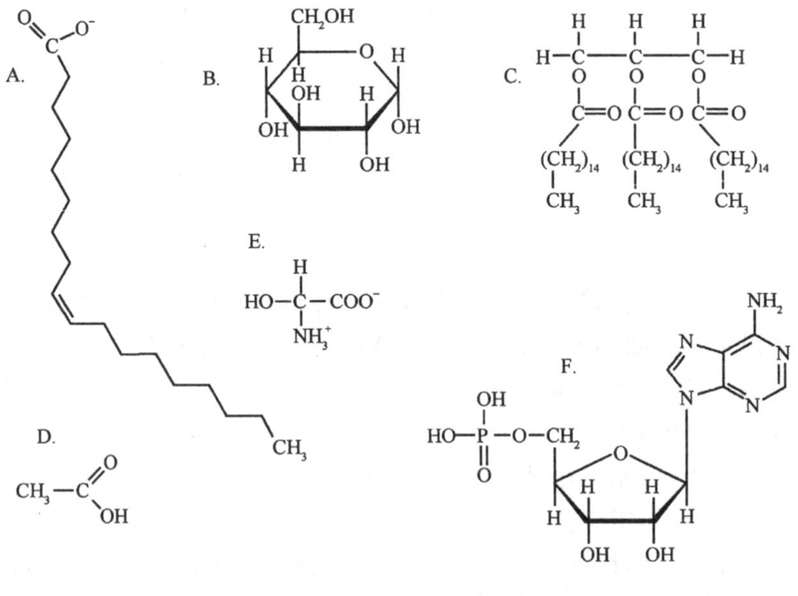

图 Q1-1　A、B、C、D、E、F 6 种分子结构图（引自 Pruitt，1996）

12. 贾第鞭毛虫有一个细胞核，但没有线粒体，被认为是通向真核生物进化进程途中的折中方式。但也可以认为，贾第鞭毛虫是由失去了线粒体的真核细胞进化而来，因为它们生活在缺氧环境中，线粒体对于它们没有作用。你能找到更多的理由或证据支持第一种说法吗？

13. 为什么说以多细胞的形式生存比较优越?

14. 下面是一幅动物细胞模式图（图 Q1-2），请标出各部分名称。

动画

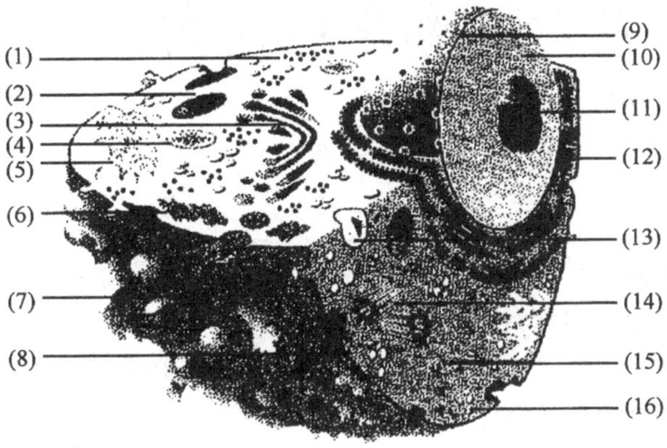

图 Q1-2　动物细胞模式图

15. 写出一个能插入质膜的三肽的结构。

16. 说明对细胞生存具有重要作用的细胞结构和细胞器的功能。

七、名词释义

1. 生物大分子（biomacromolecule）
2. 蛋白质（protein）
3. 核酸（nucleic acid）
4. 糖类（carbohydrate）
5. 脂类（lipid）
6. 构象（conformation）
7. 氢键（hydrogen bond）
8. 肽键（peptide bond）
9. 磷酸二酯键（phosphodiester bond）
10. 模板组装（template assembly）
11. 酶效应组装（enzymatic assembly）
12. 自体组装（self assembly）
13. 原核细胞（prokaryotic cell）
14. 真核细胞（eucaryotic cell）
15. 细胞社会学（cell sociology）

第二章　细胞生物学的研究方法

一、填空题

1. 透射电子显微镜由_________、_________、_________三部分所组成。
2. 在酵母人工染色体制备过程中，要用酶脱去酵母的细胞壁，使之成为___________，并且用___________进行观察和计数。
3. 凝胶过滤层析又称_________或_________，主要是根据蛋白质的大小和形状，即蛋白质的_________进行分离和纯化。
4. 观察贴壁生长的培养动物细胞可用__________，而观察脱去细胞壁的植物细胞，则要用__________。
5. 物质在紫外光照射下发出的荧光可分为_________和_________两种，其中_________需要将被照射的物质进行染色。
6. 用紫外光为光源观察物体比用可见光的分辨率要高，这是因为____________________。
7. 通过_________或_________形成的细胞叫细胞株。
8. 细菌细胞、酵母菌细胞和植物细胞的细胞壁的化学组成是不同的，所以在制备原生质体时用不同的酶脱壁。一般说来，细菌可用___________________，酵母可用____________，植物细胞可用_____________________。
9. 灭活的仙台病毒之所以能够诱导细胞融合，是因为____________________。
10. 相差显微镜与普通显微镜的区别是用_________替代可变光阑，用_________代替普通物镜，并带有一个合轴用的望远镜。
11. 倒置显微镜与普通显微镜的不同在于其______________________。
12. 若用紫外光为光源，光学显微镜的最大分辨率为__________，透射电子显微镜的最大分辨率为_________，扫描电镜的分辨率为_________。
13. 显微镜的分辨本领是指能够__________________能力，用______________来表示。
14. 高压电镜的电压在 120 kV 以上，优点是：_______________、_______________。
15. 酶细胞化学反应包括两个步骤：①_______________；②_______________。
16. 细胞培养的突出特点是：可在________________________。
17. 用蛋白水解酶消化细胞间的结合物，或用金属离子螯合剂，如 EGTA 除去细胞互相黏着所依赖的_________，分离细胞。
18. 贴壁生长的细胞具有三个特点：①_________；②_________；③_________。
19. 用细胞培养法来研究生命活动规律的局限性是____________________________________。
20. 超薄切片染色常采用____________和____________双染法。
21. 免疫细胞化学技术是用来定位细胞中的_________物质。
22. 电子显微镜使用的是_________透镜，而光学显微镜使用的是_________透镜。

23. 电子染色是用__________来增强电子的散射能力。
24. 在光学显微镜下见到的结构称为_________，在电子显微镜下见到的结构称为_________。
25. 细菌质膜的多功能性主要表现在：具有__________的呼吸作用，具有__________的分泌作用，具有__________的信号传导作用。
26. 显微镜的分辨率约等于光波长的__________，通常把这一数值看成是光学显微镜分辨力的__________。
27. 在同位素追踪技术中，用于研究DNA的同位素标记的前体物是______________。
28. 单克隆抗体技术是将_____________________________与无限繁殖的肿瘤细胞杂交的技术。
29. 可用____________技术来研究质膜结构的不对称性。
30. 乙醇沉淀DNA的主要原理是____________________。
31. 动物细胞培养所用的合成培养基中除含多种__________、__________和__________外，一般还需加入__________。
32. 用荧光显微镜观察细胞时，经吖啶橙染色的细胞中的DNA发__________荧光，而RNA发__________荧光。
33. 适于观察活细胞的光学显微镜有__________、__________和__________等。
34. 分辨率是指人的肉眼或显微镜在25 cm处能够分辨到的相邻两个物体间最近距离的能力。人眼为__________，普通光学显微镜为__________，透射电子显微镜为__________，扫描隧道显微镜为__________，扫描电子显微镜为__________，以紫外光为光源的光学显微镜为__________。
35. 细胞内不同组分分级分离的常用方法有离心法、层析法、电泳法等。离心技术可将细胞匀浆中的不同细胞器或生物大分子进行有效分离。因为不同形态、大小和密度的细胞器以及不同分子质量的生物大分子在离心力作用下__________各不相同。离心分离法又分__________和__________两种。__________离心是一种较为简便的分离法，常用于细胞核和__________的分离。因为在密度均一的介质中，颗粒越大沉降越__________，反之则沉降较__________。这种离心方法只能将那些大小有显著差异的组分分开，而且所获得的分离组分往往不是很纯。而__________离心则是较为精细的分离手段，这种离心方法的关键是先在离心管中制备出__________或__________等介质的浓度梯度并将细胞匀浆装在最上层。在此条件下离心，细胞不同组分将以不同速率沉降并形成不同的沉降带。呈密度梯度的介质可以稳定沉淀成分、防止对流混合。层析法是分离蛋白质的常用手段，其基本原理是不同的蛋白质分子其__________和所带__________不同，当它们通过某种介质（基质）而与其发生相互作用时，会被不同程度地__________，这样便使不同类型的蛋白质分子移动的快慢不同，从而得以分离。根据蛋白质的大小、所带电荷或特殊的化学集团选择不同的基质的层析，如凝胶过滤柱层析、离子交换树脂柱层析或亲和层析等，可以更有效地分离不同的蛋白质。__________法是分离蛋白质、核酸的有效方法，在细胞生物学研究领域有着广泛的应用。其基本原理是，不同种类的蛋白质或核酸所携净电荷的__________不同，它们在一定强度的电场中会按所带__________、分子的__________以不同速度在电场中移动，从而得以分离成不同的__________。

二、判断题

1. 透射或扫描电子显微镜不能用于观察活细胞，而相差或倒置显微镜可以用于观察活细胞。
2. 扫描隧道显微镜是具有原子显像力的显微镜。
3. 在等密度梯度离心中蔗糖或甘油的梯度的作用与移动区带离心中梯度原理是不同的，在移动区带离心中梯度的惟一目的是减少样品的扩散，即使是在离心管的底部，颗粒的密度也比介质大。相反，在等密度梯度离心中，使用的密度是足以阻止颗粒移动的密度，当颗粒达到与本身密度相同的密度区时就会停留在该区域。
4. 以蔗糖为介质的密度梯度离心又叫差速密度梯度离心。
5. CsCl 密度梯度离心又称等密度梯度离心。
6. CsCl 密度梯度离心法分离纯化样品时，样品要和 CsCl 混匀后分装。离心时，样品中不同组分因重力的不同而停留在不同区带。
7. 提高显微镜的分辨率，可通过缩短波长，或给标本染色。
8. 在光学显微镜下观察到的细胞结构称为亚显微结构，在电子显微镜下观察到的结构称为超微结构。
9. 为了使光学显微镜或电子显微镜标本的反差增大，可用化学染料对标本进行染色。
10. 亲和层析法按分子内在电荷分离分子。
11. 贴壁生长的细胞呈单层生长，且有接触抑制现象。
12. 癌细胞的培养，也是单层生长，但没有接触抑制现象。
13. 生物样品的电镜分辨率通常是超薄切片厚度的 1/10，因而切得越薄，照片中反差也越强。
14. 用 Triton 等去垢剂可以抽提细胞中的微管、微丝等蛋白质结构。
15. 淋巴细胞在体外培养时是以贴壁的方式进行生长。
16. 相差显微镜可用来观察活细胞和未经染色的标本。
17. 细胞匀浆离心时，较小的细胞器经受较小的摩擦，因而比更大的细胞器更快沉淀。

三、选择题

1. 通过选择法或克隆形式从原代培养物或细胞系中获得的具有特殊性质或标志的细胞群体称作（　　）。

   A. 细胞系　　B. 细胞株　　C. 细胞库　　D. 其他

2. 观察活细胞的显微结构时，最好用（　　）。

   A. 荧光显微镜　　B. 相差显微镜　　C. 扫描电镜　　D. 透射电镜

3. 研究 DNA 在细胞中的代谢，常用的同位素标记物有（　　）。

   A. ^{14}C-戊糖　　B. ^{32}P-磷酸　　C. ^{15}N-鸟嘌呤　　D. ^{3}H-胸腺嘧啶

4. 在细胞培养的研究中，已知细胞培养液与未知细胞培养液的主要区别是（　　）。

   A. 未知培养液是细胞培养研究中最近才发展起来的技术
   B. 未知培养液完全是人工制造的
   C. 已知培养液包括血清、淋巴因子和其他来自生物体的流质体
   D. 已知培养液不含血清、淋巴因子和其他来自生物体的流质体

5. 使用氯化铯密度梯度离心法，其目的是（　　）。
A. 通过密度梯度来维持重力的稳定性，防止物质对流
B. 用来分离生物分子和细胞亚显微结构
C. 防止生物大分子凝聚沉淀
D. 以上都不对

6. 在凝胶电泳中，示踪染料的移动速度（　　）。
A. 比各种不同分子样品移动得慢　　B. 与各种不同分子样品移动速度相同
C. 比各种不同分子样品移动得快　　D. 以上都不对

7. 细胞融合是一个复杂的过程，在此过程中（　　）。
A. PEG 可以诱导融合　　B. 用活的仙台病毒可以促融合
C. 不会形成异核体　　D. 只有同类细胞才能融合

8. 提高一般光学显微镜的分辨能力，常用的方法有（　　）。
A. 利用高折射率的介质（如甘油）　　B. 调节聚光镜，加红色滤光片
C. 用荧光抗体示踪　　D. 将标本染色

9. 1 埃（Å）等于（　　）。
A. $10^{-4}\mu m$，$10^{-1}nm$，$10^{-7}mm$　　B. $10^{-2}\mu m$，$10^{-2}nm$，$10^{-2}mm$
C. $10^{-9}\mu m$，$10^{-4}nm$，$10^{-9}mm$　　D. $10^{-5}\mu m$，$10^{-6}nm$，$10^{-10}mm$

10. 下列关于杂交瘤技术的描述中，最正确的一项是（　　）。
A. B 淋巴细胞与 B 淋巴瘤细胞融合，目的是抑制瘤细胞无限生长
B. 在培养基中加入氨基蝶呤可选出杂交细胞
C. 氨基蝶呤可抑制瘤细胞的蛋白质合成
D. 氨基蝶呤能导致 B 淋巴细胞无限分裂

11. 如果你想要在细胞内部寻找一个含高浓度 Ca^{2+} 的区域，下列哪一种显微技术可以选择？
A. 荧光显微技术　　B. 偏光显微技术
C. 相差显微技术　　D. 透射电镜显微技术

12. 细胞融合的诱导剂主要有（　　）。
A. PEG（聚乙二醇）　　B. TMV（烟草花叶病毒）
C. 亚硝酸　　D. PHV（植物凝集素）

13. 流式细胞仪或流式细胞分选仪能快速测定细胞的下列哪些参数？
A. DNA 含量　　B. RNA 含量　　C. 蛋白质含量　　D. 细胞体积

14. 在包埋-去包埋超薄切片电镜技术中，（　　）不正确。
A. 不用重金属染色　　B. 分辨率高
C. 没有包埋剂存在　　D. 要用 Triton 去包埋

15. 下列最不可能成为原代细胞培养的细胞来源是（　　）。
A. 胚胎组织　　B. 活跃生长的恶性肿瘤组织
C. 成年鼠脑组织　　D. 植物原生质体

16. 单个植物细胞在体外经过诱导并培养成为完整小植株的实验证明了（　　）。
A. 细胞是构成有机体的基本单位　　B. 一切有机体均来自于细胞

C. 细胞是有机体生长发育的基础　　D. 细胞具有遗传的全能性

17. 光学显微镜有一个放大率为 40 的物镜和放大倍数为 10 的目镜，成像的总放大倍数是（　　）。

A. 40×　　B. 50×　　C. 400×　　D. 450×

18. 下列哪项与显微镜能达到的分辨率无关?

A. 光波波长　　B. 物镜的放大倍数

C. 标本和透镜之间的物质的折射率　　D. 透镜的数值孔径

19. 基因枪是（　　）。

A. 一种将 DNA 包被片打入细胞的枪

B. 用“闪电速度”的酶来合成重组 DNA 的新技术

C. 一种利用重组 DNA 技术制造的用于战争的大杀伤性武器

D. 以上都不对

20. 为什么聚合酶链式反应要求用从嗜热性细菌中提取的热稳定性 DNA 聚合酶?

A. 只有这种热稳定形式才能辨认四种脱氧核苷酸

B. 这种酶能在一个合理的时间内扩增 DNA

C. 实际上这种酶是最易得到的一种 DNA 聚合酶

D. 只有这种酶才能具有足够的稳定性来耐受 DNA 变性解链所要求的高温

21. 核酸杂交可被用来衡量不同物种间进化的亲缘关系，有关相关物种 DNA，下列表述正确的是（　　）。

A. 较近亲缘关系的物种在较低的解链温度下形成杂交 DNA

B. 较近亲缘关系的物种在较高的解链温度下形成杂交 DNA

C. 在 DNA 杂交解链温度与物种间的亲缘关系之间无相关性

D. 在较近亲缘关系的物种的 DNA 之间无法形成 DNA 杂交分子

22. 利用不同性质的有机染料可对细胞中不同成分进行选择性染色，下列哪种结果有误?

A. 碘液可使口腔上皮细胞的细胞质和细胞核呈深浅不同的棕黄色

B. 吉姆萨染液可使细胞核或染色体呈紫红色或橘红色

C. 甲基绿可使 RNA 分子呈蓝绿色

D. 派洛宁可使 RNA 分子呈红色

23. 在下列哪种情况下，物体在显微镜下的能见性最差?

A. 物体与介质有同样的折射

B. 物体和背景屈光不同

C. 物体衍射了部分但非全部的射在它上面的光线

D. 物体吸收了部分但非全部的射在它上面的光线

24. 关于 X 射线衍射技术，下列哪项有误?

A. 是测定生物大分子结构的一项适用技术

B. 可测定蛋白质结晶分子中原子的空间排布

C. X 射线是波长较短的电磁辐射，比电子的穿透力强

D. 该技术能检测较薄的含水标本

25. 关于共聚焦激光扫描显微镜，下列哪项叙述有误？

A. 以单色激光作为光源

B. 激光变成点光源后聚焦到标本成为点照明

C. 图像信息要经电脑三维重建处理

D. 所用标本须经超薄切片

26. 分别使用光镜的低倍镜和高倍镜观察同一细胞标本相，可发现在低倍镜下（ ）。

A. 相较小，视野较暗 B. 相较小，视野较亮

C. 相较大，视野较暗 D. 相较大，视野较亮

27. 现有匀浆的和已经过各级离心的鼠肝细胞溶液，下列哪一组分含有的线粒体最少？

A. 进行离心之前的整个匀浆溶液

B. 第一次低速离心后的上清液

C. 经过高速超速离心后的上清液

D. 以上的任何组分都没有线粒体

28. 哪一种柱层析分离蛋白质是建立在分子质量基础上的？

A. 离子交换层析 B. 凝胶过滤层析

C. 亲和层析 D. 等电聚焦

29. 为什么透射电镜的照片没有颜色？

A. 细胞内部结构无颜色，都为灰白色的暗影

B. 彩色显微照片太昂贵了

C. 彩色胶片尚未发明

D. 照相的底片接受的是穿过样品的电子，而不是决定了颜色的各种波长的光

30. 在电镜下面发现了一种新的细胞器，但却不能肯定是真的还是技术问题造成的人为现象，下列哪一项可证实推测？

A. 在若干个相同来源的相同制备样品中找这一结构

B. 在若干个不同来源的相同制备样品中找这一结构

C. 在不同染色方法制备的样品中找相同结构

D. 在不同的（或无）固定剂条件下制备的样品中找相同结构

31. 氚的半衰期为 12 年，那么保存了 24 年的氚的放射性是最初的（ ）。

A. 12% B. 25% C. 75% D. 已不存在

32. 光镜与电镜比较，下列各项中（ ）是不正确的。

A. 电镜用的是电子束，而不是可见光

B. 电镜样品要在真空中观察，而不是暴露在空气中

C. 电镜和光镜的样品都需要用化学染料染色

D. 用于电镜的标本要彻底脱水，光镜则不必

33. 在递增细胞匀浆液的离心转速过程中最先沉淀下来的是（ ）。

A. 核糖体 B. 线粒体

C. 未破碎的细胞核 D. 微体

34. 为了解某一细胞培养物是否处于 DNA 合成时期，在具有放射性胸苷存在的情况下培养细

胞，下列哪种方法是探测该标记脱氧核苷酸是否存在于核 DNA 中的最佳方法?

A. 放射自显影　　B. 聚丙烯酰胺凝胶电泳

C. 琼脂糖凝胶电泳　　D. 双向凝胶电泳

35. 一般光学显微镜（用蓝色滤光片），当物镜镜口率（NA）为 1.4 时，其分辨率极限和放大倍数分别为（　　）。

A. ~0.4 μm，500 倍　　B. ~0.2 μm，1000 倍

C. ~0.2 μm，500 倍　　D. ~0.4 μm，1000 倍

36. 提高显微镜的分辨率最好的办法是（　　）。

A. 增加放大倍数　　B. 缩短波长

C. 增加波长　　D. 给标本染色

37. 人胚肺成纤维细胞体外培养大约能传代（　　）。

A. 20 次左右　　B. 150 次左右

C. 40~60 次　　D. 无数次

38. 在细胞分级抽提方法中，为了溶解膜系统，应选用（　　）。

A. Triton X-100　　B. Tween 40

C. 脱氧胆酸钠　　D. 0.25 mol/L 硫酸钠

39. 假设你对重建生活细胞的有丝分裂过程中染色体的三维形态感兴趣，你将选择哪种显微技术?

A. 冰冻-断裂显微术　　B. 共聚焦扫描术

C. 光学显微术　　D. 扫描电子显微术

40. 下列关于基因敲除实验的表述中，不正确的一项是（　　）。

A. 需要胚性干细胞作为转化受体

B. 需要体外构建重组体

C. 敲除后，靶基因不再存在

D. 一般说来，要经多次传代才能表现出敲除基因的缺陷表型

41. 在 Southern 印迹法中应用的 DNA 片段和 DNA 探针相当于 Northern 印迹法中的（　　）。

A. DNA 片段和 RNA 探针　　B. RNA 片段和 RNA 探针

C. RNA 片段和 DNA 探针　　D. 蛋白质片段和 DNA 探针

42. 在动物细胞培养过程中要用（　　）来进行观察。

A. 相差显微镜　　B. 荧光显微镜

C. 倒置显微镜　　D. 普通光学显微镜

43. 关于放射自显影技术，下列哪项错误?

A. 利用放射性同位素探测细胞内生物大分子动态变化的一种方法

B. 包括宏观自显影、光镜自显影和电镜自显影等三种类型

C. 具有灵敏度高和操作简便、无污染等优点

D. 自显影时常用的感光材料，包括 X 射线胶片和原子核乳胶等

44. 人眼的分辨率为 10^5 nm，光学显微镜的分辨力能使人眼的分辨力提高（　　）。

A. 100 倍　　B. 500 倍　　C. 1000 倍　　D. 5000 倍

四、简答题

1. 简述冰冻蚀刻术的原理和方法。
2. 单克隆抗体技术的基本原理是什么?
3. 电子显微镜为何不能观察活标本?
4. 比较放大率和分辨率。
5. 比较透射电子显微镜和扫描电子显微镜。
6. 用细菌质粒和噬菌体基因组克隆真核生物的 DNA 有什么不同?
7. 比较差速离心和密度梯度离心。
8. 克隆基因组 DNA 与克隆 cDNA 的区别。

五、实验设计与分析

1. 在进行细胞组分的分离时，实验方案设计的一般原则是什么?
2. 匀浆肝组织并且按图 Q2-1 所示离心分离了亚细胞组分。每一部分保留了小的等分试样
   (1) 对每一等分试样进行琥珀酸脱氢酶（SDH）的专一性酶分析，SDH 是 TCA 循环中的一个酶。假如细胞分离得很完全，哪一部分将被检出有 SDH 活性呢?
   (2) 哪一部分会有最高的 SDH 专一活性（单位蛋白质活性)?
   (3) 哪一部分有最多量的总蛋白质?

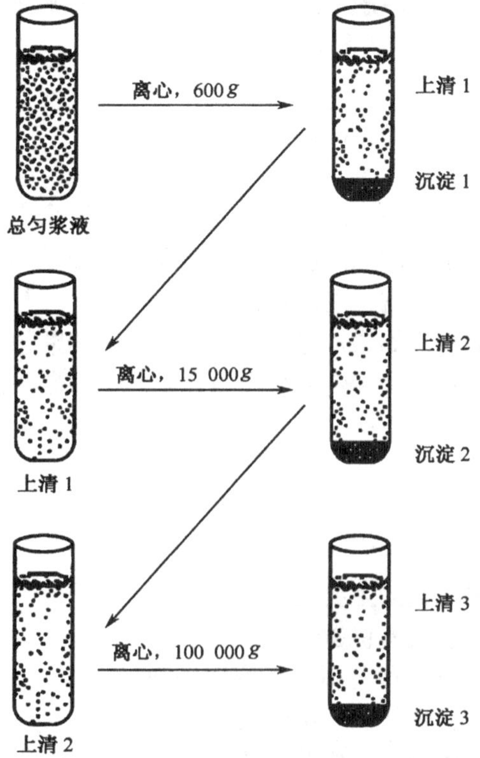

图 Q2-1　速度离心分离细胞组分示意图（引自 Pruitt，1996）

(4) 分离到最后时，核糖体存在于哪一部分？

3. 凝胶过滤层析依据分子大小来分离不同分子。在溶液中小分子扩散快于大分子，而小分子通过层析柱却比大分子慢，为什么？若以特别快的流速过柱，将会出现什么情况？

4. 用 Sanger 双脱氧核苷法测定一段短的核酸序列（8 个核苷酸）。当 4 支试管中的所有片段都已被分离出来并用放射自显影法显示出来以后，可见图 Q2-2 的模式。此片段的核苷酸序列是怎样的？哪一端是 5′端，哪一端是 3′端？

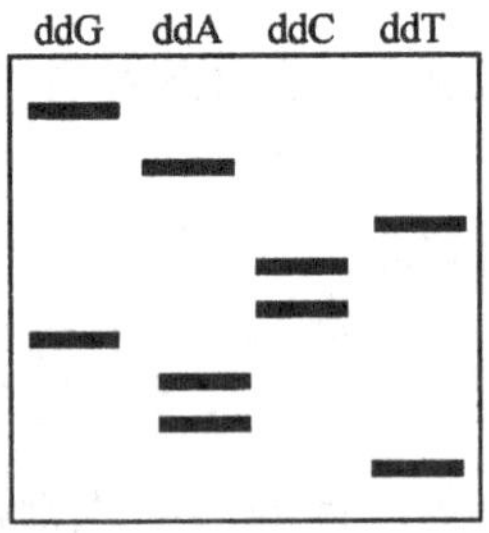

图 Q2-2　一个 8 核苷酸序列测序电泳图（引自 Pruitt，1996）

5. 解决下列问题可分别采取何种技术？
   (1) 证明在犯罪现场找到的头发中的 DNA 与被告犯罪嫌疑人的 DNA 是吻合的；
   (2) 鉴定分泌到细胞外的糖蛋白激素，其糖基是在细胞的哪一部分被加上去的；
   (3) 寻找新的、便宜的而且丰富的人类生长激素来源，以便用于治疗生长激素缺乏症患者；
   (4) 确定酶蛋白中关键氨基酸的方法。

6. 如何进行差速离心？

7. 用什么方法追踪活细胞中蛋白质合成与分泌过程？包括哪几个步骤？

8. 传统遗传学解决细胞生物学问题的方法是采用跟随信息由基因传到蛋白质的途径。生物化学的方法则是由蛋白质追踪回编码它们的 DNA，例如，从蛋白质到基因。假如你正在研究一个有关细胞功能的问题，如果从基因开始，并试图推断该蛋白质的功能，简单描述可采取的基本步骤。再描述从一种特定的蛋白质开始，最终获得经过测序的该蛋白质基因所要采取的步骤。

六、问答题

1. 何谓原代培养、细胞株和细胞系？
2. 说明电子显微镜和光学显微镜的主要差别。
3. 扫描隧道显微镜的工作原理及其优越性是什么？
4. 用一个镜口角为 70（$\theta = 70°$）的显微镜研究亚细胞结构：
   (1) 计算显微镜的分辨率，选择空气中的白色光。
   (2) 现在在光源和标本之间放置一块蓝色滤镜。蓝光的波长为 450 nm。这样能提高分辨率吗？如果可以的话，能提高多少？

(3) 用油镜（折射率＝1.5），仍然使用蓝色滤镜。现在分辨率是多少？如果有设备的话，能提高此分辨率的水平吗？

5. 离子交换层析的原理是什么？

6. 讨论并比较电子显微镜与光学显微镜的优点及缺点。

7. 动物体细胞克隆有什么意义？

七、名词释义

1. 显微分辨率（microscopic resolution）
2. 电子显微术（electron microscopy）
3. 放射自显影技术（autoradiography）
4. 细胞培养（cell culture）
5. 双向凝胶电泳（two-dimensional gel electrophoresis）
6. 核酸杂交（nucleic acid hybridization）
7. 酵母人工染色体（yeast artificial chromosome，YAC）
8. 研究人类疾病的动物模型（animal model for human disease）
9. 荧光显微镜（fluorescence microscope）
10. 倒置显微镜（inverted microscope）
11. 扫描电子显微镜（scanning electron microscope，SEM）
12. 显微结构（microscopic structure）
13. 超微结构（supper-microscopic structure）
14. 共聚焦显微镜（confocal microscope）
15. 核磁共振（nuclear magnetic resonance，NMR）

第三章　细胞质膜与跨膜运输

一、填空题

1. 缬氨霉素是一种由__________个氨基酸组成的小肽，嵌入质膜后，可帮助运输__________离子，起__________的作用。
2. 新生儿呼吸窘迫症与膜的流动性有关，主要是__________比值过低，影响了__________的交换。

动画

3. 细胞质膜“流动镶嵌”模型是目前所接受的膜结构模型，并得到实验的支持。如用脂溶性的有机溶剂__________处理细胞质膜，可证明膜脂的存在；用只作用于蛋白质而不破坏脂和糖类的聚合物__________处理细胞，可证明蛋白质的存在；用__________术可在电镜下观察膜蛋白的不对称分布；用经__________染色的抗体标记的人、鼠细胞杂交（融合），可证明膜的流动性。
4. 胆固醇是动物细胞质膜脂的重要成分，它对于调节膜的__________，增强膜的__________，以及降低水溶性物质的__________都有重要作用。
5. 关于细胞质膜的第一个结构模型是__________年提出的，主要特点是：①脂是__________；②蛋白质是__________的。
6. 1935 年 Danielli 和 Davson 根据膜______________________，提出质膜的外面有一层蛋白质的存在。
7. 1925 年 Gorter 和 Grendel 提出膜的双分子层的结构设想的依据是：____________________。
8. 成熟的红细胞是研究细胞质膜的好材料，它不仅没有细胞核和线粒体，而且也没有______________。
9. 早期对膜的研究要用到两种试剂，一种是四氯化碳，另一种是多羟基苯酚。前者__________，后者__________。
10. 单位膜结构模型的主要特点是：①________________________________；②____。
11. 流动镶嵌模型的主要特点是：____________________________，不足之处是________________________________。
12. K^+很难通过人工膜，但加入短杆菌肽 A 后，对 K^+ 的通透性大大增加，原因是____________________________。
13. 构成膜的脂肪酸的链越长，相变温度__________________，流动性__________________。
14. 农作物的耐寒性与膜的流动性有相当大的关系，主要原因是在零上低温时，由于膜的部分破裂会造成__________以及膜的流动性降低，造成__________。
15. Na^+进出细胞有三种方式：①__________；②__________；③__________。
16. 动物细胞中葡萄糖、氨基酸的次级主动运输要借助于__________的浓度梯度的驱动；细菌、植物细胞中糖的次级主动运输要借助于_________的浓度梯度的驱动。

17. 带3蛋白是红细胞质膜上_________阴离子载体蛋白，它在质膜中穿越12～14次。

18. 胆固醇不仅是动物细胞质膜的构成成分，而且还可以调节膜的流动性，在相变温度以上，__________________，在相变温度以下，___________________。

19. 带3蛋白之所以又叫阴离子传递蛋白，是因为它将_________________经过肺时，转变为_________的形式排除，同时摄入_________作为交换。

20. 动物细胞质膜中胆固醇的含量很高，植物细胞质膜中胆固醇的含量极少，原核细胞质膜不含胆固醇，酵母细胞质膜中不含胆固醇，但含有_________。

21. 决定红细胞ABO血型的物质是糖脂，它由脂肪酸和寡糖链组成。A型血糖脂上的寡糖链较O型多一个_________，B型较O型仅多一个_________。

22. 绝大多数跨膜蛋白在脂双层中的肽链部分都是形成α螺旋，而大肠杆菌外膜上的______则是形成β折叠。

23. 细菌视紫红质（bacterial rhodopsin）是一种跨膜蛋白，它能够被光激活，将H^+从______运送到_________，造成两侧的氢离子浓度差和电压梯度。

24. 根据通道蛋白的闸门打开方式的不同，分为_____________和_____________。

25. 质膜的流动镶嵌模型强调了膜的___________和___________。

26. 证明细胞的流动性方法有：①_________；②_________；③_________。

27. 组成生物膜的基本成分是_________，体现膜功能的主要成分是_________。

28. 细菌的基团转移所需的能量来源于_______________。

29. 在细胞质基质中，蛋白酶体降解的主要途径是________________________。

30. 组成生物膜的磷脂分子主要有三个特征：①_________________；②_______________；③__________________。

31. 膜脂的功能有三种：①_________；②_________；③_________。

32. 就溶解性来说，质膜上的外周蛋白是_________，而整合蛋白是_________。

33. 细胞质膜上的中性糖主要有_________、_________、_________。

34. 流动镶嵌模型认为质膜的双分子层具有液晶态的特性，它既具有__________________，又具有_________________。

35. 影响物质通过质膜的主要因素有：①_________；②_________；③_________。

36. 细胞对Ca^{2+}的运输有四种方式：①___________；②___________；③___________；④_________。

37. 1972年Singer和Nicolson总结了当时有关膜结构模型及各种研究新技术的成就，提出了___________模型，认为球形膜蛋白分子以各种___________形式与脂质双分子层相结合，有的附着在内外表面，有的___________膜中，有的贯穿膜的全层，这些大多是功能蛋白。___________模型有两个主要特点：其一，蛋白质不是伸展的片层，而是以_________，蛋白质与膜脂的结合程度取决于膜蛋白中氨基酸的性质。第二个特点就是膜具有一定的_________性，不再是封闭的片状结构，以适应细胞各种功能的需要。这一模型强调了膜的_________性和_________性，较好地体现细胞的功能特点，被广泛接受，也得到许多实验的支持。后来又发现糖是以_________或_________的形式存在于膜的__________侧面。

二、判断题

1. 相对不溶于水的亲脂性小分子能自由穿过细胞质膜。
2. 人造黄油含有的饱和脂质比它的原料植物油含有的更多。
3. 糖蛋白和糖脂上的糖基既可位于质膜的内表面，也可位于质膜的外表面。
4. 在生物膜的脂质双分子层中含不饱和脂肪酸越多，相变温度越低，流动性也越大。
5. 细菌质膜上的孔蛋白跨膜方式是通过β折叠。
6. Na^+/K^+泵是真核细胞质膜中普遍存在的一种主动运输方式。
7. 被动运输不需要ATP及载体蛋白，而主动运输则需要ATP及载体蛋白。
8. 细胞质膜上的膜蛋白是可以运动的，运动方式与膜脂相同。
9. 当有动作电位刺激时，轴突的膜电位瞬时变得负值增加。
10. 在相变温度以下，胆固醇可以增加膜的流动性；在相变温度以上，胆固醇可以限制膜的流动性。
11. 短杆菌肽A是一种由15个氨基酸组成的小分子肽，两分子的短杆菌肽可以形成一个水性通道，有选择性地运输阳离子。
12. 原核生物和真核生物细胞质膜内都含有胆固醇。
13. 膜的流动性不仅是膜的基本特征之一，同时也是细胞进行生命活动的必要条件。
14. 在有丝分裂的不同时期，膜的流动性是不同的：M期流动性最大，S期流动性最小。
15. 衰老和动脉硬化的细胞质膜，其卵磷脂同鞘磷脂的比值低，流动性小。
16. 载体蛋白之所以称作通透酶，是因为它具有酶的一些特性，如对底物进行修饰。
17. 细菌中的基团转移是一种主动运输，它需要消耗能量，但不是逆浓度梯度。
18. 质膜对所有带电荷分子是高度不通透的。
19. 质膜是半通透性的，一般来说，小分子可以自由通过细胞质膜。
20. 如果分子在膜内的取向被颠倒（也就是如果分子通常暴露于胞质溶胶的部分改为面向细胞外面），则同向转运将起反向运输的作用。
21. 用细胞松弛素B处理细胞，可大大增加膜的流动性。
22. 脂质头部基团和水分子之间形成的氢键处于不断地断裂和再形成之中。
23. 细菌的细胞质膜是多功能性的，它参与DNA的复制、蛋白质的合成、信号转导、蛋白质的分泌、物质运输等重要的生命活动。
24. 在糖脂合成期间，糖脂穿过不同膜被区室，但它始终限制在脂双层的一个侧面。
25. 协助扩散是被动运输的一种方式，它不消耗能量，但是要在通道蛋白、载体蛋白、离子泵的协助下完成。
26. 人鼠细胞融合不仅直接证明了膜蛋白的流动性，同时也间接证明了膜脂的流动性。
27. 通道蛋白必须首先与溶质分子结合，然后才能选择它们允许通过的溶质分子。
28. 载体蛋白允许溶质穿过膜的速率比通道蛋白快得多。
29. 许多动物细胞的质膜含有打开的K^+通道，尽管如此，胞质溶胶内的K^+浓度还是比细胞外高得多。

30．革兰氏阳性菌具有两层膜。

三、选择题

1．红细胞质膜上的带3蛋白是一种运输蛋白，它的主要功能是运输（　　）。
A．阴离子　　B．单价阳离子　　C．二价阳离子　　D．氨基酸分子

2．一般说来，细胞膜中约含有（　　）。
A.50%蛋白质，40%脂，2%～10%糖　　B.40%蛋白质，50%脂，2%～10%糖
C.50%蛋白质，50%脂，2%～10%糖　　D.50%蛋白质，45%脂，2%～5%糖

3．下列运输方式中哪一种不能用来运输K^+（　　）。
A．自由扩散　　B．离子通道　　C．Na^+/K^+泵　　D．协同运输

4．膜内脂质和蛋白质所占的重量比例（　　）。
A．总是相等的
B．根据膜种类的变化而变化
C．总是膜脂比膜蛋白高
D．是膜蛋白比膜脂高

5．衰老和动脉硬化都与膜的流动性有关，这是因为（　　）。
A．卵磷脂/鞘磷脂的比值升高　　B．卵磷脂/鞘磷脂的比值降低
C．不饱和脂肪酸含量高　　D．以上都不是

6．膜胆固醇的组成与质膜的性质、功能有着密切的关系（　　）。
A．胆固醇可防止膜磷脂氧化
B．正常细胞恶变过程中，胆固醇/磷脂增加
C．胆固醇/磷脂下降，细胞电泳迁移率降低
D．在质膜相变温度以下，增加胆固醇，可以提高膜的流动性

7．缬氨霉素（　　）。
A．是一种水溶性的抗生素　　B．是一种脂溶性的抗生素
C．嵌入质膜后可协助K^+的运输　　D．嵌入质膜后可协助Na^+的运输

8．膜脂中，卵磷脂/鞘磷脂的比值高低对膜的流动性有极大的影响，一般说来，（　　）。
A．比值高，流动性小　　B．比值高，流动性大
C．比值低，流动性大　　D．比值低，流动性小

9．下列各组分中，可以通过自由扩散通过细胞质膜的一组物质是（　　）。
A．H_2O、CO_2、Na^+　　B．甘油、O_2、苯
C．葡萄糖、N_2、CO_2　　D．蔗糖、苯、Cl^-

10．在培养的小鼠细胞中加少许胰岛素，可促进细胞的分裂，这是因为（　　）。
A．胰岛素进入细胞内所致
B．胰岛素作用于膜受体，使胞内cAMP降低，cGMP升高
C．胰岛素作用于膜受体，使cAMP升高，cGMP降低
D．以上都不是

11．糖蛋白是一种十分重要的复合糖类，（　　）。

A. 它是由氨基酸和糖组成　　B. 参与细胞的基因调控
C. 参与细胞识别作用　　D. 只存在于细胞质中

12. 质膜上特征性的酶是（　　）。
A. 琥珀酸脱氢酶　　B. 磷酸酶
C. 苹果酸合成酶　　D. Na^+-K^+ ATPase

13. 心肌梗塞的病因是一种因遗传因素引起的膜受体障碍，影响了（　　）的运输。
A. 高密度脂蛋白（HDL）　　B. 极高密度脂蛋白
C. 低密度脂蛋白（LDL）　　D. 极低密度脂蛋白

14. 下列关于膜的磷酸甘油酯的说法中哪一项是不正确的？
A. 包括磷脂酰胆碱，磷脂酰乙醇胺和胆固醇
B. 是两亲性的
C. 有两个脂肪酸分子与一个甘油分子相连，同时有一个极性头部基团通过磷酸与甘油相连
D. 同时具有饱和脂肪酸和不饱和脂肪酸

15. 如果将淡水植物放入海水中，它的细胞会（　　）。
A. 发生质壁分离　　B. 裂解
C. 在巨大的压力下膨胀　　D. 以上都有可能

16. 下列膜糖中，属于氨基糖的是（　　）。
A. D-半乳糖　　B. 唾液酸
C. *N*-乙酰葡萄糖胺　　D. D-甘露糖

17. 下列蛋白质中，单次跨膜的是（　　）。
A. 带 3 蛋白　　B. 血影蛋白　　C. 血型糖蛋白　　D. 细菌视紫红质

18. 与膜结合的糖类主要有（　　）。
A. D-半乳糖、D-甘露糖、*N*-乙酰基葡萄糖胺、L-岩藻糖、唾液酸
B. D-半乳糖胺、D-甘露糖、L-岩藻糖、唾液酸、透明质酸
C. D-半乳糖、D-乳糖、D-甘露糖、纤维二糖
D. D-半乳糖、半乳糖醛酸、岩藻糖、唾液酸

19. 下列物质中，靠主动运输进入细胞的物质是（　　）。
A. H_2O　　B. 甘油　　C. K^+　　D. O_2

20. 影响膜脂流动性的重要因素是磷脂分子脂肪酸链的不饱和程度。不饱和性越高，流动性越（　　），其原因是（　　）。
A. 小，双键多、折曲小　　B. 大，双键多、折曲多
C. 小，分子排列疏松　　D. 大，分子排列紧密

21. 关于离子载体的特性，下列叙述中，哪一项不正确？
A. 是真核生物的膜运输蛋白
B. 有可动的和形成通道的两种类型
C. 能溶解在脂质双分子层中
D. 在介导离子运输时，不消耗 ATP

22. 短杆菌肽 A 是一种可形成通道的离子载体，专一性地运输（　　）。
A. K^+　　B. Na^+　　C. Ca^{2+}　　D. H^+
23. 关于 V 型质子泵的特性，下面哪一项是正确的?
A. 存在于线粒体和内膜系统的膜上
B. 工作时，没有磷酸化和去磷酸化过程
C. 运输时，是由高浓度向低浓度进行
D. 存在于线粒体膜和叶绿体的类囊体膜上
24. Gorter 和 Grendel 最早证明膜是由一个脂质双分子层组成的证据是（　　）。
A. 对红细胞质膜显微镜检测
B. 从血红细胞提取脂质，测定表面积，再与细胞表面积比较
C. 测量膜蛋白移动的速率
D. 以上都是
25. 用冰冻断裂法和冰冻蚀刻法检测一个膜，发现其表面几乎没有孔或泵。该膜最有可能来源于下列哪一种膜?
A. 线粒体内膜　　B. 髓鞘质
C. 红血细胞　　D. 以上都有可能
26. 下述关于物质在膜上自由扩散的说法中，正确的一项是（　　）。
A. 油/水分配系数高的，易扩散
B. 电离度大的，易扩散
C. 水合度大的，易扩散
D. 水、氨基酸、Ca^{2+}、Mg^{2+}等小分子易扩散
27. 胞吞作用和胞吐作用是质膜进行的一种（　　）方式。
A. 协助扩散　　B. 被动运输　　C. 主动运输　　D. 简单扩散
28. 胆固醇分子的哪两个结构特征决定其亲水、疏水两性?
A. 单独的羟基和分子残基的烃的特性　　B. 长的、带分支的烃和四个烃环
C. 五个甲基和烃链　　D. 三个六元环和一个五元环
29. 在细菌中磷脂的合成与（　　）有关。
A. 内质网膜　　B. 溶酶体膜　　C. 线粒体膜　　D. 质膜
30. 下列哪一种生物膜的不饱和脂肪酸含量最高?
A. 北冰洋的鱼　　B. 胡萝卜
C. 从热泉水中分离的耐热细菌　　D. 人
31. 下列哪一种关于膜组成成分移动性的描述是正确的?
A. 蛋白质和脂质在膜平面移动的速率相同
B. 通常脂质在膜平面内移动的速率比蛋白质快
C. 通常蛋白质在膜平面内移动的速率比脂质快
D. 脂质和蛋白质在膜小叶间的“flip-flop”运动比它们在膜平面内的移动更易进行
32. 物质 X 是一种带电的小分子质量的物质，在细胞外的浓度比细胞内高，它是怎样进入细胞的?

A. 通过通道扩散　　B. 通过脂质双分子层扩散
C. 主动运输　　D. 以上都不对

33. 下列蛋白质中，（　　）是跨膜蛋白。
A. 血影蛋白　B. 带 4.1 蛋白　C. 锚定蛋白　D. 血型糖蛋白

34. 荧光漂白恢复技术可以证明膜的流动性，其原理是（　　）。
A. 用激光束淬灭质膜上一部分膜受体的荧光素
B. 用紫外光淬灭膜蛋白和膜脂的荧光素
C. 用紫外光淬灭膜蛋白或膜脂的荧光素
D. 用激光照射细胞的整个表面，使荧光淬灭

35. 关于细菌磷酸基团转移的机理，下列表述中，只有（　　）项是正确的。
A. 是一种需要消耗 ATP 的运输方式
B. 运输时，要将被转运物质上的磷酸基团移到一中间载体上
C. 逆化学梯度运输
D. 运输时有多种酶参加，其中一种是膜蛋白

36. 缬氨霉素是一种（　　）。
A. 可动离子载体　　B. 电位门控通道
C. 配体门控通道　　D. 离子门控通道

37. 细菌的运输 ATPase 位于（　　）。
A. 质膜的外膜　　B. 质膜的内膜
C. 周质空间　　D. 内、外膜

38. 决定红细胞血型的物质是（　　）。
A. 糖脂　B. 磷脂　C. 血型糖蛋白　D. 胆固醇

39. 细胞质膜的外周蛋白主要靠（　　）与膜表面的蛋白质或脂分子结合。
A. 氢键　B. 共价键　C. 离子键　D. 范德华力

40. 呼吸窘迫症是由于（　　）。
A. 卵磷脂/鞘磷脂比值低，膜流动性低　　B. 卵磷脂/鞘磷脂比值高，膜流动性高
C. 不饱和脂肪酸含量高，膜流动性高　　D. 不饱和脂肪酸含量低，膜流动性低

41. 血影蛋白（　　）。
A. 是红细胞质膜的结构蛋白　　B. 能传递阴离子
C. 穿膜 12～14 次　　D. 是支撑红细胞质膜的膜骨架蛋白

42. 以下关于 Ca^{2+} 泵的描述中，不正确的一项是（　　）。
A. 钙泵主要存在于线粒体膜、叶绿体膜、质膜和内质网膜上
B. 钙泵的本质是一种 Ca^{2+}-ATPase，作用时需要消耗 ATP
C. 质膜上的钙泵主要是将 Ca^{2+} 泵出细胞外
D. 内质网膜上的钙泵主要是将细胞质中的 Ca^{2+} 泵入内质网腔

43. 钙泵的作用主要是（　　）。
A. 降低细胞质中 Ca^{2+} 的浓度　　B. 提高细胞质中 Ca^{2+} 的浓度
C. 降低内质网中 Ca^{2+} 的浓度　　D. 降低线粒体中 Ca^{2+} 的浓度

44. 下列膜相细胞器中，（　　）没有 Ca^{2+}-ATPase 的存在。

A. 质膜　B. 内质网膜　C. 溶酶体膜　D. 高尔基体膜

45. 原核细胞的呼吸酶定位在（　　）。

A. 细胞质中　B. 质膜上　C. 线粒体内膜上　D. 类核区内

46. 一种神经递质结合在突触后细胞，打开 K^+ 通道（　　）。

A. 使突触后细胞产生兴奋　B. 抑制突触后细胞

C. 使突触后细胞去极化　D. 同时释放乙酰胆碱

47. 对烟碱样乙酰胆碱（nicotinic acetylcholine）受体的了解来自于对（　　）的研究。

A. 石纹电鳐（*Torpedo marmarota*）的带电器官

B. 人类心脏

C. 单细胞生物

D. 大肠杆菌

48. 测定 K^+ 在人工膜两侧的分配，发现两侧的浓度是相等的。下列关于 K^+ 分配描述中正确的是（　　）。

A. 膜两侧的 K^+ 一定处于平衡态

B. 膜两侧的 K^+ 不处于平衡态

C. 此种状况下不存在膜电位

D. 需要更多信息才能确定 K^+ 是否处于平衡态

49. 小肠上皮细胞吸收葡萄糖是通过（　　）来实现的。

A. Na^+ 泵　B. Na^+ 通道　C. Na^+ 协同运输　D. Na^+ 交换运输

50. 低密度的脂蛋白颗粒（LDL）的功能是（　　）。

A. 把食物中的甘油三酯和胆固醇从肠道经淋巴管输送到血液，随血液流入肝脏

B. 把体内自身合成的胆固醇转运到肝脏

C. 把血液中胆固醇带走，送到结缔组织表面受体

D. 将甘油三酯从肝脏输出

四、简答题

1. 细胞质膜进行的主动运输有哪些特点?
2. 新生儿呼吸窘迫症同膜流动的关系如何?
3. 动脉硬化的细胞学基础是什么?
4. 哺乳动物的红细胞之所以成为研究衰老的重要模型，主要原因是什么?
5. Na^+/葡萄糖协同运输的主要特点是什么?
6. 将以下化合物按膜通透性递增次序排列：核糖核酸，钙离子，葡萄糖，乙醇，氮分子，水。
7. 重症肌无力患者体内产生乙酰胆碱受体分子的自身抗体，这些抗体与肌细胞质膜上的乙酰胆碱受体结合并使其失活。该疾病导致患者破坏性和进行性的衰弱，随着疾病的发展，多数患者肌肉萎缩，说话和吞咽困难，最后呼吸障碍而引起死亡。试解释肌肉功能中的哪一步受到了影响?
8. 何谓红细胞血影?

9. 为什么带 3 蛋白又叫阴离子传递蛋白？
10. 为什么大多数跨膜蛋白的多肽链以 α 螺旋或 β 折叠横跨脂双层？
11. 简述红细胞质膜的胞质面骨架结构的组成。
12. 为什么用细胞松弛素处理细胞可增加膜的流动性？
13. 动物细胞及植物细胞主动运输的比较。
14. 一跨膜蛋白形成了跨越真核细胞质膜的亲水孔道，当一配体结合在真核细胞外表面并激活该细胞时，将允许 Na^+ 进入细胞。该跨膜蛋白由 5 个相似的亚基组成，每个亚基含有跨膜 α 螺旋，α 螺旋的一个侧面上有亲水氨基酸侧链，相对的另一面上有疏水氨基酸侧链。从蛋白质作为离子通道的功能考虑，指出这 5 个跨膜 α 螺旋可能的排列形式。
15. 为什么红细胞质膜需要蛋白质？
16. 简要说明（在 100 个字以内）动作电位如何沿轴突传播。
17. 简述主动运输的三种不同的直接能量来源。
18. 简述水通道蛋白 AQP1 的结构组成。

五、实验设计与分析

1. 一些整合在膜上的酶不仅依赖周围环境的脂质作为支持物，而且需要它们的协助发挥酶活性。Na^+/K^+-ATPase 就是一例。设计一个实验，验证膜流动性对 Na^+/K^+-ATPase 催化速度的影响。
2. 在水中构建含 Na^+/K^+ 泵作为惟一膜蛋白的人工脂质体小泡，并假设每一个泵反向转运 Na^+ 和 K^+。所有 Na^+/K^+ 泵分子原来面向胞质的部分现在朝向小泡外面。分析在下列实验条件下将会发生什么情况？
   (1) 将小泡悬浮在含 Na^+ 和 K^+ 的溶液中，并且小泡内溶液有同样的离子组成；
   (2) 将 ATP 加到（1）所描述的悬浮液内；
   (3) 加入 ATP，但是小泡内外的溶液中只含有 Na^+ 而不含 K^+；
   (4) 每一小泡膜内的泵分子有一半的取向相反，然后加 ATP 到悬浮液中；
   (5) 在（1）所述的悬浮液中加 ATP，但是小泡膜除了含有 Na^+/K^+ 泵以外，还含有 K^+ 渗漏通道。
3. 如果将一个具有经济价值的蛋白质精确地定位在质膜的内层，则会更有效率。设计一个能实现这一目标的方案。

六、问答题

1. 构成细胞质膜的膜蛋白有哪些生物学功能？
2. 细胞内 Ca^{2+} 浓度升高引起肌细胞收缩。像心肌这样快速而有节律交替收缩的肌细胞，除 ATP 驱动的 Ca^{2+} 泵外，还有以 Ca^{2+} 交换胞外 Na^+ 的跨质膜的反向运输蛋白。收缩期间，已进入胞内的大部分 Ca^{2+} 被反向运输蛋白迅速地泵回到细胞外，因此细胞得以松弛。乌本苷和毛地黄是治疗心脏病的重要药物，可使心肌更强烈地收缩。这两种药物的作用是部分抑制心肌细胞质膜中 Na^+/K^+ 泵。试解释这些药物在患者体内的作用。一旦其中一种药物用量过大，将会发生什么后果？

3. 比较维持膜蛋白在脂双层内的疏水作用与帮助蛋白质折叠为独特三维结构的力作用。

4. 神经递质乙酰胆碱在胞质溶胶内形成，然后被转运到突触小泡内。突触小泡内乙酰胆碱的浓度比胞质溶胶内的高100倍以上。当突触小泡与神经元分离，且有ATP存在时，小泡能摄取外界溶液中的乙酰胆碱。该摄取过程不需要Na^+，而且随着小泡外溶液pH的增加，摄取乙酰胆碱的速率会提高。当加入药物使膜对H^+通透时，这一转运即被抑制。请解释可能的机制。

5. 图Q3-1显示一种被动的载体蛋白，介导一种溶质顺其浓度梯度转运穿过膜。试对此图作出改变，使载体蛋白改变成一种可借助水解ATP使溶质逆其电化学梯度转运的泵。

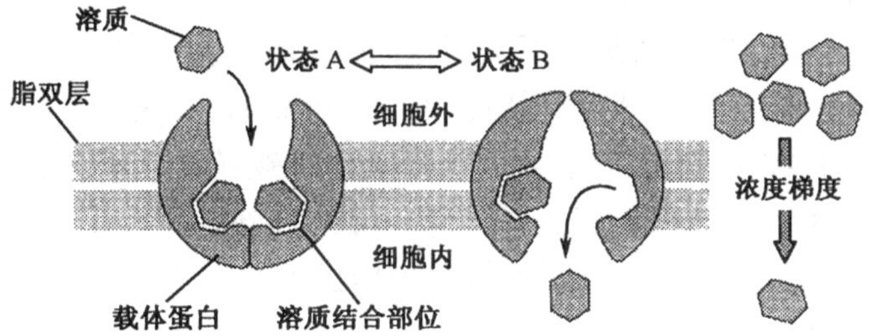

图Q3-1　可动离子载体运输方式（引自Alberts *et al*., 1998）

6. 说明细胞膜的结构及其在生命活动中的意义。

7. 5位同学总是坐在同一排，这可能是因为：

   (1) 他们真的是彼此喜欢；

   (2) 没有其他人想坐在他们旁边。

   哪种解释更符合脂双层的装配机理呢？假定脂肪分子采用另一种方式，则脂双层的性质将会如何改变？

8. 仔细观察图Q3-2中显示的跨膜蛋白。关于它们在膜中的流动性，可得出什么结论？

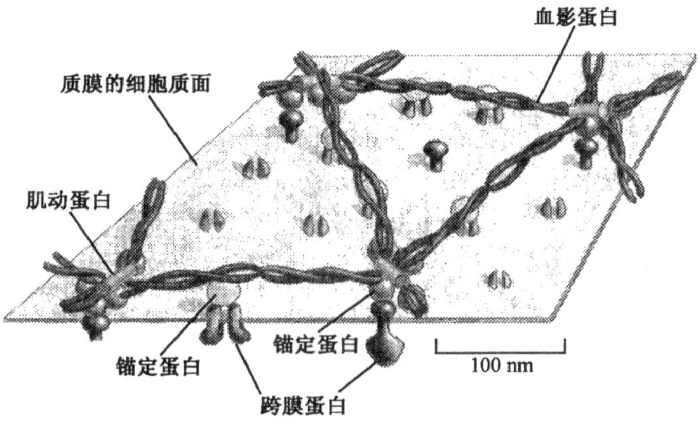

图Q3-2　红细胞血影膜骨架的结构（引自Alberts *et al*., 1998）

9. 如何理解"被动运输是减少细胞与周围环境的差别，而主动运输则是努力创造差别，维持生命的活力"?

10. 水分子在疏水化合物周围"排成笼状结构"，这种说法比较令人费解，因为水分子与疏水化合物并不相互作用。那么水分子如何"知道"疏水化合物的存在，并且为了彼此相互作用而改变其行为呢？讨论该论点并在此情况下引出一个清晰的概念，说明所谓"笼状"结构指的是什么？它与冰比较有何区别？为什么这种"笼状"结构是耗能的？

11. 铁（Fe）对所有细胞来说都是一种必不可少的痕量金属，例如血红素基团合成中需要铁。血红素基团是参与电子传递反应的许多酶活性部位的一部分。在红细胞中的主要蛋白质—血红蛋白也需要铁。铁是由受体介导的胞吞作用被细胞摄取的。摄入铁的系统有两个组分：一个组分是在血液中循环的可溶性蛋白称作转铁蛋白；另一个组分为转铁蛋白受体，如同 LDL 受体，是一种跨膜蛋白，处于不断被吞入并再回到质膜的循环中。铁离子在中性 pH 时结合在转铁蛋白上，而在 pH 酸性时被释放。转铁蛋白在 pH 中性时，只在有 Fe 离子结合时才与转铁蛋白受体结合。但在 pH 酸性时，即使没有结合 Fe 离子也能与其受体结合。根据以上信息，请说明铁是怎样摄入的，并讨论这一精细过程的优点。

12. 脂双层的结构由其脂质分子的特殊性质所决定，假如出现下列情况之一，将会怎样?

   (1) 假定磷脂只有一条烃链而非两条；

   (2) 假定烃链比正常的短，例如只有约 10 个碳原子长；

   (3) 假定所有的烃链都是饱和的；

   (4) 假定所有的烃链都是不饱和的；

   (5) 假定双层含有混合的两种脂质分子，一种具有两条饱和的烃尾，另一种具有两条不饱和的烃尾；

   (6) 假定每个脂质分子通过其中一条烃链的末端碳原子与相对单层中的一个脂质分子共价连接。

13. 叙述细胞将蛋白质限制在质膜特定区域的不同方法。有许多锚定连接蛋白质的膜仍能流动吗?

七、名词释义

1. 相变（phase transition）
2. 载体蛋白（carrier protein）
3. 通道蛋白（channel protein）
4. 离子泵（ionic pump）
5. 钠钾泵（Na^+/K^+ pump）
6. 配体门控通道（ligand-gated channel）
7. 电压门控通道（voltage-gated chanel）
8. 简单扩散（simple diffusion）
9. 易化扩散（facilitated diffusion）
10. 通道扩散（channel diffusion）

11. 侧向扩散（lateral diffusion）
12. 翻转扩散（transverse diffusion）
13. 缬氨霉素（valinomycin）
14. 离子通道（ion channel）
15. 协同运输（cotransport）

第四章　细胞环境与互作

一、填空题

1. 细胞连接的方式有________、________和________。
2. 细胞间隙连接的连接单位叫________，由________组成，中间有一个直径为________nm的小孔。
3. 在蛋白质的肽序列中有三种信号：①________；②________；③________。
4. 紧密连接除了起连接作用外，还有另两个功能：①________________________；②________________________。

动画

5. 植物细胞壁的主要成分是________，而细菌细胞壁的主要成分是________。
6. 连接子的功能除了有机械连接作用外，还具有________和________作用。
7. 细胞内存在三大识别作用体系：①__________；②__________；③__________。
8. 与肌动蛋白相关的斑块连接的方式主要有________和________。
9. 蛋白聚糖是由________的主干和________的侧链所组成。
10. ________是细胞外基质的受体蛋白。在结构上，它们是________。这种跨膜蛋白的细胞外部分有一个球形的头部，可与细胞外基质蛋白结合，而细胞内的尾部则与________相关联。
11. 基膜的主要成分是________、________、________。
12. 原胶原的一级结构中具有__________的短肽重复序列。
13. 在脊椎动物中，纤连蛋白以可溶的形式存在于____________，以不溶的形式存在于____________。
14. 纤连蛋白有与________和________连接的位点，其作用是介导细胞外基质骨架与膜受体相连。
15. 前原胶原是在__________上合成的，靠N端的信号肽进行转运。
16. 整联蛋白是细胞外基质的受体，它的浓度较高，通常是其他受体蛋白的________，并且与配体蛋白的结合亲和力________。
17. 在细胞外基质中，透明质酸具有________的能力，而胶原纤维使组织具有________的能力。
18. 构成胶原亚单位的是________，由三条α肽链所组成。
19. 通过________海绵细胞的聚合实验证明细胞识别具有特异性。
20. 在细胞外基质中，透明质酸既能参与________的形成，又能游离存在。在软骨组织的细胞外基质中，透明质酸与________和核心蛋白组成软骨组织的蛋白聚糖复合物，称为透明质酸-蛋白聚糖复合物。在这种复合物中，________作为一个长轴，将蛋白聚糖连接在一起，形成更大的更复杂的蛋白聚糖，使细胞外基质具有更大的________。透明质酸是一种重要的糖胺聚糖，是＿＿＿＿＿细胞和＿＿＿＿＿细胞的细胞外基质的主要成分，一旦＿＿＿＿＿细胞停止移动，透明质酸就会从＿＿＿＿＿中消失，此时细胞间开始接触。

二、判断题

1. 细胞间隙连接的连接单位叫连接子，由 6 个亚基组成，中间有孔道，可以进行物质的自由交换。
2. 弹性蛋白与胶原极为相似，其氨基酸组成中都含有 Gly-x-y 重复序列。
3. 蛋白聚糖是在糙面内质网腔中装配的。
4. 透明质酸是一种重要的氨基聚糖，是增殖细胞和迁移细胞外基质的主要成分。
5. 纤连蛋白以不溶的方式存在于血浆，以可溶的方式存在于细胞外基质。
6. 整联蛋白的细胞内结构域与胞质骨架的中间纤维相关联。
7. 在电子显微镜下观察到的层黏连蛋白是一个对称的十字形结构。
8. 胶原在内质网中是可溶的，在细胞外基质中是不可溶的。
9. 整联蛋白是一种跨膜蛋白，细胞外结构域可与纤连蛋白的 RGD 序列结合。
10. 在黏着斑连接中，跨膜蛋白与自身的细胞外基质相连。
11. 包围所有细胞的糖衣称为糖萼，它使细胞更润滑。
12. 间隙连接将一个细胞的细胞骨架与相邻细胞的细胞骨架连接起来或与胞外基质相连。
13. 一片枯萎的植物叶子可以比作放了气的自行车轮胎。
14. 原胶原肽链的一级结构中有 Gly-x-y 的重复序列，它对胶原纤维高级结构的形成是十分重要的。
15. 由于蛋白聚糖坚硬的结构，它可以承受大的压力。
16. 基膜是一层特化的胞外基质层，上皮细胞层附着其上。

三、选择题

1. 在一个蛋白肽上加 RGD 序列可能会（　　）培养细胞与一个覆盖了纤连蛋白的培养基之间的结合。
   A. 提高　　B. 抑制　　C. 没有影响　　D. 以上都不对
2. 植物细胞通讯连接的方式是（　　）。
   A. 间隙连接　　B. 桥粒连接　　C. 紧密连接　　D. 胞间连丝
3. 植物细胞胞间连丝的形成与植物细胞的（　　）有关。
   A. 高尔基体　　B. 质膜　　C. 细胞核　　D. 内质网
4. 细胞外基质的组织者是（　　）。
   A. 胶原　　B. 纤连蛋白　　C. 层黏连蛋白　　D. 蛋白聚糖
5. 钙依赖性黏着对于钙黏着蛋白就像不依赖钙黏着对于（　　）。
   A. IgSF 蛋白　　B. 纤连蛋白　　C. 整合蛋白　　D. 蛋白聚糖
6. 细胞质基质是细胞内除去细胞器以外的物质，又称胞质溶胶，功能是（　　）。
   A. 为 DNA 合成提供场所　　B. 为蛋白质合成提供氨基酸原料

C. 是丙酮酸彻底氧化的所在地　　D. 以上都正确

7. 胰腺腺泡的细胞合成和分泌功能强的消化酶。酶分泌到腺泡腔，然后流入胰腺的导管，最终流入肠。这些酶的向后渗漏能引起自消化。你预计在胰腺腺泡细胞间通过何种连接阻止酶的向后渗漏?

A. 间隙连接　B. 紧密连接　C. 桥粒　D. 黏着连接

8. 下列都是细胞外基质蛋白，其中（　）起细胞外基质骨架的作用。

A. 胶原　B. 层黏连蛋白　C. 纤连蛋白　D. 蛋白聚糖

9. 从上皮细胞的顶端到底部，各种细胞表面连接出现的顺序是（　）。

A. 紧密连接→黏着连接→桥粒→半桥粒

B. 桥粒→半桥粒→黏着连接→紧密连接

C. 黏着连接→紧密连接→桥粒→半桥粒

D. 紧密连接→黏着连接→半桥粒→桥粒

10. 基膜特有的细胞外基质蛋白是（　）。

A. 层黏连蛋白　B. 胶原

C. 纤连蛋白　D. 蛋白聚糖

11. 下列哪一类型的细胞桥粒最多?

A. 平滑肌细胞　B. 红细胞

C. 皮上的表皮细胞　D. 神经细胞

12. 细胞内中间纤维通过（　）连接方式，可将整个组织的细胞连成一个整体。

A. 黏着带　B. 黏着斑　C. 桥粒　D. 半桥粒

13. 下列物质中除（　）外，都是细胞外基质的组成部分。

A. 胶原　B. 层黏连蛋白　C. 整联蛋白　D. 蛋白聚糖

14. 用抗纤连蛋白的抗体注射胚体，发现在神经系统发育过程中神经嵴细胞的迁移受到抑制。这个实验说明（　）。

A. 神经嵴发育包括抗体基因的表达

B. 发育中的神经细胞无需合成纤连蛋白

C. 纤连蛋白/抗体复合物形成神经细胞的迁移途径

D. 胚胎中的神经元在移动过程中必须与纤连蛋白暂时结合

15. 植物细胞间有独特的连接结构，称为胞间连丝，其结构（　）。

A. 类似动物细胞的桥粒　B. 类似间隙连接

C. 类似紧密连接　D. 不是膜结构

16. 尽管组成细胞外基质的蛋白家族各不相同，但它们有一个共同点（　）。

A. 有两个以上具备特异性结合的位点　B. 都是来自免疫系统的蛋白

C. 都有跨膜结构域　D. 都不与细胞相连

17. 下列哪一项不是整联蛋白的功能?

A. 整联蛋白在细胞外基质中形成松散的，水化的凝胶

B. 整联蛋白将细胞锚定在基质上

C. 整联蛋白将信号传递到胞内部分

D. 整联蛋白有助于形成特化的细胞-细胞黏连结构

18. 胶原由 3 条多肽组成，每条链为 1000 个氨基酸，并且是三肽 Gly-x-y 的重复。其中“x”多为（　　）。

A. 羟脯氨酸　　B. 赖氨酸　　C. 丝氨酸　　D. 脯氨酸

19. 如果实验室的大鼠带有一个基因突变，导致编码的 L-选择蛋白丧失功能，它们会出现下列哪一种症状?

A. 皮上出现水疱　　B. 凝血缺陷

C. 转移　　D. 不能抵抗组织感染

20. 下列和 N-CAM 及 V-CAM 最相关的是哪一类蛋白?

A. 蛋白聚糖　　B. 抗体　　C. 整联蛋白　　D. 选择蛋白

21. 抗选择蛋白的抗体如何起到消炎药作用?

A. 抗选择蛋白的抗体能限制激活的内皮细胞表达选择蛋白

B. 抗选择蛋白的抗体与糖配基竞争嗜中性粒细胞表面的选择蛋白结合位点

C. 抗选择蛋白的抗体限制中性粒细胞暂时结合到血管壁上

D. 抗选择蛋白的抗体限制内皮细胞的激活而生成血小板激活因子

22. 心肌细胞必须同步收缩形成有效的心跳，传递到每个细胞的收缩电信号也需要同时到达，哪种细胞间连接具有此种作用?

A. 间隙连接　　B. 紧密连接　　C. 桥粒　　D. 黏着连接

23. 紧密连接主要存在于（　　）。

A. 上皮细胞　　B. 心肌组织细胞

C. 肝细胞　　D. 肾细胞

24. 将荧光素注射到一个植物细胞中，（　　）在相邻细胞中出现；若将 DNA 注射到一个植物细胞中，（　　）在相邻的细胞中出现。

A. 不会；不会　　B. 不会；会

C. 会；不会　　D. 会；会

25. 连接子是间隙连接的基本单位，中间有一直径为 1.5～2 nm 的孔道，可允许（　　）。

A. 分子质量在 5 kDa 以下的分子通过

B. 分子质量在 1 kDa 以下的分子通过

C. 分子质量在 17 kDa 以下的分子通过

D. 分子质量在 60 kDa 以下的分子通过

26. 在半桥粒连接中，整联蛋白（　　）。

A. 组成连接线　　B. 与另一细胞的整联蛋白相连

C. 与另一细胞的细胞外基质相连　　D. 与另一细胞的连接子相连

27. 体外培养的成纤维细胞通过（　　）附着在培养瓶壁上。

A. 紧密连接　　B. 黏着斑　　C. 桥粒　　D. 半桥粒

28. 在下列蛋白中，除（　　）外，都是黏着连接所需要的。

A. 跨膜蛋白　　B. 细胞内附着蛋白

C. 肌动蛋白　　D. 中间纤维

29. 下列连接方式中，除（　　）外，都具有通讯的作用。

A. 桥粒连接　　B. 间隙连接　　C. 胞间连丝　　D. 化学突触

30. 蛋白聚糖是由氨基聚糖侧链与核心蛋白的（　　）残基共价形成的巨型分子。

A. 脯氨酸　　B. 酪氨酸　　C. 丝氨酸　　D. 甘氨酸

31. 下列连接方式中属于与中间纤维相连的锚定连接的是（　　）。

A. 黏着带　　B. 黏着斑　　C. 桥粒　　D. 紧密连接

四、简答题

1. 层黏连蛋白（LN）的主要功能是什么?
2. 哺乳动物细胞纤连蛋白通过跨膜蛋白与肌动蛋白形成网络，使细胞处于固定的位置。为什么癌细胞能够突破这种约束而转移呢?
3. 比较黏着斑和半桥粒。
4. 何谓 RGD 序列?
5. 比较初生细胞壁和次生细胞壁。
6. 果胶的作用是什么?
7. 蛋白聚糖在细胞外基质中的作用是什么?
8. 比较纤连蛋白和整联蛋白。
9. 比较紧密连接和间隙连接。

五、实验设计与分析

1. 如何证明革兰氏阳性菌细胞壁中胞壁质具有骨架作用决定细胞的形态?
2. 在研究昆虫神经系统发育的过程中，有人推测中枢神经系统之外的神经细胞沿着细胞外层黏连蛋白的途径生长。但这些途径富含层黏连蛋白和胶原蛋白，能否确定这些细胞是沿着层黏连蛋白，而不是沿着胶原蛋白生长的? 设计一个体外实验鉴定这两种可能性。
3. 假定有四种大鼠细胞培养系。培养物 1 是从胚胎胶质细胞分离的上皮细胞系，培养物 2 也是从胚胎细胞分离的神经外层细胞，培养物 3 是从培养物 1 中分离得到的，但转化了一个 N-钙黏着蛋白的基因，培养物 4 从培养物 2 中分离得到，但转化了一个 E-钙黏着蛋白。单层培养这些细胞系时，加入了放射性同位素标记物，悬浮培养相应的单层细胞，然后再将其中一部分标记细胞与单层培养的同类细胞混合，再取一部分标记细胞与不同类单层培养细胞混合。请根据下表完成下列作业：

（1）在图 Q4-1 中预测悬浮培养细胞与单层培养细胞间的聚集关系。

悬浮培养的细胞

单层生长的细胞	1	2	3	4	5
1					
2					
3					
4					
5					

图 Q4-1　四种不同细胞培养系单层生长表（引自 Pruitt，1996）

数字 1~5 表示 5 种不同的细胞，“+”表示有聚集，“-”表示无聚集

（2）第5种鼠类成纤维细胞称为L细胞，不表达钙黏着蛋白。预测其聚集关系。

六、问答题

1. 说明细胞外基质的主要组成及它们的主要功能。
2. 胶原是水不溶性蛋白，它的合成和装配过程怎样？
3. 在黑暗中生长的幼苗茎中的细胞，使其微管取水平方向排列，这将如何影响植物的生长？
4. 为什么青霉素对革兰氏阳性菌具有抑制作用？
5. 编码胶原蛋白的基因突变往往造成有害的后果，导致严重疾病。改变甘氨酸残基的突变尤其具有破坏性，因为胶原蛋白链中每三个位点就有一个甘氨酸残基，以保证形成特有的三股螺旋。
   （1）如果两个胶原蛋白基因拷贝中仅一个有缺陷，这样的胶原突变有害吗？
   （2）如果甘氨酸残基突变为另一个氨基酸时，并发生在靠近杆形成区的氨基端，这种突变影响较大。请解释可能的原因。
6. 蛋白聚糖的糖基富含负电荷。如果不富含负电荷，其特性将有何变化？
7. 黏着斑部位是半桥粒的相似物，也是细胞附着到胞外基质的部位。这些连接在成纤维细胞中很普遍，但在上皮细胞中基本没有。另一方面，半桥粒在上皮细胞中很常见而在成纤维细胞中则不存在。在黏着斑部位细胞内与肌动蛋白细胞骨架形成连接，而半桥粒中则与中间纤维形成连接。试解释这两者分布差异的原因？
8. 比较黏着带和黏着斑连接的结构组成和功能。
9. 间隙连接是动态结构，像普通的闸门离子通道一样。它们应答细胞中的变化，可逆地改变构象而关闭通道。如果胞内钙离子浓度上升，间隙连接的通透性可在数秒内下降。请推测这种调节形式对细胞正常活动的意义。
10. 植物的初生壁和次生壁是如何形成的？
11. 下列物质：谷氨酸、mRNA、环腺苷酸、shh蛋白（sonic hedgehog，shh）、Ca^{2+}、G蛋白、质膜磷脂，哪个（或哪些）信号会通过间隙连接或胞间连丝，从一个细胞扩散到另一个细胞？
12. 如果植物细胞中有中间纤维为细胞提供抗拉强度，则植物的细胞壁就不必要了。你如何看待这种说法？
13. 什么是黏着斑，在细胞中有何作用？
14. 通过交换小的代谢产物和离子，间隙连接提供细胞间的代谢和电耦联。那为何神经元通讯主要是通过突触而不是间隙连接？
15. 转移的癌细胞表面蛋白特征通常发生一些变化。比较一个具有侵染力的癌细胞与正常细胞的细胞表面蛋白，说明癌细胞表面的蛋白有什么不同，并解释产生改变的原因。
16. 说明间隙连接的结构特点和作用。
17. 植物细胞壁的主要成分有哪些？各起什么作用？
18. 桥粒连接的特点和作用是什么？
19. 举例说明哪些特定组织的性能通常与胶原分子的三维结构有关。
20. 蛋白聚糖在细胞外基质中的功能是什么？

七、名词释义

1. 基底膜（basement membrane）
2. 整联蛋白（integrin）
3. 细胞黏着（cell adhesion）
4. 细胞黏着分子（cell adhesion molecule）
5. 胞间连丝（plasmodesma）
6. 细胞膜抗原（cell membrane antigen）
7. 凝集素（lectin）
8. ABO 血型抗原（ABO blood-type antigen）
9. 细胞连接（cell junction）
10. 紧密连接（tight junction）
11. 通讯连接（communication junction）
12. 细胞外被（cell coat）
13. 神经细胞黏着分子（neural cell adhesion molecule，N-CAM）
14. 钙依赖黏着分子（calcium-dependent adhesion molecule）
15. 选择蛋白（selectin）

第五章 细胞通讯

一、填空题

1. 细胞通讯的方式有__________、__________、__________。

2. G蛋白的α亚基上有三个活性位点，分别是：__________、__________和__________。

3. 动物细胞间通讯连接的主要方式是________，植物细胞的通讯连接方式是通过________。

4. 钙调蛋白是由148个氨基酸组成的肽，有__________个Ca^{2+}结合位点。

5. NAP是了解较多的一类肽类激素，它可以降低血压。这类信号的传递需要通过第二信使__________的放大作用，并产生两种效应：①__________；②__________。

6. 细胞识别作用引起三种反应：①是__________；②是__________；③是__________。

7. 根据参与信号转导的作用方式的不同，将受体分为三大类：①_________；②_________；③__________。

8. G_i是起抑制作用的G蛋白，作用方式是：________________________________。

9. G_s的α亚基和G_i的α亚基上都有细胞毒素ADP核糖基化位点，但结合的毒素是不同的，前者结合是_________________________，后者结合的是_________________________。

10. 细胞外信号分子都有一个基本的功能：_______________________。

11. 受体交叉是指____。

12. 胞内受体一般有三个结构域：①_______________________________________；②____；③_________________________________。

13. 蛋白激酶C（PKC）有两个功能域，一个是_________________________________，另一个是____________________________________。

14. 甘油二酯（DAG）可被________________________________而失去第二信使的作用，也可被_______________________________而失去第二信使作用。

15. 从蛋白质结构看，蛋白激酶A是由__________组成的，而蛋白激酶C__________组成。

16. 蛋白激酶C是__________和__________依赖性的酶。

17. EGF的信号解除是通过内吞作用进行的，即_________________________________。

18. 自身免疫性受体病是由于________________________________。

19. 细胞通讯中有两个基本概念：信号传导和信号转导，前者强调___________________，后者强调_________________________。

20. 细菌的趋化性适应，主要是产生两种反应：①_____________________________________；②_____________________________________。

21. 受体修饰是细胞适应的一种方式，机理是：①____；或是②____。

22. 受体病有三种可能的原因：①__________；②__________；③__________。
23. 在肌醇磷脂信号途径中，有三种第二信使：__________、__________和__________。
24. 细胞内的受体具有同源性，一般由 800 个氨基酸组成，分为三个结构域，即__________，__________和__________。
25. 蛋白激酶 A 和蛋白激酶 C 激活靶蛋白的作用位点都是__________或__________残基。
26. IP_3 是水溶性的小分子，可与内质网膜上的__________，启动__________，向细胞质中释放 Ca^{2+}。
27. cGMP 信号通路是酶联受体的一种，受体本身就是__________酶。其细胞外部分有信号分子结合的位点，细胞内部分有一__________酶结构域，活化后可催化 GTP 生成 cGMP。在这个系统中，cGMP 与__________系统中的 cAMP 一样都充当第二信使。

    另外一个研究得比较清楚的酶联受体信号系统就是 EGF 信号通路。EGF 受体是一种__________，分子质量为 170 kDa，广泛分布于哺乳动物细胞的上皮细胞、人成纤维细胞、胶质细胞、角质细胞等。EGF 受体是一条含有 1186 个氨基酸的多肽链，由________个结构域组成：即 EGF 结合结构域、__________和蛋白激酶活性区域。

    EGF 信号解除是通过胞吞作用进行的，EGF 被吞入后，再运送至____________。

    Ras 蛋白的激活与 EGF 信号有关。Ras 蛋白是原癌基因 *c-ras* 表达的产物，也是一种__________蛋白，具有鸟苷结合位点。对细胞的生长、分化、细胞骨架、蛋白质运输和分泌等功能产生调节和影响。在正常情况下，Ras 蛋白基本上都与__________结合在一起，定位在细胞膜内表面上。当 EGF 与受体结合后，受体细胞质面的酪氨酸蛋白激酶被激活后__________作用于 Ras 蛋白，使 Ras 蛋白立即解离__________，而与__________结合，处于活化状态并发出刺激细胞生长的信号。

二、判断题

1. IP_3 是直接由 PIP_2 产生的，PIP_2 是从肌醇磷脂衍生而来的，肌醇磷脂没有掺入另外的磷酸基团。
2. 胞外信号分子都是通过与膜受体结合来传递信息。
3. 信号分子与受体的结合具有高度的特异性，并且不可逆。
4. 来源于质膜的不同信号能通过细胞内不同信号途径间的相互作用而被整合。
5. IP_3 是 PKC 系统中的第二信使，它直接激活内质网上的钙泵，动员 Ca^{2+} 的释放。
6. cAMP、cGMP、DAG、IP_3 都是细胞内的第二信使，它们的产生都与 G 蛋白有关。
7. 参与信号转导的受体都是膜蛋白。
8. 信号分子有水溶性和脂溶性之分，但它们的作用机理是相同的。
9. 受体被磷酸化修饰可改变受体的活性：不能与信号分子结合，或与抑制物结合失去信号转导的作用。
10. *ras* 是一个癌基因。
11. 神经递质（neurotransmitter）是从神经末梢释放出来的小分子物质，是神经元与靶细胞的化学信使，也可进行远距离通讯。
12. 蛋白激酶 C 是一种 Ca^{2+} 和脂依赖性的酶。

13. 胞内受体一般处于受抑制状态，细胞内信号的作用是解除抑制。
14. Ca^{2+}激酶与PKA、PKC、酪氨酸蛋白激酶一样，都是使靶蛋白的丝氨酸和苏氨酸磷酸化。
15. 磷酸酶具有脱去一个磷酸基团的活性，激酶可给一个分子加上一个磷酸基团。磷酸化酶则具有以上的两种功能。
16. 乙酰胆碱对一个动物的不同细胞有不同的效应，而且它和不同细胞上的不同受体分子相结合。
17. GTP结合的α亚基能够激活G蛋白耦联受体的其他下游分子。
18. 钙调蛋白调节细胞内钙的浓度。
19. 酪氨酸磷酸化用来构建结合部位，用于其他蛋白质与受体酪氨酸激酶的结合。
20. 乙酰胆碱由细胞分泌后，是长寿的，因为它必须到达周身的靶细胞。

三、选择题

1. 表皮生长因子（EGF）的跨膜信号转导是通过（　　）实现的。
   A. 活化酪氨酸激酶　　B. 活化腺苷酸环化酶
   C. 活化磷酸二酯酶　　D. 抑制腺苷酸环化酶
2. 患了甲状腺腺瘤的患者在其部分甲状腺细胞中会含有持续激活的G蛋白。肿瘤细胞不仅分泌大量的甲状腺激素，同时不断地分裂生长。基于这些症状，突变的G蛋白参与了下列哪种信号传导途径?
   A. cAMP调节途径　　B. MAP蛋白激酶途径
   C. cAMP和MAP蛋白激酶途径均有　　D. cAMP和MAP蛋白激酶途径均没有
3. MAP激酶（　　）。
   A. 通过Ras途径被激活
   B. 磷酸化靶蛋白的酪氨酸残基
   C. 通过将转录因子磷酸化，激活或阻遏靶基因的转录
   D. 受到MEK激酶的磷酸化而被激活
4. 动员细胞内储存Ca^{2+}释放的第二信使分子是（　　）。
   A. cAMP　　B. DAG　　C. IP_3　　D. cGMP
5. 动物细胞间信息的传递可通过（　　）。
   A. 紧密连接　　B. 间隙连接　　C. 桥粒　　D. 胞间连丝
6. 在下列蛋白激酶中，受第二信使DAG激活的是（　　）。
   A. PKA　　B. PKC　　C. PK-MAP　　D. PK-CaM
7. PK-MAP是一种可以直接作用于DNA结合蛋白的激酶，它的激活需要苏氨酸、酪氨酸残基的磷酸化，这一激活作用是由（　　）催化的。
   A. PKA　　B. PKC　　C. PK-CaM　　D. PKG
8. MAP激酶级联反应不仅能促进特异性转录因子参与的转录，也能促进（　　）参与的翻译。
   A. SRE　　B. MAPK
   C. PHAS-I和eIF4E　　D. 以上都是

9. 参与血压调节的第二信使是（　　）。
A. cAMP　　B. NO　　C. CO　　D. IP_3

10. 生长因子主要作为（　　）启动细胞内与生长相关的基因表达。
A. 营养物质　　B. 能源物质　　C. 结构物质　　D. 信息分子

11. 细胞信号转导不包括（　　）。
A. 细胞间通讯　　B. 细胞垃圾的释放
C. 环境监控　　D. 应激反应

12. Ras 蛋白（　　）。
A. 与胞外配体直接结合
B. 当与 Grb2 和 Sos 蛋白结合时，被激活
C. 失活时与 GDP 结合
D. 被 Sos 激活时，GDP 被 GTP 取代
E. 激活 Raf 激酶，使之继续激活 MEK 激酶

13. 蛋白激酶 A 通过使蛋白激酶 A 依赖性蛋白质的（　　）残基磷酸化而参与信号转导。
A. 丝氨酸　　B. 精氨酸　　C. 酪氨酸　　D. 甲硫氨酸

14. *ras* 基因中的哪种突变可能导致恶性肿瘤？
A. 不能水解 GTP 的 *ras* 突变
B. 不能结合 GTP 的 *ras* 突变
C. 不能结合 Grb2 或 Sos 的 *ras* 突变
D. 不能结合 Raf 的 *ras* 突变

15. 下列关于酪氨酸蛋白激酶系统的描述，（　　）项是不正确的。
A. 受体的膜外部分是生长因子的识别结合部位
B. 受体的膜内部分具有酪氨酸蛋白激酶的活性
C. 多数为单次跨膜蛋白
D. 该系统与细胞的生长分裂有关

16. 百日咳毒素作用于 PKA 系统中的（　　）。
A. R_s　　B. R_i　　C. G_s　　D. G_i

17. cGMP 是一种第二信使，它作用于（　　），使之激活。
A. 蛋白激酶 C　　B. 蛋白激酶 G　　C. 蛋白激酶 A　　D. G 蛋白

18. 信息分子（配体）与受体的结合（　　）。
A. 是不可逆的　　B. 没有特异性
C. 具有可饱和性　　D. 具有生物效应

19. 在下列激酶中，除（　　）外，都是使靶蛋白的丝氨酸或苏氨酸磷酸化。
A. 蛋白激酶 C　　B. 钙激酶
C. 酪氨酸蛋白激酶　　D. 蛋白激酶 G

20. 受体隔离是（　　）。
A. 细胞适应的惟一方式
B. 通过受体的磷酸化和去磷酸化进行的

C. 通过内吞作用将受体转入细胞质进行调节
D. 细菌趋化性的一种方式

21. 蛋白激酶C的激活依赖于（ ）。
A. IP_3 B. DAG C. $IP_3 + Ca^{2+}$ D. $DAG + Ca^{2+}$

22. 肾上腺素与胰高血糖素均与G蛋白受体结合并激活糖原分解。因此，肾上腺素与胰高血糖素一定是（ ）。
A. 具有十分相似的结构并且与相同的受体结合
B. 与含有不同的配体结合位点但是有相似功能的受体相结合
C. 与不同的受体结合并且激活不同的第二信使
D. 与相同的受体结合，但一个是在细胞内而另一个在细胞外发挥作用

23. 如果用匀浆法破裂肝细胞，将破裂的细胞膜（颗粒状）和细胞质（液状）相分离，在细胞质中加入肾上腺素，其结果是（ ）。
A. 产生 cAMP B. 肾上腺素与其受体结合
C. 激活腺苷酸环化酶 D. 以上均不对

24. 下列关于信号分子的描述中，不正确的一项是（ ）。
A. 本身不介入催化反应 B. 本身不具有酶的活性
C. 能够传递信息 D. 可作为作用底物

25. 在肝、脂肪和平滑肌细胞中肾上腺素均与相同的受体结合。但是在肝细胞中，肾上腺素引起胰高血糖素分解；在脂肪中，则使三酰甘油分解；在平滑肌细胞中则引起肌肉松弛。相同的一个激素如何产生三个不同的反应呢？
A. 同一个受体激活三个不同的第二信使
B. 同一个第二信使激活三个不同的细胞内级联反应
C. 同一个酶既可以分解胰高血糖素和脂肪，又可以使细胞松弛
D. 以上都不对

26. G蛋白的下列哪一种功能使其进行自我抑制？
A. α亚基的 GTPase 活性 B. 效应子的活性
C. 与受体的结合 D. 亚基的解离

27. 当胰岛素与其受体酪氨酸激酶结合后，随后发生的事件是（ ）。
A. IRS 的结合→具有 SH2 结构域的蛋白质的磷酸化→效应
B. 与具有 SH2 结构域的蛋白质结合→IRS 的磷酸化→效应
C. 自发磷酸化并将 IRS 磷酸化→与具有 SH2 结构域的蛋白质结合→效应
D. 自发磷酸化并与 IRS 结合→将具有 SH2 结构域的蛋白质磷酸化→效应

28. 下列哪种因子特异性地参与了G蛋白偶联反应？
A. 能在不同的细胞中将不同的蛋白质磷酸化的蛋白激酶
B. 能以异构体存在的受体
C. 能以异构体存在的G蛋白亚基
D. 以上均是

29. 下列通讯系统中，受体可进行自我磷酸化的是（ ）。

A. 鸟苷酸环化酶系统　　B. 酪氨酸蛋白激酶系统
C. 腺苷酸环化酶系统　　D. 肌醇磷脂系统

30. 平滑肌细胞上的乙酰胆碱相对于磷酸酯酶 C 相当于一个肝细胞上的胰高血糖素相对于（　　）。
A. 蛋白激酶 C　　B. cAMP
C. 腺苷酸环化酶　　D. GTP

31. 受体酪氨酸激酶（　　）。
A. 有一个胞质激酶结构域
B. 以二聚体的形式与配体结合
C. 与配体结合时，其胞质结构域的构象发生改变
D. 构象发生变化后，具有催化活性
E. 具有催化活性时发生自体磷酸化

32. 酪氨酸与酪氨酸激酶受体的关系相当于丝氨酸和苏氨酸与（　　）的关系。
A. 磷酸酶　　B. G 蛋白
C. cAMP　　D. 蛋白激酶 A 和蛋白激酶 C

33. 在一个信号转导途径中，从上游分子向下游分子传递了（　　）。
A. 电子　　B. 质子
C. 磷酸　　D. 蕴含在蛋白质构象改变中的信息

34. 信号转导阐明了外界分子如何导致细胞内的变化，这些过程（　　）。
A. 通常涉及配体的跨膜运动
B. 放大了外界刺激的强度
C. 依赖于细胞表面可与胞内蛋白作用的受体分子
D. 可以在胞内引发产生第二信号分子

35. 腺苷酸环化酶和磷酯酶 C 相对于 G 蛋白耦联受体相当于具有 SH2 结构域的蛋白质相对于（　　）。
A. IRS　　B. 受体酪氨酸激酶
C. 胰岛素　　D. 自发磷酸化

36. *FAK* 基因中的一个突变可能导致（　　）。
A. 细胞畸形　　B. 创伤异常愈合
C. 细胞生长异常　　D. 以上都不是

37. 刺激 G 蛋白进而激活腺苷酸环化酶的细菌毒素是（　　）。
A. 霍乱毒素　　B. 白喉毒素
C. 百日咳毒素　　D. 肺炎球菌毒素

38. 在下列蛋白激酶中，活性与 Ca^{2+} 有关的是（　　）。
A. PKA　　B. PKC　　C. PK-CaM　　D. PK-MAP

39. 细胞通过增加细胞内钙离子浓度、从膜上释放 IP_3 及产生水杨酸对外界刺激作出应答。这个细胞属于下列哪种类型？
A. 细菌　　B. 病毒　　C. 植物　　D. 动物

40. SH2 结构域（　　）。
A. 是许多信号转导蛋白都具有的结构域
B. 长约 100 个氨基酸
C. 自体磷酸化后与酪氨酸激酶结合
D. 与所有 SH2 结构域的亲和力都相同
E. 通常存在于具有催化活性的蛋白质的多肽序列中

四、简答题

1. 酪氨酸激酶的自身磷酸化有何作用?
2. 为什么说蛋白激酶 C 是脂和钙依赖性的激酶?
3. 酵母 *STE5* 基因的突变影响到多个层次的信号传导，请解释机理。
4. 为了保持局部信号应答，必须防止旁分泌信号分子扩散得太远。为达到这一目的可有几种不同方式? 请解释。
5. 霍乱毒素与百日咳毒素的作用机理有何不同?
6. 任何信号级联反应的一个重要特征是其进行关闭的能力。若在一个级联反应中有多个需要被关闭的开关，你认为哪个（或哪几个）是最重要的?
7. 为什么细胞利用 Ca^{2+}（通过钙泵使细胞内 Ca^{2+} 浓度维持在 10^{-7}mol/L）进行胞内信号传递，而不是其他离子，如 Na^{+}（通过钠泵使细胞内钠浓度维持在 10^{-3}mol/L)?
8. 导致 G 蛋白激活的反应和导致 Ras 激活的反应之间有哪些异同?
9. G 蛋白偶联受体与酶联受体的主要不同点是什么?
10. 举例说明单体 G 蛋白的活性如何受到其他蛋白的调控。
11. 蛋白激酶 C 是怎样促进基因转录的?
12. PKA 和 PKC 系统在信号放大中的根本区别是什么?
13. 当一个光子被视紫红质光感受器吸收，可激活大约 200 个称作转导素的胞内蛋白质分子。每一个分子随后结合并激活一种酶，即磷酸二酯酶，此酶每秒可水解 4000 个 cGMP 分子。cGMP 存在于杆状感光细胞的胞质溶胶中。cGMP 与质膜的 Na^{+} 通道结合，使得 Na^{+} 通道保持开启的构象。如果每个转导蛋白分子维持激活状态 100 ms，信号的放大可以达到什么程度?
14. 细菌趋化性的本质是什么?
15. 血小板来源的生长因子（PDGF）可激活 Elk-1 转录因子。这个过程涉及哪些分子?
16. 列举 MAP 激酶转导信号跨越核膜的三种方式。
17. 细胞为了进行快速的信号传递，为什么必须在细胞内快速分解 cAMP?

五、实验设计与分析

1. 现有一个表达血小板衍生生长因子（PDGF）受体和表皮生长因子（EGF）受体的人类细胞株。对该细胞株进行了 6 种不同的处理培养（表 Q5-1)，如方案 A 是在培养基中加入 PDGF 或 EGF 使细胞进入 S 期并进行 DNA 复制。并对每一个处理中的 DNA 复制进行检测，请推测这些实验结果。

表 Q5-1 在细胞株培养中添加 PDGF 或 EGF 的实验处理方案

组别	处理方案	是否加入 PDGF/EGF	DNA 复制与否
A	不经任何处理	PDGF 或 EGF	________
B	显微注射（进入细胞）持续活性的 Ras 蛋白	不加入	________
C	显微注射盐水（“模拟”注射）	PDGF 或 EGF	________
D	显微注射盐水（“模拟”注射）	不加入	________
E	显微注射抗 Ras 抗体	PDGF 或 EGF	________
F	显微注射抗 Ras 抗体	不加入	________

2. 在一系列实验中，将编码突变型受体酪氨酸激酶的基因导入细胞。这些突变基因比正常基因的表达高很多，而细胞仍表达来自其正常受体基因的正常受体。导入下列突变受体酪氨酸激酶基因，会产生什么样的结果?
   (1) 缺少胞外结构域;
   (2) 缺少胞内结构域。
3. 血清紧张素是一个小分子胺，可充当神经递质在相邻的神经细胞间传递信号，同时也可以作为一种激素进入血液并且在非相邻组织的细胞中传递信号。可能在性格、情绪、睡眠及中枢神经系统的镇痛中起作用。为了建立一个血清紧张素作用于靶细胞的模型，通过实验发现:
   (1) 血清紧张素能提高靶细胞中的 cAMP 含量;
   (2) 在匀浆处理的细胞中也可以观察到 cAMP 的增加，但是当将颗粒片段去除后则不会观察到这一现象;
   (3) 在匀浆处理的细胞中，血清紧张素与膜片段的解离需要 GTP 的存在;
   (4) 靶细胞膜具有 GTP 酶活性。当对于血清紧张素和肾上腺素敏感的靶细胞被两种激素同时处理时，并不会产生加性效应。
   请就以上结果推测血清紧张素的作用机制。
4. 两个蛋白激酶 K1 和 K2，在胞内信号级联反应中依次起作用。如果两个蛋白激酶中任何一个含有致其永久性失活的突变，则细胞对胞外信号无反应。假如一种突变使 K1 永久激活，则在含有该种突变的细胞中即使没有胞外信号也可观察到一种响应。现有一种双突变细胞：含有失活突变的 K2 和带激活突变的 K1，观察到即使没有胞外信号，也会产生反应。那么在正常信号传递途径中，是 K1 激活 K2 还是 K2 激活 K1?

六、问答题

1. 信号分子与受体结合的主要特点有哪些?
2. 霍乱毒素引起腹泻的机制是什么?
3. 比较 cAMP 信号系统与 IP_3-DAG 信号系统在跨膜信号传递作用的异同。
4. 尽管细胞外 Ca^{2+} 通常是很高的，而细胞内 Ca^{2+} 作用的浓度并不高，为什么细胞还是进行了胞内 Ca^{2+} 储存机制?

5. 蛋白激酶 C 是怎样表现出活性的?
6. 类固醇激素受体和离子通道偶联受体所应用的信号机制都很简单，并且信号成分也十分少。它们能导致起始信号的放大吗? 如果是，如何放大起始信号?
7. G 蛋白偶联受体是以降低 GDP 结合的强度来激活 G 蛋白的。包括引起 GDP 的迅速解离，随后被胞质溶胶中浓度比 GDP 高得多的 GTP 所代替。假设一种 G 蛋白亚基的突变造成与 GDP 的亲和力降低，而不显著改变和 GTP 的亲和性，这将引起什么后果? 比较此种突变的效应和霍乱毒素的效应。
8. Ras 蛋白的功能起一种分子开关的作用，通过其他蛋白质的作用使得 GTP 与其结合而处于激活态。一种 GTP 酶激活蛋白可促进将结合 Ras 的 GTP 水解为 GDP，于是 Ras 的工作就像电路的开关，一个人把它打开而另一人则把它关掉。假如一种突变细胞没有 GTP 酶激活蛋白，在 Ras 活性对胞外信号的反应方式中预计会发现什么异常?
9. 请比较神经细胞与分泌激素的内分泌细胞信号传导的异同。并讨论两种机制的优点。
10. 关于多次跨膜和单次跨膜受体蛋白进行信号转导的机制，有这样的推测：当结合了配体且被膜另一侧的结构域感知时，多次跨膜蛋白可改变其构象，于是通过蛋白分子传递一个跨膜信号。相反，单次跨膜蛋白不能将构象变化传递过膜，而是通过寡聚化行使功能。你同意此说法吗? 依据是什么?
11. 一个细胞如果仅有充足的营养支持，而没有其他细胞的信号交流，就会自杀。这种调节的意义是什么?
12. 肌细胞中的肌球蛋白/肌动蛋白系统的收缩是由胞内 Ca^{2+} 浓度的增加来触发的。肌细胞具有特殊的 Ca^{2+} 释放通道——里阿诺碱（ryanodine）受体，因为它对药物中的里阿诺碱敏感。里阿诺碱受体位于肌质网的膜中，与内质网中的 IP_3 门控 Ca^{2+} 通道相反，操纵里阿诺碱受体的配体就是 Ca^{2+}。试讨论里阿诺碱受体通道对肌细胞收缩的重要性。
13. 载体蛋白与离子通道有什么区别? 有哪些相似?
14. 比较异源三聚体 G 蛋白和单体 G 蛋白。
15. 比较酪氨酸蛋白激酶和丝氨酸/苏氨酸蛋白激酶。
16. 比较植物中的信号传导途径和动物中的信号传导途径。
17. 说明 G 蛋白在跨膜信号传递中的作用。
18. *ras* 基因中的一个突变（导致蛋白质中第 12 位甘氨酸被缬氨酸取代）会导致蛋白 GTP 酶活性的丧失，并且会使正常细胞发生癌变。请解释这一现象。

七、名词释义

1. 受体酪氨酸激酶（receptor tyrosine kinase）
2. Ras 蛋白（Ras protein）
3. 磷酸酶（phosphatase）
4. SH 结构域（SH domain）
5. 串话（crosstalk）
6. 表面受体（surface receptor）
7. 细胞内受体（intracellular receptor）

8. 表面受体超家族（superfamily of surface receptor）
9. 效应物（effector）
10. 表皮生长因子（epidermal growth factor，EGF）
11. EGF 受体（EGF receptor）
12. Grb2 蛋白（growth factor receptor-bound protein 2）
13. Sos 蛋白（Sos protein）
14. 受体减量调节（down regulation of receptor）
15. GTP 结合蛋白（GTP-binding protein，G-protein ）

第六章　核糖体与核酶

一、填空题

1. 真核生物有三种 RNA 聚合酶，其中聚合酶Ⅲ转录__________。
2. 原核和真核生物的 mRNA 至少有三种差别：①________；②________；③________。
3. 组成真核生物核糖体大亚基的 rRNA 有三种，分别是：________、________、________。
4. 原核生物和真核生物的核糖体分别是 70S 和 80S，而叶绿体的核糖体是__________，线粒体的核糖体则是__________。
5. 在蛋白质合成过程中，mRNA 是蛋白质合成的__________，tRNA 是按密码子转运氨基酸的__________，而核糖体则是蛋白质合成的__________。
6. 细胞核内不能合成蛋白质，因此，构成细胞核的蛋白质（包括酶）主要由__________合成，并通过__________引导进入细胞核。
7. RNA 编辑是指在__________的引导下，在__________水平上改变__________。
8. 原核生物线粒体核糖体的两个亚基的沉降系数分别是__________和__________。
9. 核糖体两个亚基的聚合和解离与 Mg^{2+} 浓度有很大的关系，当 Mg^{2+} 浓度小于__________时，70S 的核糖体要解离；当 Mg^{2+} 浓度大于__________时，两个核糖体聚合成 100S 的二聚体。
10. RNase P 是一种核酶，是由一条__________和一个分子质量为__________所组成，它参与__________合成的加工。
11. 70S 核糖体中具有催化活性的 RNA 是__________。
12. hnRNA 的内含子剪接遵从__________规则。
13. 真核生物有三种 RNA 聚合酶，分别转录不同的基因，如 RNA 聚合酶Ⅰ转录__________。
14. 核糖体是一种可以进行自我组装的细胞器。真核生物的核糖体是在细胞核内装配的。编码__________三种 rRNA 的基因在染色体上属于同一个__________，并在核仁中转录成____________前体。离体实验表明：原核生物核糖体 30S 小亚基上的 21 种蛋白质中，有__________种是初级结合蛋白，是直接与__________的 rRNA 结合的；剩下的次级结合蛋白并不直接与 rRNA 结合，但它们是维持核糖体的功能所必需的。
15. 蛋白质的合成是在__________指导下进行的，其过程是通过__________将 mRNA 分子中的核苷酸序列转变为多肽链中__________序列。密码子是 mRNA 分子中每__________个相邻的碱基决定合成的多肽链中的一种氨基酸，故也称其为__________体密码。遗传密码是所有 64 种密码子的总称，包括__________3 个终止密码子和 61 个分别编码________种氨基酸的密码子。其中__________若位于 mRNA 的起始端，则是肽链合成的“起步”信号，称为起始密码子；若出现在 mRNA 中间则是__________的密码子。

   tRNA 是单链小分子，为三叶草状结构，有一个__________环，其中__________个碱基可以和 mRNA 上的密码子呈特异性互补，起识别 mRNA 密码子的作用。tRNA 上的这 3 个相邻碱基称为________。

在蛋白质的合成过程中 mRNA 起到__________的作用，即根据 mRNA 分子中密码子的指令将合成多肽链中氨基酸按相应顺序连接起来，密码子决定了多肽链合成的起始、________位置和其上的氨基酸顺序。然而 mRNA 的密码子不能直接识别氨基酸，所以氨基酸必须先与相应的 tRNA 结合形成__________，才能运到核糖体上。tRNA 以其________识别 mRNA 密码子，将相应的氨基酸转运到核糖体上进行蛋白质合成。因此，通过密码子才能翻译出 mRNA 上的遗传信息，翻译过程中需要既能携带氨基酸又能识别密码子的 tRNA 作为连接器，将氨基酸转运到相应密码子的位置，完成蛋白质合成。

16. 蛋白酶体既存在于细胞核中，又存在于胞质溶胶中，是溶酶体外的________，由 10～20 个不同的亚基组成________结构，显示多种肽酶的活性，能够从碱性、酸性和中性氨基酸的________端水解多种与_______连接的蛋白质底物。蛋白酶体对蛋白质的降解是与环境隔离的。主要降解两种类型的蛋白质：一类是_______，另一类就是_____。蛋白酶体对蛋白质的降解通过________介导。________是由 76 个氨基酸残基组成的小肽，它的作用主要是识别要被降解的蛋白质，然后将这种蛋白质送入蛋白酶体的圆桶中进行降解。蛋白酶体对蛋白质的降解作用分为两个过程：①对被降解的蛋白质进行标记，由________完成；②蛋白酶解作用，由__________催化。蛋白酶体存在于所有________细胞中，其活性受________素的调节。

二、判断题

1. 原核生物和真核生物的核糖体都是在胞质溶胶中装配的。
2. 原核生物的核糖体与玉米叶绿体的核糖体极为相似，相互交换亚基后仍具有功能，但与线粒体核糖体相互交换亚基不再起作用。
3. 原核生物和真核生物核糖体的亚基虽然不同，但两者形成的杂交核糖体仍能进行蛋白质合成。
4. 细胞内一种蛋白质总量是否处于稳定状态，取决于其合成速率、催化活性以及降解速率。
5. 反义 RNA 既能通过与 mRNA 互补来抑制 mRNA 的翻译，也能通过本身具有的核酶作用来降解 mRNA 达到抑制 mRNA 翻译的目的。
6. mRNA 的合成是从 DNA 模板链的 3′末端向 5′末端方向移动进行，而翻译过程则是从 mRNA模板的 5′末端向 3′末端进行。
7. 氯霉素是一种蛋白质合成抑制剂，可抑制细胞质核糖体上的蛋白质合成。
8. 单个核糖体的大小亚基总是结合在一起，核糖体之间从不交换亚基。
9. 一种 mRNA 可能包含序列：AATTGACCCCGGTCAA。
10. 核糖体是由单层膜包裹的胞质细胞器。
11. 放线菌酮可特异性地抑制核糖体的蛋白质合成。
12. 因为 DNA 的两条链是互补的，所以给定基因的 mRNA 能以任一链为模板合成。
13. 原核生物核糖体的大亚基可以与真核生物核糖体的小亚基重组。
14. ribozyme（核酶）的化学本质是 RNA，但具有酶的活性，专司切割 RNA。

15. 核糖体 60S 亚基上的 5S rRNA 不是在核仁中合成的。
16. 所有的 mRNA 折叠成翻译所要求的独特三维结构。
17. 真核生物的 18S、28S 和 5S 的 rRNA 属于同一个转录单位，先转录成一个 45S 的前体，然后边加工边装配核糖体的大、小两个亚基。
18. 反义 RNA 是特定靶基因互补链反向转录的产物。
19. 单一核糖体只能合成一种类型的蛋白质。
20. 氯霉素可以抑制 70S 核糖体上的肽基转移酶，阻止肽链的形成。

三、选择题

1. 真核生物核糖体的（　　）是在核仁中合成的。
   A. 28S、18S、5.8S rRNA　　B. 28S、18S、5S rRNA
   C. 28S、5.8S、5S rRNA　　D. 18S、5.8S、5S rRNA
2. RNase P（　　）。
   A. 其核酸外切酶活性催化产生 tRNAs 成熟的 5′末端
   B. 含有 RNA 和蛋白质组分
   C. 体内切割需要两个组分
   D. 体外切割需要两个组分
   E. 采用复杂的二级与三级结构形成催化位点
3. 转酯反应（　　）。
   A. 不需 ATP
   B. 拆开一个化学键后又形成另一个化学键
   C. 涉及对糖磷骨架 OH 基团的亲核进攻
   D. 以上都正确
4. 下列蛋白质中，属于膜结合核糖体合成的有（　　）。
   A. F_0F_1 ATP 酶复合体　　B. 细胞质膜通道蛋白
   C. 16S 核糖体亚基蛋白　　C. 参与三羧酸循环的酶
5. 在锥虫的线粒体中，RNA 编辑（　　）。
   A. 被广泛用于改变多种 mRNA 的编码能力
   B. 只在每个 mRNA 上改变单个核苷酸
   C. 只通过添加或缺失 G
   D. 利用与前体 mRNA 上被编辑区域相邻的碱基互补的指导 RNAs 进行编辑
   E. 所用的指导 RNA 上有一小段区域与被编辑的 mRNA 互补
   F. 进行的方向与转录相同
6. 核糖体上有 A、P、E 三个功能位点，下述说法中，除（　　）外都是正确的。
   A. A 位点的 A 字母是氨酰 tRNA 的简称，该位点又叫受位
   B. P 位点的 P 字母是肽酰 tRNA 的简称，该位点又叫供位
   C. A、P 位点参与肽键的形成和转移
   D. A、E 位点参与肽键的形成和转移

7. Ⅰ组内含子能利用多种形式的鸟嘌呤，包括（　　）。

A. GMP　　B. GDP　　C. GTP

D. dGDP　　E. ddGMP（2′,3′-双脱氧-GMP）

8. Ⅱ组剪接与前体 mRNA 剪接的相似之处是（　　）。

A. 两种内含子具有相似的剪接位点

B. 它们都通过同样的机制进行剪接，其中涉及套索中间体

C. 都由 RNA 催化进行

D. 都需要 U1 snRNP

E. 都可以在没有蛋白质的情况下进行

F. 两种内含子都形成精细的二级结构

9. 在下列 rRNA 中，（　　）具有核酶的活性。

A. 28S rRNA　　B. 23S rRNA　　C. 16S rRNA　　D. 5.8S rRNA

10. 在哺乳动物细胞中，RNA 编辑（　　）。

A. 可以在转录后水平上改变一个基因的编码能力

B. 可在小肠细胞中的 *apo-B* mRNA 中间插入一个终止密码子，在肝细胞中却不发生

C. 通常使每个 mRNA 都发生很大的变化

D. 通过脱氨基可以改变特定的核苷酸

11. 原核生物 mRNA 上的 SD 序列是（　　）。

A. 16S rRNA 结合序列

B. 5S rRNA 结合序列

C. 23S rRNA 结合序列

D. 初级结合蛋白的结合序列

12. Ⅰ组内含子（　　）。

A. 具有核酶的作用，在转录前可自我剪接

B. 形成一个套索形式进行自我剪接

C. 作用时要有 G-OH 作辅助因子

D. 作用时要有 A-OH 作辅助因子

13. 在下列核糖体重组实验中，能够获得有功能核糖体的实验是（　　）。

A. 从不同种细菌中分离的 30S 核糖体小亚基的 rRNA 和蛋白质重组

B. 将线粒体小亚基的 rRNA 与细菌的小亚基蛋白质重组

C. 将原核生物核糖体小亚基的 rRNA 与真核生物核糖体小亚基蛋白质重组

D. 将叶绿体核糖体小亚基的 rRNA 同真核生物小亚基蛋白质重组

14. 下列关于核糖体肽酰转移酶活性的叙述正确的是（　　）。

A. 肽酰转移酶的活性存在于核糖体大亚基中（50S 或 60S）

B. 帮助将肽链的 C 端从肽酰-tRNA 转到 A 位点上氨酰 tRNA 的 N 端

C. 通过氨酰-tRNA 的脱乙酰作用，帮助氨酰 tRNA 的 N 端从 A 位点移至 P 位点中肽酰 tRNA 的 C 端

D. 水解 GTP 以促进核糖体的转位

E. 将肽酰-tRNA 去酰基

15. Ⅱ组内含子自我剪接型核酶主要存在于（　　）。

A. 细胞核　　B. 叶绿体　　C. 线粒体　　D. 普遍存在

16. Ⅰ组剪接需要（　　）。

A. 单价阳离子　　B. 二价阳离子

C. 四价阳离子　　D. U1 snRNP

E. 一个腺苷酸分支点　　F. 一个鸟嘌呤核苷酸作为辅助因子

17. 原核生物中，蛋白质合成的起始复合物包括 mRNA、核糖体的 30S 和 50S 亚基、fMet-tRNA 等，形成的过程是（　　）。

A. mRNA + 30S 核糖体→ + 50S 核糖体→ + fMet-tRNA→起始复合物

B. mRNA + 50S 核糖体→ + 30S 核糖体→ + fMet-tRNA→起始复合物

C. mRNA + 30S 核糖体→ + fMet-tRNA→ + 50S 核糖体→起始复合物

D. mRNA + 50S 核糖体→ + fMet-tRNA→ + 30S 核糖体→起始复合物

18. 在Ⅰ组剪接的过程中（　　）。

A. 外来的 G 被共价加到内含子的 5′端

B. GTP 被水解

C. 内含子形成套索结构

D. 在第一步，G 的结合位点被外来的 G 占据，而在第二步时，被 3′剪接位点的 G 所取代

E. 被切除的内含子继续发生反应，包括两个环化反应

19. 下列关于真核生物核糖体 RNA 基因在染色体上排列顺序正确的一个是（　　）。

A. 18S-28S-5.8S　　B. 28S-18S-5S

C. 18S-5.8S-28S　　D. 28S-5.8S-18S

20. 下列具有抑制作用的是（　　）。

A. 使用 tRNA 类似物，如嘌呤霉素

B. 在 tRNA 修饰酶的结构基因中引入一个点突变

C. 在氨酰 tRNA 合成酶结构基因中引入一个突变

D. 提高抑制因子与 tRNA 的竞争效率（如与释放因子和正确的 tRNA 的竞争力）

E. 在编码 tRNA 基因的反密码子区中引入一个点突变

21. 质粒 ColE1 反义 RNA 是第一个被发现的反义 RNA，（　　）。

A. 存在于所有细胞中，调控基因活性

B. 能与 mRNA 互补，中断 mRNA 的翻译

C. 能抑制质粒 ColE1 的转录

D. 具有特定的反义活性区段

22. 剪接小体的组装（　　）。

A. 按有序的途径一步步完成

B. 涉及 snRNP 与水溶性蛋白质（即不是任何 snRNP 组分的蛋白质）

C. 不需要 ATP

D. 伴随着多次 snRNP 的重组合

E. 以上都正确

23. 下列哪些发现支持了核糖体 RNA 具有催化活性的观点?

A. rRNA 的碱基序列是高度保守的，而核糖体蛋白的氨基酸序列则不是

B. 具有抗药性的细菌在 rRNA 上有碱基替换，但在核糖体蛋白上却没有氨基酸的替换

C. 肽基转移酶反应对核酸酶是敏感的

D. 上述所有均是

24. 下列哪种证据支持原始生命的形成无须 DNA 和酶的存在?

A. RNA 可编码遗传信息，并有催化剂作用

B. DNA 和酶仅存在于高度进化的细胞中

C. 高等生物的细胞缺乏 RNA

D. 所有上述原因

25. 锤头状核酶（　　）。

A. 是一种具有催化活性的小 RNA

B. 需要仅含有 17 个保守核苷酸的二级结构

C. 不需要 Mg^{2+}

D. 可用两个独立的 RNA 重建，条件是能使“酶链”切割“底物链”

26. ribozyme（　　）。

A. 具有核酸酶的活性　　B. 具有 DNA 酶的活性

C. 具有蛋白酶的活性　　D. 不具有任何酶的活性

27. 核糖体的 E 位点是（　　）。

A. 真核 mRNA 加工位点

B. tRNA 离开原核生物核糖体的位点

C. 核糖体中受 *Eco*RI 限制的位点

D. 电化学电势驱动转运的位点

28. 在下列核糖体的杂交中，（　　）的杂交可得到有功能的核糖体。

A.50S（原核生物）+40S（真核生物）

B.50S（原核生物）+30S（叶绿体）

C.60S（真核生物）+30S（原核生物）

D.60S（真核生物）+30S（叶绿体）

29. 氨酰 tRNA 参与多少种核糖核苷酸三联体的翻译?

A.1　　B.2　　C.3　　D.20　　E.61

30. 下述对 50S 核糖体亚基上的 23S rRNA 的功能描述中，（　　）项是不正确的。

A. 提供 A 结合位点　　B. 提供 P 结合位点

C. 具有肽基转移酶的活性　　D. 具有 GTPase 的活性

31. 在前体 mRNA 上加多聚腺苷酸尾（　　）。

A. 涉及两步转酯机制

B. 需要保守的 AAUAAA 序列

C. 在 AAUAAA 序列被转录后马上开始

D. 通过一个多组分复合物的逐步组装进行
E. 由依赖于模板的 RNA 聚合酶催化

32. 可变剪接（　　）。
A. 与“组成型”剪接的机制完全不同
B. 可以从单个基因产生多种同工蛋白，即加入或缺失少数氨基酸的变异蛋白
C. 涉及不同的 5′和 3′剪接位点
D. 被用于在不同组织和不同的发育阶段产生不同的蛋白质
E. 可以跨越外显子，也可涉及可变外显子或内含子的保留

33. 哪些有关剪接位点的叙述是正确的？
A. 剪接位点含有长的保守序列
B. 5′与 3′剪接位点是互补的
C. 几乎所有的剪接位点都遵循 GU-AG 规律
D. 剪接位点被保留在成熟的 mRNA 中
E. 内含子 3′与 5′剪接位点间的距离可以很大
F. 一个内含子的 5′剪接位点只能与一个内含子的 3′剪接位点作用，杂合内含子不能被剪接

34. 分支位点核苷酸（　　）。
A. 总是 A
B. 位置在内含子内是随机的
C. 位于一个非严格保守的序列内
D. 通过与 3′剪接位点作用，起始剪接的第一步
E. 在剪接的第一步完成后与内含子中另外三个核苷酸共价相连

35. 选出所有有关 snRNA 的正确叙述（　　）。
A. snRNA 只位于细胞核中
B. 大多数 snRNA 是高丰度的
C. snRNA 在进化的过程中是高度保守的
D. 某些 snRNA 可以与内含子中的保守序列进行碱基配对
E. 以上都正确

36. 参与前体 mRNA 剪接的 snRNP（　　）。
A. 与一组 Sm 蛋白结合
B. 含有独特的蛋白质（即不存在于任何其他 snRNP 的蛋白质）
C. 其 RNA 和蛋白质组分都是行使功能不可缺少的
D. 主要通过蛋白质组分与前体 mRNA 结合
E. 以上都正确

四、简答题

1. Ⅰ组和Ⅱ组内含子在进行自我剪接时的主要区别是什么？
2. 解释核糖体肽基转移反应。

3. *N*-甲酰甲硫氨酸-tRNA 的功能是什么?
4. 通过遗传筛选，已在酵母中分离得到许多前体 mRNA 剪接相关的基因。其中几个基因编码 RNA 解旋酶。如何解释前体 mRNA 的剪接需要多个 RNA 解旋酶的参与？这些酶可能在哪一步作用?
5. 列举四种天然存在的具有催化活性的 RNA。
6. 比较原核生物和真核生物核糖体的分子组成。
7. 首个被发现的核酶是什么？它的主要功能是什么?
8. 在 RNA 编辑中，指导 RNA 的作用是什么？它的哪些部分分别与①编辑前的 mRNA 互补；②编辑后的前体 mRNA 互补?
9. Ⅰ组内含子经变化后，可以产生其他酶的活性吗？如果可以，是哪些活性？这意味着Ⅰ组内含子的催化中心有什么特点?
10. *apo-B* 基因在肝细胞和肠组织细胞中的序列是一样的，但在肠组织细胞中的表达产物只有 2153 个氨基酸残基，而在肝细胞中却是 4563 个氨基酸残基，原因何在?
11. 比较Ⅰ组剪接与Ⅱ组剪接的第二步。
12. 举例说明蛋白质的半寿期通常与蛋白质的功能相关。
13. 对于所有具有催化能力的内含子，金属离子很重要。请举例说明金属离子是如何作用的?

五、实验设计与分析

1. 现研究一种新霉菌的基因表达。首先想确定这种霉菌的基因组是否含有Ⅰ组内含子。利用所学知识，设计一个巧妙而简单的实验检测Ⅰ组内含子的存在。
2. 请根据翻译过程中的各个步骤，设计出至少 6 种抑制翻译的方案。
3. 1962 年进行了一个巧妙的实验，连接在 tRNA 上的半胱氨酸被化学转换为丙氨酸。这种“杂合”tRNA 分子随后被加到无细胞翻译系统中，其中正常的半胱氨酸-tRNA 已被清除。当分析最终蛋白质产物时，发现蛋白质链上应该是半胱氨酸的位点都插进了丙氨酸。讨论关于氨酰-tRNA 合成酶在遗传密码正常翻译中的作用，这个实验证明了什么?
4. 如何证明 23S rRNA 具有肽酰转移酶的活性?
5. 用嘌呤霉素进行两组实验，以研究核糖体的 A 位点和 P 位点是两个独立的位点。在第一组实验中，将 P 位点结合有起始 rRNA 的核糖体与嘌呤霉素一起温育，在这种条件下，嘌呤霉素与核糖体结合，并且能够同起始 tRNA 相互作用。在第二组实验中，将 P 位点结合有起始 tRNA 的核糖体先与氨酰-tRNA 一起温育，使之形成肽键，然后再加入嘌呤霉素，此时加入的嘌呤霉素既不能同核糖体结合也不能与二肽酰 tRNA 相互作用。但是在反应体系中加入 GTP 和延长因子 EF-G 后，嘌呤霉素则又能与核糖体结合。如何根据这两组实验结果判断糖体中的 A、P 是两个分开的独立位点?
6. “笑口常开”蛋白（lacheinmal protein）是一种假想的蛋白质，它能使人更频繁地微笑。在许多长期抑郁的患者中，这种蛋白质没有活性。从一家族患者体内分离了 mRNA，与正常对照组 mRNA 比较，患者的 *lacheinmal* mRNA 内部缺少一段 173 个核苷酸的序列，两者的 *lacheinmal* 基因序列都已确定并进行了比较，差别仅在于一个碱基的改变，并无碱基缺失，而且这个变化位于内含子中。试解释关于这一家族性抑郁的分子机制。（提示：假设缺失的 173 个碱基位于 *lacheinmal* mRNA 的编码区。)

六、问答题

1. 原核和真核生物核糖体在生物发生上有何不同?
2. 用于转录的 RNA 聚合酶能用来合成复制所需的 RNA 引物吗?
3. 讨论关于真核与原核细胞中翻译起始的主要区别。
4. 真核与原核核糖体的主要区别是什么?
5. 说明核糖体上四个主要活性位点及在核糖体功能中的作用。
6. 核糖体的重组实验结果说明了什么?
7. 下述哪种突变可能对生物体造成危害? 试解释。
   A. 在靠近编码序列的尾部插入单个核苷酸;
   B. 在靠近编码序列的起始处移走单个核苷酸;
   C. 在编码序列中部有 3 个连续核苷酸缺失;
   D. 在编码序列中部有 4 个连续核苷酸缺失;
   E. 在编码序列中部用一个核苷酸替换另一个。
8. 细胞质中进行的蛋白质合成分别是在游离核糖体和膜结合核糖体上完成的，请说明两者有什么不同?
9. 据说前体 mRNA 的剪接是从Ⅱ组剪接进化而来的。有什么证据可以证明这一点? 这是怎么发生的? 这种剪接为什么对生物体有利?
10. 叙述可变剪接如何控制果蝇中的性别分化?
11. 在图 Q6-1 所示的电镜照片中，RNA 聚合酶是由左向右还是由右向左移动? 为什么 RNA 转录物比编码它们的 DNA 短很多?

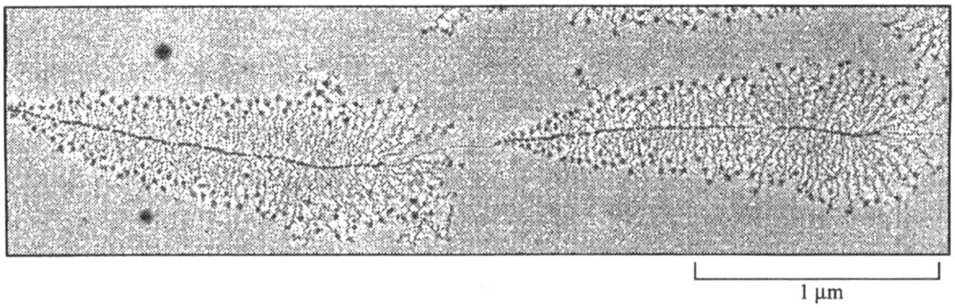

图 Q6-1　活跃转录的 RNA（引自 Alberts *et al*., 1998）

12. 说明真核细胞 80S 核糖体的发生过程，并指出各部分的来源。
13. 叙述真核细胞中翻译终止的过程。
14. 简述人载脂蛋白的表达模式。
15. 试解释在每轮翻译结束后，在核糖体被释放并重新加入胞质核糖体库的情况下，mRNA 分子如何能保持与内质网 (ER) 膜的结合。
16. 指出下列序列中的 3′剪接位点:

5′-ACGUACUAACAUUCUAUUCCUUAAGUUCAUAAGUUGAGUC-3′

如果3′剪接位点的保守序列发生突变，附近的一个“隐藏”3′剪接位点通常取而代之。这个位点在哪里？这将对该前体mRNA所编码的蛋白产生什么影响？

七、名词释义

1. 翻译（translation）
2. 遗传密码（genetic code）
3. 密码子（codon）
4. 同义密码子（synonym codon）
5. 抑制型tRNA（suppressor tRNA）
6. 同功受体tRNA（isoacceptor tRNA）
7. 核酶（ribozyme）
8. 小分子RNA（small RNA）
9. 自我剪接（self-splicing）
10. GU-AG规则（GU-AG rule）
11. 剪接体（spliceosome）
12. RNA编辑（RNA editing）
13. 嘌呤霉素（puromycin）
14. N端规则（N-end rule）
15. 蛋白酶体（proteasome）

第七章　线粒体与过氧化物酶体

一、填空题

1. 原核细胞的呼吸酶定位在__________上，而真核细胞则位于__________上。
2. 线粒体内膜上的 ATP 合酶在__________状态可催化 ATP 的分解，而在__________状态可催化 ATP 的合成。
3. 前导肽是新生肽__________端的一段序列，含有某些信息。
4. 线粒体内膜呼吸链成员中的__________是内膜上的外周蛋白。
5. 氯霉素可抑制__________中的蛋白质合成，而对真核生物__________中的蛋白质合成无抑制作用。
6. 放线菌酮对__________中的蛋白质合成有很强的抑制作用，而对__________中的蛋白质合成无抑制作用。
7. 真核生物细胞内不参加膜流动的两个细胞器__________和__________具有合成 ATP 的功能。
8. 前导肽的作用是引导__________定位。
9. 线粒体之所以被称为半自主性细胞器，是因为它__________。
10. 线粒体内膜上 ATP 酶复合物膜部的作用是__________通道。
11. 过氧化物酶体的标志酶是过氧化氢酶，溶酶体的标志酶是__________，高尔基体的标志酶是__________，内质网的标志酶是__________。
12. 线粒体内膜和外膜在化学组成上的主要区别是脂和蛋白质的比例不同，内膜是________，外膜是__________。
13. 当由核基因编码的线粒体蛋白进入线粒体时，需要______________________________和____________________________提供能量来推动。
14. 在线粒体内膜上的呼吸链各复合物之间，有两个移动速度较快的电子载体，分别为__________和____________。
15. 前体蛋白跨膜进入线粒体时，必须有__________相助。
16. 线粒体 DNA 的复制时间是在细胞周期的_______________期，叶绿体 DNA 的复制则在____________期。
17. 过氧化物酶体含有__________多种酶，其中__________酶是过氧化物酶体的标志酶。
18. 线粒体内膜的主要功能有：①____________；②____________；③____________。
19. 在线粒体基质中，1 分子丙酮酸彻底氧化释放出的 H^+，分别被_________和_________所接受。
20. 线粒体内膜上参与电子传递的四个复合物分别称之为：①______________；②______________；③______________；④______________。

21. 线粒体的质子动力势是由________和________共同构成的。
22. 前导肽参与的蛋白质运输属于________运输。
23. 铁硫蛋白是含铁的蛋白质，也是细胞色素类蛋白质。在铁硫蛋白分子的中央结合的不是________而是铁和硫，称为__________。
24. 在 F_0F_1ATP 酶复合体中 γ 亚基的作用是________。
25. 线粒体的内膜通过内陷形成嵴，从而扩大了________。
26. 根据微体中含酶情况及其功能，可分为________和________两种类型，前者存在于动物细胞与植物的叶肉细胞。
27. 在植物细胞中，乙醛酸循环体与________连接，而________则靠近________。
28. 过氧化物酶体和线粒体都能进行氧化反应，不同的是，前者产生的热量以________，后者则以________。
29. 线粒体和叶绿体一样，都是具有________结构的细胞器，都能传递________，并产生________。不过二者产生能量的动力不同，前者称为__________，后者称为_________。从产生能量的部位来说，二者也不相同，线粒体是发生在_________上，而叶绿体则是发生在________上。能量的储存，二者都需要借助于耦联因子，但二者的耦联因子在膜上的取向是不同的，线粒体耦联因子的取向是________，所以 H^+ 是顺浓度梯度回流的方向从________；而叶绿体的耦联因子的取向是________，故 H^+ 是顺浓度梯度回流的方向从________。从产生 ATP 所需的氢质子来说，二者是不同的，线粒体只需要________个 H^+ 即可产生 1 个 ATP，而叶绿体则需要________。
30. 组成过氧物酶体的脂和蛋白质都是从胞质溶胶中摄取的，脂是在_________上合成，然后由_________运输到过氧化物酶体的膜上；蛋白质是在__________上合成，然后通过________端特殊的________信号与过氧化物酶体一个特殊的膜受体相互识别进入过氧化物酶体。过氧化物酶体的标志酶是________，是一种含________的四聚体，先合成一个单体，然后在________装配成四聚体。
31. 植物中有两种十分重要的过氧化物酶体，一种存在于________中，通过乙醛酸循环进行_________，参与的细胞器有：圆球体、乙醛酸循环体及________。另一种存在于________中，主要功能是进行________，通过乙醇酸途径，释放 CO_2，参与的细胞器有：叶绿体、线粒体和________。

二、判断题

1. 成熟的红细胞没有细胞核和线粒体。
2. 呼吸链的酶和氧化磷酸化作用定位于线粒体基质中。
3. 线粒体虽然是半自主性细胞器，有自身的遗传物质，但所用的遗传密码却与核基因的完全相同。
4. 在线粒体膜中，Na^+/H^+ 的反向协同运输是由 H^+ 浓度驱动的，H^+ 进，Na^+ 出。
5. 线粒体的功能就是将葡萄糖氧化成 CO_2 和水，同时产生 ATP。
6. 前导肽运送的蛋白质都是分泌性的。
7. 所有的微体蛋白质都是在游离核糖体上合成的。

8. 线粒体是一种具有双层膜结构的细胞器，内外膜的结构相似，功能相同。
9. 氯霉素专一性地抑制线粒体中蛋白质的合成，而对细胞质中的蛋白质合成无作用。
10. 线粒体增殖是通过分裂进行的，且与细胞分裂同步。
11. 线粒体组分蛋白都是通过转运后定位的。
12. 由线粒体核糖体合成的线粒体膜蛋白是通过共翻译定位的。
13. 过氧化物酶体是一种异质性的细胞器，它来自高尔基体，参与膜的流动。
14. 线粒体耦联因子 F_0F_1ATP 酶复合物既具有 ATP 合酶的活性，又具有 ATP 水解酶的活性，这取决于其存在状态。
15. 线粒体内膜的惟一功能是产生 ATP。
16. 构成氧化还原的成对离子或分子，称为氧化还原对，或氧还对。氧还电位可在标准条件下测定，即得标准氧化还原电位。标准氧化还原电位的值越小，提供电子的能力越弱。
17. 过氧化物酶体对细胞的氧张力具有调节作用。
18. 线粒体的 DNA 与核小体 DNA 一样，也是与组蛋白结合在一起的。
19. 组成生物膜的磷脂都有一个极性的头和两个非极性的尾。
20. 线粒体是一种自主性的细胞器，原因是线粒体具有自己的 DNA 和核糖体。
21. 乙醛酸循环体的功能是通过乙酰 CoA 和乙醛酸循环合成碳水化合物和其他细胞成分。
22. 线粒体和叶绿体在进行电子传递时，被传递的电子都要穿膜 3 次，才能传递给最终的电子受体。

三、选择题

1. 从膜脂的组成上看（　　）。
   A. 线粒体膜含有丰富的磷脂和较少的固醇脂
   B. 质膜含有丰富的磷脂和较少的固醇脂
   C. 线粒体膜含有丰富的固醇脂和较少的磷脂
   D. 以上都不对
2. 在哺乳动物的核基因中，有三个终止密码，但终止密码 UGA 在线粒体的 mRNA 中，却是（　　）的密码子。
   A. Arginine（精氨酸）　B. Leucine（亮氨酸）
   C. Tryptophan（色氨酸）　D. Serine（丝氨酸）
3. 前导肽引导蛋白质运送时，先要将被运送的蛋白质（　　），运送到位后，再进行（　　）。
   A. 解折叠，折叠　B. 变性，复性
   C. 修饰，去修饰　D. 都不正确
4. 真核生物线粒体呼吸链的各成员定位于（　　）。
   A. 内膜上　B. 外膜上　C. 线粒体基质　C. 外室中
5. 组成 F_0F_1ATP 酶复合体中 F_1 的蛋白质是在细胞质中合成，然后靠（　　）。
   A. Ca^{2+} 引入线粒体　B. 信号肽引入线粒体
   C. cAMP 引入线粒体　D. 前导肽引入线粒体

6. 下列物质中，专一性抑制线粒体 DNA 转录的是（　　）。

A. 溴化乙锭　　B. 氯霉素　　C. 链霉素　　D. 红霉素

7. 线粒体 RNA 聚合酶的活性被下列哪种物质抑制？

A. 氯霉素　　B. 溴化乙锭　　C. 放线菌素 D　　D. 放线菌酮

8. 线粒体 DNA 是按照（　　）模型复制的。

A. “眼睛”型　　B. 滚环复制　　C.D 环复制　　D.θ 型

9. 过氧化物酶体的标志酶是（　　）。

A. 过氧化氢酶　　B. 尿酸氧化酶　　C.L-氨基酸氧化酶

D.L-羟基酸氧化酶　　E.D-氨基酸氧化酶

10. 过氧化物酶体中的膜蛋白特有的运输信号是（　　）。

A. -Lys-Asp-Glu-Leu-COOH

B. Pro-Pro-Lys-Lys-Arg-Lys-Val-

C. -Ser-Lys-Leu-

D. $^{+}H_3N$-Gly-Ser-Ser-Lys-Ser-Lys-Pro-Lys

11. 把链孢霉培养在加有菲啶溴红和氯霉素的培养液中，结果发现线粒体 RNA 聚合酶显著增加，原因可能是（　　）。

A. 菲啶溴红促进线粒体 RNA 聚合酶基因的转录

B. 氯霉素促进胞质蛋白质的合成

C. 氯霉素促进线粒体蛋白质的合成

D. 以上都不是

12. 与线粒体内膜组成最相像的是（　　）。

A. 线粒体外膜　　B. 细胞质膜

C. 一些细菌的质膜　　D. 核膜

13. 过氧化物酶体内所含有的主要酶为（　　）。

A. 碱性水解酶　　B. 氧化酶　　C. 酸性水解酶　　D. 蛋白水解酶

14. 线粒体内膜的通透性较差，原因是外膜上含有丰富的（　　）。

A. 脑磷脂　　B. 卵磷脂　　C. 胆固醇　　D. 心磷脂

15. 前导肽（　　）。

A. 具有形成 α 螺旋的倾向

B. 含较多的酸性氨基酸和较少的碱性氨基酸

C. 跨过外膜时需要 ATP，而穿过内膜时则不需要 ATP

D. 完成蛋白质运输后，都要被水解掉

16. 下列各种膜中，蛋白/脂类比值最高的膜是（　　）。

A. 质膜　　B. 类囊体膜

C. 线粒体内膜　　D. 线粒体外膜

17. 底物水平磷酸化发生在下列哪一对过程中？

A. 光合作用和糖酵解　　B. 糖酵解和三羧酸循环

C. 光合作用和三羧酸循环　　D. 三羧酸循环和相伴的线粒体电子传递链

18. 下列哪种运动的能量直接来源于质子动势?

A. 真核纤毛的运动　　B. 内吞作用

C. 蛋白质合成　　D. 线粒体蛋白从胞质中运入

19. 下面哪些实验结果不支持 Mitchell 的化学渗透理论?

A. 线粒体在酸化了的培养基中培养，仍可以进行电子传递

B. 向离体培养的线粒体培养物加入二硝基苯酚会抑制电子传递，但对 ATP 的合成没有影响

C. 向离体培养的线粒体加入二硝基苯酚抑制了培养基的酸化

D. 建立人为的跨线粒体内膜质子浓度梯度，发现无需电子传递也可以驱动 ATP 合成

20. 在下列细胞结构中不存在 Ca^{2+}-ATPase 的是（　　）。

A. 线粒体膜　　B. 内质网膜　　C. 质膜　　D. 核膜

21. 19 世纪就已知的线粒体具有渗透活性的证据是（　　）。

A. 线粒体基质与细胞质相比是低渗的

B. 线粒体基质与细胞质相比是高渗的

C. 线粒体来自共生细菌

D. 线粒体由一层半透膜包围

22. 下列电子传递过程哪一个是正确的?

A. NADH→FeS→Q→cyt$b$→c_1→c→a→a_3→O_2

B. NADH→FeS→Q→cyt$b$→c_1→c→a→a_3→O_2

C. NADH→FeS→Q→c_1→c→a_3→a→O_2

D. NADH→FeS→Q→c→c_1→a→a_3→O_2

23. 下面哪个选项不是前导肽的特性?

A. 带有较多的碱性氨基酸　　B. 带有较多的酸性氨基酸

C. 羟基氨基酸比较多　　D. 具有双亲媒性

24. 在果蝇的核基因中，AGA 是编码 Arginine（精氨酸）的密码子，而在果蝇的线粒体 DNA 中则编码（　　）。

A. Threonine（苏氨酸）　　B. Serine（丝氨酸）

C. Leucine（亮氨酸）　　D. Isoleucine（异亮氨酸）

25. 线粒体膜的主要成分是磷脂，但不含（　　）。

A. 卵磷脂　　B. 鞘磷脂　　C. 磷脂酰乙醇胺　　D. 心磷脂

26. 还原剂的氧化还原电势高，而氧化剂的氧化还原电势低，为什么细胞中的一些氧化还原反应还能让电子从还原剂转移到氧化剂?

A. 氧化还原电势是在标准条件下定义的，但细胞内的条件不符合标准条件

B. 氧化和还原反应的规则只符合体外条件，对在体内进行的反应不适用

C. 还原剂的氧化还原电势比氧化剂的高，按规则电子应该从还原剂转移到氧化剂，但可以有例外

D. 以上都不对

27. 呼吸抑制剂（　　）可以阻断从细胞色素 b 到细胞色素 c_1 的电子传递。

A. 鱼藤酮　　B. 抗霉菌素 A　　C. CN^-　　D. CO

28. 在线粒体电子传递链中，只有（　　）不是质子移位体（递氢体）。

A. 复合物Ⅰ　　B. 复合物Ⅱ　　C. 复合物Ⅲ　　D. 复合物Ⅳ

29. 哪一种细胞中的线粒体最多？

A. 快肌细胞（fast-twitch muscle）　　B. 慢肌细胞（slow-twitch muscle）

C. 肝细胞　　D. 脂肪细胞

30. 线粒体基质的标志酶为（　　）。

A. 单胺氧化酶　　B. 苹果酸脱氢酶

C. 活化磷酸二酯酶　　D. 细胞色素氧化酶

31. 下列关于线粒体外膜性质的描述哪一个是不正确的？

A. 外膜不能透过氢离子

B. 外膜对小分子的化合物通透性很高

C. 外膜中脂质与蛋白质各占总重的 50%

D. 外膜有孔蛋白

32. 关于线粒体蛋白的描述哪一个是正确的？

A. 所有线粒体蛋白都是由线粒体编码和合成的

B. 一些线粒体蛋白由线粒体编码和合成，而其他的则从细胞质运入

C. 所有的线粒体蛋白都是由细胞质输入的

D. 线粒体蛋白是从其他线粒体蛋白生成的

33. 糖酵解的产物以哪种形式进入三羧酸循环（TCA）？

A. 乙酰辅酶 A　　B. 丙酮酸

C. NADH　　D. 葡萄糖

34. 下列哪一种是还原型的辅酶？

A. NADH 和 $FADH_2$　　B. NAD^+ 和 FAD

C. ATP 和 GTP　　D. 辅酶 A 和遍在蛋白

35. 下列哪一种不属于运动肌肉细胞的能量来源？

A. 磷酸肌酸　　B. ATP　　C. 乳酸　　D. 葡萄糖

36. 下列哪项不属于氧化磷酸化的特征？

A. 磷酸直接从底物转移到 ADP 上　　B. 跨线粒体内膜形成电化学梯度

C. ATP 合酶与膜结合　　D. 可以形成质子移动力

37. 将线粒体内膜复合物Ⅲ插入一个人工脂质体，以确定它在分离状态下转运质子的能力。下列哪一个是合适的电子受体？

A. 细胞色素 a_{red}　　B. 细胞色素 c_{red}

C. UQH_2　　D. 细胞色素 c 氧化酶

38. 用不同的离心速度可以从细胞器混合物中分离过氧化物酶体和乙醛酸循环体。几步离心后可认为已经得到较纯的悬浮液。如何确定所得到的悬浮液中是否有这些细胞器？

A. 分析这些酶的催化活性　　B. 分析琥珀酸脱氢酶的催化活性

C. 在显微镜下观察是否有双层膜细胞器　　D. 分析悬浮液中的核酸

39. 前导肽引导蛋白质进入线粒体基质（ ）。
A. 在通过外膜时需要消耗 ATP　　B. 不需要解折叠
C. 是从内外膜之间的接触点进入的　　D. 不需要 Hsp70 蛋白的帮助
40. 在电镜下，常见到叶绿体、过氧化物酶体、线粒体紧靠在一起，（ ）。
A. 这种现象在光呼吸的叶肉细胞中更常见到
B. 由于乙醇酸的氧化与循环需要这三个细胞器的参加
C. 这三个细胞器属于内膜系统，所以相互靠近
D. 以上都对

四、简答题

1. 将呼吸链中能够传递氢质子的复合物称为递氢体。递氢体的功能意义是什么？
2. 酵母细胞既可以在有分子氧时（需氧）生长，也可以在无氧时（厌氧）生长。哪一种条件会使细胞生长更好一些？解释答案。
3. 在既能有氧生长又能厌氧生长的细胞中，氧气存在时会抑制发酵过程。试述产生这个结果的原因。
4. 简述四种辅酶的基本作用。
5. 在线粒体进行的氧化磷酸化过程中，线粒体腔中的 H^+ 是如何保持平衡的？
6. 何谓主次呼吸链？
7. 线粒体内膜上进行的“氧化”、“磷酸化”反应的具体含义是什么？这一反应的生理意义是什么？
8. 解释红细胞的 Na^+/K^+-ATP 酶能用于合成 ATP。
9. RNA 分子能被转运到细胞器中吗？
10. 比较“高能”电子和“低能”电子。
11. 什么是化学梯度和电位梯度？
12. 如何理解线粒体的半自主性？
13. 线粒体 DNA 的突变率与细胞核 DNA 的突变率有什么不同？为什么不同？
14. 当线粒体主呼吸链传递一对电子时，同时要将线粒体基质中的 3 对 H^+ 传到线粒体膜间腔，这 3 对 H^+ 分别在什么部位，由谁来传递？
15. 根据糖及脂肪酸的结构，请给出一个直觉的解释，为什么一个糖的氧化所产的能量仅仅约为相等分子质量的一种脂肪酸氧化作用所产能量的一半？
16. 人类线粒体 DNA 的哪些特征表明其基因组织方式的经济性？

五、实验设计与分析

1. 在瑞士的 Schatz 实验室，将酵母线粒体细胞色素 *c* 氧化酶Ⅳ的亚单位前导肽的基因与小鼠细胞质中的二氢叶酸还原酶（DHFR）的基因进行融合，然后将融合的基因在酵母中进行表达，在酵母线粒体中发现了该基因的融合蛋白，这个实验说明了什么？
2. 根据氧化磷酸化的化学渗透机制，简单预测下列实验的结果：
(1) 用内部翻转向外的亚线粒体颗粒进行电子传递，小泡内部会发生什么现象？

(2) 当线粒体中的电子传递被阻断时，降低外液的 pH，在膜上加一人为的 pH 梯度，那么 ATP 合成能否继续？

(3) FCCP 是一种药物，可以插到膜上形成一个专门通过质子的通道。当 FCCP 加入线粒体悬浮液中，电子传递能否继续？而 ATP 合成呢？

(4) 厌氧条件与需氧条件相比，其 pH 梯度有何变化？

3. 人线粒体 mRNA 具有 poly (A) 尾吗？如何证明？

六、问答题

1. 列出线粒体的三个特征，这些特征与线粒体起源共生学说一致，该学说认为线粒体起源于包埋进其他原核宿主细胞内的细菌。
2. 过氧化物酶体是怎样增殖的？所需的蛋白质和脂类如何转运（举一例说明）？
3. 何谓醌循环？
4. 何谓呼吸链？组成如何？怎样定位？
5. 线粒体基质蛋白是如何定位的？
6. 电镜照片显示，在心肌线粒体内，嵴的密度比皮肤细胞线粒体中的要高得多。试对此作出解释。
7. 比较底物水平磷酸化和氧化磷酸化。
8. ATP 合酶双向作用的性质，使储存于 H^+ 梯度中的能量和储存于 ATP 中的能量可在两个方向相互转换。

动画

(1) 如果将 ATP 合酶生产 ATP 的过程比作水轮机发电，那么反应以反方向进行时可用什么来作适当的比喻？

(2) 在什么条件下人们可以预计 ATP 合酶会停止工作，既不正向也不反向运行？

(3) ATP 合酶的运作方向是由什么决定的？

9. 在电子传递链的很多步骤中，作为血红蛋白或铁硫蛋白（FeS）簇组成部分的 Fe 离子被用作与传递中的电子结合。为什么这些实现电子传递的功能团必须结合在蛋白质上？
10. 在下面叙述中从带下划线的选择对象中选择正确的答案，并证明你的回答。

“如果没有可以利用的 O_2，线粒体传递链中的所有组分将以其氧化/还原形式积累。如果突然加入 O_2，细胞色素氧化酶中的电子载体将在 NADH 脱氢酶中的电子载体之前/之后变成还原/氧化形式。”

11. 线粒体采用了何种策略将葡萄糖中的能量转移到 ATP 中？
12. 某些特殊的细菌能在高 pH（pH 10）环境中生活。这些细菌能利用跨质膜的质子梯度产生 ATP 吗？（提示：所有细胞都必须使其细胞质的 pH 接近中性。）
13. 比较线粒体内膜和线粒体外膜。
14. 线粒体呼吸链在进行电子传递过程中能量是如何产生及转换的？
15. 过氧化物酶体具有哪些功能？
16. 线粒体外膜的通透性高，又没有电子传递装置，所以没有什么作用。此说法正确吗？
17. 从线粒体基质蛋白的定位，可看出前导肽在转运蛋白时具有哪些特点？
18. 何谓前导肽？有什么特性和作用？

七、名词释义

1. 线粒体（mitochondria）
2. ATP 合酶（ATP synthase）
3. 细胞呼吸（cell respiratory）
4. 基质（matrix）
5. 嵴（cristae）
6. 孔蛋白（porin）
7. 过氧化物酶体（peroxisome）
8. 电子载体（electron carrier）
9. 细胞色素（cytochrome）
10. 泛醌（ubiquinone，coenzyme Q）
11. 氧化磷酸化（oxidative phosphorylation）
12. 铁硫蛋白（iron-sulfur protein）
13. 呼吸链（respiratory chain）
14. 黄素蛋白（flavoprotein）

第八章　叶绿体与光合作用

一、填空题

1. 叶绿体由__________、________和______三部分组成。
2. 叶绿体的类囊体膜上含有的主要色素是__________。
3. 类囊体是叶绿体内部组织的基本结构单位，是__________中__________的场所。
4. 原初反应的本质是将______________，关键反应是将________________。
5. 在光合作用中参与电子传递的三个复合物分别是______、________和__________。
6. 类囊体膜中电子载体的分布是不对称的，PSⅠ的电子受体位于膜的______，PSⅡ的电子受体位于膜的________。
7. F_0F_1ATP酶是________的耦联因子，位于线粒体的________上；而CF_0 CF_1ATP合酶是________的耦联因子，位于叶绿体的__________上。
8. 核酮糖二磷酸羧化酶是叶绿体内最丰富的蛋白质，它由16个亚基组成，其中8个大亚基是__________编码的，8个小亚基是____________编码的。
9. 捕光复合物（LHC）是一种特殊的蛋白质，它的作用是__________和能量的传递。
10. 经 F_0F_1ATP 酶复合物产生 ATP，需要通过__________个质子，而经过叶绿体的CF_0CF_1ATP合酶复合物生成ATP，需要通过__________个质子。
11. 叶绿体编码的4种rRNA（23S、16S、5S、4.5S）基因都集中在叶绿体基因组的______。
12. 在光合磷酸化的电子传递体中，__________既是电子载体，又是质子载体。
13. mtDNA和ctDNA复制发生的时间是不一样的，mtDNA复制__________，ctDNA的复制____________。
14. 光合作用单位是由____________和____________组成的功能单位。
15. 叶绿体蛋白质的合成有三种情况：①______________________________；②__________________________；③______________________________。
16. 光合作用中心的电子受体，在光系统Ⅰ是__________，在光系统Ⅱ是__________。
17. 光合作用中心的原初电子供体，在光系统Ⅰ是__________，在光系统Ⅱ是__________。
18. 叶绿体中全部产能系统都定位在____________。
19. 每个线粒体约含________ 的线粒体DNA，而每个叶绿体中含有________的叶绿体DNA。
20. 参与线粒体电子传递的含铁蛋白是______________，参与叶绿体电子传递的含铁蛋白是__________________。
21. 光反应包括光的吸收、传递和转换，即光合作用的_______________、________________、_______________。
22. 线粒体和叶绿体都是植物细胞中产生ATP的细胞器，但二者的能量来源是不同的，线粒体转化的是__________，而叶绿体转化的是__________。

23. 植物细胞中的白色体、叶绿体、有色体都是由______________转变而来。
24. ________的基因组的基因编码产物比________基因组多，包括一些________聚合酶的亚基。叶绿体基因组由一个大的________分隔开的两个________序列所组成。
25. 叶绿体的主要功能是进行光合作用，分两个阶段进行。光合作用的第一阶段是________，包括______________、______________、______________三个主要过程。光合作用的第二阶段是______________，即______________，在叶绿体基质中进行。电子传递复合物包括____________、______________和______________复合物。电子传递有__________和____________两种途径。叶绿体光合磷酸化的机制与线粒体的氧化磷酸化相似。在电子传递过程中，________________两侧建立质子动力势。

二、判断题

1. 有色体和叶绿体一样，都能进行光合作用。
2. 大多数植物叶绿体 DNA 所特有的特征是具有反向重复序列。
3. 叶绿体核糖核蛋白体上的起始因子（IF-1）和延伸因子（EF-TU）都是叶绿体基因编码的。
4. 线粒体和叶绿体的 ATP 合酶都是定位在内膜上。
5. 叶绿体的核酮糖二磷酸羧化酶是由 16 个亚基组成的聚合体，其中 8 个大亚基是核基因编码的。
6. 光系统Ⅱ复合物位于基质类囊体上。
7. 质体蓝素是一种含铁的蛋白质。
8. 在缺乏 $NADP^+$ 时，光系统Ⅰ进行循环式磷酸化，产物仅为 ATP。
9. 细胞色素 b_6/f、细胞色素 c、铁氧还蛋白和质体蓝素等都是叶绿体中的电子载体。
10. RuBP 是叶绿体基质中重要的酶蛋白，它由核基因编码，用翻译后运输方式进行跨膜运输进入叶绿体基质的。
11. 组成类囊体膜中的脂主要是不饱和的亚麻酸，约占 87%，所以类囊体内膜的流动性特别大。
12. 捕光色素蛋白最后在类囊体膜上的定位是靠 C 端序列引导的。
13. 在绿色植物中，非循环式磷酸化的最终产物是 NADPH，而假循环式的光合磷酸化的最终产物是 H_2O。
14. 在光反应中，因为需要吸收 4 个光子而从 2 个水分子中释放 1 个氧分子，所以分解水的酶必须与反应中间物保持紧密的结合，以防止被部分还原的有害超氧化物自由基逸出。
15. 很多电子传递反应（但并非全部）涉及金属离子。
16. 泛醌和细胞色素 c 都是可扩散的电子载体。
17. 因为有了叶绿体，所以植物没有线粒体也能生活。
18. 叶绿素和血红素两者都具有广泛的双键系统，使得它们能够吸收可见光。
19. 叶绿素在光合作用中的作用相当于血红素在线粒体内电子传递中的作用。
20. 一棵树的干重大部分来自于根部吸收的矿物质。

三、选择题

1. CF_0 CF_1ATP 合酶是光合磷酸化的耦联因子，位于（　　）。

　A. 叶绿体的内膜上　　B. 叶绿体的外膜上

　C. 类囊体膜上　　D. 叶绿体基质中

2. 叶绿体的捕光复合物（LHC）所含的叶绿素 a/b 结合蛋白是（　　）。

　A. 叶绿体基因编码的　　B. 核基因编码的

　C. N 端没有前导肽　　D. C 端带有 40 个氨基酸残基的前导肽

3. 典型的叶绿体基因组有（　　）。

　A. 1.5 kb　　B. 15 kb　　C. 150 kb　　D. 1500 kb

4. 下列哪一种关于叶绿体膜的叙述是正确的？

　A. 类囊体膜不能透过质子　　B. ATP 合酶定位于叶绿体外膜

　C. ATP 合酶定位于叶绿体内膜　　D. 以上都对

5. 对于氧化磷酸化和光合磷酸化，下列阐述中不正确的是（　　）。

　A. 前者在线粒体中进行，后者在叶绿体中进行

　B. 二者的电子受体均为 $NADP^+$

　C. 每次都只传递一对电子

　D. 二者传递的电子跨膜的次数不等

6. 只有吸收聚集光能的作用而无光化学活性的色素叫作（　　）。

　A. 细胞色素　　B. 质体蓝素　　C. 质体醌　　D. 聚光色素

7. 在呼吸作用和光合作用中，质子被分别泵到（　　）。

　A. 线粒体膜间隙和叶绿体膜间隙　　B. 线粒体膜间隙和叶绿体类囊体腔

　C. 线粒体膜间隙和叶绿体基质　　D. 线粒体基质和叶绿体类囊体腔

8. 卡尔文循环是在（　　）。

　A. 叶绿体基质中进行的　　B. 类囊体膜上进行的

　C. 叶绿体内膜上进行的　　D. 叶绿体外膜上进行的

9. 若想分离磷酸烯醇式丙酮酸羧化酶，应该选择下列哪种材料？

　A. C_4 植物的维管鞘细胞　　B. C_4 植物叶肉细胞

　C. C_3 植物的叶绿体　　D. CAM 植物的线粒体

10. 下面哪一个成分不是叶绿体电子传递链的成分？

　A. NAD^+　　B. 泛醌　　C. PC　　D. 细胞色素 b_6/f

11. 下列哪一项不属于二磷酸核酮糖羧化酶的特点？

　A. 将 CO_2 与一个二碳化合物相连，结果合成一个 3-磷酸甘油酸

　B. 是地球上含量最丰富的蛋白质

　C. 既能催化碳的固定又催化光呼吸

　D. 可以溶在叶绿体基质中

12. 光合作用中，光反应的产物有（　　）。

　A. ATP 和 NAD^+　　B. ATP 和 NADPH

C. 葡萄糖　　D. 蔗糖

13. 光子的能量依赖于（　　）。

A. 波长　　B. 温度

C. 激发态　　D. 是否是在真空中发射

14. 下列在生物进化事件中决定性意义最大的是（　　）。

A. 异养的进化　　B. 化能自养的进化

C. 光能自养的进化　　D. 二氧化碳的进化

15. 在叶绿素分子中，激发态电子的能量（　　）。

A. 以热的形式释放　　B. 以荧光的形式释放

C. 传递给电子受体　　D. 以上所有都对，根据环境决定

16. 下列哪一项未参与形成跨类囊体膜的质子浓度梯度？

A. 光裂解水　　B. 铁氧还蛋白 $NADP^+$ 还原酶

C. 细胞色素 b_6/f 复合物　　D. 质体蓝素

17. 如果叶绿素反应中心吸收了 700 nm 波长的光，那么光合作用单元的天线色素分子必须吸收（　　）。

A. 小于 700 nm 的光　　B. 波长大于 700 nm 的光

C. 波长等于 700 nm 的光　　D. 所有波长的光

18. 下列哪一项不属于循环光合磷酸化的一部分？

A. PSⅡ　　B. PSⅠ

C. ATP 合酶　　D. 细胞色素 b_6/f 复合物

19. 在光合系统Ⅱ中，P680 氧化成 $P680^+$ 而脱镁叶绿素（pheophytin）还原成 $Pheo^-$。是什么阻止 $Pheo^-$ 将 $P680^+$ 还原为 P680？

A. 它们不是相配的氧化还原对

B. 相反的电荷被移到类囊体膜的两侧

C. 根据热力学规则，$P680^+$ 和 $Pheo^-$ 的氧化还原电势使得此反应不能发生

D. 以上都不对

20. 光裂解水的动力来自（　　）。

A. 跨类囊体膜的电子浓度梯度　　B. ATP

C. $P680^+$ 的氧化还原电势　　D. NADPH

21. 运送核酮糖二磷酸羧化酶的前导肽进入叶绿体基质后，要被（　　）水解。

A. 金属蛋白酶　　B. 铁氧化还原蛋白

C. 单胺氧化酶　　D. 蛋白激酶

22. 质体蓝素与泛醌的关系正如类囊体膜与（　　）。

A. 线粒体内膜　　B. 线粒体外膜　　C. 胞质膜　　D. 叶绿体内膜

23. CF_0CF_1ATP 合酶的活化需要（　　）。

A. Ca^{2+}　　B. —SH　　C. K^+　　D. Na^+

24. 如果想从 CAM 植物中大量分离苹果酸，应该何时采样？

A. 清早　　B. 有阳光的中午

C. 半夜　　D. 一天中的任何时候

25. 动物葡萄糖功能和植物蔗糖功能的关系与动物多糖功能和下列哪项的关系相似?

A. 植物葡萄糖功能　　B. 植物 ATP 功能

C. 植物淀粉功能　　D. 植物油脂功能

26. 在正常大气中，O_2 含量高而 CO_2 含量低，这时 rubisco 催化反应最可能的产物是什么?

A. 3-磷酸甘油酯　　B. RuBP

C. 甘氨酸和丝氨酸　　D. 2-磷酸甘油醛

27. 光呼吸的哪种产物可以经其他过程补充，但通常效率很低?

A. NADPH　　B. 氨基酸

C. ATP　　D. 细胞膜的重要元件

28. 典型的叶绿体基因组与 T_4 噬菌体的基因组相比关系怎样?

A. 前者是后者的 1/10　　B. 一样大　　C. 大 10 倍　　D. 大 2 倍

29. 叶绿体基因组含有(　　)。

A. 两个大的反向重复序列

B. 两个大的单一序列 DNA 的大区段

C. 两个大的单一序列 DNA 的小区段

D. 一个大的和一个小的反向重复序列

四、简答题

1. 叶绿体结构的最主要特点是什么?
2. 植物的根部细胞不含叶绿体也不暴露于光，它们是怎样存活的?
3. 类囊体膜对质子不通透的意义是什么?
4. 原初反应的实质是什么?
5. 绿色植物为什么能够释放氧气?
6. 类胡萝卜素的作用是什么?
7. 类囊体膜流动性的意义?
8. 与线粒体不同，叶绿体没有一种可将 ATP 转运到胞质溶胶的转运蛋白。植物细胞在胞质溶胶中的需能代谢反应是怎样获得 ATP 的?
9. 存在两种光系统 PSⅠ和 PSⅡ的意义何在?
10. 简要说明化能自养和光能自养的异同。

五、实验设计与分析

1. 指出下列实验结果可出现于 C_3 植物、C_4 植物还是 CAM 植物?

(1) 植物在 $^{14}CO_2$ 中温育，放射性最早出现的有机化合物是苹果酸和草酰乙酸;

(2) 植物在 $^{14}CO_2$ 中温育，放射性最早出现的有机化合物是 3-磷酸甘油酯和甘油醛;

(3) 植物在 $^{14}CO_2$ 中温育，最早出现的放射性有机化合物是在夜间，而不是在白天;

(4) 在显微镜下检测植物发现两种具同心环纹的细胞柱。

2. 在 20 世纪 60 年代的一个实验中，首先将叶绿体浸于 pH=4 的酸性溶液里，使基质和类囊体腔酸化，然后转移到碱性溶液（pH=8）中，使得基质的 pH 迅速提高至 8，而类囊体腔的 pH 则暂时保持在 4。然后，观察到 ATP 合成的突然出现，类囊体和基质之间 pH 的差别也消失了。

(1) 为什么这些处理会导致 ATP 的合成？

(2) 实验过程中需要光吗？

(3) 如果将浸泡溶液更换一下，使第一种溶液为 pH 8，而第二种溶液为 pH 4，将会出现什么情况？

(4) 这个实验支持还是否定化学渗透模型？请解释。

3. 如果将菌紫质（一种光合细菌质膜的光驱动 H^+ 泵）与从牛心肌细胞线粒体中纯化出来的 ATP 合酶一起重组到相同的膜小泡中。然后再将 ADP 和 P_i 加至外部的介质，并把该小泡的悬液置于光照下。

(1) 将观察到什么？

(2) 如果没有将所有的去垢剂完全去除，因而小泡膜仍保持着离子渗漏，又会观察到什么？

六、问答题

1. 为什么在进行光合作用时，叶绿素分子必须组成功能单位？
2. 试比较循环式和非循环式光合磷酸化的不同点。
3. 叶绿体膜在光合作用中起重要作用。列出光合作用依赖叶绿体膜的三种方式。
4. 试举例说明叶绿体基质蛋白定位的机理与特点。
5. 叶绿体有第三个内部区室，即以类囊体膜为界的类囊体腔。该膜含有光反应中心、电子传递链和 ATP 合酶。相比之下，线粒体以内膜进行电子传递和 ATP 合成。在这两种细胞器中，质子都被泵出最大的内部区室（在线粒体中是 matrix，叶绿体中是 stroma）。类囊体腔与细胞其他部分完全隔离。为什么这种结构使得叶绿体比线粒体能产生更大的 H^+ 梯度呢？
6. 比较基粒类囊体与基质类囊体。
7. 比较循环光合磷酸化和非循环光合磷酸化。
8. 比较叶肉细胞与维管束鞘细胞。
9. 叶绿体是怎样形成的？与其他质体的主要差异是什么？
10. 叶绿体基质与线粒体基质有什么不同？
11. 光系统怎样将光能转变成化学能？
12. 什么是 CAM 植物？这类植物是如何提高 CO_2 固定效率的？
13. 水光解中释放的四个电子是如何被传递的？
14. 在光合作用的光反应中，类囊体膜两侧的 H^+ 梯度是如何建立的？
15. 什么是光呼吸？对植物的光合作用有什么影响？
16. 什么是交换载体？运输时有什么特点？
17. 请列表比较线粒体和叶绿体的膜和区室在结构组成和功能上的差异。
18. 光合作用的电子传递链与氧化磷酸化的电子传递链有什么异同？

七、名词释义

1. 前质体（proplastid）
2. 质体（plastid）
3. 白色体（etioplast）
4. 有色体（chromoplast）
5. 光反应（light reaction）
6. 暗反应（dark reaction）
7. 捕光色素（light-harvesting pigment）
8. 捕光复合物（light-harvesting complex）
9. 质体醌（plastoquinone，PQ）
10. 细胞色素 b_6/f 复合物（cytochrome b_6/f complex）
11. 卡尔文循环（Calvin cycle）
12. C_4 途径（C_4 pathway）
13. 光合磷酸化（photophosphorylation）
14. 非循环光合磷酸化（non-cyclic photophosphorylation）
15. 光系统（photosystem）

第九章　内膜系统与蛋白质分选和膜运输

一、填空题

1. 溶酶体内的酶来自于__________，溶酶体的膜来自于____________。
2. 肝细胞的解毒作用主要是在____________上进行，因为上面含有丰富的____________系统，使有害物质转化。
3. 细胞内有两个膜结构具有分选作用，一个是______________，另一个是______________。
4. 信号斑（signal patch）是一种特殊的信号肽，它是通过形成________才能引导蛋白质的加工。
5. SRP 是____________，它是一种核糖核酸和蛋白质的复合体，沉降系数是____________S，由________种多肽和一个________S 的 RNA 组成。
6. 分子质量为 72 kDa 的 DC（锚定蛋白）是______________的受体蛋白，由两个亚基组成，大亚基为 60 kDa，是__________部分，小亚基 12 kDa，是________部分，镶嵌在内质网膜中。
7. 衔接蛋白 1（adaptin）是一种在____________的内吞过程中起作用的蛋白质，它帮助网格蛋白装配包被小泡。
8. 抗生素 Brefeldin 抑制高尔基体分泌作用的机理在于抑制______________。
9. Rab 蛋白是一种______________，作用是将______________。
10. 根据包被蛋白的不同，将分泌小泡分为三种类型，即______________________________、____________________________、____________________________。
11. 内吞作用吞入的受体有三种可能的去向：①________________；②________________；③________________。
12. 包被蛋白复合体小泡运输的主要路线是：___________________；___________________；______________________。
13. 次级内体不同于溶酶体，它具有分拣作用，可将____________和____________分拣出来，并通过____________分泌出去。
14. 当用超速离心分离内质网时，得到一些由内质网破碎而形成的直径约为 100 nm 的封闭小囊泡，称作__________，来自于 RER 的这种小囊泡，表面附有核糖体，具有__________合成的功能。
15. 一般来说，动物的__________含有大量的内质网，植物的__________中内质网丰富。
16. Ⅰ型糖原储积症与溶酶体有关，根本原因是_____________________缺陷，造成溶酶体缺乏__________________，不能消化多余的糖原。
17. 在 *N*-连接糖基化的糖蛋白中，与多肽链结合的第 1 个糖残基是____________，在 *O*-连接糖基化中与之结合的第 1 个残基是______________。

18. 内膜系统的形成解决了细胞进化过程中出现的三大矛盾：①____________________；②____________________；③____________________。
19. 植物细胞没有真正的溶酶体，但______________具有与动物细胞溶酶体相似的功能。
20. ARF 是一种单体 G 蛋白，它的活性状态受两种蛋白质的控制，一种是______________，另一种是____________________。
21. 滑面内质网上合成的磷脂有两种方式转运到其他膜上，一种是通过______________运输到线粒体、过氧化物酶体等细胞器上；另一种是通过________________的方式，转运到高尔基体、溶酶体和质膜上。
22. 肌质网是肌细胞中特化的滑面内质网，它上面的主要膜蛋白是______________，在离子浓度调节中起作用。
23. SRP 是信号序列识别颗粒，有三个功能位点：①______________；②________________；③________________。
24. 溶酶体的水解酶在顺面高尔基体网络中进行磷酸化形成 M6P 需要两种酶：①________________；②______________。
25. 内质网中，新生肽的糖基化供体是__________________。
26. 初级内体和次级内体均有分拣功能，前者分拣____________，后者分拣______________。
27. 休克患者由于缺氧会造成____________，容易______________，所以在抢救时，要注射大量的糖皮质内固醇激素。
28. 外侧（反面）高尔基网络的主要功能是参与____________________。
29. Ⅱ型糖原储积病是先天性溶酶体病，此类患者溶酶体中缺乏________________________，不能将_________________________分解成葡萄糖，而在肝脏和肌肉内大量蓄积，使器官严重损伤。
30. 内质网中 BiP 蛋白的功能是_______________________，以阻止它们的输出。
31. 溶酶体的膜相当稳定，这与溶酶体的膜上含有相当数量的____________有关。
32. 网格蛋白参与______________分泌小泡和______________泡的形成。
33. 细胞外被糖蛋白的肽链是在________上合成，肽链的糖基化始于_____________，完成于____________，是由____________催化的。
34. 在胞吞作用中组成型分泌泡的外被是_____________________；调节型分泌泡的外被是__________________。
35. LDL 进入细胞的机理是靠胞吞作用，但这种胞吞作用要取决于：____________________。
36. 胰岛素的合成加工过程是在内质网和高尔基体中进行的，首先在内质网合成的是________________，切除信号序列后成为___________________，在__________________中切成一个______________和______________。
37. 在内质网中参与新生肽正确折叠的分子伴侣是______________蛋白。
38. 休克时易造成溶酶体破裂，其原因可能是____________和_______________的激活，造成溶酶体的酶外漏。
39. 各种细胞器含有与功能相关的特征性酶。质膜的标志酶是_____________________，线粒体外膜的标志酶是________________，外室的标志酶是_______________，内膜的标志酶是____________，基质的标志酶是______________；_____________是内质网的标志酶，定位于滑面内质网上；高尔基复合体的标志酶是___________；溶酶体的标志酶是__________，过氧物酶体的标志酶是__________。

40. 有两种包被小泡参与分泌蛋白的运输。网格蛋白介导的是从___________以及从__________形成的___________小泡的运输，而包被蛋白介导的则是从_____________以及从__________形成的____________小泡的运输。网格蛋白包被小泡的形成较为复杂，网格蛋白要先自我装配成___________，然后形成___________，再形成包被小泡。网格蛋白包被小泡形成之后便很快脱去蛋白外被，成为无被小泡。_________在网格蛋白包被小泡形成过程中起重要作用，它能够识别受体蛋白_________端的一段_________氨基酸的肽序列，并帮助网格蛋白装配包被小泡。包被蛋白小泡的形成不需要包被蛋白的自我装配，而且包被蛋白小泡一旦形成，不会马上脱去外被，一直要等到_________才会脱去。___________被认为是包被蛋白外被的装配和去装配的信号，由一条多肽链组成，含有一个___________的尾巴，属于_________蛋白。

二、判断题

1. *N*-连接的糖链见于面向细胞表面的糖蛋白以及面向 ER（内质网）腔、高尔基体外侧网络腔和线粒体腔的糖蛋白。
2. 原核细胞和真核细胞的分泌蛋白在合成时都具有信号序列。
3. 核孔运输又称为门运输，核孔如同一扇可开启的大门，而且是具有选择性的门，能够主动运输特殊的生物大分子。
4. 信号序列一般都在分泌蛋白的 N 端含有一段 15～35 个氨基酸残基，其中含有 4～12 个疏水残基，而这个疏水残基是信号序列的主要功能部位。
5. 植物细胞的高尔基复合体有一个特殊的功能，就是参与细胞壁的形成。
6. TGN 系统是高尔基复合体顺面的分拣机构。
7. SRP 是由 6 个亚基组成的信号序列识别蛋白，在它上面有三个功能部位。
8. 穿膜信号与信号序列一样，最后都要被切除。
9. 内质网中滞留的蛋白质之所以不能外运，是因为它们不能正确折叠。
10. 自噬作用是细胞为求生存而作出的一种自我保护性反应。
11. M6P 受体蛋白是高尔基体反面网络上特有的受体蛋白，主要起到分拣溶酶体的酶的作用。
12. 高尔基体和内质网都能进行蛋白质的运输，二者的主要区别是：高尔基体具有分拣作用，内质网则无。
13. 高尔基体和内质网上所有与糖基化有关的蛋白都是可溶性蛋白。
14. 核糖体与内质网结合与否，主要是由 mRNA 上的密码子决定的。
15. 上皮细胞中有较多的高尔基体，而淋巴中则少见。
16. 吞噬作用是一个信号触发过程，而且需要特化的受体。
17. 受体介导的内吞同吞噬作用一样，都是由吞噬细胞承担的。
18. 网格蛋白包被小泡和包被蛋白复合体小泡的组装都需要调节型的 G 蛋白的参与。
19. 植物细胞中液泡膜的通透性高于质膜的通透性。

20. 肿瘤细胞中溶酶体增多，但内质网不发达。
21. 植物细胞中的圆球体相当于动物细胞中的溶酶体，含有酸性水解酶。
22. 氨基酸序列 Leu-His-Arg-Leu-Asp-Ala-Gln-Ser-Lys-Leu-Ser-Ser 是一个信号序列，引导蛋白质定位到 ER。
23. 微体和微粒体都是细胞质内具有膜相结构的细胞器。
24. 在植物细胞中，乙醛酸循环体与圆球体联结，而过氧化物酶体则靠近叶绿体。
25. 过氧化物酶体和次级胞内体中的酶都是在膜旁核糖体上合成的。
26. 组成型分泌活动存在于所有的细胞中，有两个特点：不需要分选信号，并且不需要触发。
27. 转胞吞是一种特殊的内吞作用，受体和配体在内吞过程中并未作任何处理，只是从一个部位转运到另一个部位。
28. 所有在细胞内的运输小泡，其膜上必定有 v-SNARE 蛋白。
29. 如果定位到溶酶体上的蛋白从高尔基体外侧网络到次级内体的通道受阻，则溶酶体蛋白将从结构性通道分泌。
30. 溶酶体只消化通过胞吞机制所摄入的物质。

三、选择题

1. 肌质网膜上的主要膜蛋白是（　　）。
A. Ca^{2+}-ATP 酶　　B. Mg^{2+}-ATP 酶　　C. Na^{+}-K^{+} ATP 酶　　D. 以上都不是
2. 从本质上说，核糖体与内质网膜的结合要受制于（　　）。
A. 内质网膜的受体位点　　B. mRNA 中特异的序列
C. 信号识别因子　　D. 信号序列的疏水区
3. 细胞内铁的运输是通过（　　）。
A. 通道蛋白　　B. 吞饮作用
C. 受体介导的内吞作用　　D. 自由扩散
4. 参与蛋白质合成与运输的一组细胞器是（　　）。
A. 核糖体、内质网、高尔基复合体
B. 线粒体、内质网、溶酶体
C. 细胞核、微管、内质网
D. 细胞核、内质网、溶酶体
5. 下列关于内含信号序列，最正确的一项是（　　）。
A. 是 C 端的一段氨基酸序列　　B. 是 N 端的一段氨基酸序列
C. 具有信号作用，但不被切除　　D. 跨膜运输后要被切除
6. 不少涉及合成甾体激素的酶分布于（　　）。
A. 高尔基复合体　　B. 糙面内质网　　C. 线粒体　　D. 滑面内质网
7. 蛋白聚糖是细胞外基质的一个重要成分，其组装是在（　　）。
A. 内质网中进行的　　B. 高尔基体中进行的
C. 细胞质中进行的　　D. 内体中进行的
8. 在下列细胞器的膜结构中存在有电子传递链的一组是（　　）。

A. 高尔基体、线粒体　B. 线粒体、滑面内质网
C. 滑面内质网、线粒体、内体　D. 叶绿体、线粒体、溶酶体

9. 受体介导的胞吞作用要经过（　　）过程。
A. 识别→包被小窝→有被小泡→无被小泡
B. 识别→有被小泡→包被小窝→无被小泡
C. 识别→无被小泡→有被小泡→包被小窝
D. 识别→包被小窝→无被小泡→有被小泡

10. ARF 是一种单体 G 蛋白，有 1 个 GTP/GDP 结合位点，当结合有 GDP 时，没有活性。若 ARF-GDP 与（　　）结合，可引起 GDP 和 GTP 的交换。
A. GTPase　B. GTP 酶激活蛋白
C. Ca^{2+}-ATPase　D. 鸟嘌呤核苷释放蛋白

11. 下列细胞中，除（　　）外，都有较多的高尔基复合体。
A. 上皮细胞　B. 肌细胞　C. 唾液腺细胞　D. 胰腺外分泌细胞

12. 高尔基体（　　）。
A. 内部含有一系列堆叠的潴泡
B. 是一种极性的细胞器，其顺面靠近 ER，反面靠近细胞质膜
C. 各部分所含的酶一样
D. 是寡聚糖进一步被修饰产生复杂寡聚糖的场所

13. 台-萨氏病是一种与溶酶体有关的遗传缺陷病，主要是缺乏（　　）而不能水解神经苷脂。
A. 磷酸二酯酶　B. *N*-乙酰氨基转移酶
C. β-氨基己糖酯酶 A　D. 腺苷酸环化酶

14. 在下列细胞器中，质子泵存在于（　　）。
A. 高尔基体膜上　B. 溶酶体膜上
C. 过氧化物酶体膜上　D. 内质网膜上

15. 下面哪种细胞器以分裂方式增殖?
A. 过氧化物酶体　B. 高尔基体
C. 溶酶体　D. 内质网

16. 遍在蛋白是（　　）。
A. 电子传递链中辅酶 Q 的一个亚基
B. 一个对于叶绿体中含量最高的蛋白质——核酮糖-1,5-二磷酸羧化酶-加氧酶（rubisco）的一般性称呼
C. 标识蛋白降解的多肽
D. 细胞周期中修饰 H_2A 组蛋白组分的多肽
E. 参与维持新生肽转运能力的多肽

17. 下面哪一项反应不是发生在滑面内质网上?
A. 胆汁的合成　B. 蛋白质的酰基化
C. 解毒作用　D. 脂的转运

18. 网格蛋白（　　）。

A. 是所有胞吞和分泌小泡的组分
B. 形成一个由三条重链和三条轻链组成的三脚蛋白复合体
C. 在包被小泡的外部形成网格
D. 结合到一个衔接蛋白的内壳上
E. 负责将小泡导向它们的目的膜区

19. 对于定位到内质网腔内的蛋白质，KDEL序列就相当于定位到溶酶体的蛋白质的（　　）。
A. KKXX　　B. 衔接蛋白
C. t-SNARE　　D. 磷酸化的甘露糖残基

20. 糖原贮积病的病因可能是（　　）。
A. 隐性基因突变，造成α-葡萄糖苷酶缺乏
B. 糖原太多，溶酶体来不及消化而积累
C. 溶酶体数量不够，造成糖原积累
D. 以上都正确

21. 胰腺细胞合成和分泌消化酶，属于下列哪种分泌?
A. 调节型分泌　　B. 组成型分泌　　C. 转运型分泌　　D. 以上都不是

22. 从细胞学角度而言，结核病是由于（　　）。
A. 基因缺陷，造成破坏结核杆菌的酶缺乏
B. 高尔基复合体的缺陷
C. 溶酶体破裂所致
D. 溶酶体不能破坏结核杆菌的蜡质外被

23. 下列关于信号序列的描述中，正确的一项是（　　）。
A. 是C端突出的一段小肽　　B. 具有严格的专一性
C. 含有疏水残基　　D. 在序列上有高度的保守性

24. 下列细胞器中的膜蛋白在糙面内质网上合成的有（　　）。
A. 叶绿体　　B. 过氧化物酶体　　C. 线粒体　　D. 溶酶体

25. Ca^{2+}在网格蛋白包被小泡运输中有重要作用，它可以（　　）。
A. 与网格蛋白二聚体的重链结合，促使小泡形成
B. 与网格蛋白二聚体的轻链结合，促使小泡外被剥离
C. 与包被蛋白复合体结合，促使小泡形成
D. 与包被蛋白复合体结合，促使小泡外被剥离

26. 在下列信号中，（　　）是运输到过氧化物酶体的信号。
A. -Lys-Asp-Glu-Leu-COO^-
B. -Ser-Lys-Leu-
C. -Pro-Pro-Lys-Lys-Arg-Lys-Val-
D. ^+H_3N-Gly-Ser-Ser-Lys-Ser-Lys-Pro-Lys-

27. 下列除（　　）外都是特化的内质网。
A. 肌质网　　B. 环状片层结构　　C. 髓样体　　D. 残余小体

28. 下列哪种类型的细胞是研究分泌颗粒的最佳模式?

A. 肌肉细胞　　B. 酵母细胞　　C. 上皮细胞　　D. 胰腺细胞

29. 下列哪项能解释用电子显微镜观察不到细胞中的微体的原因?

A. 微体太小　　B. 微体是细胞匀浆和离心的结果

C. 电子能透过微体　　D. 实际上在电镜照片中能观察到微体

30. 下列物质中哪些不是将新生蛋白导入糙面内质网必需的?

A. 蛋白二硫键异构酶　　B. SRP

C. SRP 受体　　D. GTP 结合蛋白

31. 蛋白质被包裹在膜性小泡中转运到细胞各处，这些小泡（　　）。

A. 是膜的一部分，通过出芽产生的

B. 在小泡内有一层包被蛋白

C. 通过它们的蛋白包被识别相应的靶膜

D. 到达目的地后去包被

32. 矽肺病是一种职业病，与溶酶体有关，其发病机理是（　　）。

A. 溶酶体的酶没有活性

B. 矽粒使溶酶体破裂

C. 溶酶体的数量不够

D. 初级溶酶体不能与含有矽粒的吞噬体形成次级溶酶体

33. 在蛋白运输中下列哪些过程需要 GTP?

A. 蛋白转移通过内质网膜

B. 运输小泡外壳 COP 的去组装

C. 无网格蛋白包被小泡与目标膜的融合

D. 以上都需要

34. 下列哪种反面高尔基网络的小泡最可能运载调节型分泌的激素?

A. 溶酶体小泡　　B. 披网格蛋白小泡

C. 披包被蛋白小泡　　D. 以上都是

35. 在下列细胞器中，（　　）具有分拣作用。

A. 溶酶体　　B. 内质网　　C. 微体　　D. 内体

36. 植物细胞中功能与溶酶体相类似的是（　　）。

A. 液泡　　B. 过氧化物酶体

C. 消化小泡　　D. 白色体

37. 细胞器蛋白的最终命运由信号序列所决定。为了将细胞色素 b_2 前体运入线粒体膜间隙，必需的条件是（　　）。

A. 细胞色素 b_2 前体有 1 个 N 端信号序列，由线粒体外膜受体蛋白识别。随后与运输通道蛋白相互作用将其运入膜间间隙，在此信号肽被切除

B. 细胞色素 b_2 前体有 2 个 N 端信号序列。第 1 个信号序列由线粒体外膜受体蛋白识别，接着与跨越内外膜的运输通道蛋白相互作用，转运进入基质，在此第 1 个信号序列被切除。第 2 个信号序列因此暴露出来，被内膜转运通道蛋白识别并转运进入膜间隙，在此信号肽被切除产生细胞色素 b_2

C. 细胞色素 b_2 前体有1个N端信号序列，由线粒体外膜受体蛋白识别。蛋白质嵌入膜中，而在信号肽切除前有一个从膜进入膜间隙的ATP水解依赖性分解过程

D. 细胞色素 b_2 前体有1个C端信号肽，由线粒体外膜受体蛋白识别。蛋白质穿膜直到C端中止转移序列阻止进一步的转运为止。在切去了锚定-中止序列之后，成熟的肽被释放入膜间隙中

E. 细胞色素 b_2 通过小泡分泌，从胞质转运进入线粒体膜间隙

38. 次级内体膜上具有ATP-质子泵，利用（　　）的浓度保证内部pH的稳定。

A. H^+　　B. OH^-　　C. PO_4^{3-}　　D. Cl^-

39. 下列哪些有关分泌蛋白糖基化的叙述是正确的？

A. 几乎所有的分泌蛋白都是糖基化的

B. 糖基化只发生在精氨酸的 NH_2 基团上

C. 寡聚糖是在脂醇上形成，然后被转到蛋白质上

D. 修剪寡聚糖时，部分甘露糖被切除

E. 蛋白质分子离开ER前，寡聚糖加工已完成

40. 比较顺面高尔基体内的蛋白质和反面高尔基体内的蛋白质，可发现（　　）。

A. 两个部分的蛋白质是一样的

B. 顺面高尔基体蛋白质是糖基化的，含有修饰过的氨基酸，而反面高尔基体内的蛋白质未经修饰

C. 顺面高尔基体内的蛋白质是糖基化的，而反面高尔基体内的蛋白质也是糖基化的，含有修饰过的氨基酸

D. 顺面高尔基体的蛋白质比反面高尔基体的蛋白质肽链短

四、简答题

1. 是否所有的细胞都含有糙面（RER）和滑面内质网（SER）？
2. 糖原贮积病的病因是什么？
3. 简述细胞分级分离的原理。
4. 简述溶酶体的作用。
5. 信号序列（肽）假说的核心内容是什么？
6. 临床上医务人员在抢救休克患者时，通常要给患者注射大量的糖皮质类固醇药物，其目的是什么？
7. 细胞如何防止内质网蛋白通过运输小泡从ER逃逸进入高尔基体中？
8. 细胞通过何种机制保证溶酶体的酶类不泄漏？
9. 比较自噬作用和吞噬作用。
10. Hsp70家族中的分子伴侣在正常细胞和应激细胞中可完成不同的功能，试列举几种功能。
11. 如果说膜蛋白是通过ER蛋白转运通道（其本身就是一种膜蛋白）整合到ER膜中去的话，那么第一个转运通道蛋白又是怎样整合到ER膜中去的？
12. 简述外侧高尔基体网络的作用。

五、实验设计与分析

1. Rothman 和 Orci 的 VSV-感染 CHO 细胞的实验说明了什么？
2. Jamieson 和 Palade 用脉冲追踪法跟踪蛋白质合成到分泌过程中放射性标记氨基酸的命运。根据胞吐作用的机制，试述细菌被巨噬细胞吞噬后，蛋白质中的放射性标记氨基酸的命运。
3. 胰岛素在胰腺的胰岛细胞合成时，首先得到前体胰岛素原，然后由一种酶催化水解切除一段短肽形成成熟胰岛素。现有胰岛素原抗体（anti-P）和胰岛素的抗体（anti-I），两种抗体都进行了金标记，可在电镜下观察到黑点。用 anti-P 处理一个胰组织的超薄切片，另一个样品用 anti-I 处理，然后在电镜下观察。表 Q9-1 中的 + 号表示有黑色斑点出现的地方。

表 Q9-1　胰岛素合成追踪实验

	anti-P	anti-I	anti-网格蛋白
成熟的分泌小泡	−	+	______
外侧高尔基网络	+	−	______
内侧和中间高尔基网络	+	−	______

(1) 胰岛素原的水解反应在哪里进行？

(2) 如果用抗网格蛋白的抗体处理三个样品，表中的哪种小泡会对网格蛋白出现阳性结果？

4. 利用游离的氨基酸、mRNA 和小麦胚芽提取物组成的无细胞体系研究蛋白质合成，小麦胚芽提取物内有核糖体和翻译所需的辅助因子。如果利用该体系研究新生肽的转移，对于表 Q9-2 中的每个实验条件，请指出蛋白质是否完全合成，成熟蛋白质是否具有信号序列，以及是否能跨膜转移？

表 Q9-2　利用无细胞体系研究蛋白质合成的实验方案

实 验 条 件	完全合成？	信号序列？	跨膜转运？
a. 一种胞质蛋白的 mRNA；无 SRP；无 SRP 受体；无微体	______	______	______
b. 编码分泌蛋白的 mRNA；无 SRP；无 SRP 受体；无微体	______	______	______
c. 编码分泌蛋白的 mRNA；加入外源的 SRP；无 SRP 受体；无微体	______	______	______
d. 编码分泌蛋白的 mRNA；加入外源 SRP；加入游离的 SRP 受体（不结合在膜上）；无微体	______	______	______
e. 编码分泌蛋白的 mRNA；加入外源 SRP；加入外源的 SRP；加入微体	______	______	______

六、问答题

1. 何谓信号序列（肽）假说？是怎样提出的？

动画

2. 在糙面内质网中进行糖基化时，是在蛋白质分子上添加一个预先装配好的 14 残基寡糖链，而不是用一个个的酶依次将糖单元加上去在蛋白质的表面生成糖链。这种机制有什么优越性？
3. 说明信号序列的结构和功能。
4. 细胞内蛋白质合成及去向如何？
5. 流感病毒包着一层膜，膜上含有酸性条件下活化的融合蛋白。活化后此蛋白质引起病毒膜与细胞膜的融合。有一种古老的民间治疗流感的方法，建议患者到马厩内过夜。奇怪的是这种方法可能有效，对此有一个合理的解释，空气中含有马尿经细菌作用产生的氨气（NH_3）。请推测氨气如何保护细胞不受病毒感染。（提示：NH_3 能以下列反应来中和酸性溶液：$NH_3 + H^+ \rightarrow NH_4^+$。）
6. 试述溶酶体的发生过程？
7. 原核细胞与真核细胞中未加工的多肽链 N 端有什么氨基酸？
8. 讨论共翻译转运及翻译后转运的主要区别。
9. 受体介导的内吞与吞噬作用有何不同？
10. 何谓细胞内的蛋白质分选，细胞内蛋白质分选的途径与生物学意义是什么？
11. 真核细胞的细胞质膜以及内膜系统的膜是怎样合成的？
12. 当一个含有低密度脂蛋白（LDL）的内体与溶酶体上的 LDL 受体结合，pH 下降引起颗粒与受体的亲和力降低，在融合小泡中脂质和载体蛋白都被降解。与胆固醇一样，铁与转铁蛋白（transferrin）形成复合物在血液中运输。铁/转铁蛋白复合物称为铁转铁蛋白（ferrotransferrin），是细胞膜上转铁蛋白受体的配体。与对 LDL 的反应不同，pH 下降不会引起受体的亲和力降低，然而会降低铁与转铁蛋白的结合。推测铁/转铁蛋白在细胞中利用的过程，以及转铁蛋白和转铁蛋白受体在铁被利用之后的命运。
13. 比较膜结合核糖体的蛋白质合成和游离核糖体的蛋白质合成。
14. 比较蛋白聚糖合成中的 *N*-连接与 *O*-连接。
15. 试述一个受体-配体复合物可能的不同命运。
16. 滑面内质网的主要功能是什么？
17. 当加入衔接蛋白、网格蛋白和发动蛋白-GTP 时，在真核细胞质膜上可见到披网格蛋白小泡的出芽。
    (1) 如果其中不加入①衔接蛋白、②网格蛋白或③发动蛋白，将会观察到什么情况？
    (2) 如果质膜片段来自原核细胞，又会出现什么现象？
18. 关于膜蛋白的取向，请回答下列问题：
    (1) 一个合成的蛋白质具有 1 个不被切除的内在信号序列，但并不含有 1 个停止转移信号，预测这个蛋白质的膜取向。
    (2) 一个蛋白质具有 1 个可切除的 N 端信号序列，并含有 1 个终止转移序列和 1 个起始转移序列，预测这个蛋白质的膜取向。
    (3) 一个穿膜多次的蛋白质，怎样安排信号序列，能使其插入膜的片段为奇数？

七、名词释义

1. 内膜系统（endomembrane system）

2. 酸性水解酶（acid hydrolase）
3. 受体介导的内吞作用（receptor-mediated endocytosis）
4. 溶酶体（lysosome）
5. 内体（endosome）
6. 初级溶酶体（primary lysosome）
7. 次级溶酶体（secondary lysosome）
8. 微粒体（microbody）
9. 信号识别颗粒（signal recognition partical，SRP）
10. 多聚核糖体（polyribosome）
11. 肌质网（sarcoplasmic reticulum）
12. 信号序列（signal sequence）
13. 细胞色素 P-450（cytochrome P-450）
14. 甘露糖 6-磷酸（mannose 6-phosphate，M6P）

动画

第十章　细胞骨架与细胞运动

一、填空题

1. 微管是直径为 24～26 nm 的中空圆柱体，周围有________条原纤维排列而成。每一条原纤维由两种直径为 4 nm 球形亚单位__________微管蛋白组成二聚体。
2. 微管在细胞中以三种形式存在，大部分细胞质微管是__________，不太稳定；构成纤毛、鞭毛周围小管的是__________，比较稳定；组成中心粒和基体的是__________，十分稳定。
3. 驱动蛋白与细胞质小泡结合后，在有__________存在时，可沿着微管向__________移动。
4. 鞭毛和纤毛主要由轴丝和基体两部分组成，轴丝周围有________，中央有________微管，故称为________结构；而基体外围为________，中央没有微管，称为________结构。
5. 细胞松弛素 B 可使微丝____________，而鬼笔环肽则______________。
6. 绒胞菌原生质的穿梭流动是由于__________系统的收缩而引起了相当的水压梯度所致，这种收缩需要________、________和________。
7. 用____________处理变形虫，可中断内质的向前流动和伪足的伸出，说明__________参与了变形运动。
8. 肌节是肌原纤维的结构和功能单位，一个肌节包括两个______带（I 带）和一个________带（A 带）。
9. 肌收缩过程是__________和__________滑动的结果。
10. 中心粒在__________位于细胞核附近，在____________期位于纺锤体的两极。
11. 在细胞分裂中，微管的作用是______________________；微丝的作用是______________。
12. 紫杉醇和秋水仙碱都是与微管特异结合的药物，但作用方式不同，紫杉醇的作用是________________，秋水仙碱则______________________。
13. 细胞松弛素 B 虽然是与微丝特异结合的药物，但并不影响肌肉收缩，原因是肌纤维中的____。
14. 在肌纤维中有四种蛋白质，其中______________和______________是肌肉收缩的主要蛋白质，而____________和____________则起调节作用。
15. 细胞除了具有遗传和代谢两个主要特性之外，还有另外两个重要的特性，就是________________和____________________。
16. 在神经轴突的物质转运过程中，由两种发动蛋白介导：①____________，介导运输小泡由轴突顶端运向胞体；②______________，介导小泡由胞体运向轴突顶端。
17. 中间纤维家族的各成员在体内的分布具有组织特异性，其中__________存在于上皮细胞，____________存在于中胚层起源的细胞和体外培养细胞。
18. 动物细胞的微管组织中心是__________，植物细胞的微管组织中心是__________，鞭毛的微管组织中心是__________。

19. 微丝通常是两条肌动蛋白丝以________的方式形成，两条肌动蛋白丝的________一致，每个螺旋的螺距为________。

20. 肌钙蛋白有三个亚基，其中 TnT 的功能是与____________结合，TnC 功能是________________，TnI 的功能是______________________。

21. 肌球蛋白Ⅰ的主要功能是__________，肌球蛋白Ⅱ的主要功能是____________。

22. 虽然驱动蛋白和动力蛋白都是发动机蛋白，但二者沿微管的运输方向是不同的，前者从__________________,后者则相反。

23. 肌组织的基本组成单位是__________，由粗肌丝和细肌丝组成。构成粗肌丝的主要成分是__________,它的头部具有____________的活性。构成细肌丝的主要成分是肌动蛋白纤维，其上结合有肌钙蛋白和____________。肌钙蛋白由三个亚基所组成，其中____________亚基与 Ca^{2+} 结合，对肌肉的收缩具有____________作用。

24. 与微丝结构有关的蛋白质有单体隔离蛋白（如抑制蛋白），它的作用是切断；封端蛋白(如β-辅肌蛋白)，可结合到微丝的__________，阻止单体的添加，有的则先使微丝断裂成新的末端，再____________上去，阻止微丝的生长。微丝交联蛋白有_______________位点，可使两个肌动蛋白交联结合起来，交联的方式有____________的或____________的两种。

25. 微丝是一种普遍存在于真核细胞质中的实心纤维，其直径约 6 nm，长度不一，在肌细胞内形成特定的____________，参与____________；在____________细胞内常形成不稳定的束或复杂的网，细胞膜下的网状微丝结构与细胞移动、变皱膜运动、____________和____________等细胞运动有关。微丝的主要成分是____________，它是微丝的基础蛋白质。纯化的肌动蛋白分子单体呈____________形，称____________肌动蛋白（G-actin）；而在微丝中的肌动蛋白是以多聚体的形式存在，聚合成纤维状，称____________。____________形成的肌动蛋白丝直径约 6 nm，是一种有方向性的双股螺旋纤维。因此，肌动蛋白在细肌丝中作为一种收缩蛋白参与肌肉收缩过程。____________是粗肌丝的化学组成，其分子单体呈豆芽状，有 1 个杆部和____________个头部，一般由 6 条多肽链组成，2 条重链拧成麻花状，构成杆部，4 条轻链形成____________个头部，每个头部含 2 条轻链，具有____________酶活性。大约 25～30 个肌球蛋白分子聚合形成短的双头纤维，肌球蛋白分子的头部形成表面突起，并指向纤维的两极，头部有__________________结合位点，可在肌收缩中与________________结合，作为一种收缩蛋白参与肌肉收缩活动。

二、判断题

1. 抗有丝分裂的药物秋水仙碱与微管蛋白单体结合后，可阻止二聚体的形成。
2. 纤毛的运动是微管收缩的结果。
3. 细胞松弛素 B 是从真菌中分离的一种生物碱，它可与微丝的（－）端结合，并阻止新的单体加入。
4. 秋水仙碱可同微丝的（＋）端结合，并阻止新的单体加入。
5. 肌动蛋白具有方向性，在适合的条件下，许多肌动蛋白可按同一的前后方向聚合成细丝。

6. 肌细胞中的T管是细胞质膜的延伸物，因为它和细胞膜是连续的。因此，肌质网是内质网的延伸物。
7. 如果没有肌动蛋白，细胞虽然能够形成有功能的纺锤体并将染色体拉开，但细胞不能分裂。
8. 培养细胞中的微丝特称为应力纤维。
9. 中间纤维也是细胞骨架的一种，但它与单链DNA的亲和性很高。
10. 驱动蛋白和动力蛋白同属于发动机蛋白，二者对物质的运输都是从（+）端到（-）端。
11. 鞭毛微管蛋白水解GTP，引起鞭毛的弯曲。
12. 微管蛋白由两个亚基组成，即α微管蛋白和β微管蛋白。在这两个亚基上各有一个GTP结合位点，但α亚基上的是不可交换的，β亚基上的是可以交换的。
13. 微管在体外组装时，受离子的影响很大，所以要尽量除去 Mg^{2+} 和 Ca^{2+}。
14. α、β和γ三种类型的肌动蛋白都存在于肌细胞中。
15. 中间纤维是一个杆状结构，头尾是不可变的，中间杆部是可变的。
16. 中间纤维通过桥粒将相邻的细胞连成一体。
17. 细胞中所有的微管和微丝都处于动态变化之中。
18. 紫杉醇只与聚合的微管结合，而不和未聚合的微管蛋白结合，使细胞稳定在有丝分裂期。
19. 微管蛋白单体和肌动蛋白单体都有一个GTP结合位点。
20. 驱动蛋白沿着微管驱动内质网运动从而使内质网遍布在细胞内。
21. 丝状伪足和片状伪足是细胞伸出的“感觉器”，用于探测将要在其上爬行的支持物表面的锚着点。
22. 微管蛋白异二聚体的α和β两个亚基都能与GTP结合，亲和力也一样。
23. 细胞中的中间纤维如果不能解聚的话，细胞就会死亡。
24. 微管的正端生长得较快，因为它们有较大的GTP帽。
25. 肌球蛋白在肌动蛋白纤维上的运动在部分情况下由肌钙蛋白的磷酸化启动，而在另一些情况下是通过 Ca^{2+} 与肌钙蛋白的结合而启动的。

三、选择题

1. 下列哪项叙述与肌球蛋白不符?
   A. 细胞中的肌球蛋白一般由6条多肽链组成
   B. 肌球蛋白分子的2条轻链形成杆部
   C. 肌球蛋白分子头部聚集在肌球蛋白纤维的两极
   D. 肌球蛋白的头部具有ATP酶活性
   E. 肌球蛋白头部存在肌动蛋白结合位点
2. 促进微管解聚的因素有（　　）。
   A. 长春花碱　　B. 秋水仙碱　　C. 0℃左右低温　　D. 细胞松弛素B
3. 细胞质骨架的主要组织者是（　　）。
   A. 纺锤体　　B. 中心体　　C. 细胞核　　D. 微体
4. 微丝是细胞骨架的一种，（　　）。

A. 可被秋水仙碱所破坏　　B. 可被长春花碱所破坏
C. 参与胞质分裂　　D. 以上都不是

5. 肌质网的整合膜蛋白必须要能（　　）。
A. 释放和聚集钙离子　　B. 与原肌球蛋白和肌钙蛋白结合
C. 经历动作电位　　D. 收缩

6. 成纤维细胞所特有的中间纤维蛋白是（　　）。
A. 角蛋白　　B. 波形蛋白　　C. 结蛋白　　D. 胶质纤维酸性蛋白

7. γ 微管蛋白存在于（　　）。
A. 线粒体基质　　B. 核基质　　C. 中心体基质　　D. 细胞外基质

8. 体外进行微管组装，微管蛋白浓度合适时，在下列各项中（　　）项是最佳的条件。
A. pH 6.9，37℃，合适的 Ca^{2+} 浓度，无 Mg^{2+}
B. pH 6.9，37℃，合适的 Mg^{2+} 浓度，无 Ca^{2+}
C. pH 5.9，25℃，合适的 Mg^{2+} 浓度，无 Ca^{2+}
D. pH 5.9，37℃，合适的 Ca^{2+} 浓度，无 Mg^{2+}

9. 在一次肌肉颤搐（仅由一个动作电位引起的收缩）过程中，何时肌肉胞浆中的钙离子浓度最高?
A. 横小管经历动作电位前的千分之一秒
B. 处于横小管经历动作电位之后，肌肉紧张之前
C. 肌肉最紧张时
D. 颤搐结束，肌肉松弛后

10. 首先用去污剂 Triton X-100 溶解去掉一完整鞭毛的细胞膜，再用含 EDTA 的溶液浸泡轴丝。经过这些处理后，轴丝还会剩下些什么?
A. 仅有外周微管蛋白
B. 外周微管蛋白和中心微管蛋白，但无侧臂和 ATPase 活性
C. 外周微管蛋白、中心微管蛋白、侧臂和 ATPase 活性
D. 外周微管蛋白、中心微管蛋白、侧臂、ATPase 活性和一个细胞膜

11. 下列物质中，（　　）抑制微丝的解聚。
A. 秋水仙碱　　B. 紫杉醇　　C. 鬼笔环肽　　D. 细胞松弛素 B

12. 下列结构中（　　）的微管蛋白是以三联管的形式存在。
A. 纤毛　　B. 中心粒　　C. 鞭毛　　D. 纺锤丝

13. 下列关于肌球蛋白 I 的功能描述中，除了（　　）项外，其他都是正确的。
A. 以肌动蛋白纤维为轨道，运输肌动蛋白纤维
B. 以肌动蛋白纤维为轨道，运输分泌小泡
C. 沿着质膜运输肌动蛋白纤维
D. 参与肌肉收缩

14. 在下列微管中对秋水仙碱最敏感的是（　　）。
A. 细胞质微管　　B. 纤毛微管　　C. 中心粒微管　　D. 鞭毛微管

15. 一个肌球蛋白相当于（　　）个肌动蛋白单体的长度。

A. 3　　B. 7　　C. 10　　D. 5

16. 在下列与细胞骨架起作用的药物中，（　　）促使微丝的解体。
A. 秋水仙碱　　B. 紫杉醇　　C. 细胞松弛素 B　　D. 鬼笔环肽

17. 微管蛋白的异二聚体上具有哪种核苷三磷酸的结合位点？
A. UTP　　B. CTP　　C. GTP　　D. ATP

18. 在下列蛋白质中，只存在于肌细胞，而在非肌细胞中尚未发现的蛋白质是（　　）。
A. 肌球蛋白　　B. 肌动蛋白　　C. 肌钙蛋白　　D. 动力蛋白

19. 组成肌原纤维中粗肌丝的主要成分是（　　）。
A. 肌球蛋白Ⅰ　　B. 肌球蛋白Ⅱ　　C. 肌钙蛋白　　D. 原肌球蛋白

20. 下列药物中仅与已聚合微丝结合的是（　　）。
A. 秋水仙碱　　B. 长春花碱　　C. 鬼笔环肽　　D. 紫杉醇

21. 下列哪种细胞是肌动蛋白的最好来源？
A. 脊椎动物的骨骼肌细胞
B. 非对称型细胞，如那些消化管道的线状排列的细胞
C. 分裂中的植物细胞
D. 皮肤细胞

22. 当肌收缩时，会发生下面哪一种变化？
A.Z 带会加宽　　B. 肌动蛋白纤维发生收缩
C. 肌球蛋白纤维收缩　　D. 肌节变短

23. 肌动蛋白需要与（　　）结合后，才能装配成微丝。
A. GTP　　B. GDP　　C. ATP　　D. ADP

24. 脊椎动物的骨架与骨骼的关系类似于细胞骨架与（　　）的关系。
A. 钙　　B. 微管蛋白、肌动蛋白和动力蛋白
C. 微管、微丝和中间纤维　　D. 支架

25. 发动机蛋白沿着细胞骨架纤维的运动最类似于（　　）。
A. 火车头在铁轨上的运动　　B. 货车在公路上的运动
C. 拄着拐杖的人的运动　　D. 喷气式飞机的飞行

26. 丽藻中的胞质环流运动（　　）。
A. 可被秋水仙碱所抑制　　B. 可被长春花碱所抑制
C. 可被细胞松弛素 B 所抑制　　D. 可被鬼笔环肽所抑制

27. 下列叙述中哪一个不是分子发动机运载的典型“货物”？
A. ATP　　B. 分泌小泡
C. 细胞骨架纤维　　D. 细胞器

28. 下列哪种分子发动机蛋白与微管相伴？
A. 驱动蛋白　　B. 动力蛋白
C. 肌球蛋白　　D. A 和 B

动画

29. 下列哪种细胞骨架成分并不存在于所有真核细胞中？
A. 动力蛋白　　B. 中间纤维

C. 微管　D. 驱动蛋白类似蛋白

30. 参与胞质分裂的细胞骨架是（　　）。

A. 微管　B. 微丝　C. 中间纤维　D. 核纤层

31. 在哪些方面中间纤维与微管和微丝相似?

A. 中间纤维是一个化学性质不均一的结构集合体

B. 细胞环境的改变导致中间纤维的装配和去装配

C. 中间纤维已在动物细胞中被确认，但在其他真核细胞中尚未得到确认

D. 中间纤维通过不同的途径组装成密度不同的结构

32. 下列哪些因素对于肌动蛋白纤维缩短的踏车现象是必需的?

A. HMM 的形成　B. 纤维两端的聚合与解聚速率不同

C. 肌动蛋白纤维的稳定性　D. 上述所有情况

33. 只有肌动蛋白（无肌球蛋白）的情况下，哪些形式的细胞运动可以发生?

A. 骨骼肌收缩

B. 胞质分裂

C. 卵细胞受精前的顶体反应

D. 无（所有涉及肌动蛋白的运动都需要肌球蛋白）

34. 若在显微镜下比较收缩的肌节与松弛的肌节，下列哪些区域宽度是不变的?

A. A 带　B. I 带　C. H 带　D. 整个肌节

35. 下列哪项活动与微管的功能无关?

A. 受体作用　B. 支持功能

C. 细胞运动　D. 物质运输

E. 信息传递

36. 有关肌肉收缩原理，下列哪项叙述不正确?

A. 当 Ca^{2+} 浓度下降时，原肌球蛋白构型改变，触发肌丝滑动

B. 肌肉放松时，细肌丝中的原肌球蛋白隔在肌动蛋白与横桥之间

C. 肌肉放松时，细肌丝不与粗肌丝结合在一起

D. 横纹肌收缩是肌原纤维的细肌丝和粗肌丝相互滑动造成的

E. 横纹肌收缩过程需要 ATP 提供能量

37. 如果用阻断微管的药物如秋水仙碱处理细胞，将会出现下述哪个结果?

A. 细胞形态会被破坏

B. 有丝分裂和减数分裂不能进行

C. 细胞器在细胞内的分布会被破坏

D. 上述所有情况

38. 关于肌动蛋白的叙述错误的是（　　）。

A. G 肌动蛋白与 F 肌动蛋白可互相转变

B. 肌动蛋白上有肌球蛋白结合位点，但无二价阳离子的结合位点

C. F 肌动蛋白的聚合过程不需能量

D. 肌动蛋白是微丝的基础蛋白质

E. 微丝受到肌动蛋白-结合蛋白的调节

39. 下列物质中抑制微管解聚的是（　　）。
    A. 秋水仙碱　　B. 长春花碱　　C. 紫杉醇　　D. 鬼笔环肽

40. 下列蛋白质中，合成前期具有信号肽的是（　　）。
    A. 微管蛋白　　B. 肌动蛋白　　C. 肌钙蛋白　　D. 胶原蛋白

四、简答题

1. 说明肌球蛋白Ⅰ的结构特点。
2. 当细胞进入有丝分裂时，原来的胞质微管必须迅速解聚，代之以将染色体拉向子细胞的纺锤体。以日本武士的短剑命名的酶——剑蛋白在有丝分裂开始时被激活，将微管切成短的片段。请分析剑蛋白产生的微管短片段的命运并作出解释。
3. 目前已知的发动机蛋白都不是在中间纤维上进行移动的，为什么？
4. 细胞质中肌动蛋白纤维的形成是由肌动蛋白结合蛋白控制的。某些肌动蛋白结合蛋白可大幅提高启动肌动蛋白纤维形成的速度。请设想一种可能的机制。
5. 在爬行细胞的前缘，肌动蛋白纤维的正端结合在质膜上，肌动蛋白单体就在这些末端添加上去，将质膜向外推动从而形成片状伪足或丝状伪足。是什么机制掌握纤维的另一端，防止它们被推入细胞的内部？
6. 细胞骨架蛋白的重叠功能的意义是什么？
7. 下列哪一种变化是在骨骼肌细胞收缩时发生的？① Z 盘反向移动使间距扩大；② 肌动蛋白纤维收缩；③ 肌球蛋白纤维收缩；④ 肌节变短。
8. 纤毛中动力蛋白臂的排列方式使之激活时，头部将邻接的外侧二联体朝纤毛的顶端推动。如果所有的动力蛋白分子同时被激活，为什么纤毛反而不能产生弯曲运动？构思一种动力蛋白的活动方式来解释纤毛的单向弯曲现象。
9. 简要说明肌纤维和肌原纤维在组成上有何不同。
10. 简要说明肌节收缩的原理。

五、实验设计与分析

1. 如何证明微丝担负胞质环流的功能？
2. 如何证明鱼的色素细胞中色素分子的移动是微管依赖性的？
3. 指出下列哪些过程可直接被秋水仙碱（C）、紫杉醇（T）、细胞松弛素（CHL）和/或不能水解的 ATP 同系物如 AMP-PNP 阻断：

    ________ 轴突运输
    ________ 减数分裂纺锤体的形成
    ________ 减数分裂纺锤体的解体
    ________ 顶体反应
    ________ 吞噬作用
    ________ 胞质分裂

六、问答题

1. 何谓细胞骨架？微管、微丝在细胞骨架中的主要作用是什么？
2. 一个骨骼肌细胞有三个不同的膜系统，每个都有自己的整合膜蛋白。请指出哪种膜——质膜（PM）、横小管（TT）、肌质网（SR）或无膜系统（NONE）含有最为丰富的下列某种蛋白质：原肌球蛋白________、乙酰胆碱受体________、Ca^{2+}-ATPase________、肌联蛋白________、Ca^{2+}-释放通道________。
3. 在下列各类细胞中哪一种有可能在细胞质中含有高密度的中间纤维？请说明理由。
   (1) 大变形虫（一种自主生活的变形虫）；
   (2) 皮肤的上皮细胞；
   (3) 消化道的平滑肌细胞；
   (4) 大肠杆菌；
   (5) 脊髓中的神经细胞；
   (6) 精细胞；
   (7) 植物细胞。
4. 为什么将微管蛋白添加到已有的微管末端上，比从头开始形成微管容易得多？解释中心体内 γ 微管蛋白是如何克服这一障碍的。
5. 动态不稳定性造成微管迅速伸长或缩短。设想一条单一的处于缩短状态的微管：
   (1) 如果要停止缩短并进入伸长状态，其末端必须发生什么变化？
   (2) 发生这一转换后微管蛋白的浓度有什么变化？
   (3) 如果溶液中只有 GDP 而没有 GTP，将会发生什么情况？
   (4) 如果溶液中存在不能被水解的 GTP 类似物，将会发生什么情况？
6. 比较伪足和片状伪足。
7. 比较微管和微丝。
8. 比较细胞质动力蛋白与驱动蛋白。
9. 比较基粒与中心体。
10. 请比较中间纤维与骨骼肌细胞中肌球蛋白纤维Ⅱ的结构，两者主要的相同之处是什么？主要的不同之处又是什么？
11. 句子“肌肉收缩时 Ca^{2+} 的作用是：________________”是关于肌收缩的描述，但不完整。下面所给的四个短语是否都能用来使该句子完整？为什么？① 将肌球蛋白头部从肌动蛋白上脱离下来；② 将动作电位从质膜传递到收缩元件；③ 与肌钙蛋白结合，使之移动原肌球蛋白，从而将肌动蛋白纤维暴露于肌球蛋白头部；④ 维持肌球蛋白纤维的结构。
12. 列举细菌与动物细胞之间的差别。这些差别很可能是由于在进化过程中出现的部分或所有现代真核细胞具有的细胞骨架所造成的。
13. 从红豆杉树皮中提取的药物紫杉醇具有和秋水仙碱（一种生物碱）相反的作用。紫杉醇与微管紧密结合，使之十分稳定。当它作用于细胞时，造成更多的游离微管蛋白组装成微管。紫杉醇与秋水仙碱对于分裂细胞是致命的，两者都用作抗癌药物。为什么这两种药物作用机理不同，对分裂细胞却都是有害的？

14. 图 Q10-1 是“灾变性”缩短的微管的电镜照片。请评述两图中有何不同点，并对此作出解释。

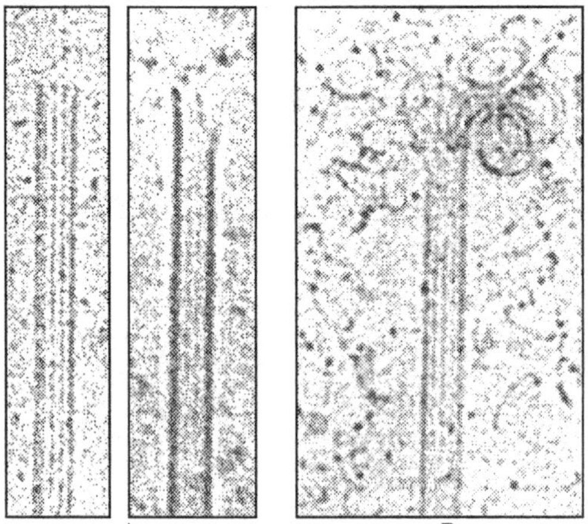

图 Q10-1 正常微管与快速缩短的微管电镜照片（引自 Alberts *et al*.，1998）
A. 正常微管；B. 快速缩短的微管

15. 什么叫凝胶-溶胶（gel-sol）和溶胶-凝胶（sol-gel）转变？

七、名词释义

1. 应力纤维（stress fiber）
2. 胞质环流（cyclosis）
3. 微管组织中心（microtubule organizing center，MTOC）
4. 中间纤维（intermediate filament，IF）
5. 中心体（centrosome）
6. 中心粒小轮（centriole pinwheel）
7. 三联体（triplet）
8. 基体（basal body）
9. 成核反应（nucleation）
10. 临界浓度（critical concentration）
11. 分子发动机（molecular motor）
12. 轴突运输（axonal transport）
13. 细胞松弛素 B（cytochalasin B）
14. 鬼笔环肽（phalloidin）
15. 微绒毛（microvillus）

第十一章　细胞核与染色体

一、填空题

1. 真核细胞除了＿＿＿＿＿＿＿和＿＿＿＿＿＿外，都含有细胞核。
2. 染色体的四级结构分别是：＿＿＿＿＿、＿＿＿＿＿、＿＿＿＿＿、＿＿＿＿＿。
3. 1831 年布朗在＿＿＿＿＿＿中发现了细胞核和核仁。
4. 着丝粒 DNA 具有＿＿＿＿＿性，并为＿＿＿＿＿＿所染色。
5. ＿＿＿＿＿是第一个被发现的分子伴侣，时值 1978 年。
6. 核质蛋白协助组蛋白与 DNA 形成正常的核小体，机理主要是降低＿＿＿＿＿＿，从而阻止了错误的装配。
7. 亮氨酸拉链的形成是靠＿＿＿＿＿＿＿＿＿＿＿＿。
8. 就目前所知，中度重复序列中，除了＿＿＿＿＿＿外，都没有蛋白质产物。
9. 保证染色体进行稳定复制和遗传的三个功能序列分别是：＿＿＿＿＿＿、＿＿＿＿＿＿、＿＿＿＿＿＿。
10. 组蛋白带＿＿＿＿＿电荷，富含＿＿＿＿＿＿氨基酸。
11. 成熟的鸟类红细胞中，＿＿＿＿＿被 H5 所取代。
12. 精细胞的细胞核中没有组蛋白，但由＿＿＿＿＿取代它的作用。
13. 细胞核中的组蛋白与 DNA 的含量之比为＿＿＿＿＿，并且组蛋白的合成是在＿＿＿＿＿期，与＿＿＿＿＿同步进行。
14. 染色质的异固缩现象有正异固缩和负异固缩之分，前者染色＿＿＿＿＿＿＿，后者染色＿＿＿＿＿＿＿＿＿。
15. 人的＿＿＿＿＿＿＿＿等 5 条染色体中存在核仁组织区。
16. 核小体的两个基本的作用是：①＿＿＿＿＿＿＿＿＿＿＿＿＿＿＿＿＿＿＿＿＿＿＿＿＿；②＿＿＿＿＿＿＿＿＿＿＿＿＿＿＿＿＿＿＿＿＿＿＿＿。
17. 核粒（核小体）中主要而又比较稳定的化学组成是＿＿＿＿＿＿和＿＿＿＿＿＿。
18. 多线染色体在结构上有三个特点：①＿＿＿＿＿＿＿＿＿＿；②＿＿＿＿＿＿＿＿＿；③＿＿＿＿＿＿＿＿＿。
19. 一段长 1340 nm 的染色体 DNA，分子质量约 2600 kDa，与等量组蛋白装配可形成约＿＿＿＿＿个核小体，进一步包装，可形成长约＿＿＿＿＿＿nm 的螺线管。
20. 核仁的主要功能是＿＿＿＿＿＿和＿＿＿＿＿＿。
21. 核定位信号是亲核蛋白上的一段肽序列，功能是起蛋白质的＿＿＿＿＿。核定位信号不同于其他的蛋白质运输信号，它是＿＿＿＿＿的，在核重建时可反复利用。
22. 端粒的功能是保持线性染色体的稳定性，即①＿＿＿＿＿＿＿＿；②＿＿＿＿＿＿＿＿；③＿＿＿＿＿＿＿＿。

23. 细胞核内的 DNA 可能通过____________________锚定在核骨架上。

24. 真核生物有三种 RNA 聚合酶分别起不同的作用，RNA 聚合酶Ⅰ参与____________的合成，RNA 聚合酶Ⅱ参与_________的合成，RNA 聚合酶Ⅲ参与____________的合成。

25. 根据多级螺旋模型，从 DNA 到染色体四级包装，共压缩了_________倍。

26. 动粒和着丝粒是两个不同的概念，化学本质也不相同，前者是______________，后者则是_____________。

27. 核质蛋白是一种亲核蛋白，具有头、尾两个不同的结构域，其_________具有入核信号。

28. 构成结构性异染色质的 DNA 序列，一般是不转录的，原因是缺少转录活动所需的____________________。

29. 多线染色体是处于_______的活性染色体，而灯刷染色体是停留在减数分裂__________的染色体。

30. 凡具有_________帽信号的 RNA 可被定位在细胞质。

31. 染色体显带技术是一种鉴别单个染色体和染色体组型的一种手段。用喹吖因染色得到的带叫_________带，用_________染色得到的带叫 G 带，改变染色条件，得到与其他的结果相反的带叫_______________带，专门显示_______________的带叫 T 带，专门显示着丝粒附近的_________的带叫 C 带。

32. 核基质结合区（MAR）是细胞核 DNA 分子中结合核基质的特定核苷酸序列，功能有：①____________________；②____________________；③____________________；④____________________。

33. 细胞核是细胞内最大、最重要的细胞器，由_______________包被，膜上有__________。外膜与_______________相连，内膜内侧的一层蛋白质叫作核纤层，属于________________，起_____________的作用。核纤层在细胞周期中参与细胞核膜的______________，其机理主要是通过_____________。广义的核骨架除了包括核纤层之外，还包括__________和染色体骨架。细胞核是遗传物质的_________，DNA 的转录和_________都在核中进行。而核蛋白则是在_________中合成后通过核孔转运到核中，__________信号在核蛋白的运输中有重要作用。核孔对物质的运输有两个重要的特点：①______________；②_____________。核内的遗传物质在间期，是以较松散状态存在的，称之为染色质。遗传物质有四级结构，初级结构叫___________，最高级结构叫_____________。遗传物质的初级结构是可以自我组装的，但要有一种称为分子伴侣的物质——_____________来介导。

34. 染色质是指________________内能被碱性染料染色的物质。电镜下可见染色质是一种_________状细微纤丝，其成分由_________、_________、_________及少量__________组成，其基本单位是_________。染色质分为结构疏松、功能活跃的____________和结构致密、功能处于相对静止状态的_____________。染色体是由染色质包装而成的一条条能在光镜下看到的棒状或点状结构，由细长的染色质纤维盘旋折叠而成，与染色质的组成成分_________，主要是核酸和蛋白质。各种生物的染色体大小、形状和数目_________，而且固定不变。染色体的数目与形态的变化经常影响各种生物的功能、形态和遗传性状。

35. 核小体是由约 200 个碱基对的________和 5 种________相结合而成，是________的基本结构单位。核小体的核心是组蛋白________聚体，其中________各 2 分子缔合成四聚体位于中间，由________各 2 分子形成的 2 个二聚体分别排在四聚体的两侧。DNA 片段（约________个核苷酸对）缠绕组蛋白八聚体____圈，形成核小体的核心颗粒。两个核心颗粒之间有由 60 个左右碱基对组成的 DNA 片段。________位于 DNA 进出核心颗粒的结合处，其功能与核小体结构的稳定有关。

二、判断题

1. 核孔复合物中的环孔颗粒是由 8 对组蛋白组成。
2. 组蛋白和非组蛋白一样都是碱性蛋白质。
3. 端粒是任何生物染色体所不可缺少的稳定染色体结构的组成部分。
4. 核小体的核心蛋白由 H1、H2A、H2B、H3 各两分子组成的八聚体。
5. 电泳时 DNA 向正极移动。
6. 每条染色体上都有一核仁组织区。
7. 在显微镜下往往看到核孔复合物的中央有一个颗粒，它可能是正在输出的核糖体。
8. 分子内分子伴侣具有高度的专一性，能通过水解作用释放，且不需要 ATP。
9. 非组蛋白带正电荷，是酸性蛋白质。
10. 某些染色体或染色体片段具有异固缩现象，这种染色体被称为异染色质。
11. 同一有机体的不同组织中，核仁的大小和数目都有很大的差异，这种变化和细胞中蛋白质合成的旺盛程度有关。
12. 核仁是细胞核的一种结构，任何时候都可以看到。
13. 分化细胞中兼性染色质增多说明了一种可能性：通过染色质折叠是关闭基因的一种方式。
14. PCR 中用的引物与细胞内 DNA 复制所用的引物在性质上是一样的。
15. 原核生物的 DNA 是着膜复制的，真核生物的 DNA 复制则与核骨架有关。
16. 染色体骨架主要由非组蛋白构成，其中拓扑异构酶占了 40% 以上。
17. 中度重复序列 DNA 都是非编码序列，即没有结构基因。
18. 核纤层通过磷酸化作用促进核膜解体，通过去磷酸化帮助核膜重建。
19. 组蛋白是碱性蛋白质，带正电荷，功能是参与核小体的构建。其中 H1 位于两个核小体的连接 DNA 的中间部位，主要起连接作用。
20. 核定位信号是蛋白质的永久组成部分，而前导肽多数要被切除掉。
21. PCR 利用热稳定的 DNA 聚合酶，因为扩增的每步中双链 DNA 必须加热变性。
22. 大多数 DNA 结合蛋白都与 DNA 双螺旋的大沟结合。
23. MAR 在基因表达中起调控作用，它位于 DNA 活性基因转录的两端，是拓扑异构酶结合的位点。
24. 分子伴侣协助多肽链转运、折叠或装配，但不参与最终产物的形成。
25. 核酸酶超敏感区是指那些正在转录的活性 DNA 区，长度范围较窄。

三、选择题

1. 染色体分带技术中，C 带主要用于显示着丝粒附近的（　　）。

A. 常染色质　B. 异染色质　C. 酸性蛋白　D. 碱性蛋白

2. 核小体是（　　）。
A. 染色质的一种基本结构
B. 原生动物空泡状核中着色深的小体
C. 染色体畸变时无着丝粒的片段
D. 真核细胞中可用苏木精染色并主要由蛋白质和 RNA 组成的小体

3. 核纤层由三个亚基组成，其中（　　）。
A. α 亚基与核膜特异蛋白相结合　B. β 亚基与核膜特异蛋白相结合
C. γ 亚基与核膜特异蛋白相结合　D. β 亚基同染色质结合

4. 分子内分子伴侣（　　）。
A. 没有专一性　B. 是终产物的一部分
C. 是一些蛋白质的前序列　D. 一类不相干的蛋白质

5. 以下关于重复 DNA 序列的说法哪些是正确的？
A. 所有的重复序列都有编码功能，但不是所有的编码序列都是重复的
B. 所有的非重复序列都有编码功能，所有的编码序列都是非重复的
C. 所有的重复序列都缺乏编码功能，但不是所有的编码序列都是非重复的
D. 一些编码序列是重复的，另一些则不是

6. 在生活细胞中，染色质通常的存在形式为（　　）。
A. 直径 10 nm 的核小体串珠结构　B. 直径 30 nm 的螺线管
C. 超螺线管　D. 染色单体

7. 结构性异染色质是（　　）。
A. 在所有细胞核内永久地呈现异固缩的染色质
B. 含有高度重复的随体 DNA
C. 分布于大多数染色体的着丝粒区、端粒和次缢痕附近，并呈现 C 带染色
D. 以上都正确

8. 下列关于核被膜的叙述不正确的是（　　）。
A. 核被膜与其他细胞膜完全一样　B. 核被膜将遗传物质与细胞质相隔离
C. 核被膜是一对同心膜　D. 膜上散布着核孔

9. 核仁最基本的功能是（　　）。
A. 稳定核的结构　B. 参与核糖体的装配
C. 合成核糖体 rRNA　D. 控制蛋白质合成的速度

10. 多线染色体与灯刷染色体（　　）。
A. 都是体细胞永久性染色体　B. 都是生殖细胞特有的染色体
C. 都是转录不活跃的 DNA　D. 都是转录活跃的 DNA

11. 细胞核是细胞的重要细胞器，但只能在（　　）才能看到一个完整的核。
A. 有丝分裂前期　B. 有丝分裂中期　C. 有丝分裂后期　D. 胞质分裂期

12. 下列关于异染色质的陈述哪项是正确的？
A. 是不能转录的

B. 在间期活性染色质解压缩时，它仍然处于压缩状态
C. 结构性异染色质位于染色体特定的从不表达的部位，如着丝粒、端粒
D. 功能性异染色质能通过在不可利用的染色质结构里安置基因从而控制基因表达

13. 非组蛋白又称为序列特异性结合蛋白，可以通过（　　）法进行检测。
A. Southern 印迹　B. Northern 印迹
C. Gel 阻滞　D. 斑点杂交

14. 若要鉴别一个含有 rRNA 基因的染色体，该选用下面哪一种染色体分带法?
A. G 带　B. R 带　C. N 带　D. T 带

15. 核骨架是存在于真核细胞内的以（　　）纤丝为主的纤维网架体系。
A. DNA　B. 蛋白质　C. RNA　D. 蛋白质和 RNA

16. 在 A、B、Z 三种构型的 DNA 中，沟的特征很重要，这是因为（　　）。
A. 沟的特征决定了 DNA 分子的稳定性
B. 沟的特征决定了 DNA 分子的特异性
C. 沟的特征与基因表达调控有关
D. 沟的特征决定了 DNA 的螺旋方向

17. 染色体中的 DNA 与组蛋白之比为（　　）。
A. 1∶1　B. 1∶0.05　C. 1∶0.5　D. 1∶2

18. 下例哪些特性使端粒酶不同于其他的 DNA 聚合酶?
A. 从 5′向 3′方向合成 DNA　B. 该酶带有自身的模板
C. 端粒酶的一个亚基由 RNA 组成　D. 端粒酶对热稳定

19. 常染色质是（　　）。
A. 经常存在的染色质　B. 染色很深的染色质
C. 不呈异固缩的染色质　D. 呈现异固缩的染色质

20. 基因是染色体上具有遗传效应的一段 DNA 序列，它代表一个（　　）。
A. 复制单位　B. 翻译单位　C. 转录单位　D. 转运单位

21. 多线化的细胞处于永久（　　）。
A. 前期　B. 间期　C. 中期　D. 后期

22. 核酸酶敏感区为（　　）提供了一个结合位点。
A. 特异性 DNA 结合蛋白　B. RNA 聚合酶
C. DNA 聚合酶　D. 限制性内切核酸酶

23. 从下述几种细胞中检测核仁的结构，其中哪一个具有最大的核仁?
A. 人类神经细胞　B. 蛙肌肉细胞
C. 蛙卵母细胞　D. 大鼠肝细胞

24. 哺乳动物细胞中，着丝粒 DNA 的特征是（　　）。
A. 兼性异染色质　B. 结构性异染色质
C. 常染色质　D. 分散染色质

25. 为什么将 Mendel 选择用于研究的豌豆性状称为幸运的选择?
A. 是受基因控制的仅有的几个性状

B. 他选择的这些性状中没有属于同一个连锁群的
C. 他选择的所有这些性状都能在同一植物中找到
D. 它们都遵循分离定律

26. 端粒的作用是（　　）。
A. 保护染色体使其免于核酸酶的降解　　B. 能防止染色体之间的末端黏合
C. 它们是染色体完全复制所必需的　　D. 以上都正确

27. 所有的组蛋白都在翻译后对特异的氨基酸进行修饰，这些修饰（　　）。
A. 改变组蛋白分子的电荷
B. 是永久的
C.（部分）发生在组蛋白的 N 端上，被认为是由核心部分扩散而来的
D. 在细胞周期的特定时期发生

28. 不同 DNA 分子结构会在下述方面不同，除了（　　）
A. 双螺旋可以是右手方向的，也可以是左手方向的
B. 核苷酸碱基序列可以不同
C. 水饱和的分子结构是 B 型，水含量少一点的为 A 型
D. 碱基可以与主链上的糖基或磷酸基团相连

29. 在下列哪些条件下限制酶切片段的长度是一致的（即缺乏多态性）？
A. 从同一个体获得的同源染色体用同种限制性内切核酸酶切割
B. 来源于单卵双胞胎的同一条染色体的 DNA 用相同限制性内切核酸酶切割
C. 来源于不同姐妹的同一染色体的 DNA 用相同的限制性内切核酸酶切割
D. 上述说法全是

30. 下列物质在核仁中合成的有（　　）。
A. 蛋白质　　B. 氨基酸　　C. DNA　　D. rRNA

31. 根据基因表达的终产物，可将基因分为（　　）。
A. RNA 基因和蛋白质基因　　B. 结构基因和调节基因
C. 真核基因和原核基因　　D. 连续基因和割裂基因

32. 组蛋白基因是（　　）。
A. 单拷贝基因　　B. 中度重复序列
C. 高度重复序列　　D. 核酸酶攻击的位点

33. 下列哪项代表了染色体构成中由最低至最高的压缩过程？
A. 核小体——30 nm 纤维——超螺旋环——有丝分裂中的染色体
B. 核小体——超螺旋环——30 nm 纤维——有丝分裂中的染色体
C. 核小体——30 nm 纤维——有丝分裂中的染色体——超螺旋环
D. 有丝分裂中的染色体——30 nm 纤维——超螺旋环——核小体

34. 下列哪一种说法正确？
A. 细胞膜、细胞核、线粒体、核仁都是膜相细胞器
B. 细胞膜、线粒体、细胞核、核糖体等都是膜相细胞器
C. 细胞核、溶酶体、高尔基复合体、内质网等都是膜相细胞器

D. 细胞膜、溶酶体、高尔基复合体、内质网等都是膜相细胞器

35. 有关组蛋白的叙述不正确的是（　　）。
A. 不同物种间的组蛋白有极大的相似性
B. 组蛋白中含有许多碱性氨基酸
C. 组蛋白富含亮氨酸和精氨酸
D. 每个组蛋白均由单个基因编码

36. 着丝粒是（　　）。
A. 染色体上指导染色体在有丝分裂过程中移动的实体
B. 分裂间期染色体复制后产生的两个拷贝
C. 有丝分裂中的微管组织中心
D. 富含 rDNA 的细胞核中，DNA 的“浓缩体”
E. 装载裂解酶的细胞器

37. 为什么妇女会有遗传嵌合体?
A. 失活的 X 染色体均来自父亲
B. 失活的 X 染色体均来自母亲
C. 失活的 X 染色体可能来自父方或母方
D. 以上都不正确

38. 当一个小的人类染色体因有丝分裂而浓缩时，要压缩多少倍?
A. 70 倍　　B. 700 倍　　C. 7000 倍　　D. 70 000 倍

39. 灯刷染色体是卵母细胞进行第一次减数分裂停留在（　　）的染色体。
A. 细线期　　B. 双线期　　C. 粗线期　　D. 终变期

40. DNA 在 30 nm 微丝中压缩多少倍?
A. 6 倍　　B. 10 倍　　C. 40 倍　　D. 240 倍

四、简答题

1. 比较前导肽与核定位信号的区别。
2. 简述核基质的作用。
3. 真核生物细胞内能否像原核生物一样，可以没有核膜，并且 DNA 的转录与蛋白质翻译也是耦联的?
4. 真核生物核膜的出现为基因的表达提供了时空隔离后，对细胞的生命活动有何好处?
5. 动粒与着丝粒有何不同?
6. 简述染色体分带技术。
7. 抗体基因 DNA 重排的意义。
8. 组蛋白是已知保守蛋白中最为保守的：对不同物种 H3 的比较表明，海胆 H3 与牛的 H3 之间只存在一个氨基酸的差别。这种明显的进化保守性暗示了什么?
9. 核质蛋白的主要功能?
10. 简述核孔复合物的作用。
11. 简述组蛋白的进化保守性的意义。

动画

12. 非组蛋白具有哪些结构特征?
13. H1 组蛋白的作用。
14. 比较异染色质与常染色质。
15. 叙述多线染色体的结构特征。
16. 核定位信号是一种永久性的信号，这对生命活动有什么意义?
17. DNA 是在特异的 DNA 序列处与核基质结合吗?
18. 简述染色质与染色体在概念上的差异。

五、实验设计与分析

1. 设计一个实验，鉴定分析与组蛋白核心颗粒紧密结合的 DNA 的量。
2. 设计一个研究 DNA 复制过程中组蛋白分离的实验。在 DNA 复制之后核小体是何时重建的?

六、问答题

1. 试述细胞核的结构和功能。
2. 何谓分子伴侣? 类别和功能如何?
3. 何谓人工染色体? 何谓 YAC 文库?
4. 染色体的绳珠模型有什么特点?
5. 染色体骨架与核基质有何不同?
6. 为什么真核细胞需要细胞核作为独立的区室，而原核细胞没有核也能生存?
7. 比较组成型异染色质与兼性异染色质。
8. 两个 β 珠蛋白基因（每个来自 11 号染色体中的一条）的 DNA 测序表明其中一个基因有突变。能否仅凭这个信息判断，此人会成为遗传病的携带者并遗传给后代? 还需要哪些信息来进一步证明?
9. 假如动物细胞中的 mRNA 被反转录为 DNA（因为病毒感染时携带的反转录酶造成的偶发事件），产生的双链 DNA 被整合到染色体上不同的位置，那么这个 DNA 序列（称为假基因）与原始基因有什么不同? 假基因能被转录吗?
10. 比较原核生物基因组的复杂性和真核生物基因组的复杂性。
11. 什么是核型? 核型分析有什么用途?
12. 简述核孔鱼笼模型的主要特点。
13. 人类基因组的 23 条染色体上有 3 亿碱基对，按先前的估计，有 10 万个基因。问:
    (1) 每条染色体上的平均基因数是多少?
    (2) 每个基因的平均碱基对数是多少?
    (3) 若 95% 的碱基对是非编码的 DNA，则平均每个基因的碱基对是多少?
14. 为什么在真核生物的细胞中不能同时见到细胞核和染色体?
15. 何谓核小体 DNA 转录的共激活子模型?

七、名词释义

1. 交换（crossing over）

2. 多线染色体（polytene chromosome）
3. 拓扑异构酶（topoisomerase）
4. 限制性片段长度多态性（restriction fragment length polymorphism，RFLP）
5. 常染色质（euchromatin）
6. 异染色质（heterochromatin）
7. 染色单体（chromatid）
8. 着丝粒（centromere）
9. 动粒（kinetochore）
10. 次缢痕（secondary constriction）
11. 随体（satellite）
12. 核型（karyotype）
13. 核仁（nucleolus）
14. 核仁组织区（nucleolus organizer region）
15. 染色体病（chromosome disease）

动画

第十二章　细胞周期与细胞分裂

一、填空题

1. 真核生物细胞周期分为：__________、__________、__________、____________期。其中____________统称为细胞间期。
2. 原核生物的细胞周期分为：______________、______________、______________。
3. 有丝分裂期间出现的__________、__________、__________及________统称为有丝分裂器。
4. 着丝粒微管一端______________，另一端在____________，作用是牵动染色体运动。
5. 细胞分裂的方式有：______________、______________、______________。
6. 有丝分裂的主要形态特征是出现____________________。
7. 在有丝分裂过程中要发生一系列的形态变化，其目的是______________________。
8. 细胞周期中各个时期的长短各有不同，但一般说来，__________期长，__________期短。
9. 细胞成熟促进因子包括两类蛋白质：①______________；②________________。
10. MPF 和 SPF 是两种控制细胞周期的不同促进因子，前者由 $P34^{cdc2}$ 与__________________组成，后者由 $P34^{cdc2}$ 与__________________组成。
11. 在减数分裂的__________期可见到染色体交叉，但交换却发生在______________期。
12. 减数分裂中的联会复合体起始于________，成熟于__________，消失于____________。
13. 在细胞同步化的培养中，秋水仙碱可将细胞阻止在 M 期，其机理是________________。
14. 有多种方法诱导细胞同步化生长，如用阿拉伯糖苷胞嘧啶可使细胞停留在____________期，用氨基酸饥饿法（如缺少异亮氨酸）可使细胞停留在_____________期，若用秋水仙碱或长春花碱处理，则停留在______________期，机理是抑制了__________的形成。
15. 联会复合体出现于______________，消失于________________。
16. 细线期的主要特征有：____________________________、____________________________、__________________________。
17. 当在联会复合体结构中看到重组小结时，细胞分裂已进入到前期 I 的______________。
18. IPM（染色体凝集抑制因子）的作用是与__________结合，使染色体去凝集。
19. 细菌的细胞周期最短的时间为__________min，最长可达________min，这与环境有关。
20. 中期阻断法是获得细胞同步化培养的一种方法，其原理是通过______________。
21. 在细胞周期中，细胞骨架最明显的变化是________________。
22. Cdk 是一种蛋白激酶，必须与______________结合后才具有活性。
23. Cdk 是一种周期蛋白依赖性的蛋白激酶，可使靶蛋白的____________残基磷酸化。
24. 在早熟染色体凝集实验中 G_1 期的染色体呈现______________，G_2 期是______________，而 S 期是______________。
25. 裂殖酵母细胞周期的引擎蛋白是__________________蛋白。

26. 组蛋白与DNA合成__________进行，并且合成的比值为______________。
27. 在减数分裂过程中要发生DNA重组和染色体的自由组合，这两个过程分别发生在__________和__________。
28. 减数分裂是有性生殖个体形成__________细胞过程中发生的一种特殊的分裂方式。整个细胞周期经过__________次细胞分裂，而DNA只复制______________次，这样染色体数目就由______________的体细胞产生出染色体数目减半的______________。

二、判断题

1. 在细胞分裂的不同时期出现不同的染色状态的现象称为异染周期。
2. 实验表明：核膜的解体和聚合与核纤层蛋白A、C的磷酸化、脱磷酸有关，磷酸化时解体，脱磷酸化时聚合。
3. 极微管头对头连接，因此从一个纺锤极到另一个纺锤极是连续存在的。
4. 动植物细胞纺锤体的中心体里都有两个中心粒。
5. 动物的成熟卵细胞和精子含有单倍体基因组。
6. 有丝分裂中核膜变为碎片，因此能像内质网和高尔基体等膜被细胞器一样在两个子细胞间分配。
7. 减数分裂产生细胞的DNA含量是有丝分裂子细胞的一半。
8. 中心体的复制独立于染色体的复制。
9. G_0细胞是永远失去了分裂能力的细胞。
10. 离体实验表明：促成熟因子（MPF）引起的核膜破裂与核纤层蛋白A、C的磷酸化有关。
11. 除非有足够的营养成分，细胞将不会从G_1期进入M期。
12. 在有丝分裂和减数分裂期间，染色体都要进行配对，才能进行均等分配。
13. 减数分裂的双线期，同源染色体要分开，可以观察到交叉现象，这是由于两条染色单体发生交换的结果。
14. 微管在着丝粒处成核然后连接至动粒。
15. 多线染色体是体细胞永久性间期染色体，灯刷染色体是卵母细胞、精母细胞减数分裂前期的双线期的二价染色体。
16. 减数分裂中产生的突变是不会传递给后代的。
17. 体细胞只进行有丝分裂，生殖细胞只进行减数分裂。
18. 在减数分裂交换期间，两条染色体上编码同样基因的区域必须彼此配对。
19. 在有丝分裂过程中，细胞内的结构要发生一系列的变化，其核心问题都是围绕均等分配遗传物质。
20. 在真核生物细胞周期的S期，整个DNA的合成是同步的。
21. 在$2n$细胞中，成对染色体不仅来源相同，而且基因结构也完全相同。
22. 温度敏感突变体是研究细胞周期控制蛋白的有用突变体。
23. 第一次减数分裂要发生分子水平上的重组，这种重组发生在任意两条染色体之间。
24. 在减数分裂过程中不仅要发生DNA分子水平的重组，染色体的自由组合，而且要发生染色体数目的减少。

25. 细胞周期蛋白及其磷酸化状态两者决定一个 Cdk 蛋白是否具有酶活性。

三、选择题

1. 有丝分裂前期的最主要特征是（　　）。
   A. 核仁、核膜、核仁组织者都要消失　　B. 染色质凝缩成染色体
   C. 核糖体解体　　D. 中心体消失
2. 苔藓类的生命周期以"世代交替"为特征，即一个小的单倍体配子体产生配子并受精产生长的孢子体世代。这种生命周期称为（　　）。
   A. 配子型　　B. 孢子型　　C. 合子型　　D. 无性生殖
3. 细胞周期包括（　　）两个主要时期。
   A. G_1 和 G_2 期　　B. 间期和 M 期　　C. 间期和 S 期　　D. M 期和 G_1 期
4. 虽然不同的细胞有不同的细胞周期，但一般说来，都是（　　）。
   A. G_1 期长，S 期短　　B. S 期长，G_2 期短
   C. S 期长，M 期短　　D. M 期长，G_1 期短
5. 在细胞周期中，核仁、核膜要消失，这一消失出现在（　　）。
   A. G_1 期　　B. S 期　　C. G_2 期　　D. M 期
6. 如果将双线期灯刷染色体在放射性标记的尿嘧啶中培养，然后通过放射自显影进行检测，大部分的放射性将出现在（　　）。
   A. 灯刷环上　　B. 沿着灯刷骨架
   C. 在灯刷环上与灯刷骨架上均有　　D. 与染色体无关
7. 有丝分裂过程中，姐妹染色单体着丝粒的分开发生于（　　）。
   A. 前期　　B. 中期　　C. 后期　　D. 末期
8. 下列细胞中，（　　）属于连续的细胞分裂群。
   A. 红细胞　　B. 多形式白血细胞
   C. 骨髓干细胞　　D. 以上都不是
9. 同步生长于 M 期的 HeLa 细胞与另一同步生长的细胞融合，除看到中期染色体外还见到凝缩成粉末状的染色体，推测这种同步生长的细胞是处于（　　）。
   A. G_1 期　　B. S 期　　C. G_2 期　　D. M 期
10. *P53* 基因抑制受损伤细胞进入 G_2 期的机理是（　　）。
    A. 通过 *P21* 基因作用于周期蛋白　　B. 通过抑制 *P21* 基因的启动
    C. P53 蛋白直接作用于周期蛋白　　D. P53 与 P21 共同作用于周期蛋白
11. 成熟促进因子是在（　　）合成的。
    A. G_1 期　　B. S 期　　C. G_2 期　　D. M 期
12. 在有丝分裂的哪个时期染色体最分散？
    A. 前期　　B. 前中期　　C. 中期　　D. 后期
13. 减数分裂过程中，要发生染色体减数，此过程发生在（　　）。
    A. 前期Ⅰ　　B. 中期Ⅰ　　C. 后期Ⅰ　　D. 后期Ⅱ

14. 染色体出现成倍状态发生于细胞周期中的（　　）。
A. G_2 期和早 M 期　　B. G_1 期和 S 期
C. 晚 M 期和 G_1 期　　D. G_0 期和 G_1 期
15. 在减数分裂的粗线期，（　　）。
A. 常发生姐妹染色单体的交换从而导致重组配子的产生
B. 常发生姐妹染色单体的交叉从而导致重组配子的产生
C. RNA 聚合酶明显增多
D. 组蛋白成倍增加
16. 在细胞周期的哪个时期，周期蛋白的浓缩程度最高?
A. 晚 G_1 期和早 S 期　　B. 晚 G_2 期和早 M 期
C. 晚 G_1 期和晚 G_2 期　　D. 晚 M 期和晚 S 期
17. 在有丝分裂中，（　　）。
A. 细胞周期长短主要由 S 期长短决定
B. G_1 期容易滞留的原因可能是这个时期对不利条件敏感
C. S 期的长短与染色体的倍数有关
D. G_1 期是 M 期物质准备阶段
18. 早期的胚胎细胞无（　　）。
A.S 期　　B.M 期　　C.G_1 期 + G_2 期　　D.G_1 期
19. 有丝分裂过程的中期，发生的主要事件是（　　）。
A. 核仁消失　　B. 染色体排列在赤道板上
C. 染色质凝缩成染色体　　D. 姐妹染色单体的着丝粒分开
20. 哺乳动物成熟的红细胞（　　）。
A. 没有细胞核　　B. 没有线粒体
C. 永远失去了分裂能力　　D. 以上都正确
21. 当细胞进入 M 期后下列哪些现象不发生?
A. 染色质浓缩　　B. 组蛋白 H1 脱磷酸化
C. 核膜、内质网和高尔基体解体　　D. 纺锤体形成
E. 收缩环形成
22. T、B 淋巴细胞在正常情况下是（　　）。
A. G_0 细胞　　B. 终端分化细胞　　C. 持续分裂细胞　　D. 间期细胞
23. 细胞增殖的控制点主要处于细胞周期的（　　）。
A. G_1 期　　B. S 期　　C. G_2 期　　D. M 期
24. 核糖体的合成是在（　　）。
A. G_1 期　　B. S 期　　C. G_2 期　　D. G_1 期和 S 期
25. 细胞周期的长短取决于（　　）。
A. G_1 期　　B. S 期　　C. G_2 期　　D. M 期
26. 有丝分裂后期，染色体向两端移动，主要是靠（　　）的收缩。
A. 星微管　　B. 极微管　　C. 着丝粒微管　　D. 游离微管

27. 在第一次减数分裂时，核膜的解体主要在（　　）。
A. 偶线期　　B. 粗线期　　C. 终变期　　D. 中期Ⅰ
28. 哪些有关细胞周期蛋白的叙述是正确的？
A. 存在几种细胞周期蛋白家族，其氨基酸序列和特性是不同的
B. 整个细胞周期中，细胞周期蛋白的量总处于一个恒定的状态
C. 当细胞进入有丝分裂期，细胞周期蛋白被迅速降解
D. 细胞周期蛋白调控 M 期激酶的活性
29. *cdc2* 基因的产物是（　　）。
A. 细胞周期蛋白　　B. P53
C. 细胞周期蛋白依赖性蛋白激酶　　D. CAK
30. 在减数分裂过程中，同源染色体要进行配对，形成联会复合体，这种现象出现在前期Ⅰ的（　　）。
A. 细线期　　B. 偶线期　　C. 粗线期　　D. 双线期
31. 减数分裂中的染色体交叉出现在（　　）。
A. 细线期　　B. 偶线期　　C. 粗线期　　D. 双线期
32. 下列哪项最好的证明了后期染色体像在一条线上的鱼儿一样被拉向两极？
A. 动力蛋白与驱动蛋白相关蛋白与着丝粒相连接
B. 纺锤体微管蛋白在着丝粒部位去聚合
C. 微管蛋白的分解决定了染色体运动速率
D. 以上都正确
33. 细胞分裂的哪个阶段可以观察到孟德尔自由组合定律的证据？
A. 有丝分裂后期　　B. 有丝分裂中期
C. 减数分裂后期Ⅰ　　D. 减数分裂后期Ⅱ
34. 在裂殖酵母（*Schizosaccharomyces pombe*）中，Cdc2 蛋白（　　）。
A. 与非洲爪蟾（*Xenopus laevis*）中的 P34 蛋白同源
B. 在 M 期与细胞周期蛋白 Cdc13 形成一种复合物
C. 活性受磷酸化调控
D. 在芽殖酵母（*Schizosaccharomyces cerevisiae*）中没有同源物
35. 肝细胞具有高度的特化性，但是当肝被破坏或者手术切除其中的一部分，组织仍会生长。那么，肝细胞属于哪一类细胞？
A. 永久处于 G_0 期的细胞　　B. 可以被诱导进入 S 期的细胞
C. 持续再生的细胞　　D. 无法从题目的条件中推出结果
36. 在中期中，（　　）处于一个相对恒定的合成状态，而（　　）仅在 S 期内合成。
A. 多数的蛋白质，DNA 复制酶　　B. 组蛋白，DNA 复制酶
C. 结构蛋白，功能蛋白　　D. 大多数蛋白质，组蛋白
37. 在细胞培养基中加入 ^{3}H-胸腺嘧啶核苷，培养 30 min，随后取样进行固定及放射自显影，结果发现（　　）。
A. 所有进行有丝分裂的细胞的染色体中都掺入了标记的胸腺嘧啶核苷

B. 所有进行有丝分裂的细胞的染色体中都没有掺入标记的胸腺嘧啶核苷

C. 所有的细胞，不论是否进行有丝分裂，其染色体中均掺入标记的胸腺嘧啶核苷

D. 所有的细胞，不论是否进行有丝分裂，其染色体中均没有掺入标记的胸腺嘧啶核苷

38. 如果将一个处于 S 期的细胞与一个处于 G_1 期的细胞融合，那么（　　）。

A. G_1 期细胞核将会进入 S 期　　B. S 期细胞核将会进入 G_1 期

C. 两个核均进入 G_2 期　　D. 两个核均被抑制

四、简答题

1. 减数分裂的末期 I 与有丝分裂末期的主要差别是什么?
2. RB 蛋白在 G_1 期的作用是什么?
3. 在减数分裂前期 I 发生染色体联会的生物学意义是什么?
4. 比较有丝分裂的中期与早中期。
5. SPF 和 MPF 的主要差别是什么?
6. 简述 P53 蛋白的作用。
7. 为什么说近亲结婚有可能是一种悲剧性的婚姻?
8. 染色体交叉的意义是什么?
9. 组蛋白磷酸化的意义是什么?
10. 内质网解体的意义是什么?
11. 两极微管的作用是什么?
12. 英国克隆绵羊的科学家为什么要将培养的绵羊乳腺细胞周期调整到 G_0 期而不调整到 M 期?
13. 分裂后期中染色体为何要低速运动?
14. 细胞周期关卡（checkpoint）的作用。
15. 比较后期 A 与后期 B。
16. 减数分裂的前期 I 可分为 5 个小期，偶线期和双线期的“偶”与“双”的含义是不同的，请说明。
17. 比较成膜体与收缩环。
18. 简述有丝分裂染色体形成的意义。
19. 贴壁培养的细胞在细胞周期中，表面形态有什么变化?
20. 比较细胞周期中的 G_0 期与 G_1 期。
21. 何谓早熟染色体凝集?
22. P34 是如何被激活和失活的?

五、实验设计与分析

1. 如何证明分裂期的细胞中有促成熟因子（MPF）的存在?
2. 用一种结合于 DNA 的荧光物质对生长中的细胞群体染色，细胞的荧光量与每个细胞的 DNA 量成正比。为了测定单个细胞中的 DNA，可让细胞通过流式细胞器（FACS），记录单个细胞中的荧光水平。以 DNA 含量为横坐标，细胞数目为纵坐标作图（Q12-1）。请在

图中标出你认为的下列四个期：G_1、S、G_2和 M 期，在这群细胞中哪一个期最长？

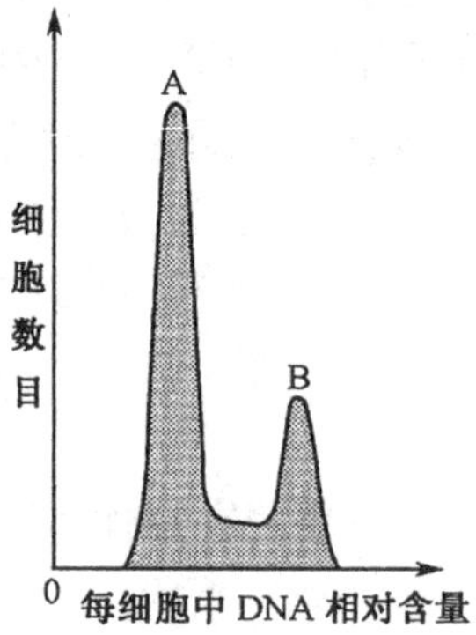

图 Q12-1 流式细胞器分选测定的细胞的荧光量（引自 Alberts *et al*.，1998）

3. 将少量有丝分裂细胞的胞质注射到未受精蛙卵母细胞中，可使后者进入 M 期。再将后者的少量胞质注入另一个卵母细胞，仍能使这个细胞进入 M 期。反复进行这一实验多次，直至起初的蛋白质样品基本消失，但是从最后那个卵中提取的胞质组分启动进入 M 期的效率与最初相比并未降低。试解释这一现象。
4. 针对肌球蛋白的抗体能阻断肌球蛋白分子沿肌动蛋白纤维的移动，试解释抗体是如何起作用的？给细胞注射这种抗体对后期染色体的移动和胞质分裂是否有影响？请说明理由。
5. 用诱变剂处理获得下列类型的突变细胞，请推测各种类型突变细胞将会产生怎样的结果？
   (1) 不能降解细胞周期蛋白。
   (2) 持续表达高含量的 P21 蛋白。
   (3) 不能磷酸化 RB 蛋白。

六、问答题

1. 下面的叙述有错误吗？请指出并解释。“生殖细胞和体细胞 DNA 的稳定对于一种物种的生存都是至关重要的。”
2. 减数分裂及其生物学意义。
3. 为什么认为细胞进化出一个特殊的 G_0 期以退出细胞周期，而不是仅停止在 G_1 期关卡处的 G_1 期状态？
4. 核纤层蛋白与核膜的循环有什么关系？
5. 细胞内的突变使编码参与 DNA 复制的蛋白质的基因失活。在没有这种蛋白质的情况下，细胞内的 DNA 复制仍然尽可能地进行。如果下列蛋白质消失，将会产生什么样的 DNA 产物？
   (1) DNA 聚合酶；
   (2) DNA 连接酶；
   (3) DNA 聚合酶的滑动夹钳；
   (4) 清除 RNA 引物的切除酶；
   (5) DNA 解旋酶；

(6) 引物酶。

6. 对生物来说，用减数分裂的第一次分裂（包括减数分裂Ⅰ的所有过程）完成体细胞的普通有丝分裂为什么是不可取的？
7. 粗线期的主要特点是什么？
8. 最短的真核细胞分裂周期（甚至短于细菌分裂周期）出现在许多早期动物胚胎中，这些分裂的发生并不伴随胚胎质量的显著增加，为什么？推测细胞周期哪个阶段可最大限度地缩短？
9. 海胆的细胞周期蛋白 B 是如何鉴定到的？
10. 科学家们已获得在细胞周期控制中有缺陷的许多酵母突变株。这些突变株在低温（30℃）能正常增殖，而在较高温度（37℃）则不能正常生长和分裂。两个突变株（分别称为 *Gee* 和 *Wee*）在同一基因的不同部位有缺陷，对升高温度有明显不同的反应。在 37℃ 时，*Gee* 株细胞只生长得很大而不分裂，*Wee* 株细胞有很短的细胞周期，并且当体积远小于正常大小时仍进行分裂。提出一个可能的模型，解释这些观察结果，并指出由这个基因编码的正常蛋白会起什么作用？
11. 什么原因导致同一染色体两份拷贝进入同一子细胞这种极为罕见的现象？如果这一事件在有丝分裂和减数分裂中出现，其后果怎样？
12. 试述真核生物 G_2/M 转换的机制。
13. 在减数分裂Ⅰ中，姐妹染色单体为什么必须保持配对？
14. 裂殖酵母（*Schizosaccharomyces pombe*）通常在达到一定的大小后发生分裂，下图显示了一个野生型的分裂过程。现在分离到了两个突变体：*cdc25*$^-$ 和 *wee1*$^-$，但是忘记作标记，从而无法区别出来。其实在显微镜下对细胞进行观察，就可以进行鉴定(图 Q12-2)。

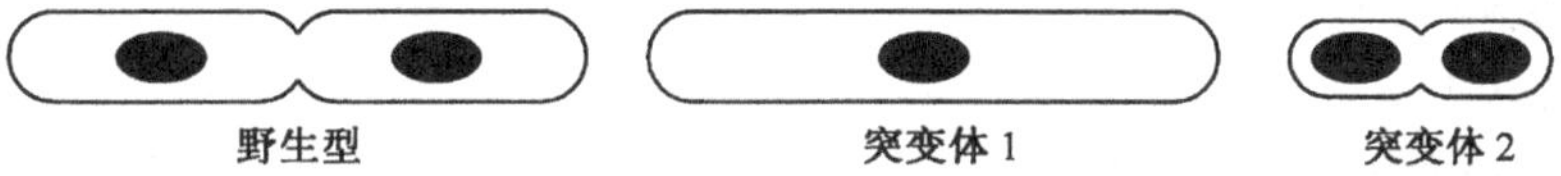

图 Q12-2 显微镜下观察到裂殖酵母野生型与突变型的形态（引自 Pruitt，1996）

请根据观察的结果推测：

(1) 突变体 1 和突变体 2 中，哪个是 *cdc25*$^-$，哪个是 *wee1*$^-$？

(2) 这些突变影响了细胞周期中的哪个时期，这个时期是延长还是缩短？

15. 有何证据证明染色体周期、中心粒周期和细胞质周期是受到协同调控的？如何证明它们之间可独立进行？
16. 关卡（checkpoint）位于细胞周期的哪些阶段？每次“检查”什么？
17. 有丝分裂 Cdk（即 MPF 激酶）的功能之一是在 M 期中期使细胞周期蛋白含量急剧下降，这样会发生什么后果？并阐述其可能的机制。
18. 图 Q12-3 显示了从蛙胚细胞的细胞质中分离出的 MPF 活性曲线。请加上一个曲线表示有 RNase 存在的条件下 MPF 的活性。

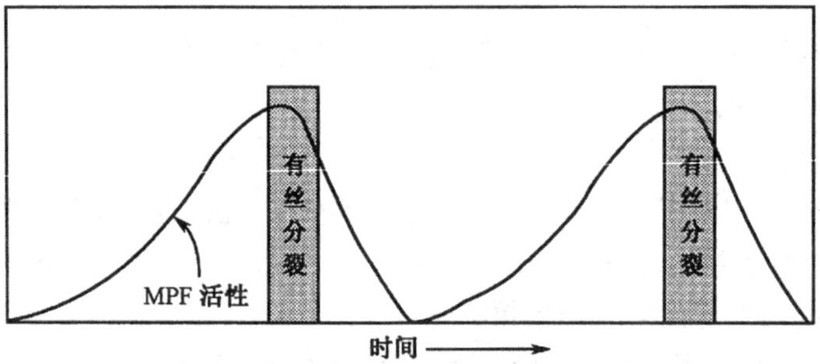

图 Q12-3　蛙胚细胞的细胞质中分离出的 MPF 活性曲线（引自 Pruitt，1996）

七、名词释义

1. 细胞周期（cell cycle）
2. 同步化（synchronization）
3. 周期蛋白（cyclin ）
4. 限制点（restriction point）
5. M 期促进因子（M phase-promoting factor，MPF）
6. 关卡（checkpoint）
7. 有丝分裂（mitosis）
8. 减数分裂（meiosis）
9. 胞质分裂（cytokinesis）
10. 联会（synapsis）
11. 重组结（recombination nodule）
12. P53 蛋白（P53 protein）
13. 同源染色体（homologous chromosome）
14. 纺锤丝（spindle fibre）
15. 促后期复合物（anaphase-promoting complex，APC）

第十三章　胚胎发育与细胞分化

一、填空题

1. 在大多数动物中，卵子形成发生在________，并且有一个________期。在该时期，卵原细胞通过___________增加细胞数量。
2. 同一受精卵产生在形态、结构和功能方面不同细胞的过程叫做__________。
3. 体细胞和生殖细胞在一定条件下可以脱分化，重新形成完整的个体，这种能力被称为细胞的__________。植物胡萝卜组织培养的成功、英国科学家克隆___________的成功，从实验上证明了植物和动物的体细胞都具有___________。
4. 转决定与细胞突变的区别在于：转决定改变的是______________________。
5. 双向凝胶电泳显示所有真核细胞中约有 5000 种左右的 mRNA，其中约有________种左右是特异性的。
6. 成熟的红细胞是一种失去了分化能力的___________。
7. 肝为发育中的卵母细胞提供营养起关键作用。肝为卵母细胞制造了大量的________，这是一种连接有__________蛋白和________蛋白的大分子复合物。
8. 细胞决定是细胞分化中，细胞由___________________________________过程。
9. 无帽信息的修饰指对卵母细胞中的_______________________________。
10. 植物的体细胞具有分化出生殖细胞的能力，但是，在动物个体发育中，生殖细胞与体细胞分别为_____________。
11. 有两种机制保证了只有一个精子与卵细胞融合：一种机制是______________，这是由第一个精子与卵细胞融合引起的，这样可快速阻止其他精子与卵细胞的融合，这一反应称为______________。
12. 精细胞的细胞核进入卵细胞质后，包装紧密的染色质开始____________。精子的细胞核膜__________形成小的囊泡，并立即与精子细胞核脱离，形成没有核被膜的精子染色质，很快形成新的核被膜，此时称为_____________。
13. 原肠胚是由三层细胞层构成的。________和____________最终形成组织的鞘，即上皮。___________最终发育成扩散的海绵网状间充质细胞，这些细胞形成支持细胞，如肌肉、软骨、骨、血和结缔组织。
14. 母体信息的化学本质是已经合成的__________。
15. 真核生物 mRNA 的 5′端帽子结构的作用是与____________识别。
16. 从细胞水平上说，基因表达的调节起两种作用：①___________；②__________。
17. 动物的雄配子称作精子，是在______________中通过精子发生过程产生的。在哺乳动物中，精子发生与支持细胞的发生密切相关，支持细胞为发育中的精子提供__________________和_________________。实际上，精子发育的各个阶段都是发生在______

______。精子发生开始于雄性原始生殖细胞——__________的有丝分裂。

18. 原肠胚中能分化为呼吸系统、咽与消化道上皮及各种腺体的胚层是____________，能分化为神经细胞、表皮细胞的胚层是__________，能分化为毛发、牙齿、指甲等构造的胚层是___________，可分化为肌肉、骨骼、结缔组织的胚层是____________，可分化为生殖系统的胚层是___________。

19. ____________是一群多种多样的基因，它们的蛋白质产物和作用机制没有明显的相关性。这些基因发生突变时，往往使体节的前后极性颠倒，体节前部或后部发生__________，故称为__________基因，如 *wingless* 和 *engrailed* 基因。____________基因作用时，胚胎发育中的细胞分化过程已经完成，所有的细胞都包有细胞质膜。因此，______________基因是在细胞中起作用，而不是在合胞体中起作用。进一步的发育模式则依赖于细胞间的信号传导。有几个基因编码的不同产物参与邻近细胞的发育事件，基因负责每一个体节内产生不同的细胞模式。这类基因也参与胚胎表皮突起的发育模式，每一种突起都是由不同的对控基因和________________基因协同控制的。参与决定副节的极性和体表突起的方向。如 *engrailed* 基因的表达产物为转录因子，它在每一副节的前区表达，它的表达确立了____________的边界。

20. 配子形成的过程称为__________。配子分为雄配子和雌配子。动物和植物的雌配子通常称为卵，而将雄配子称为精子。精子相当小，但能够运动，而卵细胞体积相当大，并且是不可游动的，如海胆的卵细胞是精细胞的__________倍。尽管雌雄配子的体积不同，但它们为子代提供的__________是等量的，即各提供一套__________。不过，由于卵细胞的体积大，子代细胞的__________和__________DNA 都是由卵细胞提供的。在配子发生过程中，__________倍体的原始生殖细胞要通过减数分裂和分化才能转化成________的卵或精子。雌雄配子的发生都要经过三个时期，即增殖期、生长期和减数分裂期。一个初级精母细胞经过两次成熟分裂形成________个精细胞，后者经过进一步的分化才能形成能够运动的精子，而一个初级卵母细胞只能产生________个成熟的卵子和______________。

二、判断题

1. 结构和功能都相同的细胞转变成结构和功能不同的细胞的过程称之为细胞分化。
2. 细菌中，编码核糖体 RNA、转运 RNA 和 mRNA 的基因是被不同的 RNA 聚合酶转录的。
3. 在核质相互关系中，细胞质决定着细胞的类型，细胞核中的基因决定着细胞的基因型。
4. 原核生物中那些在任何组织任何细胞中都恒定表达的基因称为结构基因。
5. 细胞质的分化在卵子形成时就已发生了。
6. 顺式作用因子在基因表达中起正控制作用。
7. 细胞的全能性是植物细胞特有的一种特性。
8. 在细菌中，但不是在真核生物中，大部分的 mRNA 编码不止一种蛋白质。
9. 终端分化细胞是一类不能再脱分化的细胞。
10. 卵母细胞中存在的 mRNA 是均匀分布的。
11. 反式作用因子只能作用于同一染色体上的基因。

12. 同源异型框是一类同源异型基因产物中 60 个氨基酸的保守序列，它的突变可以改变发育的方向。
13. 任何一种细胞的细胞质中都有细胞决定因子。
14. 分化完成的细胞可以产生抑素（chalone），这种化学介质可抑制附近的细胞进行同样的分化。
15. 胚胎诱导是指在胚胎发育中，一部分细胞影响其相邻细胞向一定方向分化的作用。
16. 乳糖操纵子是一个超基因的功能单位，是由启动基因、操纵基因、调节基因和三个结构基因所组成。
17. 细胞分化是基因选择性表达的结果。
18. 隐蔽 mRNA 在细胞质中之所以不能被核糖体识别，是因为它没有帽子结构。
19. 基因表达的四个主要控制点（转录、RNA 加工、翻译和蛋白质活性的控制）中，转录起始被用于绝大多数的基因调控事件。
20. 单个基因的突变能够引起转决定。
21. 真核细胞的分化相当于原核细胞的适应。
22. 大多数的 DNA 结合蛋白与双链的大沟结合。
23. 在大鼠个体发育过程中，核内 DNA 甲基化的程度不同，14 d 的胚胎肝只有 8% rDNA 甲基化，18 d 的胚胎肝有 30% rDNA 甲基化，而成年的大鼠肝组织 rDNA 的甲基化程度高达 60%。
24. 含有锌指的 DNA 结合蛋白中的锌原子，与碱基上的特异序列发生相互作用，而对结合特异性产生影响。
25. DNA 甲基化程度与基因转录有关，甲基化程度越高，转录活性越高。

三、选择题

1. 精细胞与卵细胞的结合，激活了（　　），最终引起皮层反应。
   A. 卵母细胞质膜中的磷脂酶 C　　B. 卵母细胞质膜中的腺苷酸环化酶
   C. 蛋白激酶 A　　D. 蛋白激酶 C
2. 反式作用因子（　　）。
   A. 不编码任何蛋白质　　B. 只作用于不同染色体的基因
   C. 要通过顺式作用元件起作用　　D. 可以转录但不翻译
3. 关于锌指蛋白，（　　）。
   A. 每个锌指都有一个锌原子与 Cys_2/His_2 相连；
   B. 锌指数量为 2～13 个
   C. 每个锌指间有 7～8 个氨基酸相连
   D. 以上都正确
4. 顺式作用元件（　　）。
   A. 本身不编码，单独起作用
   B. 可编码一个蛋白质
   C. 位于被调控基因的下游

D. 提供一个作用位点，并且要和反式因子共同作用

5. 对细胞分化远距离调控的物质是（　　）。

A. 激素　　B.DNA　　C. 糖分子　　D. 以上都不是

6. 细胞的生长和分化在本质上是不同的，生长是细胞数量的增加，干重的增加；而细胞分化则是（　　）。

A. 形态结构发生变化　　B. 生理功能发生变化

C. 生化特征发生变化　　D. 以上都正确

7. 一个成熟植物的根细胞可以被诱导长成一个发育成熟的植株，这个实验表明（　　）。

A. 分化的细胞仍保留了所有的遗传信息

B. 根细胞与叶细胞不相同

C. 在分化过程中，细胞丢失了不需要的染色体

D. 细胞培养是一个对于动物细胞与植物细胞都十分重要的技术

8. *bicoid* mRNA（　　）。

A. 对果蝇前部的发育是必需的

B. 在看护细胞中合成后，被转运到受精卵中

C. 被定位在受精卵的后部

D. 从受精卵的前部到后部形成一个浓度梯度

E. 在卵受精前被翻译

F. 编码一个调控 *hunchback* 基因表达的转录因子

9. 中胚层将要发育成（　　）。

A. 神经　　B. 表皮　　C. 骨骼　　D. 消化道上皮

10. 在细胞分化中，转录水平调控的关键是（　　）。

A. 合成特异的 mRNA　　B. 选择 RNA 聚合酶

C.DNA 去甲基化　　D. 选择正确的转录信号

11. 要产生不同类型细胞需通过（　　）。

A. 有丝分裂　　B. 减数分裂　　C. 细胞分裂　　D. 细胞分化

12. 在真核生物的基因中，一般含有内含子，经加工后，约有（　　）出现在成熟的 mRNA 上。

A.10%～20%　　B.5%～10%　　C.40%～50%　　D.80%

13. 下列哪些叙述正确地描述了果蝇发育涉及基因的等级关系？

A. 母体效应基因建立的梯度贯穿整个胚胎

B. 这些梯度激活或阻遏 *gap* 基因

C. *gap* 基因建立的梯度贯穿整个胚胎

D. *gap* 基因激活或阻遏 *pair-rule* 基因

E. *pair-rule* 基因激活或阻遏体节极性基因

14. 细胞决定与细胞分化的关系是（　　）。

A. 决定先于分化　　B. 分化先于决定

C. 二者相互促进　　D. 二者相互限制

15. 研究证明，细胞分化是奢侈基因按一定顺序表达的结果，表达的基因数约占基因总数的

5%～10%。也就是说，某些特定奢侈基因表达的结果生成一种类型的分化细胞，另一组奢侈基因表达的结果导致出现另一类型的分化细胞。下列基因中除（　　）都属于奢侈基因。

A. 组蛋白基因　　B. 核糖体蛋白基因
C. 线粒体内膜蛋白基因　　D. 肌球蛋白基因

16. 真核生物基因表达调控发生在四个水平上，通过对 DNA 的甲基化来关闭基因的调控则是属于（　　）。

A. 染色质活性水平的调控　　B. 转录水平调控
C. 转录后加工水平的调控　　D. 翻译水平的调控

17. 同源异型框基因参与了（　　）。

A. 可诱导酶的调控　　B. 体节分化的正确表达的调控
C. mRNA 寿命的调控　　D. 以上都不正确

18. 下列属于“持家蛋白”的是（　　）。

A. 膜蛋白　　B. 分泌蛋白　　C. 血红蛋白　　D. 角蛋白

19. 下列哪些关于母体效应基因的叙述是正确的?

A. 突变的等位基因对母体的表型无影响
B. 编码的基因产物被包装到卵细胞中
C. 已足够确定整个胚胎的发育命运
D. 是失去了功能的基因

20. 在个体发育中，细胞分化的规律是（　　）。

A. 单能细胞→多能细胞→全能细胞　　B. 全能细胞→多能细胞→单能细胞
C. 全能细胞→单能细胞→多能细胞　　D. 单能细胞→全能细胞→多能细胞

21. 细胞分化的本质是（　　）。

A. 功能上重新分工　　B. 基因选择性表达的结果
C. 分裂不均匀所致　　D. 以上都不正确

22. 同源异型基因（　　）。

A. 决定每个体节最终是怎样分化的　　B. 突变时，将导致体节转变
C. 由复杂基因座编码　　D. 编码生长因子受体

23. 神经组织细胞来源于（　　）。

A. 外胚层　　B. 中胚层　　C. 内胚层　　D. 滋养层

24. 与 mRNA 寿命相关的是（　　）。

A. poly（A）尾的长度　　B. PABP 的存在与否
C. 3′UTR 序列　　D. 以上都正确

25. 下列关于亮氨酸拉链蛋白的叙述正确的是（　　）。

A. 通过保守的亮氨酸残基与 DNA 结合
B. 与 HLH 蛋白相似之处是：DNA 结合与二体化的结构域相邻
C. Jun 蛋白可以形成同源二聚体而 Fos 蛋白不可以
D. Fos/Jun 复合物与 Jun/Jun 复合物结合的 DNA 序列不同

E. Fos/Jun 与 DNA 的结合比 Jun/Jun 牢固

26. 细胞核的分化发生在（　　）。

A. 囊胚期　　B. 早期原肠胚　　C. 卵裂　　D. 晚期原肠胚

四、简答题

1. 原核生物中的 DNA 甲基化与真核生物中的 DNA 甲基化的意义有何不同？
2. 比较肝纤连蛋白与成纤维纤连蛋白。
3. 举例说明细胞质对细胞核的作用。
4. 再生现象的本质是什么？
5. 翻译水平调控的可能机制是什么？
6. Bicoid 蛋白是一种转录因子，其浓度沿前后轴形成一个梯度，激活 *hunchback* 基因的表达。但是 *hunchback* 基因的表达完全或无表达，与 Biciod 蛋白的梯度分布不一致。为什么？
7. 果蝇卵母细胞中的背腹极性是怎样建成的？
8. 下列基因突变分别会造成什么后果：①间隔（*gap*）基因；②对控（*pair-rule*）基因；③体节极性（*segment-polarity*）基因。

五、实验设计与分析

1. 将从鸡脑组织与红细胞中分别提取的 DNA 分别用不同浓度的 DNase Ⅰ 处理。然后用限制酶切出具有特征性大小的珠蛋白基因与卵清蛋白基因片段，经凝胶电泳后，用经放射性标记的探针对两种基因同时进行杂交，结果如图 Q13-1：

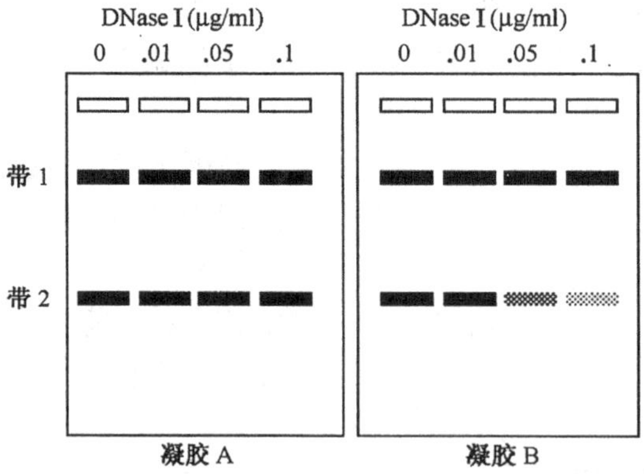

图 Q13-1　鸡脑组织与红细胞 DNA 酶切、杂交图谱（引自 Pruitt，1996）

凝胶 A：鸡脑组织 DNA；凝胶 B：红细胞 DNA

(1) 两种组织均不能主动转录卵清蛋白基因，图中最像卵清蛋白基因的片段是带 1 还是带 2，为什么？

(2) 哪块凝胶最像是由血红细胞中提取的 DNA 样品，为什么？

2. TFⅢA 是 5S rRNA 基因表达所需的转录因子。该蛋白含有 9 个锌指结构域，与 5S rRNA 基因内的一段序列和 5S rRNA 本身结合。

(1) 如何定位 TFⅢA 蛋白的 DNA 结合位点？
(2) 什么特异的突变体可以确证锌指是 DNA 结合所需的？
(3) TFⅢA 的 C 端缺失 19 个氨基酸后与 DNA 结合的能力与野生型相同，但是不能激活 5S rRNA 基因的转录，是什么原因？
(4) 爪蟾卵母细胞中合成并储存了大量的 5S rRNA。随着 5S rRNA 的积累，TFⅢA 与之结合，这对 5S rRNA 基因的转录有什么影响？调控该过程的机制是什么？

六、问答题

1. 什么是细胞分化，分化细胞有什么特点？
2. 试述细胞分化中的核质关系。
3. 在果蝇中，几套母体效应基因负责前后轴的形成。这些基因系统分别是什么，它们是怎样作用的？
4. 果蝇中含有同源异型盒的基因与小鼠的 *Hox* 基因有何相似与不同？
5. 举例说明细胞质对细胞分化的影响。
6. 简述受精卵在发育中的翻译水平上的调控方式。
7. 有这样一种推理："如果每个基因的表达依赖于一套基因调节蛋白，那么这些基因调节蛋白的表达一定也依赖于其他基因调节蛋白，其他的基因调节蛋白的表达又依赖于另外一些基因调节蛋白……依此类推，细胞将需要无穷多的基因，其中的大部分将编码基因调节蛋白。"显然这种推理是不正确的，那么，细胞是怎样通过基因调控达到控制基因表达的呢？
8. 什么是干细胞？有什么特点？如何辨认干细胞？
9. 很多物种的早期发育细胞分裂速度很快，而转录被阻断，没有新的 mRNA 合成，所以转录无法被调控。这是否意味着各细胞之间不存在差别？请解释。
10. 畸胎瘤的发生与细胞分化有什么关系？
11. 在某些情况下（如两栖类的卵母细胞中），需要大量的 rRNA，而此时并不需要相应数量的蛋白质，这一现象反映出了一个什么问题？细胞又是采取何种方式来提供这么多的 rRNA 的呢？
12. 酵母细胞的基因组如何通过基因重排改变交配型？
13. 什么是同源异型基因？它的基因结构有什么特点？编码的产物有什么功能？
14. 什么是对控基因？在果蝇的发育中有什么作用？
15. 从转录水平简述基因差别表达的调控机制。

七、名词释义

1. 细胞决定（cell determination）
2. 细胞分化（cell differentiation）
3. 胚胎诱导（embryonic induction）
4. 奢侈基因（luxury gene）
5. 持家基因（house-keeping gene）
6. 干细胞（stem cell，SC）

7. 畸胎瘤（teratoma）
8. 形态建成（morphogenesis）
9. 顶体反应（acrosomal reaction）
10. 皮层反应（cortical reaction）
11. 前核融合（pronucleus fusion）
12. 卵裂（cleavage）
13. 囊胚（blastula）
14. 原肠胚（gastrula）
15. 转决定（transdetermination）

第十四章　细胞衰老、死亡与癌变

一、填空题

1. 衰老是机体在退化时期生理功能下降和紊乱的综合表现，是不可逆的生命过程。就其产生的性质来说，有三种不同的类型：①________________衰老；②________________衰老；③________________衰老。
2. 癌的发生涉及两类基因：肿瘤抑制基因与癌基因。肿瘤抑制基因是细胞生长的________，它们编码的蛋白质抑制细胞生长，并阻止细胞癌变。癌基因则是细胞生长的__________，它们编码的蛋白质使细胞生长不受控制，并促进细胞癌变。
3. 青少年时期，细胞中合成的_____________和_____________的数量多，可有效清除细胞氧自由基。
4. 细胞的死亡一般定义为_______________，通常用_______________鉴别细胞的死活，活细胞容易被___________染色，死细胞容易被___________染色。
5. 细胞死亡有两种形式：一种为___________死亡，另一种为___________死亡。前者是受到___________而造成的细胞崩溃裂解；后者是细胞在一定的__________或__________条件下按照自身的程序结束其生存。
6. 脂褐质小体来源于_____________。
7. 虽然衰老的理论很多，但归纳起来主要分为两类：一类是_____________衰老理论，另一类是___________衰老理论。
8. 转化细胞常出现肿瘤细胞__________的特点，常失去原来__________的特征而转变为非整倍性。
9. 从细胞的寿命看，胃壁细胞属于__________的细胞，而角膜上皮细胞属于__________的细胞。
10. 程序性细胞死亡与细胞坏死有三个根本的区别：①____________不同；②____________不同；③_____________不同。
11. 人随着年龄的增大，细胞质膜中的磷脂含量逐渐下降，使质膜中胆固醇与磷脂的比值升高，最终导致细胞质膜的______________增加，_______________降低。
12. 1961 年，Hayflick 发现体外培养的人成纤维细胞具有增殖分裂的极限。来自胚胎的成纤维细胞分裂传代__________次后开始衰退和死亡，而来自成年组织的成纤维细胞只能培养__________次就开始死亡。
13. 细胞衰老端粒假说认为：随着细胞分裂次数的增加，端粒不断缩短。当端粒缩短到一定程度（临界长度）时引发了__________________极限，细胞不再分裂。
14. 程序性细胞死亡又称细胞凋亡（apoptosis）。apoptosis 的概念源自于希腊语，原意是指__________________。

15. ______________年的诺贝尔生理学和医学奖授予了在器官发育和程序性细胞死亡研究领域中做出奠基性贡献的三位科学家：英国的 Brenner、Sulston 和美国的 Horvitz。他们创造性地用______________作为实验模型，实现了对器官发育过程中____________、____________的原位观察，完成了___________的绘制，在此基础上发现并研究了调控器官发育__________的关键基因。

16. 程序性细胞死亡分为两个阶段：①______________，此阶段主要接受指令并决定死亡；②______________，此阶段执行一套死亡程序，形成凋亡小体，最后被吞噬细胞吞噬和降解等。

17. 秀丽新小杆线虫（*Caenorhabditis elegans*，CE）有______________个体细胞，但在发育过程中有__________个细胞进行程序性细胞死亡。__________个基因分别在不同程度上与 CE 的 PCD 有关。

18. 黄曲霉毒 B 能够引起肿瘤抑制基因___________的第 249 位密码中的碱基___________而致癌。

19. 秀丽新小杆线虫的细胞程序性死亡涉及的基因大致可分为四组：①______________基因，如 *ces-1* 和 *ces-2* 基因；②______________基因，如 *ced-3*、*ced-4*、*ced-9* 和 *egl-1* 基因；③______________基因，即 *ced-1*、*ced-2*、*ced-5*、*ced-6*、*ced-7*、*ced-10* 和 *ced-11*；④______________基因，如核酸酶基因 1，即 *nuc-1* 基因。

20. caspase 是___________________的简称。由于 caspase 家族的成员较多，它们作用时分成一些亚组被激活，每一组 caspase 对应不同的激活信号。如 caspase-3、6、7 和 8 在___________介导的程序性细胞死亡途径中起作用；而 caspase-9 和 caspase-3 一起参与线粒体中__________、__________介导的程序性细胞死亡。在人类，已经鉴定了____________种不同的 caspase。各种 caspase 都富含半胱氨酸，它们被激活后，能够在靶蛋白的特异____________残基部位进行切割。在正常的细胞内，每一种 caspase 都是以非活性状态存在的，这种非活性的 caspase 称作____________，它是酶的非活性前体，其肽链比有活性时长一些，将多出的部分切除，就转变成有活性的 caspase。有两类 caspase，一类是____________，另一类是____________，前者激活后能够对后者进行切割并使之激活。

21. 在动物细胞线粒体介导的细胞凋亡途径中，细胞内各种胁迫信号引起_________家族的促凋亡前体蛋白，如 BAD、BAX 等从_________转位插入到线粒体外膜。这些蛋白质插入到线粒体外膜之后，引起线粒体膜间隙中的__________向胞质溶胶释放，细胞色素 *c* 进入胞质溶胶后与胞质溶胶中的 Apaf-1 蛋白、前体 caspase-9 等组装成____________复合物。前体 caspase-9 在 Apaf-1 的诱导下，通过__________改变被激活，然后激活___________caspase，引起程序性细胞死亡。

22. 所谓原癌基因，即是细胞的_________基因，它们编码的蛋白质在正常细胞中通常参与细胞的生长与增殖的调节，但突变后成为______________基因，或改变了___________的结构或改变了蛋白质的__________方式导致细胞癌变。原癌基因突变成癌基因，称为原癌基因的____________。有几种可能的机制：①原癌基因的______________发生突变，改变了原有的基因结构，导致编码产物的性质发生变化，使其不再具有正常的活性；②原癌基因的________________发生突变从而改变了结构基因表达方式，有可能大大增加表达量；③通过__________，使不在一起的基因序列同原癌基因排列在一起，可能会合成__________或__________蛋白，改变了原有基因的自然活性。

二、判断题

1. 研究表明，细胞中线粒体的数量随着人年龄的增大而减少，而其体积则随着年龄的增大而增大。
2. 肿瘤是一种基因性疾病，并且与先天性遗传疾病一样，可通过性细胞传递到子代而发病。
3. 在健康的成年人体的骨髓和肠组织中每小时大约有 10 亿个细胞死亡。
4. 决定秀丽新小杆线虫细胞自杀性死亡的细胞杀手是基因 *ced-9* 而不是基因 *ced-3* 和 *ced-4*。
5. 癌的发生涉及两类基因：原癌基因和肿瘤抑制基因，这两类基因中的任何一个拷贝突变都会导致癌变。
6. 癌症起源于体细胞内未经纠正的突变。
7. 程序性细胞死亡是由一类特殊的胞内蛋白酶介导的，其中的一个成员能降解核纤层蛋白。
8. 可通过活体染色来判断细胞是否死亡，常用的方法是以中性红或台酚蓝染色。中性红染色时活细胞不着色，死细胞染成红色。
9. 细胞坏死往往会引起炎症，而程序性细胞死亡不会引起炎症，根本原因是细胞是否破裂。
10. 虽然龟的最高寿命是 175 岁，而小鼠的寿命只有几年，但它们的细胞在体外培养时分裂的极限基本相同。
11. 自由基的致衰老作用主要是将 DNA 和蛋白质等重要的生命物质水解。
12. 根据 caspase 蛋白在细胞程序性死亡中的作用，将它们分为三大类：调节物、衔接物和效应物。caspase-9 属于调节物。
13. 不带有癌基因的反转录病毒插入宿主基因组中不会引起癌变。
14. 从细胞生物学的角度看，肿瘤发生的原因是细胞分裂过快。
15. 抑癌基因突变能转变成癌基因，从而致癌。
16. 秀丽新小杆线虫的 *ces-1* 和 *ces-2* 基因是死亡执行基因。
17. 发育中的神经元竞争有限数量的存活因子。
18. 程序性死亡的细胞之所以能够被吞噬细胞识别和吞噬，是因为这些细胞的表面具有被吞噬的信号，目前研究得最清楚的被吞噬信号是存在于程序性死亡细胞质膜脂双层外叶的磷脂酰乙醇胺分子。
19. 所有的动物细胞都有一种相类似的控制程序性细胞死亡的机制，即通过一个自杀性蛋白酶家族的介导。自杀性死亡途径受信号控制，若细胞外的信号促进程序性细胞死亡，则属于死亡的负控制；若细胞外信号抑制细胞的程序性死亡，则是死亡的正控制。
20. 细胞的恶性转化需要发生多个遗传改变，即一个细胞发生多次遗传突变，因此癌的发生是一个渐进式的过程，涉及多级反应和突变的积累。
21. 体外培养时，癌细胞通过分裂增殖并铺满培养器皿的表面形成单层后即停止分裂。
22. 某些癌细胞能够分泌刺激自身增殖的生长因子促进自身分裂。

三、选择题

1. 根据细胞的寿命可以粗略地分为三类：①寿命接近于动物的整体寿命；②缓慢更新的细胞，其寿命比机体的寿命短；③快速更新的细胞。下列细胞中，属于第一类的细胞是（　　）。
   A. 神经元、脂肪细胞、肌细胞
   B. 肝细胞、胃壁细胞
   C. 表皮细胞、红细胞和白细胞
   D. 肾皮质细胞、骨细胞、角膜上皮细胞
2. 编码 P53 蛋白的基因发生突变，会导致（　　）。
   A. 失去一个抑制蛋白，P21　　B. 失去一个转录因子
   C. 细胞生长失控及产生肿瘤　　D. 以上都对
3. 下面关于 RB 蛋白的作用的描述，不正确的一项是（　　）。
   A. RB 蛋白的活性受磷酸化调节
   B. RB 蛋白作为分子开关，控制着 E2F 的作用
   C. RB 蛋白能够被 Cdk4、Cdk6/细胞周期蛋白 D 复合物磷酸化
   D. RB 蛋白可抑制 G_2 期所需的多种蛋白质的合成
4. 下列基因中，（　　）是秀丽新小杆线虫细胞程序性死亡的杀手基因。
   A. *ced-1*　　B. *ced-3*　　C. *ced-6*　　D. *ces-1*
5. 癌细胞的非整倍性涉及下列哪种蛋白质？
   A. P53　　B. RB　　C. Myc　　D. bcl-2
6. “癌细胞是单克隆的”，这句话的含义是什么？
   A. 癌在个体的一生里只出现一次
   B. 癌细胞刺激了抗体的产生
   C. 癌细胞只能用一种方法来治疗
   D. 癌细胞起源于某个不确定的细胞的失控繁殖
7. 染色体易位导致癌变发生的原因是（　　）。
   A. 将一个癌基因易位到活性表达的基因座旁，如 Ig 基因座
   B. 改变癌基因的结构
   C. 将一个癌基因易位到组成型异染色质区
   D. 通过两段编码区的融合产生一种杂种基因，如 *bcr-abl*
8. 以下哪一项不是导致癌细胞过度生长的原因？
   A. 癌细胞丧失了程序化死亡机制
   B. 某些癌细胞能够分泌刺激自身增殖的生长因子促进自身分裂
   C. 癌细胞由于对密度依赖性生长抑制失去敏感性
   D. 癌细胞中的细胞骨架不仅少而且杂乱无章
9. 从什么角度而言，肿瘤的逐步发展就像生物进化？
   A. 癌症患者的幸存就像适者生存

B. 增殖速度最快的癌细胞在肿瘤中的存在量是最大的
C. 肿瘤的逐步发展同时需要起始物和促进物
D. 良性肿瘤细胞不能扩散到远距离的组织

10. 下列哪类基因还没被确认为癌基因（　　）。
A. 编码生长因子受体的基因　　B. 编码膜结合离子通道的基因
C. 编码细胞质蛋白激酶的基因　　D. 编码与不匹配修复有关的蛋白质的基因

11. 在患有成视网膜细胞瘤的儿童体内，染色体缺失的情况出现在所有细胞内，这说明了染色体畸变（　　）。
A. 在视网膜细胞中发生
B. 首先出现在视网膜细胞，然后延伸到其他细胞
C. 在胚胎发育早期就出现
D. 从父亲或母亲遗传下来的

12. 下列哪一种不是程序性死亡的特征？
A. 核 DNA 在核小体连接处断裂成核小体片段
B. 核纤层断裂消失
C. 细胞通过发芽、起泡等方式形成一些球形的突起
D. 细胞破裂，释放出内容物

13. *ras* 基因的突变通常伴随着癌症发生，这些 *ras* 基因的突变（　　）。
A. 可以发生在 v-*ras* 和 c-*ras* 中
B. 通常是单个氨基酸的改变，如甘氨酸-12 或谷氨酸-61
C. 可能导致产生组成型激活的 Ras 蛋白，不能催化 GTP 水解，不能被 GAP 失活
D. 有时通过过量表达野生型 Ras 蛋白导致癌变

14. *RB* 基因的正常蛋白质产物有（　　）作用。
A. 转录抑制　　B. 转录活化　　C. 翻译抑制　　D. 翻译活化

15. 在 RNA 和 DNA 肿瘤病毒中引发癌变的基因是（　　）。
A. 仅仅在病毒基因组中发现的特异序列
B. 可在宿主细胞内发现，但仅在细胞被转化后
C. 可在宿主细胞内发现，甚至在正常细胞内也可以发现
D. 也可在很多病原菌中发现

16. 下列哪一项不是 P53 的正常功能？
A. 激活细胞周期抑制因子的转录　　B. 在 DNA 修复中起作用
C. 触发损伤细胞的凋亡　　D. 在小鼠胚胎发育中起基本作用

17. 迅速判断细胞是否死亡的方法是（　　）。
A. 形态学改变　　B. 功能状态检测
C. 繁殖能力测定　　D. 活性染色法
E. 内部结构观察

18. 到目前为止所有被确定的致癌物有哪些共同点？
A. 都是在香烟的烟中发现的　　B. 都具有诱变性

C. 都是化学物质　　D. 没有任何共同点

19. 患有结肠腺瘤息肉（adenomatous polyposis coli，APC）患者的细胞中，含有 5 号染色体上小片段的缺失，这一段后来被确认为是称为 APC 肿瘤抑制基因所在的位置，在这些患者的哪些细胞内，你认为可以发现这种染色体缺失？
A. 所有细胞　　B. 在结肠上皮的息肉细胞中
C. 生殖细胞　　D. 癌细胞

20. 对引起家族性乳癌的基因测序时发现，这些基因编码的多肽含有锌指蛋白基序，根据这一结果，可推测此类基因产物的正常功能是（　　）。
A. 属于激素　　B. 属于生长因子
C. 属于生长因子受体　　D. 属于转录因子

21. 一个癌基因编码一种生长因子受体，且是组成型表达的。下列关于表达这种基因的培养细胞的叙述哪一项是正确的？
A. 当向介质中加入生长因子时，细胞被刺激分裂
B. 培养中的细胞不会对加入的生长因子起反应
C. 培养中的细胞将会停留在细胞周期的 G_0 期
D. 上述都不正确

22. 下列解释 *ras* 基因的改变而引起癌变的论述中，哪个是正确的？
A. c-*ras* 基因中的碱基替换，使另一个氨基酸代替了关键的甘氨酸
B. 细胞被携带 v-*ras* 基因的肿瘤感染
C. c-*ras* 基因与病毒的启动子相连
D. 上述都是正确的

动画

23. 细胞凋亡（　　）。
A. 是特定细胞的编程死亡
B. 是发育中的正常现象
C. 只有当 Fas 与 TNF 受体与其配体结合时才被诱发
D. 涉及细胞核的浓缩，DNA 与蛋白质的降解以及膜的解体

24. Src 是一种膜结合酪氨酸激酶，可以成为致癌物。下列哪些关于 Src 的叙述是正确的？
A. Src 蛋白含有 SH2、SH3、催化及阻遏结构域
B. c-Src 比 v-Src 的激酶活性高
C. 酪氨酸-416 的自身磷酸化伴随着更高的激酶活性
D. 酪氨酸-527 被磷酸化伴随着更高的激酶活性
E. v-Src 缺少酪氨酸-527
F. 酪氨酸-527 被磷酸化使 C 端阻遏域与 N 端 SH2 域作用，维持 Src 的失活；当酪氨酸-527没有发生磷酸化时，SH2 可与受体结合

25. 下列因子（或蛋白质）中，参与细胞增殖调控的有（　　）。
A. 生长因子　　B. DNA 合成酶
C. DNA 修复蛋白　　D. 转录因子
E. 抗凋亡蛋白

26. 下列哪项不属于细胞衰老的特征?
    A. 原生质减少，细胞形状改变
    B. 细胞膜磷脂含量下降，胆固醇含量上升
    C. 线粒体数目减少，核膜内折形成皱壁
    D. 脂褐素减少，细胞代谢能力下降
    E. 核明显变化为核固缩，常染色体减少
27. 抑癌基因经常作为（　　）基因起作用，癌基因经常作为（　　）基因。
    A. 显性，显性　　B. 隐性，隐性
    C. 显性，隐性　　D. 隐性，显性
28. 机体中寿命最长的细胞是（　　）。
    A. 红细胞　　B. 表皮细胞　　C. 白细胞　　D. 神经细胞
29. 细胞凋亡与细胞坏死最主要的区别是（　　）。
    A. 细胞核肿胀　　B. 内质网扩张　　C. 细胞变形　　D. 炎症反应
30. 原癌基因（c-*onc*）的正确含义是（　　）。
    A. 细胞中固有的基因，不恰当表达可造成细胞癌变
    B. 由病毒感染传给细胞的致癌基因
    C. 能编码生长因子的基因，同时也表达合成癌蛋白
    D. 编码生长因子受体的基因，同时也编码癌蛋白

四、简答题

1. Percival Pott 关于清扫烟囱者的研究证明了什么?
2. PDGF 是由一种原癌基因编码的，不正常的表达会导致癌症发生。而在伤口处由血小板所分泌的 PDGF 却不会引发癌症，为什么?
3. 白血病是由一些突变引起的癌症，引起白细胞产生过多，平均发病年龄要早于其他癌症。这种情况如何解释，依据是什么?
4. 比较编码生长因子的癌基因和编码生长因子受体的癌基因。
5. 原癌基因的作用是什么?
6. 患有成视网膜细胞瘤的儿童体内的染色体缺失发生在什么位置?
7. 如果在所有的人细胞中抑癌基因以异常的高浓度进行表达，可以吗? 解释答案。
8. 猿猴肉瘤病毒的癌基因的性质是什么。
9. 大剂量电离辐射的一个重要的生物学效应是阻断细胞分裂，请简要回答下列问题:
    (1) 这是如何发生的?
    (2) 如果细胞有一种突变使细胞受到照射后不会停止细胞分裂，将发生什么情况?
    (3) 如果（2）中的突变细胞未经照射，该突变将会有什么样的生物学效应?
    (4) 如果成人接受大剂量的照射而使体内细胞停止分裂，在几天内就会死亡，说明什么?
10. 细胞坏死的主要特征是什么?
11. 细胞凋亡的主要特征是什么?
12. 为什么电离辐射会阻止细胞分裂?

13. 自由基可对机体造成哪些破坏作用?
14. 长了黄曲霉的谷类为什么具有致癌作用?
15. 反转录病毒携带的癌基因会导致癌症发生，但它们在正常染色体上同样的基因却不会。为什么?
16. 抑癌基因的作用是什么?
17. 转化细胞中的非整倍化的含义是什么?
18. P53 蛋白如何通过控制细胞周期进行抑癌作用?
19. 比较肿瘤病毒基因与癌（*onc*）基因。
20. 细胞凋亡及肿瘤发生有什么联系?

五、实验设计与分析

1. 现已分离了一个 RNA 肿瘤病毒，能够诱发小鼠的白血病，但不知道其中的机制，也不知道病毒基因产物的性质。另有一种病毒突变株，缺失了 15%的基因组，不能诱发鼠的白血病。
   (1) 设计一个实验，分离诱发鼠白血病的病毒基因组成分。
   (2) 怎样可以确定病毒癌基因的产物，并合理地推测其功能?
2. 现有几个正在生长的小鼠细胞培养系，分别命名为细胞系 A、B、C、D，部分细胞系被转化而其他的则没有。针对下列现象，判断每种细胞系是正常的还是转化的。
   (1) 细胞系 A 对培养基中加入生长因子不敏感；如果这些细胞被暴露在具杀伤力的辐射之下，其生长曲线并不会受影响；许多细胞都有异常的染色体形态。
   (2) 细胞系 B 不能在液体培养基中悬浮生长，这些细胞需要一个固定的基质，并且只有在一层细胞覆盖了基质后，它们才会生长；如果加入生长因子，它们可能会长得更密集；一旦基质被一单层细胞覆盖后，这些细胞失去了移动能力。
   (3) 细胞系 C 能迅速生长，当细胞悬浮在柔软的琼脂上时也生长成功；当向培养基中加入血清时，这些细胞并不受影响；当暴露于杀伤辐射下时，大部分细胞会凋亡。
   (4) 细胞系 D 迅速生长，并且不受辐射损伤 DNA 的影响，甚至在遭受大剂量辐射之后仍能进行有丝分裂；如果被含有 *P53* 基因的 DNA 转染后，这些细胞将发生凋亡。

六、问答题

1. 如何判断细胞的死亡?
2. P53 蛋白如何获知 DNA 损伤信号并导致修复?
3. 简述参与秀丽新小杆线虫的细胞程序性死亡基因的分组及相关作用。
4. 为什么抑癌基因是隐性基因，而癌基因表现为显性基因作用?
5. 除了 Cdk 抑制蛋白积聚和 Cdk 消失两个原因外，细胞还会通过哪些可能的机制来“感知自身的年龄”从而限制细胞继续分裂的次数?
6. 癌细胞为什么不受机体的约束而恶性增殖?
7. 为什么细胞程序性死亡与细胞坏死是不同的死亡机制？程序性细胞死亡完成得干净利落、有条不紊，在此过程中细胞从内部破坏其自身，避免细胞内容物泄漏至胞外。如果细胞不是以这种方式死亡，将会发生什么严重的后果？
8. 举例说明细胞内源信号对程序性细胞死亡的激发。
9. 根据图 Q14-1 中的电镜照片，描述坏死细胞及程序性细胞死亡致死的细胞之间的差别。

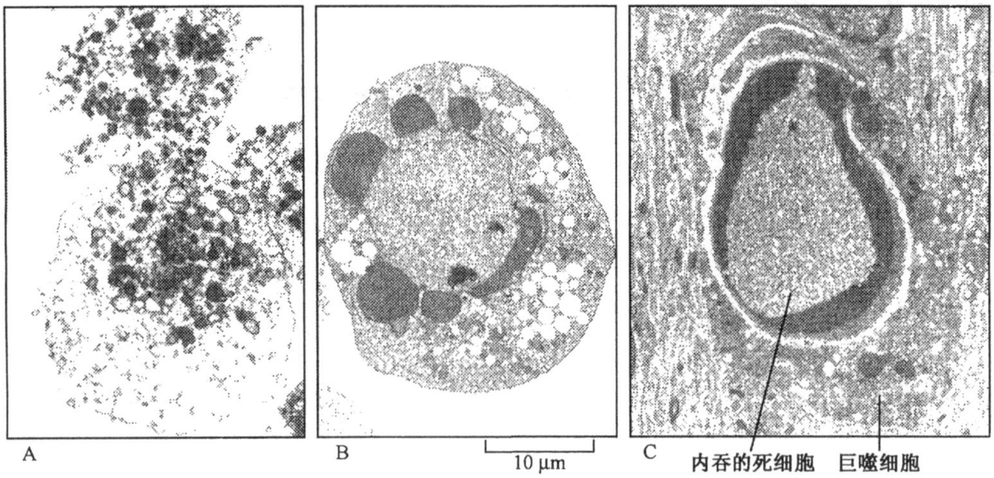

图 Q14-1　细胞坏死与程序性死亡的形态比较（引自 Alberts *et al*.，1998）

10. 良性和恶性肿瘤的主要异同是什么？
11. 酗酒者及肝癌患者的肝细胞都会发生增殖，试阐述其不同的诱发机制。
12. 比较患有家族性成视网膜细胞瘤儿童的肿瘤和患有偶发性成视网膜细胞瘤儿童的肿瘤。
13. 为什么覆盖肠内表面的上皮细胞频繁地更新，而大部分神经元的寿命可与个体的寿命相同？
14. 突变的转录因子怎样导致细胞转化？
15. 什么是衰老的端粒假说？
16. P53 蛋白含有哪些功能结构域？哪些在肿瘤细胞中发生了突变？
17. 试述肿瘤细胞的增殖特征。
18. 什么是癌细胞的分化与去分化？
19. 细胞衰老的特征一般有哪些？
20. 自由基如何对细胞产生伤害？

七、名词释义

1. Hayflick 界限（Hayflick limit）
2. 坏死（necrosis）
3. 程序性细胞死亡（programmed cell death）
4. 细胞衰老（cellular aging，cell senescence）
5. 自由基（free radical）
6. 凋亡小体（apoptotic body）
7. 存活因子（survival factor）

8. 肿瘤坏死因子（tumor necrosis factor，TNF）
9. *RB* 基因（*RB* gene）
10. 黏着斑激酶（focal adhesion kinase，FAK）
11. 黄曲霉毒素（aflatoxin）
12. *P53* 基因（*P53* gene）
13. 天冬氨酸特异性半胱氨酸蛋白酶（cysteine-containing aspartate-specific proteases）
14. 抑癌基因（tumor suppressor gene）
15. 癌基因（oncogene）

参考答案部分

第一章 细胞概述

一、填空题

1. 胡克（Hooke），1665
2. 原生动物，红细胞
3. 没有形成理论
4. 能量守恒定律，细胞学说，达尔文进化论
5. 质膜，一个核的一团原生质
6. 支原体
7. 原生质体
8. 分开，耦联
9. 定形的核，拟核
10. 核酶（ribozyme）
11. 都有 DNA，都有核糖体，都是分裂法增殖，都有细胞质膜
12. 细胞的分化
13. 2 倍，构成细胞
14. 遗传信息的形成，膜的形成
15. 维持渗透压，稳定 pH，辅酶的辅基
16. 细胞壁
17. 4000，3.5 万～5 万
18. 遗传信息量的扩大和内部结构的复杂化
19. 没有核膜以及 DNA 并不和组蛋白组成染色体
20. 成纤维样，上皮样
21. 基因组，细胞质膜
22. 原生质体，原生质，胞质溶胶，细胞质基质
23. 生命活动，1665，胡克，质膜，一团原生质，核膜，质膜，植物细胞有细胞壁（动物细胞没有细胞壁）
24. 生命活动，死细胞，1838～1839，细胞学说，生物是由细胞和细胞的产物所组成，分级，基石，自体组装，酶效应组装；有核膜而无核孔，支原体，核糖体；由膜包围着含有细胞核的一团原生质，细胞内除核以外的生活物质，生活细胞中所有生活物质，细胞社会学

二、判断题

1. 错误。是植物死细胞的细胞壁。
2. 错误。原生动物是单细胞生物，因此没有各种组织。原生动物有复杂的结构，并且有一些

高度特化的成分。

3. 正确。
4. 正确。
5. 错误，还有病毒等非细胞的生命形式。
6. 错误。多以游离水存在。
7. 正确。
8. 正确。染色体的个数随生物而异，但是在同一个生物的所有细胞中它是恒定的。
9. 错误。胞质溶胶是除各种细胞器之外的细胞质部分。
10. 错误。RNA 不是。
11. 错误。原生质包括细胞内所有的生活物质。
12. 错误。植物由真核细胞组成，它具有作为真核细胞器的叶绿体。从进化上看，叶绿体是由原核细胞衍生而来。
13. 正确。
14. 部分正确。过氧化物酶体与溶酶体含有一些酶，胞质溶胶中产生的一些物质或被细胞摄入的物质由这些酶分解。不过，这些物质中有许多被降解并可利用，并不全是废物。
15. 错误。也包括多糖。

三、选择题

1.C	2.E	3.E	4.B	5.A	6.E	7.C	8.C	9.B	10.C
11.D	12.A	13.B	14.A	15.D	16.C	17.D	18.A	19.A	20.B
21.C	22.D	23.B	24.DE	25.B	26.E	27.C	28.B	29.A	30.B
31.C	32.D	33.D	34.D	35.D	36.C	37.DE	38.C	39.A	40.BCE
41.A	42.C								

四、简答题

1. 三个基本原理：地球上的生物都是由细胞构成的；所有活细胞在结构上类似；所有细胞都来自已有细胞的分裂，即细胞来自细胞。
2. 该说法是正确的。水分子中的氢氧键是极性的，这样氧原子比氢原子带有更多的负电荷，这些负电荷被带正电荷的钠离子所吸引，而被带负电荷的氯离子排斥。
3. 细胞生物学发展的四个主要阶段是：细胞的发现及细胞学说建立、经典细胞学阶段（细胞学的经典时期）、实验细胞学时期、细胞生物学阶段。
4. 1858 年，德国医生和病理学家魏尔肖（Virchow）提出细胞来自细胞的重要结论，从而完善了细胞学理论。
5. 支原体大小介于细菌与病毒之间，直径 0.1～0.3 μm，能够通过滤菌器，能够独立生活，无细胞壁。其环状双螺旋 DNA 均匀分散在细胞内，无类似细菌的拟核，惟一可见的细胞器是核糖体。
6. 通过吞入一些物质，如食物颗粒，真核细胞可将它们隔离起来而独自享用。与此相反，细菌无法捕食大块食物，而是通过输出物质，在环境之中分解食物，但是这样的劳动成果必须与相邻的其他同类细胞一起分享。

7. 暴露在逆境中的这个细胞群体有一个或少数几个可能发生突变，使它们获得抵抗药物的能力。这些突变细菌会继续快速分裂，对抗生素有抗性的细菌不久便会在培养物中成为优势种。

8. 一个典型脑细胞重 10^{-8}g（1000 g/10^{11}）。因为 1 g 水体积为 1 cm^3，一个细胞的体积为 $10^{-14}m^3$。开立方得每个细胞边长 2.1×10^{-5}m 即 21 μm。

9. 植物细胞具有动物细胞不具有的包括细胞壁、液泡、质体、原球体、乙醛酸循环体等结构；动物细胞具有植物细胞不具有的包括溶酶体、中心体等结构。动物细胞的通讯连接方式为间隙连接，而植物的是胞间连丝。动、植物细胞的胞质分裂方式分别为收缩环与细胞板。

10. 毫无疑问，由于具有在细胞之间转移核酸序列的能力，病毒在其所侵染生物的进化中起了重要作用。许多病毒会随机携带宿主染色体的部分片段并转移到不同的细胞或生物体中。因此，病毒通过促进基因库的混合而加快进化过程。在通常对生物个体有害的同时，整体上可能对一个物种是有益的。

五、实验设计与分析

为了使细胞携带特定的外源类脂分子，必须对细胞进行遗传工程改造，使其能够合成一个类脂吸收系统（在生长培养基中提供特定类脂分子）或者表达一种能利用自身底物合成非自身固有类脂的酶或酶复合体。类脂基本组成为甘油和脂肪酸，也可加上糖、氨基酸和脂肪酸多种组分作为侧链。

六、问答题

1. 关于一个共同祖先的假说有许多方面的证据。对活细胞的分析显示出其基本组分有着令人惊异的相似程度，例如，各种细胞的许多新陈代谢途径是保守的，在一切活细胞中组成核酸与蛋白质的化合物是一样的。同样，在原核与真核细胞中发现的一些重要蛋白质有很相似的精细结构。最重要的过程仅被“发明”了一次，然后在进化中加以精细调整去配合特化细胞的特定需要。

2. 原核细胞与真核细胞的相同点：

(1) 都具有相似的细胞质膜结构；

(2) 都以 DNA 为遗传物质，使用相同的遗传密码；

(3) 都以一分为二的方式进行细胞分裂而增殖；

(4) 具有相同的遗传信息转录及翻译机制，有类似的核糖体结构；

(5) 部分代谢机制相同，如糖酵解与 TCA 循环；

(6) 具有相同的化学能储能机制，如 ATP 合酶（原核位于细胞质膜，真核位于线粒体内膜）；

(7) 光合作用机制相同，如蓝细菌与植物；

(8) 膜蛋白的合成及插入机制相同；

(9) 都是通过蛋白酶体（蛋白质降解结构）降解蛋白质，如古细菌与真核细胞。

真核细胞特有，而原核细胞没有的特点：

(1) 细胞分裂分为核分裂与胞质分裂，二者分开进行；
(2) DNA 与蛋白质结合压缩包装成染色体结构；
(3) 具有复杂的内膜系统与细胞内膜结构；
(4) 具有特殊功能的细胞器，如线粒体和叶绿体等；
(5) 具有细胞骨架结构；
(6) 具有复杂的鞭毛与纤毛结构；
(7) 具有小泡运输系统（胞吞和胞吐作用）；
(8) 细胞壁含有纤维素，如植物细胞；
(9) 纺锤体参与细胞分裂和染色体分离；
(10) 遗传物质成对存在，二倍体分别来自两个亲本；
(11) 通过减数分裂和受精作用进行有性生殖。

3. 辅酶与辅基是细胞复合酶分子中除酶蛋白以外的其他组分。它们往往是一些小分子的物质，如以多种 B 族维生素为主要成分的化合物，以及金属离子与杂环分子形成的络合物等。在一些复合酶分子中，作为辅助成分的小分子物质与酶蛋白结合得较为松散，通常称为辅酶；而在另一些复合酶分子中，辅助成分与酶蛋白结合较紧，不易分离下来，此时称为辅基。除去辅酶或辅基的酶蛋白将失去生物活性，即酶蛋白、辅酶或辅基单独存在时均无活性，只有当它们结合后才表现出酶的活力。

4. (1) 如图 A1-1 所示，该细胞的表面积（SA）为每一面的面积（长×宽）乘以细胞的面数，即 $SA = 100\ \mu m \times 100\ \mu m \times 6 = 60\ 000\ \mu m^2$。细胞的体积是长×宽×高，即 $100^3\ \mu m^3 = 1\ 000\ 000\ \mu m^3$。因而 SA/体积的比率 = SA/体积 = $60\ 000\ \mu m^2 / 1\ 000\ 000\ \mu m^3 = 0.06\ \mu m^{-1}$。
(2) 分割后的细胞将不能存活。125 个立方体细胞应有表面积 $300\ 000\ \mu m^2$，SA/体积的比率为 0.3。如果要使总表面积达到 $3\ 000\ 000\ \mu m^2$，须将此细胞分为 125 000 个独立的小细胞（图 A1-2）。

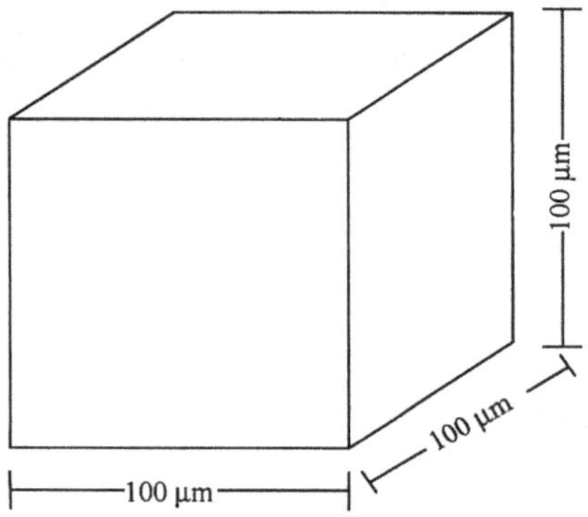

图 A1-1 边长为 100 μm 的立方体（引自 Pruitt，1996）

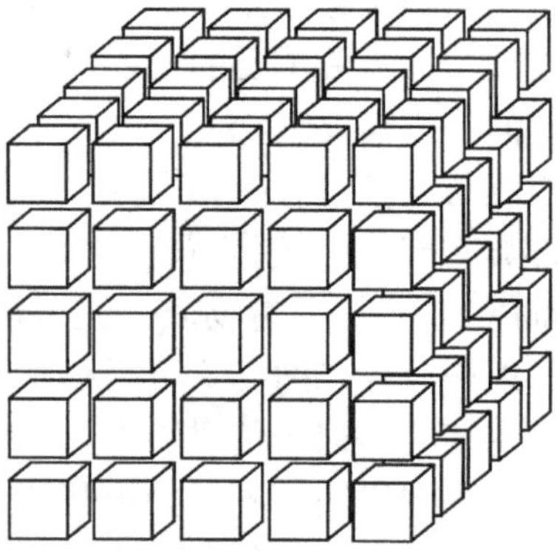

图 A1-2 分割成 125 个立方体小块（引自 Pruitt，1996）

5. 活的细胞从非生命物质演化而来并生长与复制。类似其起源的物质，活细胞也受物理学、热力学和化学定律的支配。因此，它们不能从无到有创造能量，也不能不消耗能量而建立有序结构。一切细胞事件，如新陈代谢、催化作用、膜的组装及DNA复制，都像复杂的化学反应那样，能被实验重复、操纵并能在试管中对之加以研究。

但是一个活细胞并不简单的只是各部分化学物质之和。将蛋白质、核酸及其他化合物混合在一起，并不能造出一个细胞。细胞的功能依赖于其有组织的结构，这是进化的产物。细胞总是来自于已经存在的细胞，一个母细胞通过分裂把化学组分及结构特征传给子细胞。例如，质膜从不需要重新构建，而总是用扩展已有质膜的方式进行扩大和更新。

6. 使1 g水的温度上升1 ℃所需要的能量约为1 J。这与其他液体相比是很高的。水吸收的大部分能量被用来破坏分子间氢键，这些氢键是由于水分子的极性和不对称性造成的。因为吸收的能量要被用于断裂弱键，水的温度不像其他液体那样容易升高。在此种意义上，环境温度的变化可以在细胞中被缓冲。

7. 核苷酸的结合和磷酸化两者都会引起蛋白质构象的改变，可产生多重影响，如酶活性的改变，形状的显著变化，以及对其他蛋白质或小分子亲和力的改变等。两者的机制是多方面的，核苷酸结合的一个好处是小核苷酸能快速地扩散到蛋白质，例如，改变与发动机蛋白功能有关的形状就需快速补充核苷酸。如果发动机蛋白的不同构象状态是由磷酸化所控制，则或者要求蛋白激酶在每一步反应都扩散到位（这是一个非常缓慢的过程），或者与每个发动机蛋白持久地结合。磷酸化机制的一个优点是只需蛋白质表面的一个氨基酸残基，而不是一个特定的结合部位。因此磷酸可以加到同一蛋白质的不同侧链上（只要有相应的蛋白激酶存在），从而大大增加了某一蛋白质所能实现的调控作用的复杂性。

8. 因为酶是催化剂，因此酶反应从热力学上来说必须是可行的。酶只是降低了反应的活化能障，否则这个能障会降低反应速率；相反，热给底物以更多的动能，使能量超过活化能障。此外，一些底物有多个不同的反应途径，热能够增强所有这些潜在的途径，而酶具有选择性，只促进某一特定途径，因此在进化选择中成为对细胞有用的途径。所以热不可能代替酶的功能，鸡汤必须通过有待发现的另一些机制发挥其有益作用。

9. 糖与蛋白质结合形成糖蛋白。已知上千种蛋白中超过50%的是糖基化的，糖基化对于蛋白质分子的理化性质、生物功能以及合成后的加工和运输都有影响。糖蛋白存在于哺乳动物的组织、体液及分泌物中，具有不同的功能。植物的糖蛋白一部分与细胞壁多糖结合，另一部分以可溶形式存在。

糖蛋白及其糖链具有很多作用：机体内外表面的保护及润滑剂；作为载体与维生素、激素、离子等结合，有助于物质的转移与分配；糖蛋白参与细胞识别。

10. 6×10^{39}（$=6\times10^{27}g/10^{-12}g$）个细菌会有与地球相同的质量。根据指数生长方程$6\times10^{39}=2^{t/20}$，解这个方程求出$t=2642$ min（或44 h）。这仅代表132个增代时间，但是在过去的35亿年中经历了10^{14}个增代时间，显然在本行星上细菌的总质量远不及地球质量，这说明指数生长只能进行很少几代，即与进化相比仅是很短暂的一点时间间隔。在任何实际情况下，食物供应会很快减少。

这一简单计算告诉我们，当食物丰富时快速生长与分裂能力仅是物种生存的一个因素。食物通常是不足的，那些最能适应环境变化的细胞，以及那些已经获得了更加精巧技术而可以利用各种不同食物来源的细胞常有较大的竞争优势。

11. (1) E；(2) A C；(3) A；(4) B；(5) B F；(6) C D E；

(7) A 为油酸，一种脂肪酸；B 为 α-D-葡萄糖，一种单糖；C 为甘油三酯，一种脂；D 为乙酸，一种酸；E 为丝氨酸，一种氨基酸；F 为一磷酸腺嘌呤，一种核苷。

12. 两种不同的进化关系可综述如下：全体细胞的祖先—贾第虫—真核细胞；全体细胞的祖先—真核细胞—贾第虫。为了区分它们，重要的是了解贾第虫与原核生物关系有多近。这可通过观察它们在蛋白质或核酸层次上的相似性进行比较。研究表明，贾第虫在系统树上与真核生物以及与原核生物相距几乎一样远，因此支持第一个模型。

13. 真核细胞以失去细胞快速生长为代价而变得精巧复杂。由于其更加复杂的结构，它们可以通过分化进行功能的特化。一个生物中不同的细胞可以承担专门的功能且互相合作。随着这种复杂性的提高，多细胞生物能利用单细胞生物所不能利用的食物来源。例如，一株植物能利用它的根从土壤中吸取水分和营养，同时收集光能并从空气中收集 CO_2。当然，单细胞也有一定的优点，如细菌能快速生长并通过突变能迅速适应环境条件的变化。倘若细菌也变为多细胞结构，繁殖与快速变化的能力将会受到限制。

14. 各部分名称为：(1) 核糖体；(2) 线粒体；(3) 高尔基体；(4) 滑面内质网；(5) 溶酶体；(6) 微丝；(7) 质膜；(8) 胞质溶胶；(9) 核被；(10) 核质；(11) 核仁；(12) 糙面内质网；(13) 过氧化物酶体；(14) 中心粒；(15) 微管；(16) 小泡。

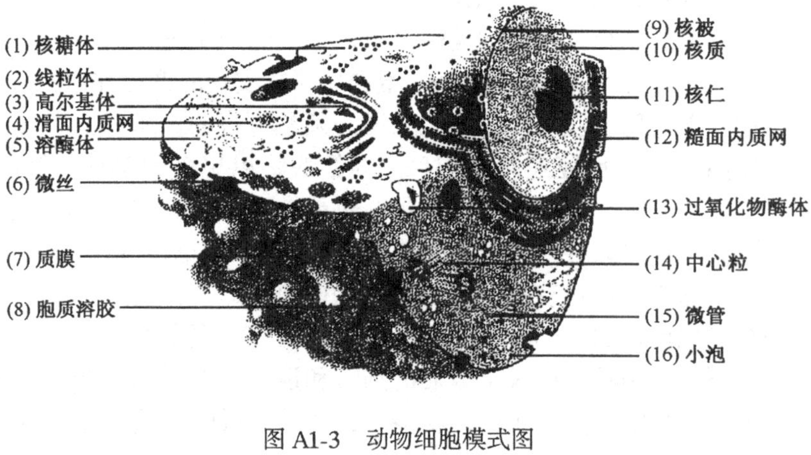

图 A1-3　动物细胞模式图

15. 见图 A1-4，H_2N-Leu-Ala-Val-COOH 组成的三肽可以插入到膜内，任何具有丙氨酸、亮氨酸、异亮氨酸、色氨酸、苯丙氨酸、蛋氨酸的三肽都可将其自身插入到膜中。

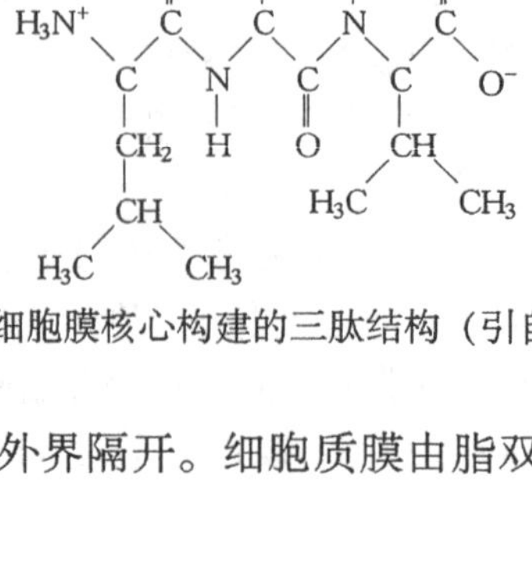

图 A1-4　参与细胞膜核心构建的三肽结构（引自 Pruitt，1996）

16. 细胞由细胞质膜所包围而与外界隔开。细胞质膜由脂双层、跨膜蛋白与外周蛋白组成。

原核细胞的细胞质膜是非对称的，因此所有重要的能量与营养物的获得过程均能对应于细胞质膜上的特定蛋白质。而在真核细胞中，上述的这些过程则是由不同的细胞器负责，如线粒体和叶绿体。原核生物中遗传物质（拟核）是自由定位于胞质中，而真核生物的基因组 DNA 则定位于细胞核中（细胞器 DNA 则定位于相应的细胞器中）。细胞核的四周通过巨大的内质网腔与胞质溶胶相连，内质网是蛋白质合成的主要场所，高尔基体则是蛋白质修饰的“工厂”和运输的“调控站”。不论是原核细胞还是真核细胞均含有大量的核糖体，但是在真核细胞中这些核糖体的分布被区室化了。

七、名词释义

1. 生物大分子指细胞中存在的那些分子质量巨大、结构复杂、具有生物活性的有机化合物，如以蛋白质、核酸、多糖及脂类等四大类为典型的生物大分子，它们是由多个氨基酸或核苷酸等小分子聚合而成的，具有广泛的生物活性，既是细胞的结构成分，又是细胞各种生命活动的执行者或体现者。
2. 蛋白质是构成细胞乃至生物体的一大类最重要的有机含氮化合物，是生命的物质基础。其基本结构单位是氨基酸。组成蛋白质的氨基酸有 20 多种，它们可按不同的数目、种类和排列组合成形形色色、种类繁多的蛋白质，所以蛋白质是由多个氨基酸聚合而成的生物大分子。不同的蛋白质不仅组成成分不同，分子的空间结构、理化特性和生物功能也各不相同。蛋白质分子既是一切细胞和组织结构的基本材料，又是细胞或机体各种生命活动的体现者。
3. 核酸是细胞中最重要的生物大分子。作为遗传物质，核酸控制着细胞或机体的代谢、生长、发育、增殖、遗传、变异等一切生命活动。核酸是由数十个至数百万个核苷酸聚合而成的高分子化合物，所以组成核酸的基本单位是核苷酸。根据组成、结构、分布和功能，核酸分子可分为 DNA（脱氧核糖核酸）和 RNA（核糖核酸）两大类。对于人体及动物细胞等真核细胞来说，DNA 主要分布在细胞核中，负责遗传信息的储藏、复制和转录；而 RNA 是 DNA 转录的产物，在核中合成后进入细胞质，负责蛋白质或酶的合成这一遗传信息的翻译功能。
4. 糖类是细胞或机体内的重要成分，在细胞中具有多方面的功能，如作为细胞各种生命活动的能源物质、作为核酸等生物大分子的结构成分，还可与蛋白质结合成糖蛋白参与细胞膜的构成等。细胞中的糖类根据其分解产物可分为单糖（如葡萄糖、核糖等）、二糖（如蔗糖、乳糖等）和多糖（如糖原、淀粉、肝素）。糖类与蛋白质或脂类结合形成的糖蛋白或糖脂还参与细胞的识别、代谢调节和免疫反应等生命活动。
5. 脂类也称脂质，是细胞中存在的不溶于水但可溶于低极性溶剂（脂溶性溶剂）的有机化合物，主要包括脂肪、磷脂、类固醇等物质。其中脂肪又称为甘油三酯，是由 1 分子甘油和 3 分子脂肪酸所构成的中性脂。脂肪酸的碳氢链如果含有双键，则称为不饱和脂肪酸，而含有不饱和脂肪酸的脂肪称为油。人体及动物细胞的脂肪所含脂肪酸为饱和脂肪酸。脂肪是细胞或机体能量的浓缩储存物质。磷脂是脂肪分子中的一个脂肪酸被极性的磷酸基团取代后形成的化合物，是构成细胞膜的主要成分。类固醇则是脂肪的衍生物，其中胆固醇是细胞中最重要的类固醇，它既是细胞膜的重要组分之一，又是合成性激素的原料。

6. 构象是指在蛋白质、核酸等有机化合物分子中，由于碳碳单键的自由旋转运动而引起碳原子上结合的其他原子或基团的相对位置发生改变，产生若干种不同的空间排布方式，同一种化合物的这种不同空间结构称为该分子的构象，如单糖分子的船式和椅式构象。
7. 氢键指某化合物分子中的氢原子与该分子中或其他分子中电负性很大的原子（如 O、N）由于静电吸引而形成的一种不太牢固的化学结合力，如在蛋白质的肽链中某一氨基酸残基上的亚氨基（—NH—）与相近的另一氨基酸残基上的羰基（—CO—）往往形成链内氢键。不同的肽键之间也可形成链间氢键。
8. 肽键是两个氨基酸分子之间分别以羧基（—COOH）和氨基（$—NH_2$）脱水缩合而成的连接这两个氨基酸的酰胺键。它是维持蛋白质基本结构（一级结构）的主要化学键，属于共价键。
9. 磷酸二酯键是核酸分子的多核苷酸链中连接各个单核苷酸的一种共价键。为一核苷酸的戊糖环上第 5 位碳原子以酯键结合的磷酸基团再以酯键与另一核苷酸中戊糖环上第 3 位碳原子相连。这种键合方式就称为 3′,5′-磷酸二酯键。
10. 由模板指导，在一系列酶的催化下，合成新的、与模板完全相同的分子。这是细胞内一种极其重要的组装方式，DNA 和 RNA 的分子组装就属于此类。
11. 相同的单体分子在不同的酶系作用下，生成不同的产物。如以葡萄糖为原料既可合成纤维素，也可合成淀粉，这取决于进入哪条酶促反应途径。
12. 生物大分子借助本身的力量自行装配成高级结构，现代的概念应理解为不需要模板和酶系的催化，以别于模板组装和酶效应组装。其实，这种组装也需要一种称为分子伴侣的蛋白质介导，如核小体的组装就需要核质蛋白的介导。
13. 构成原核生物的细胞。这类细胞的主要特征是没有明显可见的细胞核，同时也没有核膜和核仁，只有拟核，进化地位较低。
14. 构成真核生物的细胞称为真核细胞，具有典型的细胞结构，有明显的细胞核、核膜、核仁和核基质；遗传信息量大，并且有特化的膜结构。真核细胞的种类繁多，既包括大量的单细胞生物和原生生物（如原生动物和一些藻类细胞），又包括所有多细胞生物（一切动植物）的细胞。
15. 细胞社会学是从系统论的观点出发，研究细胞整体和细胞群体中细胞间的社会行为（包括细胞间识别、通讯、集合和相互作用等），以及整体和细胞群对细胞的生长、分化和死亡等活动的调节控制。细胞社会学主要是在体外研究细胞的社会行为，用人工的细胞组合研究不同发育时期的相同细胞或不同细胞的行为；研究细胞之间的识别、黏连、通讯以及由此产生的相互作用、作用本质，以及对形态发生的影响等。

第二章　细胞生物学的研究方法

一、填空题

1. 镜筒，真空系统，电力系统
2. 原生质体，相差显微镜
3. 排阻层析，分子筛法，相对分子质量
4. 倒置显微镜，相差显微镜
5. 自发荧光，诱发荧光，诱发荧光
6. 紫外光波长比可见光的波长短
7. 突变，克隆化
8. 溶菌酶，裂解酶，果胶酶或纤维素酶
9. 病毒的外壳成分与细胞膜极为相似
10. 环状光阑，带相板的物镜
11. 物镜和照明系统的位置颠倒
12. 0.1 μm，0.1 nm，3 nm
13. 分辨出相邻两个点的，最小分辨距离
14. 穿透性强，不需切片
15. 酶反应，捕捉反应
16. 离体条件下观察和研究生命活动的规律
17. Ca^{2+}
18. 单层生长，形态变成多态性，具有接触抑制现象
19. 体外环境不能与体内的条件完全等同
20. 柠檬酸铅，醋酸双氧铀
21. 抗原
22. 电磁，玻璃
23. 重金属
24. 显微结构，超微结构
25. 线粒体，高尔基体，质膜
26. 一半，最大值
27. ^{3}H-胸腺嘧啶核苷
28. 可以产生抗体的淋巴细胞
29. 冰冻蚀刻
30. 脱去与 DNA 分子结合的水
31. 氨基酸，维生素，无机盐，小牛血清
32. 绿色，红色

33. 相差显微镜，暗视野显微镜，倒置显微镜
34. 100 μm，0.2 μm，0.1 nm，0.001 nm，3 nm，0.1 μm
35. 沉降速度，差速离心，密度梯度离心，差速，细胞器，快，慢，密度梯度，蔗糖，氯化铯，大小，电荷，滞留或吸附，电泳，性质（正与负）或多少，净电荷，大小和形状，电泳带谱

二、判断题

1. 正确。
2. 正确。
3. 正确。
4. 正确。
5. 正确。
6. 错误。因密度不同而停留在不同的区带。
7. 错误。通过染色是不行的。
8. 错误。前者称为显微结构，后者称为亚显微结构或超微结构。
9. 错误。光学显微镜可以，电子显微镜则不可以。
10. 错误。亲和层析能分开特定的大分子是因为它们与特定的配体相互作用，而不是因为它们带有电荷。
11. 正确。
12. 错误。癌细胞由于失去了接触抑制，因而可成堆生长。
13. 错误。主要是切得越薄，越易穿透。
14. 错误，用 Triton 是不行的，Triton 一般用来分离膜蛋白。
15. 错误。淋巴细胞呈悬浮生长。
16. 正确。
17. 错误。尽管较大的细胞器在流体中移动时来自流体的摩擦力也较大，但是细胞器越大，它经受的离心力也就越大，因此沉降得就越快。

三、选择题

1.B	2.B	3.D	4.D	5.A	6.C	7.A	8.A	9.A	10.B
11.A	12.A	13.ABC	14.D	15.C	16.D	17.C	18.B	19.A	20.D
21.B	22.C	23.A	24.D	25.D	26.B	27.C	28.B	29.D	30.D
31.B	32.C	33.C	34.A	35.C	36.B	37.C	38.A	39.B	40.C
41.C	42.C	43.C	44.B						

四、简答题

1. 先将生物样品在液氮中迅速冷冻，防止形成冰晶，并迅速抽真空。在真空条件下，冰刀横切样品，使样品裂开暴露内表面结构，如细胞膜可沿脂双层分开形成两个半层膜。冰冻蚀刻技术就是在此基础上发展起来的复形技术。将冰冻断裂后样品表面的冰升华，浮现出样

品表面的超微结构，再对浮雕表面进行碳-铂复形，随后消化生物材料，只留下复形用作观察。

2. B淋巴细胞能够产生抗体，但在体外不能无限分裂；而瘤细胞不能产生抗体，但能在体外无限传代。将这两种细胞融合后得到的杂交瘤细胞具有两种亲本细胞的特性，既能产生抗体，又能无限增殖。
3. 因为电镜样品的观察室要求高度的真空条件。
4. 这两个概念都用于衡量显微镜的显微本领。
   放大率指显微镜所成像的大小与标本实际大小的比率。而分辨率指可视为明显实体的两个点间的最小距离。放大率对分辨率有影响，但分辨率不仅仅取决于放大率。两者都是观察亚细胞结构的必要参数。
5. 都用于放大与分辨微小结构，这两种电镜通过标本对电子束的影响来探测标本结构。TEM（透射电镜）的电子束穿过标本，聚焦成像于屏幕或显像屏上，SEM（扫描电镜）的电子束在标本表面进行扫描，反射的电子聚焦成像于屏幕或显像屏。TEM用于研究超薄切片标本，有极高分辨率，可给出细微的胞内结构。SEM可以反映未切片标本的表面特征。
6. 都是扩增和储存真核生物DNA片段的技术。当克隆的DNA数目为几十到几百个碱基对时，细菌质粒是较合适的载体。对于较长的DNA分子，病毒载体更合适。在长满菌苔的平板上可聚集成百上千的噬菌斑，每个都可以用于筛选目的基因。
7. 两者都是依靠离心力对细胞匀浆悬浮物中的颗粒进行分离的技术。差速离心通常用于分离细胞器与较大的细胞碎片，分离的对象都比介质密度大。密度梯度离心也可用于分离较大的颗粒和细胞器，但更常用来分离小颗粒和大分子物质。密度梯度离心的介质形成一个密度梯度，所分离的颗粒密度小于介质底部的密度。因此颗粒从梯度的顶层沉降到与其密度相同的介质层并停留在此处。
8. 这两种克隆可用于扩增和分离目的基因。基因组DNA包含了调控序列和间隔序列，而cDNA克隆只含有编码序列。纯cDNA便于基因测序和蛋白质氨基酸序列的测定。基因组DNA克隆提供了有关DNA进化、基因家族和基因调控机制的信息。

五、实验设计与分析

1. 根据不同的细胞器或分子具有不同的体积与密度，通过离心力场的作用加以分离。根据这两个主要因素可设计不同的离心分离方法：速度离心、等密度离心等。
2. （1）总匀浆物，上清1，沉淀2；
   （2）沉淀2；
   （3）总匀浆物；
   （4）上清3。
3. 在通过凝胶层析柱时，小的分子移动较慢是由于小的分子在到达柱内装填的多孔小球时，在足够的时间内可扩散到凝胶孔隙内部，比大分子要经过更多的空间。如果流速很快，所有的分子都将快速地从小珠间隙中移动，而不进入内部，因此大分子和小分子倾向于一起从柱中流出。
4. 测序结果如图A2-1所示。

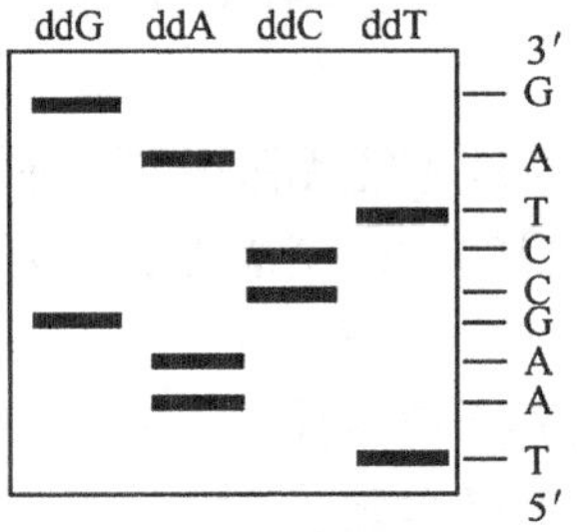

图 A2-1　一个 8 核苷酸序列测序的序列读取（引自 Pruitt，1996）

5. (1) 进行 PCR 反应后用限制性内切核酸酶处理，经过凝胶电泳，进行限制性长度多态性检测；
   (2) 用放射性标记糖类示踪，结合放射自显影；
   (3) 分离生长激素基因，重组并克隆，然后从表达该激素的转基因细胞中纯化该激素；
   (4) 定点突变，然后进行酶促动力学分析。

6. 其基本过程是先将细胞用研磨、超声振荡等物理方法破碎，使细胞悬浮液变成包含有细胞核、线粒体、高尔基体、溶酶体、内质网小泡等不同大小、形态的细胞器的匀浆液。再将匀浆液放入超速离心机中离心，由于在密度均一的介质中，不同形态大小细胞器的沉降速度不同，颗粒越大的沉降越快而先到达离心管底。故以不同的离心速度分别离心一定时间，在不同离心力的作用下，细胞内的组分便会按从大到小的顺序分别沉降到离心管底而得以分离。

7. 追踪活细胞中某种蛋白质合成与分泌的过程一般采用同位素示踪技术。其基本步骤是：
   (1) 将放射性同位素标记的氨基酸（如常用的^{3}H-亮氨酸）加到细胞培养基中，在很短时间内使这些与未标记的相应氨基酸化学性质相同的标记分子进入细胞（称作脉冲标记）；
   (2) 除去培养液并洗涤细胞，再换以含未标记氨基酸的培养基培养细胞，已进入细胞的标记氨基酸将被蛋白质合成系统作为原料加以利用，掺入到某种新合成的蛋白质中；
   (3) 每隔一定时间取出一定数量的细胞（取样），利用电镜放射自显影技术探查被标记的特定蛋白质在不同时间所处的位置。具体说，将每次取样所得的细胞经固定、包埋后制备成细胞的超薄切片，放到有支持膜的载网上，涂上核乳胶，放到暗处曝光一段时间，即让细胞内带有放射性同位素的蛋白质发出的射线使乳胶感光。然后将核乳胶显影、定影便得到电镜显微放射自显影的标本。在电镜下观察该标本中银粒的分布、相关蛋白质在细胞中的位置以及数量的多少。通过比较不同时间取样细胞的电镜照片就可了解细胞中蛋白质合成及分泌的动态过程。

8. 从基因到蛋白质：
   (1) 基因组 DNA 分离目的基因；
   (2) 以基因组 DNA 克隆为探针筛选 mRNA；
   (3) 用目的基因的 mRNA 合成 cDNA；
   (4) 对 cDNA 测序，根据其序列推导出蛋白质的氨基酸序列；

(5) 与其他功能已知的蛋白质进行氨基酸序列比较；
(6) 构建含有该基因的质粒载体在大肠杆菌中进行基因表达，或采用其他表达载体。
从蛋白质到基因：
(1) 根据其分子质量、等电点或功能分离蛋白质；
(2) 对蛋白质进行部分氨基酸测序；
(3) 推导出编码蛋白质基因的部分核酸序列；
(4) 合成一段放射标记的寡聚核苷链作为探针，在基因组 DNA 中进行筛选；
(5) 分离出完整的基因，测定包括调控区在内的基因序列。

六、问答题

1. 原代培养是指直接从机体中取得细胞或组织后立即进行的培养，严格的说是指成功继代之前的培养，此时细胞保持原有的基本性质。通常把第 1 代到第 10 代以内的培养细胞统称为原代细胞培养。原代培养物首次传代成功后即成为细胞系，由原先存在于培养物中的细胞世系所组成。如果不能连续培养或继代次数有限，就称为有限细胞系，如可以连续培养则称为连续细胞系，培养至 50 代以上并无限培养下去。细胞株是指从一个经过生物学鉴定的细胞系，由单细胞分离培养或通过筛选的方法由单细胞增殖形成的细胞群。所以细胞株是通过选择法或克隆形成法从原代培养物或细胞系中获得的，具有特殊性质或标记的培养细胞可培养至 40～50 代。
2. 电子显微镜是以电子束为照明源，通过电子流对样品的透射或反射及电磁透镜的多级放大后在荧光屏上成像的大型仪器，而光学显微镜则是利用可见光照明，将微小物体形成放大影像的光学仪器。概括起来，电镜与光镜主要有以下几个方面的不同：
   (1) 照明源不同。电镜所用的照明源是电子枪发出的电子流，而光镜的照明源是可见光，由于电子流的波长远短于光波波长，电镜的放大及分辨率显著高于光镜。
   (2) 透镜不同。电镜中起放大作用的物镜是电磁透镜，而光镜的物镜则是玻璃磨制而成的光学透镜。电镜中的电磁透镜共有三组，分别与光镜中聚光镜、物镜和目镜的功能相当。
   (3) 成像原理不同。在电镜中，作用于被检样品的电子束经电磁透镜放大后反映到荧光屏上成像或作用于感光胶片成像。其电子浓淡差别产生的机理是，电子束作用于被检样品时，入射电子与物质的原子发生碰撞产生散射，由于样品不同部位对电子有不同散射度。而光镜中样品的物像以亮度差呈现，它是由被检样品的不同结构吸收光线多少的不同所造成的。
   (4) 所用标本制备方式不同。电镜观察所用组织细胞标本的制备程序较复杂，技术难度和费用都较高，在取材、固定、脱水和包埋等环节上需要特殊的试剂和操作，还要制备超薄切片（50～100 nm）。而光镜观察的标本则一般置于载玻片上，如普通组织切片标本、细胞涂片标本、组织压片标本和细胞滴片标本等。
3. 扫描隧道显微镜（STM）是根据量子力学中的隧道效应发明的。利用扫描探针（直径为 1 Å）在样品表面扫描。当两者距离达到 Å 数量级时，电子云发生重叠，外加微小电压（mV 级）针尖与样品间就可因为隧道效应产生隧道电流，这种电流对于针尖与样品的间距变化特别敏感。如果控制针尖与样品间距，以及保持隧道电流的稳定，那么探针在垂直样品方向上的高低变化，就可反映样品表面的起伏状态，获得样品表面的原子排列图像。STM 适用于表面结构分析、表面电子态和化学特性分析。

优越性：

(1) 高分辨率：原子级分辨率，横向为 1 Å，纵向为 0.1 Å；

(2) 可直接绘出三维立体结构图像；

(3) STM 可在常压、空气甚至溶液中探测样品，且避免了高能电子束的破坏作用；

(4) 扫描速度及成像速度快，可进行生命过程的动力学研究；

(5) 不需要任何透镜，体积小。

4. (1) $D=\dfrac{0.61\times\lambda}{n\sin\theta}=\dfrac{0.61\times527\ \text{nm}}{1.0\ \sin70^\circ}=342\ \text{nm}$；

(2) $D=\dfrac{0.61\times\lambda}{n\sin\theta}=\dfrac{0.61\times450\ \text{nm}}{1.0\ \sin70^\circ}=292\ \text{nm}$，可以提高分辨率约 15%；

(3) $D=\dfrac{0.61\times\lambda}{n\sin\theta}=\dfrac{0.61\times450\ \text{nm}}{1.5\ \sin70^\circ}=195\ \text{nm}$，当前的分辨率为 195 nm，基本上是光学显微镜最高的分辨率。

5. 离子交换层析是根据蛋白质所带电荷的差异进行分离纯化的一种方法。蛋白质的带电性是由蛋白质多肽中带电氨基酸决定的。由于蛋白质中氨基酸的电性又取决于介质中的 pH，所以蛋白质的带电性也就依赖于介质的 pH。当 pH 较低时，负电基团被中和，而正电基团就很多；在 pH 较高时，蛋白质的电性与低 pH 时相反。当蛋白质所处的 pH 使蛋白质的正负电荷相等，此时的 pH 称为等电点。

离子交换层析所用的交换剂是经酯化、氧化等化学反应引入阳性或阴性离子基团制成的，可与带相反电荷的蛋白质进行交换吸附。带有阳离子基团的交换剂可置换吸附带负电荷的物质，称为阴离子交换剂，如 DEAE-纤维素树脂；反之称为阳离子交换剂，如 CM-纤维素树脂。不同的蛋白质有不同的等电点，在一定的条件下解离后所带的电荷种类和电荷量都不同，因而可与不同的离子交换剂以不同的亲和力相互交换吸附。当缓冲液中的离子基团与结合在离子交换剂上的蛋白质相竞争时，亲和力小的蛋白质分子首先被解吸附而洗脱，而亲和力大的蛋白质则后被解吸附和洗脱。因此，可通过增加缓冲液的离子强度和/或改变酸碱度，就可改变蛋白质的吸附状况，使不同亲和力的蛋白质得以分离。

6. 光学显微镜的使用容易得多，并且需要的设备也简单得多。它易于分辨 1 μm 大小的物体，分辨率下限为 0.2 μm，这是由可见光波长决定的一个理论极限。由于可见光是非破坏性的，容易透过水，从而可用光学显微镜来观察活细胞。另一方面，电子显微镜技术要复杂得多，在样品制备（需要超薄切片，以电子致密的重金属染色，并且完全脱水）及仪器性能这两方面都要复杂许多。不能用于观察活细胞。然而电子显微镜的分辨率很高，观察任何超微结构，如微管、线粒体与细菌，需要用电子显微镜加以分析。

7. 动物体细胞克隆技术的成功对生命科学的发展具有重要的推动作用，不仅证明了动物的体细胞具有全能性，而且有巨大的应用前景，例如，结合转基因技术生产药物等。现在很多药物，如胰岛素、生长激素、表皮生长因子等都是动物细胞体内正常的代谢物。某些患者由于产生这些物质的功能发生缺陷，导致了相应疾病的发生。目前的治疗方法就是给这些患者注射这类药物。由于这类药物本身是来自动物的某些脏器，制备这种药物就需要大量的动物提供脏器，因此成本很高，如果通过转基因技术把相应的基因转入到哺乳动物，让动物的乳汁生产具有疗效的蛋白质就会降低成本，再结合动物体细胞克隆技术，将这种转基因动物大量无性繁殖克隆，就可以大大提高产量，大幅度降低成本，同时也保证了所转基因的稳定。该项技术也可以生产供动物本身和人类器官移植的动物，解决器官捐赠长期缺乏的问题。另外，动物体细胞克隆技术在基因结构和功能、基因治疗、遗传病及人类衰老等的研究方面都具有巨大的潜力。

七、名词释义

1. 在一定条件下利用显微镜所能看到的精细程度。
2. 利用电子束代替光束成像，分辨率高于任何光学显微镜。这类设备用于探测细胞的超微结构。
3. 用于整个细胞时，可以确定放射性标记物在细胞内的定位。用于凝胶或琼脂平板时，能鉴定出放射性的条带或菌落。
4. 细胞作为多细胞个体的一部分，受到各种复杂因素的影响。细胞培养将细胞与这些因素分开，在简化的条件下进行研究。这项技术被证明是细胞生物学最成功、最重要的进展之一。
5. 根据分子质量及等电点的不同将复杂的蛋白质混合物分开。这种高分辨率的技术能够分离同一混合物中的上千种蛋白质。
6. 通过互补的DNA或RNA探针与所研究的DNA或RNA之间进行碱基配对，分离或鉴定特异的核酸片段。也可用于比较两个核酸序列之间的相似性。
7. 一种用于克隆和保存大片段DNA的技术，这些片段大小在100～1000 kb，超出任何质粒载体所能承载的范围。迄今已成功用于人类基因组计划。
8. 某些人类疾病由于可行性或道德方面的原因，无法用人体作研究，为此采用模式动物建立实验体系。
9. 利用一定波长的紫外线作为激发光源照射被检标本，使标本中的荧光物质受激发后产生的荧光经放大成像系统成像，这种特殊的光镜就称为荧光显微镜。在其光学系统中照明光线要经过两组滤光片：第一组滤光片位于光源和标本之间，只透过能激发特殊荧光染料发出荧光的光线；第二组滤光片位于标本和目镜之间，仅能透过激发出来的荧光。荧光显微镜可用于观察检测细胞中能与荧光染料特异结合的特殊蛋白质、核酸或低含量的分子，其标本染色简便、荧光图像色彩鲜亮，而且敏感度较高。
10. 一种主要用于观察培养瓶或培养皿中的活细胞生长及分裂状态的特殊显微镜。与普通光镜相比，其光源、聚光镜和物镜的位置是倒置的，即光源在上，物镜在载物台的下方。另外，其聚光镜和物镜有较长的工作距离，以方便放置有一定厚度的培养瓶。研究用倒置显微镜还配有恒温装置、显微照相、电视摄像或电影摄影装置，以方便记录培养细胞生长、分裂及其他活动的动态过程。
11. 简称扫描电镜。是一种主要用于观察组织细胞表面或细胞内断面的电镜，其基本工作原理是从电子枪发出的电子束经电磁聚光镜汇聚成极细的电子探针，并在细胞样品表面逐点扫描，收集样品表面产生的二次电子再经转换、放大，最终在荧光屏同步扫描成像。扫描电镜具有景深大、图像立体感强、样品制备简单、无需超薄切片以及电子束对样品的损伤小等优点，但这种电镜的分辨率（约 3 nm）和放大倍数不及透射电镜。

12. 通过光学显微镜所观察到的样品的各种结构，如细胞的大小、外部形态以及细胞核、线粒体、高尔基体、中心体等内部构成都属于显微结构。

13. 也称为亚显微结构。指在电子显微镜下所观察到的细胞结构，如细胞核、线粒体、高尔基体、中心体、核糖体、微管、微丝等细胞器的微细结构。

14. 以单色激光作为光源的一种特殊的光学显微镜。其特点是：①物镜和聚光镜互相共焦点(即两者同时聚焦到一个点)，使得只有从标本焦平面发出的光线聚焦成像，而焦平面以外的漫射光不参加成像；②以单色激光作为点光源并聚焦到标本焦平面上进行光点扫描，最后在荧光屏上清晰成像；③改变焦平面，可获得细胞或原标本不同层次的图像，从而得到样品的三维图像。这种显微镜适于观察细胞内质网膜系统和细胞骨架系统等细胞内的复杂网络。

15. 一种生物物理技术，可以对含有至少一个顺磁原子（如^{13}C、^{31}P）的分子进行波谱学分析。核磁共振技术可以直接研究溶液和活细胞中分子质量较小（20 000 Da 以下）的蛋白质、核酸以及其他分子的结构。核磁共振的基本原理是，原子核有自旋运动，在恒定的磁场中，自旋的原子核将围绕外加磁场作回旋转动，称作进动。进动的频率与所加磁场的强度成正比。如果在此基础上再加一个固定频率的电磁波，并调节外加磁场的强度，使进动频率与电磁波频率相同。这时原子核的进动与电磁波产生共振，就叫核磁共振。核磁共振时，原子核吸收电磁波的能量，记录下的吸收曲线就是核磁共振谱（NMR-spectrum）。由于不同分子中原子核的化学环境不同，将会有不同的共振频率，产生不同的共振谱。记录这种波谱即可判断该原子在分子中所处的位置及相对数目，用以进行定量分析及分子质量的测定，并对有机化合物进行结构分析。

第三章　细胞质膜与跨膜运输

一、填空题

1. 12，钾，离子载体
2. 卵磷脂/鞘磷脂，CO_2与O_2
3. 四氯化碳，多羟基苯酚，冰冻蚀刻，荧光染料
4. 流动性，稳定性，通透性
5. 1935，双分子层，球形
6. 表面张力比油水表面张力低
7. 从红细胞中提取的脂大约是表面积的2倍
8. 内膜系统
9. 只对脂起作用，只对蛋白质起作用
10. 膜是三层结构，总厚度为75 Å；蛋白质呈β折叠
11. 流动性和不对称性，忽略了蛋白质对流动性的限制和流动的不均匀性。
12. 短杆菌肽A具有K^+通道蛋白的作用
13. 越高，越小
14. 离子外漏，膜结合酶的活性降低
15. Na^+离子通道，Na^+/K^+泵，协同运输
16. Na^+，H^+
17. CHO_3^-/Cl^-
18. 可以限制膜的流动性，可以增加膜的流动性
19. 从组织中获得的CO_2，HCO_3^-，Cl^-
20. 麦角固醇
21. *N*-乙酰半乳糖胺残基，半乳糖残基
22. 孔蛋白
23. 胞内，细胞外
24. 配体闸门通道，电位（电压）闸门通道
25. 不对称性，流动性
26. 人、鼠细胞融合实验，抗体诱导的成帽或成斑反应，光漂白恢复技术
27. 脂，蛋白质
28. 磷酸烯醇式丙酮酸
29. 依赖于遍在蛋白的蛋白质降解途径
30. 极性的头和非极性的尾，脂肪酸碳链为偶数（多为16 C和18 C），具有饱和、不饱和脂肪酸根
31. 骨架，膜蛋白的有机溶剂，为某些酶提供工作环境

32. 水溶性的，双亲媒性的
33. 甘露糖，岩藻糖，半乳糖
34. 晶体分子排列的有序性，液体的流动性
35. 分子大小，脂中的溶解度，带电性
36. Na^+-Ca^{2+}交换，Ca^{2+}-ATPase（钙泵），Ca^{2+}通道，渗漏（扩散）
37. 流动镶嵌，镶嵌，全部或部分嵌入，流动镶嵌，折叠的球形镶嵌在脂双层中，流动，流动，不对称，糖脂，糖蛋白，外

二、判断题

1. 正确。
2. 正确。双键的减少（通过氢化作用）使脂质分子互相之间堆积得更紧密，因此提高了黏滞性，即把油变为人造黄油。
3. 错误。只能在质膜的外表面。
4. 正确。
5. 正确。
6. 错误。只存在于动物细胞的质膜上。
7. 错误。被动运输的协助扩散就需要载体蛋白。
8. 错误。膜蛋白主要是自由扩散和侧向运动，特别是没有翻转运动。
9. 错误。动作电位将引发膜电位发生去极化（即负值减低向正值转化），并发生电位反转。
10. 正确。
11. 正确。
12. 错误。原核生物的质膜中没有胆固醇，植物细胞质膜中也没有，只有动物细胞质膜中有。
13. 正确。如果没有流动性，物质交换就停止了。
14. 正确。
15. 正确。
16. 错误。不能进行底物修饰，但可被竞争性抑制。
17. 正确。
18. 错误。质膜含有多种对带电荷分子具有选择通透性的蛋白质。只有缺少蛋白质的纯净脂双层对所有带电荷分子是高度不通透的。
19. 错误。带电的小分子，无论多小，都不能自由通过。
20. 错误。同向转运是在膜的同一面结合两种不同的溶质，将其转运；而反向运输也必须结合不同的溶质，但溶质分布于膜的两侧。二者不能混淆。
21. 正确。主要是破坏了膜骨架。
22. 正确。
23. 错误。不参与蛋白质的合成。
24. 正确。糖脂主要被限制在背向胞质溶胶那一侧膜单层中。有些特殊的糖脂，如磷脂酰肌醇则专一性地位于面向胞质溶胶的膜单层内。
25. 错误。需要自由能，并且不需要离子泵。

26. 正确。
27. 错误。通道蛋白不与通过它的溶质结合，通道蛋白的选择性是靠内侧孔径的大小以及孔洞入口处区域的带电性决定的。
28. 错误。载体蛋白运转的速率较慢，它们具有类似酶的性质，即结合溶质并在功能循环期间需要发生构象的变化，限制了转运的最大速率（约 1000 个溶质分子/s），而通道蛋白速率高达 1 000 000 个溶质分子/s。
29. 正确。大多数动物细胞在其质膜内含有 K^+ 渗漏通道，这些通道通常是开放的。但细胞内的 K^+ 浓度仍然维持在高于细胞外的浓度的水平。
30. 错误。革兰氏阴性菌具有两层膜。

三、选择题

1.A	2.B	3.D	4.B	5.B	6.D	7.BC	8.B	9.B	10.B
11.C	12.D	13.C	14.A	15.A	16.C	17.C	18.A	19.C	20.B
21.A	22.A	23.B	24.B	25.B	26.A	27.C	28.A	29.D	30.A
31.B	32.A	33.D	34.B	35.D	36.A	37.B	38.A	39.C	40.A
41.D	42.A	43.A	44.CD	45.B	46.B	47.A	48.D	49.C	50.C

四、简答题

1. 逆浓度梯度运输；依靠特殊的运输蛋白；需要消耗能量，并对代谢毒性敏感；具有选择性和特异性。
2. 由于质膜中卵磷脂/鞘磷脂比值过低，限制了膜流动性，影响了 O_2/CO_2 的交换。
3. 由于膜脂的组成成分发生改变，使得膜的流动性降低。如胆固醇比值，以及卵磷脂/鞘磷脂的比值等。
4. 没有细胞核，不受新合成蛋白质的干扰。
5. 无须直接消耗 ATP，但需要依赖电化学梯度。载体蛋白有两种结合位点，分别结合 Na^+ 与葡萄糖；载体蛋白借助 Na^+/K^+ 泵建立的电位梯度，将 Na^+ 与葡萄糖同时转运到胞内；胞内释放的 Na^+ 又被 Na^+/K^+ 泵泵出细胞外建立 Na^+ 梯度。
6. 通透性：氮分子（小而非极性）＞乙醇（小而略有极性）＞水（小而极性）＞葡萄糖（大而极性）＞钙离子（小而带电荷）＞RNA（很大而且带电荷）。
7. 自身抗体抑制了乙酰胆碱受体的功能，使得神经递质（乙酰胆碱）不能（或仅仅微弱地）刺激肌肉收缩，导致肌无力。
8. 红细胞破裂，释放出内容物后，剩余的膜结构即红细胞血影。
9. 具有阴离子转运的功能。
10. 在 α 螺旋和 β 折叠内，多肽主链的极性肽键都能被疏水的氨基酸侧链挡住而完全避开脂双层的疏水环境，肽键之间的内部氢键稳定。
11. 组成膜骨架的蛋白质有：血影蛋白，又称收缩蛋白；肌动蛋白；原肌球蛋白；锚定蛋白（ankyrin），又称带 2.1 蛋白；带 4.1 蛋白；内收蛋白（adducin）。
12. 一些膜内侧蛋白质与细胞骨架成分肌动蛋白丝相连，形成一个整体，细胞松弛素可破坏肌动蛋白丝，即破坏细胞骨架，从而增加了膜的流动性。

13. 动物细胞质膜上具有 Na^+/K^+-ATPase，并通过对两种离子的转运建立细胞的电化学梯度；植物细胞质膜中具有 H^+-ATPase，并通过对质子的运输建立细胞的电化学梯度。

14. 这 5 个 α 螺旋的亲水面聚集在一起形成穿过脂双层的孔，其上排布着亲水的氨基酸侧链，离子能通过这个亲水性孔道。α 螺旋的疏水侧链则与脂双层中脂质分子的疏水性尾部相互作用。

15. 膜蛋白将脂双层锚定在细胞骨架上，因此增加了质膜强度，当红细胞被泵过小血管时能耐受住压力。并且需要膜蛋白进行物质的跨膜转运。

16. 当一根轴突的静息膜电位下降到阈值以下时，紧邻区域内的电压门控 Na^+ 通道打开并允许 Na^+ 流入，使该膜进一步去极化，引起较远的电压门控 Na^+ 通道也开放，产生一种去极化波，沿着轴突迅速传播，称为动作电位。由于 Na^+ 通道开放后不久即失活，通过电压门控 K^+ 通道和 K^+ 渗漏通道的作用，兴奋后的膜可迅速恢复原来的静息状态。

17. 首先是 ATP，这是大多数 P 型泵所需要的，如 Na^+/K^+ 泵、H^+ 泵等。第二种直接的能量来源是光能，如细菌的视紫红质就是吸收光能，诱导构象变化，运输 H^+ 质子。第三种指在细菌的基团转运中，磷酸烯醇式丙酮酸提供能源。

18. AQP1 是由四个相同的亚基构成，每个亚基的分子质量为 28 kDa，每个亚基有 6 个跨膜结构域，在跨膜结构域 2 与 3、5 与 6 之间各有一个环状结构，是水分子通过的通道。

五、实验设计与分析

1. 用去垢剂将 Na^+/K^+-ATPase 从膜上溶解出来，在具有确定成分的脂质体上将这些酶重建，然后分析酶的活性。合成的脂质体带有不同数量饱和与非饱和脂肪酸，因而具有不同的流动性，酶可以在不同流动性的条件下得以分析。（如直接测量脂质体的流动性而不改变其脂肪酸构成，可以采用 FRAP 或 SPT 技术。）

2. (1) 因为 Na^+/K^+ 泵工作时需要 ATP，而此时由于缺少 ATP，故不会工作。

   (2) Na^+ 被泵入小泡，产生跨膜 Na^+ 梯度；同时 K^+ 被泵出脂质体，产生相反极性的 K^+ 浓度梯度。当全部 K^+ 被泵出脂质体或 ATP 水解消耗完时，该泵将停止工作。

   (3) 在缺乏 K^+ 的情况下，不能发生去磷酸化反应和构象改变。因此，Na^+/K^+ 泵将一直处于磷酸化状态，持续地等待 K^+。由于没有 K^+，被转运的 Na^+ 数目将会很少，因为每个泵分子只能转运一次 K^+。

   (4) 在这种情况下，取反方向插入膜内的泵分子将完全失效（注：并不能以相反的方向工作），因为 ATP 无法接近原本暴露于胞质面的磷酸化部位。同时 ATP 没有载体蛋白的协助无法穿过膜。

   (5) 通过 K^+ 渗漏通道，K^+ 可顺着 Na^+/K^+ 泵作用形成的浓度梯度流回脂质体腔。建立起脂质体内侧为正值的膜电位。最终，当膜电位平衡浓度梯度时，K^+ 将停止渗漏。

3. 可采取以下的试验方案：

   (1) 如果该蛋白质具有疏水区则可以直接与膜融合（如脂质体）；

   (2) 通过静电作用与膜脂中带电的头部基团或其他膜蛋白相互作用；

   (3) 为了使蛋白质能准确定位在膜上，可以在翻译肽链的氨基末端加上一段信号肽（signal

peptide)，将表达的蛋白质进行修饰（如磷酸化、氨基化)，使目的蛋白质通过诸如酯化等作用与天然的膜蛋白共价结合。

六、问答题

1．质膜的大多数生物学功能都是由膜蛋白来执行的。

(1) 作为运输蛋白，转运特定的物质进出细胞；

(2) 作为酶，催化相关的代谢反应；

(3) 作为连接蛋白，起连接作用；

(4) 作为受体，起信号接收与传递作用等。

2．因为 Na^+/K^+ 泵被乌本苷或毛地黄部分抑制功能，因此产生的 Na^+ 电化学梯度低于未处理细胞的 Na^+ 电化学梯度。结果，Ca^{2+}-Na^+ 反向运输蛋白工作效率减低，Ca^{2+} 迁移出细胞的速度降低。当下一个肌肉收缩周期开始时，在胞质溶胶内仍具有高浓度的 Ca^{2+}。因此新的 Ca^{2+} 进入细胞将导致胞内 Ca^{2+} 比未处理细胞内的浓度高，结果引起更强和更长时间的持续收缩。因为在所有动物细胞内的 Na^+/K^+ 泵执行一些必要的功能，既要维持渗透平衡又要产生用来驱动许多转运蛋白的 Na^+ 梯度，因而这类药物在高浓度情况下具有一定毒害作用。

3．疏水的氨基酸侧链暴露于水相在能量方面是不利的。有两种方法能使这些侧链避开水而达到在能量方面更有利的状况。第一，可以形成穿过脂双层的跨膜片段。这需要约 20 个残基连续地位于一条多肽链中。第二，疏水氨基酸可以隐蔽在折叠的多肽链的内部。这是将多肽链折叠成独特三维结构的主要作用力之一。在上述两种情况下，脂双层内或蛋白质内部的疏水作用都基于相同的原理。

4．该过程是通过小泡膜内 H^+/乙酰胆碱反向运输蛋白将乙酰胆碱转运到小泡内。由小泡膜内 ATP 驱动的 H^+ 泵将 H^+ 泵入小泡内产生 H^+ 梯度，该梯度驱动乙酰胆碱的摄取。因此小泡外环境 pH 的上升有利于增加 H^+ 梯度，使摄入速率升高。如果小泡膜对 H^+ 通透，将不再维持 H^+ 梯度，中断了反向转运过程。

5．只有当载体蛋白在膜朝“里”的一面有溶质结合时，ATP 才可能被水解并给载体蛋白提供一个磷酸基。磷酸基的结合会触发瞬时的构象变化，从而捕获溶质并将溶质暴露于“外面”。只有当溶质已解离时，该磷酸基脱离蛋白质，这时空载的非磷酸化的载体蛋白恢复到原来的位置（图 A3-1)。

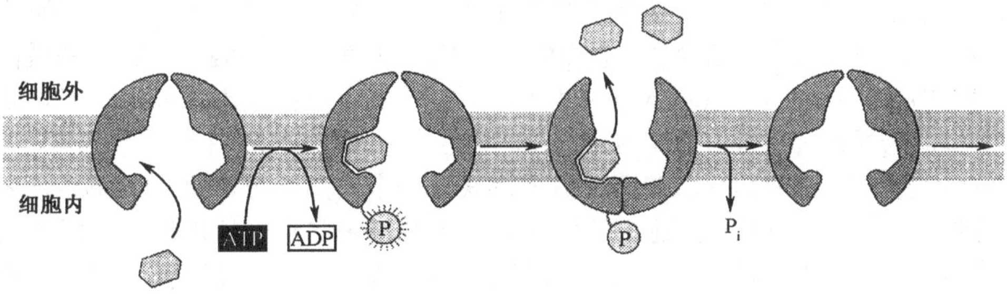

图 A3-1　ATPase 的运输方式（引自 Alberts *et al*.，1998)

6. 细胞膜是细胞膜结构的总称，包括细胞外层的膜和细胞质内的膜。膜是由膜脂与蛋白质组成的。质膜为双层脂结构，膜蛋白分为整合蛋白、外周蛋白、脂锚定蛋白。细胞膜的功能包括：界膜及区室化，生命活动的基础；调节物质运输；提供了功能区室化的条件；参与信号的检测与传递；参与细胞间相互作用；能量转换。
7. 推理（2）正确模拟了脂双层的装配，成因是水分子的排斥而不是脂质分子之间的吸引力。如果采用方式（1），则脂质分子之间互相形成键，脂双层流动性降低，甚至可能变成刚性结构。
8. 两种不同跨膜蛋白的部分分子被锚定在细胞皮层的血影蛋白纤维上。这些分子在膜平面内不能随意旋转或扩散。然而，跨膜蛋白的数量超过皮层内可利用的附着位点数，因此仍有一些跨膜蛋白分子未被锚定在细胞皮层的血影蛋白上，可以在膜平面内自由旋转和扩散。实际的蛋白质迁移率测定表明，每种跨膜蛋白各有两类，即锚定的蛋白质和非锚定的蛋白质。
9. 由于被动运输的结果使细胞内外的物质浓度趋于平衡，所以被动运输是减少细胞与周围环境的差别。主动运输涉及物质输入和输出细胞和细胞器，并且能够逆浓度梯度或电化学梯度。这种运输对于维持细胞和细胞器的正常功能来说起三个重要作用：
   （1）保证了细胞或细胞器从周围环境中或表面摄取必需的营养物质，即使这些营养物质在周围环境中或表面的浓度很低；
   （2）能够将细胞内的各种物质，如分泌物、代谢废物以及一些离子排到细胞外，即使这些物质在细胞外的浓度比细胞内的浓度高得多；
   （3）能够维持一些无机离子在细胞内恒定和最适的浓度，特别是 K^+、Ca^{2+} 和 H^+ 的浓度。概括地说，主动运输主要是维持细胞内环境的稳定，以及在各种不同生理条件下细胞内环境的快速调整。这对细胞的生命活动来说是非常重要的。
10. 水是液体，因此水分子之间的氢键不是静态的，它们不断地被热运动破坏，又不断地形成。当一个水分子偶然接近一个疏水分子时，该水分子的运动受到更多的限制，而能与之相互作用的邻近分子也更少，因为在疏水分子的方向上不能形成氢键，所以水分子只能与附近更为有限的水分子形成氢键。与较少的邻近分子结合的结果是形成较为有序的水结构，即描述的所谓笼状结构。该结构可与冰比拟，但比微小的冰结晶更短暂，规则度更低，为更稀疏的网状结构。因为任何有规律结构的形成均可减低系统的熵，这在能量方面是不利的，因此这种笼状结构耗能。
11. 未与铁离子结合的转铁蛋白不能与其受体相互作用，只能在血液中循环直到捕获一个铁离子为止。一旦与铁离子结合后，铁/转铁蛋白复合物就能与细胞表面的转铁蛋白受体结合并通过内吞进入细胞。在内体的酸性条件下，转铁蛋白释放出铁离子，但转铁蛋白仍与回到细胞表面的转铁蛋白受体结合，在那里遇到血液的中性 pH 环境，中性 pH 中受体将转铁蛋白释放入血液循环。转铁蛋白再捕获另一个铁离子开始另一个循环。内体中的铁，先进入溶酶体，再被运到胞质溶胶中。此系统使细胞高效地摄取铁，即使血液中的铁浓度极低的情况下也是如此。通过与转铁蛋白受体结合，与转铁蛋白结合的铁被浓缩在细胞表面。在披网格蛋白的小窝中，通过转铁蛋白受体，铁进一步被浓缩。这种机制，使转铁蛋白循环在血液和内体之间，提供细胞生长所需的铁。

12. (1) 是一种去垢剂。脂质头的直径比烃尾的直径大得多，因而该分子的形状是圆锥形而不是圆柱形，分子聚集一起形成微团而不是双层。
(2) 形成的脂双层更具有流动性。脂双层也更不稳定，因为较短的烃尾疏水性较弱，所以驱使形成脂双层的力量减弱。
(3) 形成的脂双层具有很弱的流动性。
(4) 形成的脂双层更具有流动性。也由于这些脂质分子在一起聚集得不太紧密，有较多的间隙，所以该脂双层对水溶性小分子的通透性有所增加。
(5) 在这样的脂双层中，饱和的脂质分子趋向于互相聚集，非常紧密地聚集在一起并形成流动性大大降低的与周围不同的小区域，这样脂双层在其表面没有均一的性质。
(6) 形成的脂双层实际上具有稳定的性质。每一脂质分子都跨越整个膜，该分子的两个头部基团各暴露于一个表面。在嗜热菌的膜内就存在这样的脂质分子，嗜热菌能生存在接近沸腾的水温中。它们的脂双层在高温中并不像通常的脂双层那样裂开，因为原先的两个单层现在被共价连接成一个单层的膜。

13. 图 A3-2 概括了膜蛋白被限制于膜不同区域的各种方式。如果膜蛋白被结合在其他蛋白质，如细胞骨架或细胞外基质上，则这些膜蛋白的可动性会明显下降。如果这些蛋白质不与其他蛋白质结合而是被紧密连接这样的屏障限制在一定的区域，则这些蛋白质的可动性不受影响。膜蛋白的锚定对脂双层的流动性影响不显著，脂质分子可围绕在锚定的膜蛋白周围流动，就像水绕着桥墩流动一样。

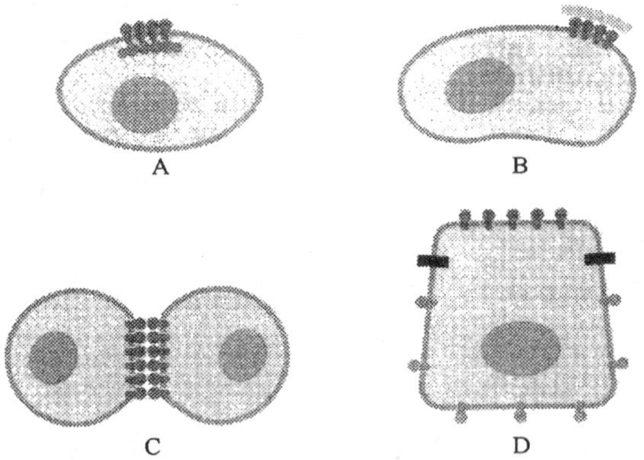

图 A3-2　限制膜流动性的方式（引自 Alberts *et al*.，1998）

七、名词释义

1. 细胞膜脂质双分子层在常温下呈液晶态，当温度下降到某一点时，液晶态将转变成晶态；如果温度升高，晶态又可恢复成液晶态，细胞膜的这种状态的转变称为相变。引起相变的临界温度称为相变温度。不同细胞的质膜由于所含脂质分子的组成不同，常具有不同的相变温度。
2. 细胞膜的脂质双分子区中分布着一类镶嵌蛋白，其肽链穿越脂双层，属于跨膜蛋白。载体蛋白转运物质进出细胞是依赖该蛋白与待转运物质结合后引发空间构象改变而实现的。膜中的载体蛋白依据其发挥功能时是否直接消耗能量又可分为两类：一类需消耗 ATP 对物质进行主动转运；而另一类则无需代谢能进行被动转运，所以载体蛋白既能主动转运，又参与被动运输。

3. 细胞膜上的脂质双分子层中存在着一类能形成孔道，供某些分子进出细胞的特殊蛋白质(跨膜蛋白)。这种亲水性的蛋白质在一定条件下可转变成充满水溶液的通道，适宜的溶质分子便以简单扩散的方式顺浓度梯度进出细胞，故通道蛋白只进行物质的被动转运。在细胞膜上有些通道蛋白是持续开放的，而另一些则受闸门控制呈间断开放。影响闸门开启的因素可分为配体刺激、膜电位变化和离子浓度变化等三类。通道蛋白对特定分子的转运速率高于载体蛋白。
4. 细胞膜中存在的能对某些离子进行主动转运的镶嵌蛋白（载体蛋白)。它们都具有 ATP 酶的活性，可以通过水解 ATP 获取能量，逆浓度梯度转运某种离子进出细胞。例如，能主动转运钠离子与钾离子的钠钾泵（Na^+/K^+泵)，主动转运钙离子的钙泵（Ca^{2+}泵）和主动转运氢离子的质子泵（H^+泵）等。
5. 也称为钠/钾 ATP 酶。是位于细胞质膜脂质双分子层中的载体蛋白，具有 ATP 酶的活性，在 ATP 直接供能的条件下能逆浓度梯度主动转运钠离子和钾离子。钠钾泵由 α 和 β 两个亚基构成，工作时通过 α 亚基（一种糖蛋白）上一个天冬氨酸残基的磷酸化和去磷酸化使 α 亚基的构象改变来实现钠钾的排出和吸入。每消耗 1 分子 ATP，可转运 3 个 Na^+ 出胞、2 个 K^+ 入胞，构成一个循环。
6. 一种需要配体与特定受体结合后才能开启的闸门通道，属离子通道的一种，这种通道在多数情况下呈关闭状态，当受到某种化学信号物质（配体）的作用后才开启形成跨膜的离子通道。
7. 在细胞膜电位突然变化产生特定电压的条件下才能开启的离子通道。例如，电压门控 Na^+ 通道与 K^+ 通道在膜静息电位（膜电荷为内正外负的极化状态）时呈关闭状态，当膜去极化（极化状态减小）而使膜内外的电位差降低时，通道开放。
8. 又称自由扩散，属被动转运的一种。指脂溶性物质或分子质量小且不带电荷的物质在膜内外存在浓度差的条件下沿着浓度梯度通过细胞质膜的现象。分子或离子的这种自由扩散方式的跨膜转运，不需要细胞提供能量，也不需膜蛋白的协助，如 O_2、N_2、CO_2、水、乙醇、苯、尿素、甘油及甾类激素等物质都可以该方式转运。实际上，不同种类的小分子物质跨膜转运的速率差异极大，即细胞质膜对不同分子的通透性具有很大的不同，如 O_2、N_2、苯和水等物质很容易通过细胞质膜，而离子的通透性就较低。
9. 也称协助扩散，属被动转运的一种。指小分子物质在细胞质膜的两边存在浓度差以及膜中存在特定蛋白质的条件下沿着浓度梯度所进行的跨膜转运。该过程不需消耗细胞的代谢能，但必须有载体蛋白的协助。以这种方式通过膜的物质主要是非脂溶性的或带有电荷的小分子，如葡萄糖、氨基酸、核苷酸和一些金属离子。易化扩散具有选择性和饱和性。选择性指一种膜蛋白载体只转运一种类型的分子或离子，或者说，不同类型的分子或离子需要不同载体蛋白的协助转运。饱和性是指物质浓度增加到一定程度时，由于被转物质与载体的结合处于饱和状态，故扩散的速率不再随浓度的增加而增加。易化扩散是通过载体蛋白的变构而完成的。

10. 是细胞质膜对小分子物质被动转运的一种类型。是由膜上的通道蛋白完成的协助扩散。作为一种贯穿膜脂双分子层的中空管状蛋白，有的可持续开放，使小分子和其他大小适宜的分子与带电溶质顺利通过，有的则需在某些特殊的刺激信号（如配体作用、膜电位变化和离子浓度的改变等）的作用下才能瞬时开放，让某种分子或离子沿浓度梯度转运到膜的另一侧。
11. 又称侧向迁移。在同一单层内的脂分子经常互相换位，其速度相当快，有人推测磷脂以这种方式从细胞一端扩散到另一端只需1～2s。这种运动始终保持脂分子在质膜中的排布方向，亲水的基团朝向膜表面，疏水的尾指向膜的内部。
12. 又称翻转（flip-flop）。它是指脂分子从脂双层的一个小叶翻转至另一个小叶的运动。磷脂发生翻转运动时，磷脂的亲水头部基团必须克服内部疏水区的阻力，这在热力学上是不利的。但是有些细胞含有翻转酶（flipase）能够促使某些磷脂从膜脂的一小叶翻转到另一小叶，所以这些酶在维持膜脂的不对称分布中起重要作用。
13. 由极暗黄链霉菌（*Streptomyces fulvissimus*）产生的一种钾离子载体抗生素。由3个分子（L-缬氨酸、D-α-羟基异戊酸、L-乳酸）交替连接组成，形成一个36分子的环状结构，围成笼状，如同网球的缝合线。这个笼状物特异的环绕钾离子，以其亲水的内层运输钾离子，使得钾离子可自由穿越脂双层扩散。由于其高度的离子特异性，缬氨霉素用于离子选择性电极。
14. 一种跨膜的孔洞结构，为在电化学梯度作用下穿越脂双层膜的离子提供了亲水性的通道。离子通道通常会具有一定程度的选择特异性，每秒钟可通过百万个离子。离子通道可以是永久开放的，如 K^+ 渗漏通道；也可以是电压门控的，如 Na^+ 通道；还可以是配体门控的，如乙酰胆碱受体。
15. 协同运输又称耦联主动运输，它不直接消耗ATP，但要间接利用自由能，并且也是逆浓度梯度的运输。运输时需要先建立电化学梯度，在动物细胞主要是靠 Na^+ 泵，在植物细胞则是由 H^+ 泵建立的 H^+ 质子梯度。动物细胞中，质膜上的 Na^+ 泵和载体协作完成葡萄糖、氨基酸等的逆浓度梯度的协同运输。运输的机理是：载体蛋白有两个结合位点，可分别与细胞外的 Na^+、糖（或氨基酸）等结合。Na^+ 和葡萄糖分别与载体结合后，载体蛋白借助 Na^+/K^+ 泵运输时建立的电位梯度，将 Na^+ 与葡萄糖（或氨基酸）同时运输到细胞内。在细胞内释放的 Na^+ 又被 Na^+/K^+ 泵泵出细胞外，维持 Na^+ 离子的电位梯度。由于协同运输能够同时转运两种物质，如果两种物质向同一方向运输，则称为同向（symport），例如葡萄糖和 Na^+ 的耦联运输是由 Na^+ 浓度梯度驱动的；如果同时转运的两种物质是相反的方向，则称为反向（antiport），如心肌细胞中 Na^+ 与 Ca^{2+} 的交换也是由 Na^+ 浓度梯度驱动的。

第四章　细胞环境与互作

一、填空题

1. 紧密连接，斑形成连接，通讯连接
2. 连接子，6个亚基，1.5
3. 修饰信号，定位信号，寿命信号
4. 防止细胞间物质的双向渗漏；限制整合蛋白在膜上的流动，维持细胞功能的极性
5. 纤维素，胞壁酸
6. 电耦联，代谢耦联
7. 抗原-抗体的识别，酶-底物识别，细胞与细胞的识别
8. 黏着带，黏着斑
9. 核心蛋白，氨基聚糖
10. 整联蛋白，异二聚体，肌动蛋白纤维
11. Ⅳ型胶原，层黏连蛋白，蛋白聚糖
12. Gly-x-y
13. 血浆和各种体液，细胞外基质
14. 整联蛋白，胶原蛋白
15. 糙面内质网
16. 10～100倍，较低
17. 抗压，抗张
18. 原胶原
19. 不同颜色
20. 蛋白聚糖，糖胺聚糖，透明质酸，抗压性，增殖，迁移，迁移，细胞外基质

二、判断题

1. 错误。不能进行自由交换，连接子具有可调节性和选择性。
2. 错误。弹性蛋白没有Gly-x-y重复序列。
3. 正确。
4. 正确。
5. 错误。纤连蛋白以不溶的方式存在于细胞外基质，以可溶的方式存在于血浆。
6. 错误。与肌动蛋白丝相关联。
7. 正确。
8. 正确。
9. 正确。
10. 错误。与另一细胞的细胞外基质相连。

11. 正确。多糖是黏液的主要成分，由多糖和寡糖组成的糖萼是很重要的润滑剂，例如对位于血管壁或血流中循环的细胞。
12. 错误。间隙连接不与细胞骨架相连，它的功能是允许小分子在胞间穿行提供细胞与细胞间的联络。
13. 正确。植物萎蔫时，细胞内的膨压减小，结果其细胞壁有张力但没有抗压强度，如橡胶轮胎一样，不再提供刚性。
14. 正确。
15. 错误。蛋白聚糖能承受大的压力但它没有刚性结构，它的空间填充特性来自于强烈的吸水特性。
16. 正确。

三、选择题

1.B	2.D	3.D	4.B	5.A	6.B	7.B	8.A	9.A	10.A
11.C	12.C	13.C	14.D	15.B	16.A	17.A	18.D	19.D	20.B
21.C	22.A	23.A	24.C	25.B	26.C	27.B	28.D	29.A	30.C
31.C									

四、简答题

1. LN 的主要功能是作为基膜的主要结构成分，对基膜的组装起关键作用，在细胞表面形成网络结构并将细胞固定在基膜上。
2. 因为癌基因产物激活了一种酶，破坏了纤连蛋白网络。
3. 黏着斑与半桥粒这两种细胞黏着结构在不同基膜上形成。黏着斑在体外将细胞结合在人工基膜上，而半桥粒在体内将细胞结合在基膜上。它们有着结构上的差异，主要是黏着斑与细胞内肌动蛋白纤维相关联，而半桥粒与细胞内的角蛋白纤维相关联。
4. RGD 序列是许多整合蛋白的配体。此序列在许多重要的细胞外基质蛋白中都存在，包括纤连蛋白、层黏连蛋白，以及其他细胞外蛋白，是精氨酸-甘氨酸-天冬氨酸的单字母缩写。
5. 初生细胞壁与次生细胞壁表明了细胞的不同成熟阶段。初生细胞壁包围着正在生长的植物细胞，为了允许细胞的进一步生长，因此具有一定程度的伸张能力。次生细胞壁发生于更为成熟的植物细胞，也更坚硬。它们较初生细胞壁含有更多的纤维素，次生细胞壁是更强的支撑结构。
6. 果胶形成外围的含水胶体，作为分子筛决定能穿过植物细胞壁到达质膜的分子大小。当植物受到病原侵害时果胶还可分解，引起防御反应。另外，果胶还能将相邻的植物细胞壁黏接在一起。
7. 蛋白聚糖是多糖蛋白质复合物，介导细胞与细胞间的相互作用，为细胞提供机械保护，且对于接触质膜的粒子构成屏障。
8. 纤连蛋白与整联蛋白均参与细胞黏着，但一种是细胞外基质蛋白，另一种是整合膜蛋白（整联蛋白）。纤连蛋白与胞外基质中的其他成分，以及细胞表面蛋白都有结合位点（包括整联蛋白）。整联蛋白是跨膜异二聚体，与纤连蛋白、其他含 RGD 序列的蛋白和 ECM 蛋白有结合位点。在一些细胞中，纤连蛋白可作为整联蛋白特异的配体，整联蛋白也可作为纤连蛋白的受体。

9. 紧密连接与间隙连接在结构和功能上都不同。紧密连接形成“带”，环绕着细胞外围，限制了组织中细胞之间溶质的渗漏，紧密连接在上皮组织中最为普遍，上皮组织需要界定生物体的分隔空间，维持分隔空间之间的成分差异。间隙连接位于相邻细胞之间，允许细胞间小分子物质的流通。通讯连接在必须同步协作的组织中最为普遍，如心肌细胞和平滑肌细胞。

五、实验设计与分析

1. 用溶菌酶水解细胞壁的胞壁质的实验可证明这一点，因为用溶菌酶水解了细菌细胞壁中的胞壁质之后，杆状细菌就全部变成了球形。
2. 确定哪一种胞外基质蛋白是生长轴吸引物的方法是：将培养皿底部用胶原蛋白和层黏连蛋白交替的带覆盖。引入培养的胚胎神经细胞并观察细胞体的生长过程。轴的生长方向仅限于由层黏连蛋白覆盖的皿底。其他类似实验也证明了这一点。
3. 预测的悬浮培养细胞与单层培养细胞间的聚集关系及第 5 种鼠类成纤维细胞聚集关系总结于图 A4-1。

悬浮培养的细胞

单层生长的细胞	1	2	3	4	5
1	+	−	+	+	−
2		+	+	+	−
3			+	+	−
4				+	−
5					+

图 A4-1　不同细胞培养系单层生长情况（引自 Pruitt，1996）

数字 1～5 表示 5 种不同的细胞，“+”表示有聚集，“−”表示无聚集

六、问答题

1. 细胞外基质的组成可分为三大类：
   (1) 蛋白聚糖，是由糖胺聚糖以共价形式与线性多肽链连接而成的复合物，能形成水性的胶状物，是细胞外基质中的基础物质。
   (2) 结构蛋白，如胶原和弹性蛋白，赋予细胞外基质一定的强度和韧性。
   (3) 黏着蛋白，如纤连蛋白与层黏连蛋白，促使细胞基质结合。其中胶原和蛋白聚糖为基本骨架，在细胞表面形成纤维网状复合物，再通过纤连蛋白或层黏连蛋白，以及其他连接分子直接与细胞表面受体连接或附着在受体上。由于多数受体是膜整合蛋白，并与胞内骨架相连，因此胞外基质通过膜整合蛋白将胞外、胞内连成一个整体。

   细胞外基质对于细胞的活性及形态起关键作用。一些动物培养细胞的 ECM 对于细胞的合成与分泌活动具有影响。其功能除了决定器官、组织的形态及保护作用外，还可参与信号转导、细胞分化以及形态建成等。

2. 目前已发现 20 个左右的基因分别在不同组织中编码不同类型的胶原。胶原蛋白是在膜结合核糖体上起始合成的，然后进入内质网，通过内质网和高尔基体的加工修饰和装配，最后分泌到细胞外基质中。

   首先在糙面内质网上合成原 α 链，又称前原胶原，原 α 链进入内质网，在内质网腔中通过分子内交联，三股前体肽自我装配形成三股螺旋，即原胶原。然后进入高尔基体，经加工修饰，并在反面网络被包进分泌小泡，通过质膜融合分泌到胞外。在胞外，原胶原被两种专一性不同的蛋白酶水解，切除 N 端和 C 端的前肽，两端各保留部分非螺旋区，称为端肽区，此时形成的是胶原。胶原通过分子间交联进而聚合为胶原原纤维（collagen fibril），最后装配形成胶原纤维（collagen fiber）。

3. 微管水平定向与沉积在细胞壁上的纤维素纤维的水平定向排列有关，因此，细胞将在垂直方向上生长，在纤维素纤维之间扩充间距，但不拉伸纤维。以这种方式，茎将迅速伸长。在典型的自然环境下，当从黑暗向白昼转换时，这一现象尤为突出。

4. 青霉素是由真菌产生的一种抗生素，能够抑制参与细菌细胞壁肽聚糖装配后形成肽侧链的酶的活性。没有了侧链，细菌细胞就不能够抵抗正常的渗透压，其结果是，被处理的细菌细胞就会破裂。青霉素主要对革兰氏阳性菌起作用，因为革兰氏阴性菌的细胞壁中肽聚糖含量较少，所以对青霉素不太敏感。

5. (1) 由于组装时三条胶原蛋白链必须在一起形成三股螺旋，因此即使同时有正常的胶原蛋白链存在，有缺陷的分子还是会妨碍组装。所以胶原蛋白的突变是显性的，即使有一个正常拷贝的基因存在，突变仍显示出有害的效应。

   (2) 由于胶原组装过程是有极性的，胶原蛋白单体组装成杆状三股链是从氨基末端起始的。因此越“早”出现的甘氨酸突变，就越“早”干扰螺旋杆的形成。

6. 蛋白聚糖强烈的吸胀能力，以及因此而可占据较大体积的能力依赖于它所带的负电荷可吸引阳离子云（主要为 Na^+），而后者又通过渗透作用引进大量的水分，从而使蛋白聚糖具有其独特的性质。相反，不带电荷的多糖，如纤维素、淀粉和糖原，则易于紧密结合形成纤维或颗粒状结构。

7. 黏着斑在结缔组织及爬行的细胞上很普遍，驱动爬行运动的动力来自于肌动蛋白细胞骨架。在成熟的上皮细胞中，由于此处的细胞在很大程度上是固定的，没必要在基膜上爬行，所以黏着斑也就不那么重要了。

8. 黏着带连接位于上皮细胞紧密连接的下方，依靠钙黏着蛋白与肌动蛋白相互作用，将两个细胞连接起来。黏着带处相邻细胞质膜的间隙为 20～30 nm，介于紧密连接和桥粒之间，所以又叫中间连接（intermediate junction）或带状桥粒。在黏着带连接中，钙黏着蛋白的胞外结构域与相邻细胞质膜上另一钙黏着蛋白的胞外结构域相互作用形成桥，使相邻细胞互相连接，但并不融合，保留有 20～30 nm 的细胞间隙。钙黏着蛋白的胞内结构域经细胞质斑中的蛋白介导与肌动蛋白纤维相连，细胞质斑中含有 β 连环蛋白、α 连环蛋白等，其中 β 连环蛋白直接与钙黏着蛋白的细胞质端相连，然后通过另一蛋白介导与肌动蛋白纤维相连。黏着带的细胞质斑是一种松散的结构，其位置正好在细胞质膜的细胞质面，细胞质斑起锚定肌动蛋白纤维的作用。

   黏着斑与黏着带的根本区别在于：

黏着斑是细胞与细胞外基质进行连接，而黏着带是细胞与细胞间的黏着连接。除了这一根本区别之外，还有其他一些不同：

(1) 参与黏着带连接的膜整合蛋白是钙黏着蛋白，而参与黏着斑连接的是整联蛋白；

(2) 黏着带连接实际上是两个相邻细胞膜上的钙黏着蛋白之间的连接，而黏着斑连接是整联蛋白与细胞外基质中的纤连蛋白的连接，因整联蛋白是纤连蛋白的受体，所以黏着斑连接是受体与配体的结合所介导的。

在黏着斑连接中，整联蛋白的胞质部分同样通过细胞质斑的介导与细胞骨架的肌动蛋白纤维相连。不过细胞质斑中的蛋白成分与黏着带连接有所不同，它含有踝蛋白，这种蛋白质在其他的细胞质斑中是不存在的。

9. 假定一个细胞因为受损伤而使质膜发生渗漏，胞外高浓度的离子（如 Na^+ 和 Ca^{2+}）会因此涌入细胞，胞内代谢物质则会渗漏出去。假如该受损细胞依然与相邻细胞保持物质交流的话，相邻细胞也将受到损害。由于受损细胞中涌入的 Ca^{2+} 可立即引起间隙连接的关闭，有效地将该细胞与周围隔离，从而阻止损伤的进一步扩大传播。

10. 细胞壁的分泌合成是逐步、分层次进行的，合成越早，最后离质膜越远。首先形成的是中间层，其成分主要是果胶。果胶是相邻两细胞壁所共有的，并且起到将两个细胞连接在一起的作用。

    分泌合成的第二个区带称为初生壁，是细胞生长时期形成的。初生壁厚度约为 100～200 nm，与动物细胞的基膜相当。初生壁由纤维素、半纤维素、果胶和糖蛋白等松散组成。在初生壁中，果胶对于初生壁的弹性十分重要，利于细胞在生长过程中的进一步扩展。次生壁是在细胞停止生长后分泌形成的，增加细胞壁的厚度和强度。次生壁位于初生壁的内层，纤维素和木质素是主要成分，基本不含果胶，这使得次生壁非常坚硬。次生壁是由几层纤维素微纤维组成，各自形成密集结实的层。

11. 胞质小分子，如谷氨酸、cAMP、Ca^{2+}，可迅速穿过间隙连接或胞间连丝，而胞质大分子，如 mRNA 和 G 蛋白等则不能。shh 蛋白是参与组织机构发生和模式形成的分泌蛋白，因此根本不可能接近通讯连接部位。质膜磷脂不可能穿过间隙连接，因为相接的两细胞膜在这里是各自分开的。

12. 植物所面临的环境是极为多变的，周围的渗透性质也波动很大。动物细胞所具有的中间纤维网络无法为植物细胞提供完全的渗透支持，因为中间纤维铆钉状的分散附着点无法防止细胞膜在受到来自胞内的巨大渗透压时不发生爆裂。

13. 细胞与胞外基质黏着形成的一种锚定连接的构造。该结构处的质膜内侧是膜下肌动蛋白丝的终末，通过黏着斑连接蛋白与跨膜整联蛋白相连接，而这种跨膜的整联蛋白是胞外基质纤连蛋白的受体，可介导细胞与胞外基质发生黏着。如成纤维细胞在体外培养时，细胞膜的某些部位可与底物接触形成黏着斑，使细胞铺展开来。基本功能是细胞连接、附着与支持。

14. 动作电位可通过间隙连接在细胞间传递，事实上心肌细胞就是以这种方式相连的，确保细胞群在受到刺激时同步收缩。但是这种在细胞与细胞之间传递信号的机制是相当局限的，突触远比它更复杂精致，可以使信号得到调节，并使信号与细胞接受到的其他信号相整合。因此，间隙连接就像电器元件之间的简单焊点，而突触则像复杂的中转装置，使神经元系统能执行运算操作。

15. 将具有侵染力的癌细胞与正常细胞的细胞表面蛋白进行比较，结果列于表 A4-1。

表 A4-1 癌细胞、正常细胞表面蛋白的比较

细胞表面蛋白	癌细胞表达升高或下降	引起细胞病变特点的原因
层黏连蛋白受体	升高	提高了转移细胞与血管壁基膜中的层黏连蛋白的结合 增强了细胞侵入组织的能力
纤连蛋白受体	下降	细胞可以通过滑离 ECM 与原先的组织脱离，而不会被黏连
整联蛋白	下降	因为整联蛋白是纤连蛋白的受体，原理同上
钙黏着蛋白	下降	导致相似的细胞类型不再识别或结合在一起，因此易于游离
间隙连接	下降	间隙连接介导的通讯被抑制，细胞生长不再受到精致调节

16. 间隙连接是通过相邻细胞质膜上的跨膜连接蛋白（连接子）为基础的细胞连接，连接处存在 3 nm 左右的间隙。连接是由 6 个亚单位环列而成，中间形成 2 nm 左右的亲水通道。每个间隙连接可由相邻细胞膜上的若干对连接子对合连接而成。这种连接方式既使细胞彼此结合，又可通过小分子或离子的交换传递实现细胞间的直接通讯。

17. 主要成分包括纤维素、半纤维素、果胶、木质素和糖蛋白。

纤维素是由葡萄糖构成的，在细胞壁中，由 50～60 个纤维素分子形成一束，并且相互平行排列，形成长的、坚硬的微纤维。纤维素则相当于动物细胞外基质中的胶原。

半纤维素是由几种不同类型的单糖构成的异质多聚体，这些糖是五碳糖和六碳糖，包括木糖、阿拉伯糖、甘露糖和半乳糖等。半纤维素木聚糖在木质组织中占总量的 50%，它结合在纤维素微纤维的表面，并且相互连接，这些纤维构成了坚硬的细胞相互连接的网络。

果胶是由半乳糖醛酸及其衍生物组成的多聚体，类似动物细胞的黏多糖，容易形成水合胶。果胶在细胞壁中的作用主要是连接相邻细胞壁，并且形成细胞外基质，将纤维素包埋在水合胶中。

木质素是由聚合的芳香醇构成的一类物质，主要存在于木质组织中，主要作用是通过形成交织网来硬化细胞壁。木质素主要存在于纤维素纤维之间，作用是抵抗压力。

糖蛋白在植物细胞壁中占总量的 10%。最重要的一种糖蛋白叫伸展蛋白，这种蛋白质与相关蛋白质一起，与纤维素等形成交叉网络，产生一种加固蛋白质-多糖复合物的力。

18. 该连接指相邻细胞之间形成的纽扣样的坚实细胞连接，可将两细胞牢固地扣接在一起，具有较强的抗张性和抗压性，广泛分布于皮肤、心肌、消化道上皮、子宫及阴道上皮细胞中。在桥粒处两细胞胞质面有盘状致密的胞质斑，从细胞骨架发出的角蛋白纤维锚定附着在胞质斑上并可折回成袢，交联成连续网架，这种构造既有加固和支持作用，又可提供张力。相邻细胞膜上的跨膜连接糖蛋白朝胞内的一端附着于胞质斑，朝胞外的一端通过依赖 Ca^{2+} 机制，将两细胞结合在一起。在桥粒区的两细胞间还充满了起黏着作用的蛋白质。上皮细胞间除了桥粒这种连接方式以外，在上皮细胞与基底层之间还存在一种半桥粒，其结构仅为桥粒的一半，即仅在上皮细胞基底面质膜内侧有胞质斑，角蛋白纤维与跨膜连接糖蛋白相连，以这种半桥粒将细胞铆接在基膜上。

19. 例如腱，起着连接肌肉和骨的作用，因此在肌肉收缩时必须承受巨大的拉力。腱的细胞外基质中，胶原纤维沿着腱的长轴平行排列，因此与拉力的方向平行。又如角膜是一个特别的组织，既要坚硬以便对眼球提供保护，但又必须是透明的以便光通过到达视网膜。角膜的中间层就是细胞外基质，其中含有相当短的胶原纤维，并以不同的层排列——同一层的纤维相互平行，但与另一层的纤维却是垂直的，这种组织方式既赋予了强度，又提高了组织的透明度。

20. 蛋白聚糖或透明质酸/蛋白聚糖复合物构成了细胞外基质的基础，由于是高度酸性的且带负电荷，因此能够结合大量的阳离子，这些阳离子又可结合大量的水分子，这样，蛋白聚糖形成了多孔的、吸水的胶状物，如同包装材料，填充在细胞外基质中。蛋白聚糖的这种性质，使细胞表面具有较大的可塑性，从而具有抗挤压能力，对细胞起保护作用。

由于透明质酸可游离存在，所以在细胞外体液和滑液中透明质酸的浓度很高，提高了体液和滑液的黏度及润滑性。

单个的蛋白聚糖和透明质酸/蛋白聚糖复合物直接与胶原纤维连接形成动物细胞外的纤维网络结构，不同类型的胶原和不同类型的蛋白聚糖连接形成不同的纤维网络，对于提高细胞外基质的连贯性起关键作用。

此外，蛋白聚糖还可作为细胞黏着的暂时性或永久性位点。暂时性的黏着发生在胚胎发育中，对于单个细胞及细胞层的移动具有重要作用。另外，蛋白聚糖对于细胞分化也十分重要，同时也与细胞癌变有关。

七、名词释义

1. 简称基膜，是上皮下非细胞结构的薄层，是一种由胶原、糖蛋白和蛋白聚糖类物质组成的细胞外实质结构。具有维持细胞的极性，决定细胞迁移的途径，分隔相邻组织的作用，与细胞生长的调节、黏着和分化有关。
2. 又称整合素，是细胞质膜中能够结合 RGD 序列的受体之一，是由两种不同的亚基组成的异源二聚体。整联蛋白使细胞附着于微环境的成分上，包括基膜和人造底物（在培养细胞中），在某些情况下附着于其他细胞上（通过与相邻细胞上的 IgSF 蛋白结合）。
3. 在细胞识别的基础上，同类细胞发生聚集形成细胞团或组织的过程叫细胞黏着。它对于胚胎发育及成体的正常结构和功能都有重要的作用。在发育过程中，由于细胞间细胞黏着的强度不同，决定着细胞在内、中、外三胚层的分布。在器官形成过程中，通过细胞黏着，使具有相同表面特性的细胞聚集在一起形成器官。
4. 参与细胞黏着的分子称为细胞黏着分子。如 Ng-CAM 是神经胶质细胞黏着分子，L-CAM 是肝细胞的细胞黏着分子，I-CAM 是普遍存在的一种细胞黏着分子，它的配体是 LFA-1；而 LEC-CAM 是白细胞及其他循环细胞中发现的细胞黏着分子。上述细胞黏着分子都是糖蛋白，在细胞外结构域都有与肽共价结合的糖基。根据细胞黏着分子的作用方式可分为三个家族，①免疫球蛋白超家族，如 V-CAM、Ng-CAM、I-CAM 和 L1 等；②钙黏着蛋白家族，如 E-钙黏着蛋白、P-钙黏着蛋白、N-钙黏着蛋白；③选择素家族，如 L-选择素、LEU-CAM1 等。后两种家族的细胞黏着分子是钙依赖性的，而免疫球蛋白超家族则是非钙依赖性的。其中钙黏着蛋白家族是主要的一类黏着蛋白，分布极为广泛。

5. 植物细胞壁内的一种狭窄的管道，通过该管道，使一种细胞的原生质与邻近细胞的原生质保持联系。任何通过细胞壁延伸的和邻近细胞的纤维状胞浆连接物都称之为胞间连丝。胞间连丝可进行细胞间的通信，以及小分子溶质在相邻植物细胞间的交换。

6. 又称膜抗原或细胞表面抗原。是高等动物及人类细胞质膜中分布的，能代表其属性的一类特殊的复合蛋白（大多为糖蛋白），具有特定的抗原性，能刺激机体的免疫细胞产生特定的抗体。在人细胞膜上存在的抗原种类繁多、性质复杂，不同个体之间乃至各种不同类型细胞之间的膜抗原均不相同。除同卵双生者外，没有一个人的膜抗原与另一人完全相同。常见的细胞表面抗原包括人红细胞表面的血型抗原、白细胞表面的组织相容性抗原等。

7. 凝集素是动物细胞和植物细胞都能够合成和分泌的、能与糖结合的蛋白质，在细胞识别和黏着反应中起重要作用，主要是促进细胞间的黏着。凝集素具有一个以上同糖结合的位点，因此能够参与细胞的识别和黏着，将不同的细胞联系起来。

8. 是人类红细胞表面的主要抗原之中的一类。其化学成分为糖蛋白，根据其糖基差异可分为A抗原、B抗原和H抗原。这三种抗原在不同个体红细胞表现分布的差异使得人群中存在A、B、AB和O型等四种不同血型。其中A型个体红细胞表面有A抗原，B型个体有B抗原，AB型个体有A、B两种抗原，O型个体有H抗原。实际上ABO血型系统的四种血型差异仅在于糖链中一个糖基的不同。由于相同的抗原抗体之间会发生红细胞的凝集反应，故临床上应特别注意配血和输血时的准确验血。

9. 机体各种组织的细胞彼此按一定的方式相互接触并形成了将相邻细胞连接起来的特殊细胞结构，这些起连接作用的结构或装置就称为细胞连接。组织中存在的细胞连接方式有多种，根据其结构和功能，可分为紧密连接、斑块连接（锚定连接）和通讯连接等三大类。

10. 是相邻细胞间的局部紧密结合，在连接处，两细胞膜发生点状融合，形成与外界隔离的封闭带，由相邻细胞的跨膜连接糖蛋白组成对合的封闭链。这种连接的主要功能是封闭上皮细胞的间隙，防止胞外物质通过间隙进入组织，从而保证组织内环境的稳定性。紧密连接分布于各种上皮细胞管腔面细胞间隙的顶端。

11. 以细胞之间建立的连接通道为基础的细胞连接方式，这种通道既使细胞之间彼此结合，又介导细胞之间的通讯联系，即依靠某些亲水分子或离子在通道间的流动沟通信息。例如，广泛存在于人体及动物各种组织间的间隙连接、神经细胞间的化学突触和植物细胞中的胞间连丝等都属于通讯连接。

12. 也称为细胞被，是由细胞质膜中糖蛋白、蛋白聚糖、糖脂的寡聚糖链向外伸展，交织而成的一种绒毛状结构。这层由与膜脂和膜蛋白共价结合的糖链所形成的包被起保护细胞和细胞识别的作用。另外，细胞被还具有黏着、信号接收、通讯联络、免疫应答等多种功能。有些细胞的细胞外被常被称为糖萼。

13. N-CAM是膜糖蛋白，至少以三种形式存在，但由同一基因编码。其中两种是跨膜蛋白，第三种共价结合在细胞质膜的外表面。无论是何种存在方式，N-CAM都有一部分伸出到细胞外表面。三种N-CAM在细胞外的结构都一样，都含有与细胞黏着相关的结合位点。将分离纯化的N-CAM加入到人工磷脂脂质体中，这种人工脂质体能够相互黏着，但是加入了相应的抗体就不会发生黏着，不加N-CAM的人工脂质体也不会发生黏着。由此可以推测：细胞黏着是由细胞质膜中的蛋白分子介导的，N-CAM 是介导细胞黏着的分子。

14. 钙依赖黏着分子是细胞质膜中的细胞黏着分子，但是这种分子介导的细胞黏着受 Ca^{2+} 的调节。家族中比较熟知的属于膜整合糖蛋白的成员有：E-钙黏着蛋白（主要在表皮组织中）、N-钙黏着蛋白（存在神经组织中）、P-钙黏着蛋白（主要存在于胎盘）。此类分子细胞外部分有 600 个氨基酸残基，组成四个重复的 Ca^{2+} 结合结构域，胞质部分由 150 个氨基酸组成。

15. 是位于内皮细胞表面的白细胞黏着分子，属于膜整合糖蛋白的一个家族，因此它也是细胞表面受体。选择蛋白有一个小的细胞质结构域，一个单次跨膜的结构域，一个大的细胞外片段，在这个片段上可分为几个结构域，包括最外端的具有凝集素作用的结构域。已知有三种类型的选择蛋白：E-选择蛋白，它在内皮细胞表达；P-选择蛋白，在血小板和内皮细胞表达；L-选择蛋白，在各种类型的白细胞中表达。这三种选择蛋白都是识别小的出现在某些糖蛋白或糖脂的四糖基团，选择蛋白同糖配体的结合是 Ca^{2+} 依赖性的。选择蛋白主要介导循环中的白细胞在有炎症和血块的血管壁部位暂时性相互作用，参与炎症、白细胞浸润和癌细胞穿过血管的转移。与选择蛋白起作用的靶细胞上的蛋白通常称为黏蛋白。

第五章 细胞通讯

一、填空题

1. 分泌化学信号进行通讯，间隙连接，细胞接触
2. 鸟苷结合位点，GTP 酶活性位点，ADP 核糖基化位点
3. 间隙连接，胞间连丝
4. 四
5. cGMP，刺激肾分泌钠和水，诱发血管内壁平滑肌松弛
6. 内吞作用，细胞黏着，接触抑制
7. 离子通道偶联受体，G 蛋白偶联受体，酶联受体
8. G_i 的 α 亚基与腺苷环化酶结合起抑制作用
9. 百日咳毒素，霍乱毒素
10. 与受体结合传递信息
11. 两种不同的受体除了与各自的配体结合外，还可以与对方的配体结合
12. 与信号分子结合的 C 端结构域，与 DNA 结合的中间结构域，活化基因转录的 N 端结构域
13. 亲水的催化活性中心，疏水的膜结合区
14. DAG 激酶磷酸化成磷脂酸，DAG 酯酶水解成单脂酰甘油（注：两空答案可互换）
15. 四个亚基，只有一条肽链
16. 钙，脂
17. EGF 被吞入到细胞内，在溶酶体中被消化
18. 机体产生抗自身受体的抗体，与受体结合后使受体失去功能或改变作用方向
19. 信号的产生与细胞间传送，信号的接收与接收后信号转换的方式（途径）和结果
20. 趋化物与受体结合激活细胞内四种趋化蛋白，以改变鞭毛的方向；受体本身暴露甲基化位点，在甲基化酶的作用下，发生甲基化反应，对趋化物失去敏感
21. 受体被磷酸化后失去与信号分子结合的能力，受体被磷酸化易与抑制物结合而失去与信号分子结合的能力
22. 原发性，继发性，自身免疫性
23. IP_3，DAG，Ca^{2+}
24. C 端与信号分子结合部位，中部与 DNA 结合部位，N 端激活基因转录部位
25. 丝氨酸，苏氨酸
26. 专一性受体结合，IP_3 门控的 Ca^{2+} 通道
27. 鸟苷环化，鸟苷环化，PKA，糖蛋白，三，跨膜区，溶酶体，G，GDP，间接，GDP，GTP

二、判断题

1. 正确。PIP_2 含有三个磷酸基团，其中一个连接糖与二酰甘油酯。IP_3 通过一个简单的水解反应产生。
2. 错误。若是脂溶性的信号分子，其受体则在细胞内。
3. 错误。是可逆的。
4. 正确。
5. 错误。不能激活钙泵，只能激活内质网膜中的钙离子通道。
6. 错误。cGMP 的产生基本上与 G 蛋白无关。
7. 错误。细胞内受体则是胞浆蛋白。
8. 错误。作用机理是不同的。水溶性的信号分子作用的受体通常是基因转录的调控因子，而且这种信号分子不需要第二信使。脂溶性信号分子通常作用于膜受体，有些需要产生第二信使。
9. 正确。
10. 错误。*ras* 是一个原癌基因，如果带有使其始终处于活化状态的突变，才会变成癌基因。
11. 错误。神经递质仅作用于与之相连的靶细胞，这是因为神经递质扩散的距离有限。
12. 正确。
13. 正确。
14. 错误。题目中的酪氨酸蛋白激酶不是丝氨酸/苏氨酸磷酸化酶。
15. 错误。磷酸化酶只能给靶蛋白添加磷酸基团。
16. 正确。比如，乙酰胆碱通过结合一种 G 蛋白耦联受体而减弱心肌细胞的搏动；通过结合另一不同的乙酰胆碱受体而刺激骨骼肌细胞的收缩。这种受体是一种配体门控离子通道。
17. 正确。结合了 GTP 的 α 亚基能够激活酶，无核苷酸结合的 βγ 复合物能够激活离子通道，而与 GDP 结合的三聚体 G 蛋白处于非活化状态。
18. 错误。钙调蛋白只能探测细胞内 Ca^{2+} 水平，而不能调节。
19. 正确。
20. 错误。乙酰胆碱寿命很短且只能局域性地发挥其作用。事实上，延长其寿命将是灾难性的。乙酰胆碱酯酶可分解位于神经/肌肉突触的乙酰胆碱，而抑制乙酰胆碱酯酶的化合物具有很强的毒性，如神经毒气沙林。

三、选择题

1.A	2.C	3.ACD	4.C	5.B	6.B	7.B	8.C	9.B	10.D
11.B	12.BCDE	13.A	14.A	15.B	16.D	17.B	18.CD	19.C	20.C
21.D	22.B	23.D	24.D	25.B	26.A	27.C	28.D	29.B	30.C
31.ABCDE	32.D	33.D	34.BCD	35.B	36.C	37.A	38.B	39.C	40.ABE

四、简答题

1. 自身磷酸化作用激活激酶的活性，促使胞内结构域与靶蛋白的结合。

2.PKC 激活时需要二酰甘油（DAG）和钙离子的协同作用。

3.Ste5 蛋白被认为是 MEK 激酶（Ste11）、MEK（Ste7）和 MAP 激酶（Fus）结合的骨架。因此，Ste5 在多种水平上与该途径相作用可影响多层次的信号转导。

4. 大多数旁分泌信号分子的寿命非常短暂，当它们从细胞中释放后，会很快降解。另外，一些分子可与胞外基质相连，从而无法扩散得很远或者只能释放到有限的空间里，如神经和肌细胞间的突触间隙中。通过这些途径，旁分泌信号分子向周围环境的扩散被限制了。

5. 霍乱毒素抑制了 G_s 蛋白 α 亚基的 GTP 酶活性，而百日咳毒素抑制了 G_i 蛋白上 GTP 的结合。

6. 参与放大系统的每个反应都必须能够被关闭，从而将信号通路重新置于静息水平。这些关闭了的开关中的每一个都是同样重要的。

7. 由于胞内钙离子浓度非常低，相对来说，很少量的 Ca^{2+} 流入就可导致胞质溶胶内 Ca^{2+} 浓度的较大变化。与 Na^+ 相比，使胞内 Na^+ 浓度发生显著改变所需的离子量要多得多。

8. 两种激活过程都依赖于某些蛋白质，可催化 G 蛋白或 Ras 蛋白上的 GDP/GTP 交换。所不同的是，G 蛋白偶联受体可直接对 G 蛋白行使这种功能，而那些酶联受体被磷酸化激活后则先将多个衔接蛋白装配为一个信号复合物，再对 Ras 进行激活。

9.G 蛋白偶联受体都属于 7 次跨膜的蛋白质，在信号转导中全部与 G 蛋白偶联；酶联受体都属于单次跨膜受体。

10. Sos 通过促进 GTP 代替 GDP 而激活 Ras；GAP 通过促进 GTP 的水解而使 Ras 失活；GDI 通过抑制 GDP 的释放使 Ras 失活。

11. 至少可通过两种途径参与基因表达的控制：①蛋白激酶 C 将细胞质中某些结合着转录调控因子的抑制蛋白磷酸化，使抑制蛋白释放出转录调节因子，调节蛋白进入细胞核促进特异基因表达。②蛋白激酶 C 激活一个级联系统的蛋白激酶，使其磷酸化并激活下游的特定调控蛋白。

12.PKA 途径激活的是蛋白激酶 A；PKC 途径激活的是蛋白激酶 C。

13. 每个光子引起 80 000 个 cGMP 分子水解，因此，信号被放大 80 000 倍（$=200\times 4000\times 0.1$）。

14. 细菌趋化性的本质是趋化物与细菌表面的受体结合，通过信号转导引起适应性反应。

15. 该过程涉及 PDGF、PDGF 受体、Grb2、Sos、Ras、GDP、GTP、Raf、MEK、MAP 激酶、Elk-1。

16.MAP 激酶对信号的转导是通过激酶自身的异位、磷酸化易位的因子、磷酸化抑制子使一个因子产生易位等方法。

17. 快速分解 cAMP 使得 cAMP 浓度保持在一个较低的水平。腺苷酸环化酶可以催化产生新的 cAMP，cAMP 初始浓度越低，通过腺苷酸环化酶而获得的信号增幅就越大。

五、实验设计与分析

1. 推测的检测结果见表 A5-1。

表 A5-1 PDGF 或 EGF 对细胞 DNA 复制影响实验检测结果

组别	处理方案	是否加入 PDGF/EGF	DNA 复制与否
A	不经任何处理	PDGF 或 EGF	复制
B	显微注射（进入细胞）持续活性的 Ras 蛋白	不加入	复制
C	显微注射盐水（“模拟”注射）	PDGF 或 EGF	复制
D	显微注射盐水（“模拟”注射）	不加入	无
E	显微注射抗 Ras 抗体	PDGF 或 EGF	无
F	显微注射抗 Ras 抗体	不加入	无

2. (1) 由于缺失胞外的配体结合结构域，因此突变受体不能被激活。其存在也不会影响其他正常受体激酶的功能。
   (2) 此突变受体也是无活性的，但它们的存在可阻断正常受体介导的信号转导。因为结合配体后，突变受体与正常受体都可发生二聚化。两个正常受体聚在一起通过磷酸化可相互激活，但是突变受体与正常受体形成的混合二聚体不能发生上述的磷酸化激活过程。
3. 其受体就是与三聚体 G 蛋白相偶联的膜受体，其效应物为腺苷酸环化酶（AC）。
4. 是 K2 激活 K1。如果 K1 持续活化，就可以观察到不依赖于 K2 的反应。如果次序颠倒一下，需要由 K1 来激活 K2，那么，由于所给例子中 K2 包含一个失活突变，将不会活化。

六、问答题

1. 主要特点有：
   (1) 特异性：受体与信号分子的结合是高度特异性的反应，当然特异性存在高低的差异；
   (2) 高亲和力：信号分子与受体结合的亲和力很高；
   (3) 饱和性：由于细胞或组织的受体数量有限，因此当细胞被配体全部占据时，即达到受体饱和；
   (4) 可逆性：结合是通过非共价键，因此是快速可逆的，有利于信号的快速解除；
   (5) 生理反应：信号分子与受体结合会引起特定的生理反应。
2. 霍乱毒素是一种作用于 G 蛋白的毒素。可将 NAD^+ 上的 ADP-核糖基团转移到 G_s 的 α 亚基，使 G 蛋白核糖化，这样抑制了 α 亚基的 GTPase 活性，从而抑制了 GTP 的水解，使 G_s 一直处于激活状态。结果使腺苷酸环化酶处于永久活性状态，cAMP 的形成失去控制，引起 Na^+ 与水分分泌到肠腔导致严重腹泻。
3. 二者都是 G 蛋白偶联信号转导系统，但是第二信使不同，分别由不同的效应物生成：cAMP 由腺苷酸环化酶（AC）水解细胞中的 ATP 生成，cAMP 再与蛋白激酶 A（PKA）结合，引发一系列细胞质反应与细胞核中的作用。在另一种信号转导系统中，效应物磷脂酶 Cq（PLC）将膜上的磷脂酰肌醇 4,5-二磷酸分解为两个信使：二酰甘油（DAG）与1,4,5-三磷酸肌醇（IP_3），IP_3 动员胞内钙库释放 Ca^{2+}，与钙调蛋白结合引起系列反应，而 DAG 在 Ca^{2+} 的协同下激活蛋白激酶 C（PKC），再引起级联反应。
4. 质膜的面积与细胞中内质网膜的总面积相比是很小的。一般来说，内质网要远远丰富得多，作为一个由膜管和膜层组成的庞大网络，充满了整个细胞，这使得 Ca^{2+} 可以均匀地释放到整个细胞。由于 Ca^{2+} 泵将 Ca^{2+} 快速地从胞质溶胶中清除出去，从而阻止了 Ca^{2+} 在胞质溶胶中进行任何有效距离的扩散，因此这一均匀释放的作用是很重要的。

5. 第二信使 IP_3/DAG 的信号级联反应要通过蛋白激酶 C（PKC）起作用。PKC 的激活需要膜脂 DAG 的存在，又是 Ca^{2+} 依赖性的，需要胞内 Ca^{2+} 浓度的升高。非活性 PKC 分布于胞质中，激活时成为膜结合的酶，属于多功能丝氨酸、苏氨酸激酶，可作用于胞质中的某些酶，参与生化反应的调节；也可作用于细胞核的转录因子，参与基因表达的调控。PKC 在细胞的生长、分化、细胞代谢以及转录激活方面具有非常重要的作用。

6. 就类固醇激素受体来说，类固醇和受体形成一对一的复合物结合到 DNA 上从而激活转录，因此在配体结合和转录激活之间没有放大作用。放大在随后发生，靶基因转录会产生许多 mRNA 分子，而每一个 mRNA 分子又翻译产生许多蛋白质分子。

   对于离子通道偶联受体，一个离子通道在开放时可通过成千上万个离子，这就是此类信号系统的放大步骤。

7. 突变的 G 蛋白几乎持续活化，这是因为 GDP 可自发地解离，即使在没有活化的 G 蛋白偶联受体存在的情况下，GTP 也可结合 G 蛋白。因此，细胞的行为将会与霍乱毒素造成的效应相似，后者可修饰 G 蛋白亚基使之不能水解 GTP，而丧失了去活化能力。与霍乱毒素效应的不同之处在于：突变的 G 蛋白并非不能去活化，它自身可正常地去活化，但由于 GDP 的解离和 GTP 的重新结合而立刻被再次激活。

8. 可能会出现的异常的变化有：

   （1）由于 Ras 信号不能被有效地关闭，将会存在很高的 Ras 活性背景。

   （2）由于一些 Ras 分子已经结合了 GTP，对某一细胞外信号作出反应的 Ras 活性将远高于正常情况。但是，当所有 Ras 分子都转变为 GTP 结合状态时则容易达到饱和。

   （3）对某一信号的应答将大大放慢，因为信号依赖的 GTP/Ras 复合物的增加，使得初始的 GTP 结合态 Ras 已经达到很高的本底。

9. 两类细胞产生的信号都能够长距离传导：神经元能够沿着长轴突传递动作电位，而激素则通过循环系统到达机体各处。由于在一个突触处神经元分泌大量的神经递质，因此浓度非常高，从而神经递质受体只需以低亲和力与神经递质结合。相反，激素在血液中被极大地稀释，它们以很低的浓度进入循环。因此，激素受体一般以极高的亲和力与相应激素结合。靶细胞通过感受血液中激素的水平作出应答；而一个神经元通过特定的突触联系与选定的靶细胞通讯。神经信号传递速度很快，仅受动作电位的传播速度与突触的工作情况所限制；而激素信号则比较慢，其限制因素是循环速度和远距离的扩散。

10. 此推测是正确的。受体与配体结合后，多次跨膜受体，如 G 蛋白偶联受体的各个跨膜螺旋之间产生相对迁移和重排（见图 A5-1）。由于位于胞质溶胶区的环结构排布的改变，这一构象的变化可在膜的另一侧被感受到。单独的跨膜片段不足以直接传递信号，配体结合后，膜内也不可能发生重排。例如，受体酪氨酸激酶这一类单次跨膜受体在与配体结合后发生二聚化，使胞内的酶结构域彼此靠近并相互激活。

11. 在多细胞机体，如动物中，细胞适时的存活是非常重要的。细胞的存活依赖于其他细胞产生的信号，假如生长在错误位点的细胞也许就不能得到它所需要的存活信号，于是细

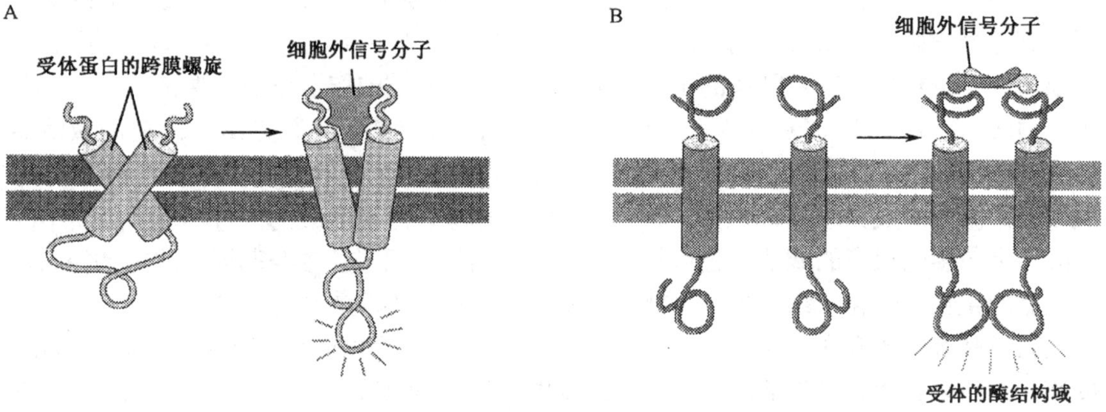

图 A5-1　多次跨膜受体蛋白与单次跨膜受体蛋白在信号转导中的作用机制（引自 Alberts *et al*.，1998）
A. 多次跨膜受体蛋白；B. 单次跨膜受体蛋白

胞死亡。这种现象也有助于调节细胞的数量及质量。有实验证据表明，上述机制在发育中的组织和成熟的组织中都参与调节细胞数量，同时保证了细胞的质量。

12. Ca^{2+}激活的Ca^{2+}通道产生一个正反馈回路：Ca^{2+}释放的越多，就有更多的Ca^{2+}通道开放。因此，胞质溶胶内的Ca^{2+}信号爆发式地被传送到整个肌细胞，从而确保所有的肌球蛋白/肌动蛋白纤维几乎同时收缩。

13. 载体蛋白在膜的一侧结合一个离子后改变构象，然后在膜的另一侧释放离子。因此它们直接运输离子。通道蛋白在膜上形成能让离子通过的亲水孔道。
两种类型的离子运输都只能运输特定的离子，两者都能被调节。另外，它们都必须具有与离子结合的亲水表面。两种类型的运输子都以疏水区域来保护疏水膜上的亲水表面。

14. 两者都作为信号转导分子起作用，从细胞膜表面与配体结合的受体那里获得信息，传递给细胞内的效应分子。它们的活化状态都与 GTP 结合，都有 GTP 酶活性。通过水解 GTP 为 GDP，GDP 结合的 G 蛋白都处于失活状态。异三聚体 G 蛋白通过解离 α 亚基行使功能，α 亚基与效应物发生作用。单体 G 蛋白如 Ras，通过激活效应物起作用，配体与受体酪氨酸激酶结合导致自身磷酸化，SH2 蛋白被还原，通过 Sos 介导，G 蛋白释放 GDP 并结合 GTP。

15. 激酶都是将磷酸基团转移给靶蛋白，但是转给靶蛋白上的不同位点。大多数激酶具有酪氨酸残基特异性，或丝氨酸/苏氨酸特异性。酪氨酸激酶使靶蛋白（酶）的酪氨酸磷酸化，而丝氨酸/苏氨酸蛋白激酶则是使靶蛋白（酶）的丝氨酸或苏氨酸磷酸化。

16. 这两类物种基本上采用十分近似的信号转导途径，除了少数的例外。两者都有胞内Ca^{2+}、IP_3和 DAG 的变化，但动物独有环化核苷酸作为第二信使，植物独有水杨酸作为第二信使，组氨酸激酶也是植物所特有的。

17. 细胞质膜上最多，也是最重要的信号转导系统由 G 蛋白介导。这种信号转导系统有两个特点：系统由三部分组成，7 次跨膜的受体、G 蛋白和效应物（酶）、产生第二信使。
G 蛋白耦联系统中的 G 蛋白是由三个不同亚基（α、β、γ）组成的异源三体 G 蛋白。G 蛋白有多种调节功能，包括 G_s、G_i 分别对于腺苷酸环化酶的激活和抑制，对 cGMP 磷酸二酯酶的活性调节，对磷脂酶 C 的调节，对细胞内 Ca^{2+} 浓度的调节等。此外还参与门控离子通道的调节。

18. Ras 蛋白是一种单体小 G 蛋白，与 GTP 结合时活化，将 GTP 水解为 GDP 后失活。如果 *ras* 基因突变导致 GTP 酶活性的丧失（由于一个氨基酸的替换），Ras 就不能去活化，信号级联系统始终处于开放状态，因而转录、翻译、复制以及生长分裂都失去控制，导致癌变的发生。

七、名词释义

1. 使酪氨酸磷酸化的膜受体类。受体酪氨酸激酶在细胞表面结合特异的配体后，使得底物蛋白（IRS）上的酪氨酸残基磷酸化，这种磷酸化可导致细胞生长分化发生改变。
2. Ras 来源于大鼠肉瘤（rat sarcoma，Ras）。Ras 蛋白是原癌基因 c-*ras* 的产物，分子质量为 21 kDa，属单体 GTP 结合蛋白，具有弱的 GTP 酶活性。Ras 蛋白的活性状态对细胞的生长、分化、细胞骨架、蛋白质运输和分泌等都具有影响，其活性通过与 GTP 或 GDP 的结合受到调节。Ras 的活性受两个蛋白的控制，一个是鸟苷交换因子（GEF），作用是促使 GDP 从 Ras 蛋白上释放，并以 GTP 取代，从而将 Ras 激活；另一个控制 Ras 蛋白活性的是 GTP 酶激活蛋白（GTPase activating protein，GAP），存在于正常细胞中，主要作用是激活 Ras 蛋白的 GTP 酶活性，将结合的 GTP 水解为 GDP，成为失活型的 Ras 蛋白-GDP。因此正常情况下，Ras 蛋白基本上与 GDP 结合，定位于细胞质膜内表面。
3. 从蛋白质上除去磷酸基团。对于不同的底物蛋白，去磷酸化可使其激活或失活，并终止细胞内信号转导。
4. SH 结构域是“Src 同源结构域”（Src homology domain）的缩写（*Src* 是一种癌基因，最初在 Rous sarcoma virus 中发现）。这种结构域能够与受体酪氨酸激酶磷酸化残基紧紧结合，形成多蛋白的复合物进行信号转导。

   SH2 大约由 100 个氨基酸组成。SH2 结构域能够与生长因子受体（如 PDGF 和 EGF）自我磷酸化的位点结合。使蛋白质对 IRS 上磷酸化的酪氨酸残基具有高度亲和力，具有这种结构域的蛋白质可与 IRS 结合，活性在某种程度上调节着细胞分化与生长。

   含有 SH2 结构域的蛋白质也常常含有 SH3 结构域。SH3 结构域最初也是在 Src 中鉴定到的由 50 个氨基酸组成的序列，后来在其他一些蛋白质中也发现了 SH3 结构域。SH3 能够识别富含脯氨酸和疏水残基的特异序列的蛋白质并与之结合，从而介导蛋白质与蛋白质相互作用。
5. 信号转导途径间的“串话”是指不同信号转导途径间的相互影响，能使不同的信号转导途径以协调的和相互依赖的方式起作用。在信号转导中，虽然每种体系都有自己相对独立的系统，似乎互不影响。实际上细胞内的各种信息往往要交织在一起形成一个信息网共同起作用。如 Ca^{2+} 和 cAMP 参与的信号转导就是相互影响的，Ca^{2+} 既能够激活腺苷酸环化酶合成 cAMP，又能激活 cAMP 磷酸酯酶降解 cAMP。反之，依赖于 cAMP 的蛋白激酶能够使 Ca^{2} 通道磷酸化，改变对 Ca^{2} 释放的能力。
6. 位于细胞质膜上的受体称为表面受体，细胞表面受体主要是识别周围环境中的活性物质或被相应的信号分子所识别，并与之结合，将外部信号转变成内部信号，以启动一系列反应而产生特定的生物效应。表面受体多为膜上的功能性糖蛋白，也有由糖脂组成的，如霍乱毒素受体、百日咳毒素受体；有的受体是糖脂和糖蛋白组成的复合物，如促甲状腺素受体。表面受体主要是与大的信号分子或小的亲水性信号分子作用，传递信息。

7. 位于胞质溶胶、核基质中的受体称为细胞内受体。细胞内受体主要是与脂溶性的小信号分子相作用。位于胞质溶胶中受体要与相应的配体结合后才可进入细胞核。胞内受体识别和结合的是能够穿过细胞质膜的小的脂溶性的信号分子，如各种类固醇激素、甲状腺素、维生素 D 以及视黄酸。细胞内受体的基本结构都很相似，有极大的同源性。细胞内受体通常有两个不同的结构域，一个是与 DNA 结合的中间结构域，另一个是激活基因转录的 N 端结构域。此外还有两个结合位点，一个是与脂配体结合的位点，位于 C 端，另一个是与抑制蛋白结合的位点。

8. 根据表面受体进行信号转导的方式将受体分为三大类，若根据表面受体与质膜的结合方式在可分为单次跨膜、7 次跨膜和多亚单位跨膜等三个家族。

   酶联受体，如酪氨酸蛋白激酶受体和鸟苷环化酶受体等都属于单次跨膜受体，多肽链上只有一个跨膜的 α 螺旋。第二类是 7 次跨膜受体，这类受体的多肽链中有 7 个跨膜 α 螺旋区，如肾上腺素受体、多巴胺受体、5-羟色胺受体、促甲状腺素受体、黄体生成素受体等都是 7 次跨膜受体，此类受体在信号转导中全部与 G 蛋白耦联。第三类是由多个亚基共同组装成的受体，如烟碱样乙酰胆碱受体。受体与膜结合方式的差异决定着它们参与细胞通讯方式的不同。

9. 所谓效应物是指直接产生效应的物质，通常是酶，如腺苷酸环化酶、磷酸酯酶等，它们是信号转导途径中的催化单位。效应物通常也是跨膜糖蛋白。

10. 表皮生长因子是一种小肽，由 53 个氨基酸残基组成，是类 EGF 大家族的一个成员。EGF 与应答细胞表面的特异受体结合，一旦结合，便促进受体二聚化并使细胞质位点磷酸化。被激活的受体至少可与 5 种具有不同信号序列的蛋白质结合，进行信号转导。EGF 能够广泛促进细胞的增殖。

11. EGF 受体是一种糖蛋白，广泛分布于哺乳动物的上皮细胞、人的成纤维细胞、胶质细胞、角质细胞等。EGF 受体是一条含有 1186 个氨基酸残基的多肽链，分子质量为 170 kDa，由三部分组成：①很大的细胞外结构域，约 621 个氨基酸残基，富含半胱氨酸（51 个），并形成多对二硫键，其上结合有糖基，是 EGF 结合的位点；②跨膜区，由 23 个氨基酸残基组成；③细胞质结构域，由 542 个氨基酸残基组成，含有无活性的酪氨酸激酶和几个酪氨酸磷酸化的位点。

12. Grb2 是生长因子受体结合蛋白 2，又叫 Ash 蛋白。该蛋白质参与细胞内各种受体激活后的下游调节。能直接与激活的表皮生长因子受体磷酸化的酪氨酸结合，参与 EGF 受体介导的信号转导，也能通过与 Shc 磷酸化的酪氨酸结合间接参与由胰岛素受体介导的信号转导。Grb2 能够同时与 Shc、Sos 结合形成 Shc-Grb2-Sos 复合物，并将 Sos 激活，激活的 Sos 与质膜上的 Ras 蛋白结合，并将其激活，引起信号级联反应。Grb2 蛋白含有一个 SH2 结构域和两个 SH3 结构域，属于 SH 蛋白。

13. Sos 蛋白是编码鸟苷释放蛋白的基因 *sos* 的产物（*sos* 是 son of sevenless 的缩写）。Sos 蛋白在 Ras 信号转导途径中的作用是促进 Ras 释放 GDP，结合 GTP，使 Ras 蛋白由非活性状态转变为活性状态，所以，Sos 蛋白是 Ras 激活蛋白。Sos 蛋白不含 SH 结构域，不属于 SH 蛋白。

14. 通过内吞作用减少质膜中受体量来调节信号转导，称为受体减量调节。细胞因此降低了对信号分子的敏感性，实际上，许多受体被内吞后，并不被溶酶体消化，而是被逐步释放，再回到细胞膜上，形成受体再循环。在此过程中，始终有一部分受体滞留在细胞质中而不能到膜上发挥功能，这种现象又称为受体隔离。另外，受体内吞也包括结合有配体的受体/配体内吞，一些生长激素就是通过这样的方式被解除信号作用的。

15. 包含两大类 G 蛋白，一类是与 7 次跨膜结构域超家族受体结合的异三聚体 G 蛋白，参与信号转导；另一类是小的胞质 G 蛋白。在异三聚体 G 蛋白中，当结合 GTP 时，α 亚基与 β、γ 亚基解离，在这种状态下可与多种第二信使系统相互作用，包括抑制型（G_i）与激活型的（G_s）。

Gα 亚基具有延迟型 GTP 酶活性，当 GTP 水解后，α 亚基与 β、γ 亚基重新结合。不过 β、γ 亚基也有自身的活化效应。多数 β、γ 亚基经过十四烷酰化或异戊二烯化的翻译后修饰，以改变其与膜结合的特性。激活型 G 蛋白不可逆地被霍乱毒素激活，抑制型 G 蛋白则被百日咳菌外毒素激活。转导素是第一个被鉴定的异三聚体 G 蛋白。小 G 蛋白家族的成员很广泛，包括 ras、rab、rac 与 rho 等单体 GTP 酶，在多种细胞内起作用，包括细胞骨架的组织以及分泌过程的调控中起重要作用。其 GTP 酶活性由活化蛋白（GAP）调节，而抑制蛋白（GIP）则决定活性状态的持续时间。G 蛋白有多种调节功能，包括 G_s 和 G_i 对腺苷酸环化酶的激活和抑制、对 cGMP 磷酸二酯酶的活性调节、对磷脂酶 C 的调节、对细胞内 Ca^{2+} 浓度的调节等，另外还参与门控离子通道的调节。

第六章　核糖体与核酶

一、填空题

1. tRNA、5S rRNA
2. 真核生物 mRNA 有 5′帽子结构，3′有 poly（A）结构，原核的 mRNA 是多顺反子
3. 18S，5.8S，5S
4. 70S，55～60S
5. 模板，运载工具，装配场所
6. 细胞质中的游离核糖体，核定位信号
7. 指导 RNA，mRNA，遗传信息量
8. 45S，35S
9. 1 mmol/L，10 mmol/L
10. 377 个碱基的 RNA，20 kDa 的多肽，原核生物 rRNA
11. 23S RNA
12. GU-AG
13. 18S、5.8S、28S、rRNA
14. 18S、5.8S、28S，转录单位，45S 的 rRNA，14，16S
15. mRNA，密码子，氨基酸，3，三联，UAA、UAG、UGA，20，AUG，甲硫氨酸，反密码子，3，反密码子，合成模板，终止，氨酰 tRNA，反密码子
16. 蛋白水解体系，中空的圆桶形，羧基，遍在蛋白，错误折叠的蛋白质，需要进行数量调控的蛋白质，遍在蛋白（ubiquitin），遍在蛋白，遍在蛋白，蛋白酶体，真核，γ-干扰

二、判断题

1. 错误。真核生物的核糖体是在核仁中装配的。
2. 正确。
3. 错误。杂交重组后没有蛋白质合成的功能。
4. 错误。蛋白质的含量取决于合成和降解的比率，而与催化活性无关。
5. 错误。反义 RNA 不是都具有核酶的功能。
6. 正确。
7. 错误。它只能抑制 70S 核糖体进行蛋白质合成，而不能抑制 80S 核糖体进行蛋白质合成。
8. 错误。在每一轮翻译后，核糖体的亚基之间会进行互换。当核糖体从一条 mRNA 链上释放下来后，它的两个亚基解体，进入一个含游离大亚基和小亚基的库，并从那里形成翻译一条新 mRNA 时所需的核糖体。
9. 错误。RNA 含有尿嘧啶（U）但不含胸腺嘧啶（T）。
10. 错误。核糖体是细胞质里的细胞器，但它们并不是被包在膜里。

11. 错误。放线菌酮只能特异性抑制 80S 核糖体的蛋白质合成。
12. 错误。转录起始子的位置决定了转录进行的方向和以哪条 DNA 链作为模板链。按相反方向进行转录会产生序列完全不同的（很可能是无意义的）mRNA 链。
13. 错误。不能，因这样重组后将丧失蛋白质合成的作用。
14. 错误。核酶有多种酶活性，不仅能够切割 RNA，有些还具有连接酶、磷酸酶的活性。
15. 正确。
16. 错误。mRNA 被翻译时是线性聚合物，它们不需要形成任何特殊折叠结构。实际上，mRNA 形成这样的高级结构会抑制翻译，因为核糖体必须解开 mRNA 以获取其所包含的信息。
17. 错误。应该是 5.8S 而不是 5S RNA。
18. 错误。不一定都是如此。
19. 错误。细胞质所有的核糖体都是相同的，可以合成任何由特定 mRNA 翻译的特定蛋白质。翻译后，核糖体从 mRNA 上释放出来，再开始翻译新的 mRNA。
20. 正确。

三、选择题

1.A	2.ABCE	3.D	4.B	5.ADE	6.D	7.ABCD	8.ABC	9.B	10.ABD
11.A	12.C	13.A	14.ABE	15.BC	16.ABF	17.C	18.ADE	19.C	20.BCDE
21.C	22.ABD	23.C	24.A	25.ABD	26.A	27.B	28.B	29.E	30.D
31.BD	32.BCDE	33.CE	34.ACE	35.E	36.ABC				

四、简答题

1. Ⅰ组：需要游离的 G，不形成套索结构；
   Ⅱ组：需要 A，形成套索结构。
2. 肽基转移酶的活性区位于大亚基，邻近肽酰 tRNA 的氨基酸茎、核糖体 P 位点和 A 位点。催化活性即转移并将多肽链与在 A 位点的氨酰 tRNA 氨基基团共价结合是由大 rRNA 负责。然而，许多大亚基的蛋白质是必须的。
3. *N*-甲酰甲硫氨酸-tRNA（fMet-tRNA）是原核细胞的起始氨酰 tRNA，能够识别 AUG 和 GUG 作为翻译起始密码子，与 IF-2 结合成复合体进入小亚基的 P 位点。
4. 剪接小体的组装包括多个 RNA 螺旋的形成和解旋过程，RNA 螺旋的解旋需要 RNA 解旋酶的作用。剪接小体组装时的 snRNA 重组（比如 U4 和 U6 的去组装）需要这些酶。
5. Ⅰ组内含子，Ⅱ组内含子，核糖核酸酶 P，某些小分子 RNA。
6. 真核生物核糖体的完整核糖体为 80S（大亚基 60S，小亚基 40S），核糖体 RNA 为 28S、5.8S、5S、18S；原核生物核糖体为 70S（大亚基 50S，小亚基 30S），核糖体 RNA 为 23S、5S、16S；真核核糖体大亚基含有 49 种蛋白质，小亚基约 33 种；而原核核糖体大亚基含有 33 种蛋白质，小亚基含有 21 种蛋白质。
7. 四膜虫核糖体大亚基 26S rRNA 前体。对前体 RNA 中的内含子进行“自我剪接”。
8. 指导 RNA 的 5′区域与 mRNA 的前编辑区互补，5′区后有一个与编辑 mRNA 互补的区域，

3′末端有 poly（U）尾巴。指导 RNA 作为模板引导插入或缺失 U 残基从而产生编辑 mRNA。

9. 可产生 RNA 聚合酶、磷酸酶、连接酶等的活性。将Ⅰ组内含子转变出这些酶的能力表明它能结合于 RNA 的糖/磷酸骨架并能催化前后的几个不同反应。

10. 是由于 RNA 编辑造成的，小肠的 *apo-B* mRNA 中的一个氨基酸密码变成了一个终止密码子，导致肽链延伸的提前终止，因而生成较短的产物。

11. Ⅰ组和Ⅱ组剪接的第二步是相同的。它起始于 5′外显子的 3′-OH 对 3′剪接位点的攻击。最终导致外显子的连接和内含子的释放。注意，Ⅰ组和Ⅱ组内含子的释放方式是不同的：Ⅰ组内含子是 5′端添加 G 的线性形式释放，Ⅱ组内含子以套索形式释放。

12. 如糖酵解的酶、红细胞的珠蛋白等蛋白质的寿命都很长。而那些启动 DNA 复制和触发细胞分裂的蛋白质的寿命则很短。

13. 例如，锤头型核酶在活性位点上结合一个 Mg^{2+}，这个 Mg^{2+} 通过去掉一个质子并攻击切割位点而直接参与切割反应。

五、实验设计与分析

1. 将总 RNA 与放射性标记的 G 和 Mg^{2+} 混合在一起，如果 RNA 样品中没有Ⅰ组内含子的话，G 为游离态；有Ⅰ组内含子时 G 最终出现在 RNA 分子中。

2. 通过以下影响核糖体进行加工的方法可以抑制翻译：
   (1) 阻碍起始因子三级结构的形成；
   (2) 用反义 RNA 与信使 RNA 结合形成双链结构抑制 mRNA 的翻译；
   (3) 选择性地封闭 30S 亚基的 P 位点与 A 位点；
   (4) 引入错义抑制；
   (5) 抑制 30S 与 50S 亚基的装配；
   (6) 抑制转肽反应；
   (7) 抑制核糖体的转位；
   (8) 抑制核糖体解离。

3. 该实验证实了核糖体并没有核查 tRNA 上携带的氨基酸的能力。只要氨基酸与一个 tRNA 分子相连，核糖体就会根据密码子和反密码子的配对“盲目地”将那个氨基酸掺入。因此决定正确翻译很重要的步骤就是，tRNA 必须与一个正确的氨基酸配对，这是由氨酰tRNA 合成酶完成的。

4. 以前一直把催化氨基酸间肽键形成的反应看成是由核糖体蛋白完成的。但是 1992 年，Harry Noller 及其同事用蛋白酶 K、SDS 及苯酚等处理大肠杆菌 50S 亚基，使蛋白质完全去除，而亚基仍具有肽酰转移酶活性。相反，用核酸酶处理 50S 亚基，将 rRNA 降解后，活性随即消失。

5. 嘌呤霉素是一种蛋白质合成抑制剂，具有与 tRNA 分子末端类似的结构，能够结合氨基酸，代替氨酰化的 tRNA 与核糖体 A 位点结合，并掺入到生长的肽链中。虽然嘌呤霉素能够同 A 位点结合，但必须经过以下分析才能说明。在第一组实验中，只有起始 tRNA 占据 P 位，如果 A 位点是一个独立位点的话，此时的 A 位点就是空的，嘌呤霉素当然能够结合上去，如果A位点与P位点是同一位点，那么嘌呤霉素就不能与核糖体结合，而实验结果是嘌呤霉素能够结合。在第二组实验中，由于A位点已经被二肽酰tRNA占据，所以嘌呤霉素无法与A位点结合，只有加入延伸因子和GTP后，使A位点腾空，嘌呤霉素才能结合到核糖体上。因此，根据这两组实验结果可以断定A、P是两个独立的功能位点。

6. 最可能的解释是 *lacheinmal* 基因含有一段长173个碱基的外显子（在图A6-1中标为“E2”），而该外显子在突变的mRNA前体加工过程中丢失。例如，如果突变改变了前面那个内含子（“I1”）的3′剪接位点以至于不再被拼接机制所识别，snRNP就会搜索下一个可能的3′剪接位点，它位于下一个内含子（“I2”）的3′端，拼接反应就会把E2连同I1、I2一起切除，结果产生一个缩短了的mRNA。这个mRNA翻译出一个缺陷蛋白质，导致lacheinmal失去功能。此外，由于173个碱基不是3的整数，因此缺陷mRNA的读框将会改变，更有可能的是，其中会提前出现一个终止密码子。

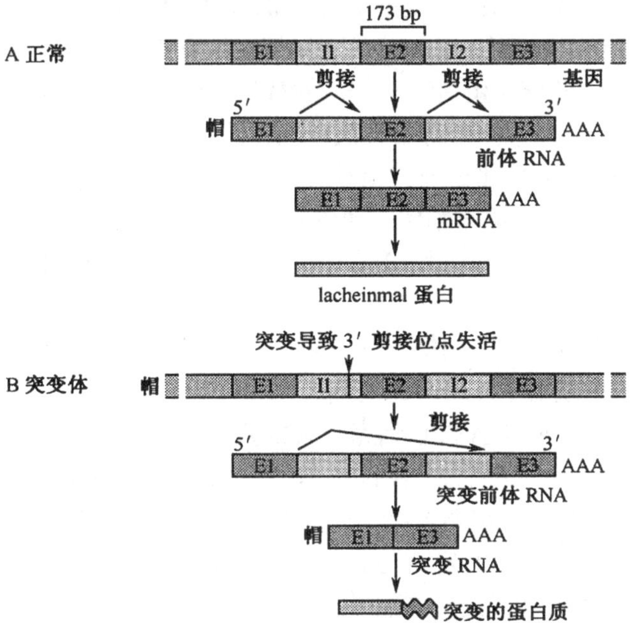

图A6-1　*lacheinmal* 基因结构与突变（引自 Alberts *et al*., 1998）

A. 正常的 *lacheinmal* 基因；B. 突变的 *lacheinmal* 基因

六、问答题

1. 细胞内核糖体是自我装配的。核糖体的生物发生包括蛋白质与RNA的合成，核糖体亚基的组装。首先，原核生物rRNA基因的重复次数比真核的低得多，而且细菌的5S rRNA基因与另外两种rRNA基因组成一个转录单位。真核生物核糖体亚基的装配地点在细胞核的核仁部位，而原核生物核糖体亚基的装配则在细胞质中。

2. 一般是不能的。因为存在几个问题：

(1) 用作合成引物的RNA引物酶需要每隔数百碱基就起始一次，比每隔一定距离进行配置的启动子要频繁得多。因此起始作用需要以一种不依赖启动子的方式进行，或者要有更多的启动子分布在DNA上，两者都会对转录的调控产生问题。

(2) 复制所需的RNA引物比mRNA短得多，因此，引物酶要比转录酶更频繁地终止，终止必须自发进行，也就是说DNA毋需终止子序列，或者需要更多的终止子出现。

因此，在进化中出现了各具特殊性质的酶来解决这个问题。然而一些小的DNA病毒却能利用宿主的RNA聚合酶来合成复制所需的引物。

3. 原核细胞与真核细胞翻译起始的主要差别来自mRNA本质的差异，以及小亚基与mRNA起始密码子上游区结合的能力。原核细胞mRNA较不稳定，而且是多顺反子，在IF-3介导下，通过16S rRNA的3′末端在核糖体结合位点与小亚基直接结合后，原核细胞翻译起始复合物（IF-3，30S，mRNA，IF-2，GTP，fMet-tRNA）就组装起来。而在真核细胞中，真核亚基起始复合物（SIC，40S亚基，eIF-2，GTP，Met-tRNA）能够结合到mRNA帽子（由eIF-4和eIF-3因子负责）之前，mRNA（eIF-4，4A，4B）制备过程需要一系列起始因子。一旦结合，SIC开始向mRNA下游搜索，直至找到第一个AUG密码子。

4. 真核细胞80S核糖体中核糖体蛋白和rRNA数量和体积均比原核细胞70S核糖体的大，因此其体积约为原核的2倍。真核细胞的大小亚基（即40S与60S）均比原核细胞的大（原核细胞为30S和50S)。在两种细胞的核糖体中，rRNA占了绝大部分体积，原核细胞的RNA含量则比真核细胞高。原核细胞核糖体有一个E位点便于脱氨酰tRNA的离开。

5. A位点：即氨酰基位点，与新掺入的氨酰tRNA结合的位点，又叫受位（entry site)，主要位于大亚基。

P位点：即肽酰tRNA位点，又叫供位（donor site)，或肽酰基位点，主要位于大亚基，是与延伸中的肽酰tRNA结合的位点。

E位点：是脱氨酰tRNA离开A位点到完全从核糖体释放出来的一个中间停靠点，只做暂时停留。E位点占据之后，A位点与氨酰tRNA的亲和力降低，防止氨酰tRNA的结合，直到核糖体准备就绪，E位点腾空，才会接受下一个氨酰tRNA。

mRNA结合位点：在核糖体上必定有与mRNA结合的位点。其作用是将mRNA结合到核糖体上进行蛋白质翻译。

6. 所谓核糖体重组是指将不同来源的核糖体亚基，或不同亚基的RNA与蛋白质重新组合，形成杂合核糖体并研究其功能。结果表明：

(1) 80S亚基的蛋白质专与16S rRNA结合，50S亚基的蛋白质只与23S rRNA结合；

(2) 不同细菌提取的30S亚基的rRNA与蛋白质，可装配成有功能的30S亚基；

(3) 原核生物核糖体的亚基与真核生物的亚基不同，二者混合装配的核糖体没有功能；

(4) 大肠杆菌的核糖体与叶绿体核糖体亚基重组后具有活性；

(5) 真核生物线粒体亚基与原核生物核糖体亚基相互重组形成的杂合核糖体没有功能。

7. (B) 和 (D) 中描述的突变通常最有害。这两种情况不但造成读框改变，并且由于这种读框移位发生在编码序列的前端或中间位置上，造成翻译蛋白质序列的错乱甚至提前终止。(C) 缺失3个连续的核苷酸可造成1个氨基酸的缺失，但不会改变其后的读框，假如缺失的残基对于蛋白质折叠或生物活性都不是特别重要的话，可能不会影响其功能（沉默突变)。(E) 1个核苷酸的替换，不一定造成氨基酸残基的替换，或者只造成无害的替换，但也可能因此产生一个新的终止密码子，导致肽链合成的提前终止。

8. 根据核糖体所存在的形式，可分为膜结合核糖体和游离核糖体。膜结合核糖体是附着在内质网膜或核膜表面的核糖体，以其大亚基与膜接触。游离核糖体则以游离状态分布在胞质基质中。所合成的蛋白质在功能上两者有所不同，膜结合核糖体主要是合成分泌型蛋白，这些蛋白质合成后大多从细胞中分泌出去，如免疫球蛋白、肽类激素、消化酶等。游离核糖体主要是合成结构蛋白，如供细胞本身生长代谢所需要的酶、组蛋白、肌球蛋白、核糖体蛋白等。不过，这种划分不是绝对的，某些结构蛋白，如溶酶体酶蛋白、膜镶嵌蛋白和某些可溶性蛋白由膜结合核糖体合成。

9. Ⅱ组内含子和前体 mRNA 的剪接有着相同的反应机制、相同的剪接位点，在催化中心形成相同的二级结构。前体 mRNA 内含子可能由Ⅱ组内含子剪接掉一些结构域形成分离的基因进化而来的，这些结构域可能成为 snRNA。它们通过分离片段的相互作用形成Ⅱ组内含子的催化中心。这对生物体来说是有利的，因为它们不再需要内含子了，内含子序列可以自由地进化形成新基因。而且它提供了多种Ⅱ组内含子不具备的剪接方式。

10. 性别决定包括多种剪接事件。在雌性中，常染色体与 X 染色体的比值导致 Sex-lethal 基因以雌性方式被剪接从而产生 Sxl 蛋白。Sxl 蛋白使性别转换基因（transformer）以雌性方式进行剪接产生 Tra 蛋白。Tra 蛋白诱导了性别转换基因-2（transformer-2）以雌性方式进行剪接产生 Tra2 蛋白。Tra2 蛋白使 *doublesex* 基因以雌性方式剪接形成雌性特异的 Dsx 蛋白，这种蛋白抑制雄性基因的表达导致雌性的发育。在雄性中没有 Sxl 、Tra 或 Tra2 蛋白的产生。而雄性特有的 Dsx 蛋白的产生导致了雄性的分化。

11. 在 RNA 聚合酶被固定之前，像在 RNA 转录物逐渐延伸过程中的那样，从左往右移动。RNA 转录物比较短是因为它们在合成时已开始折叠（即得到了三维结构），而 DNA 是一个伸展的双螺旋。

12. 真核细胞核糖体由 40S 亚基（即小亚基）与 60S 亚基（即大亚基）组成。40S 亚基由 18S rRNA 分子和许多核糖体蛋白质组成，而 60S 亚基则由 18S、5.8S 和 28S rRNA 和许多核糖体蛋白质组成。18S、5.8S 和 28S rRNA 由核仁中的 rRNA 基因簇转录而来，再由 RNA 内切酶和外切酶分离。5S 由核仁中不同的酶转录而来。核糖体蛋白质是核 DNA 序列表达产物。在核中完成转录、转录后加工，然后转运到细胞质中，在游离核糖体上翻译，产物通过核孔转运回细胞核，与 18S rRNA 结合组成 40S 亚基，与 5S、5.8S 和 28S rRNA 结合组成 60S 亚基。装配好的亚基再转运到细胞质中。

13. 由于氨酰 tRNA 上没有反密码子能够与三个终止密码子互补配对，因此翻译终止。终止并不需要 tRNA 的协助，此时没有氨基酸能够连接到位于 P 位点的肽酰 tRNA 上。释放因子（eRF）有助于终止的发生，可能使 tRNA 上的氨基酸 C 端不需要转肽基和脱酰基而发生转位。新生肽直接从 P 位点离开核糖体并进入细胞质（细胞质核糖体）或进入转位酶通道（内质网核糖体）。

14. 人的载脂蛋白（apolipoprotein B）有两种表达形式：apoB-48 和 apoB-100。该基因的序列在肝、肠组织细胞中是相同的，但产物不同。在肝细胞中，产物为 4563 个氨基酸残基的肽（apoB-100）；但在肠细胞中，产物为只含 2152 个氨基酸残基的 apoB-48，缺失了 apoB-100 的 N 端与 LDL 受体结合的结构域。原因在于 mRNA 水平上将 2153 位的谷氨酰胺的密码子 CAA 中的 C 编辑成为 U，形成一个终止密码子（UAA），结果使蛋白质的合成提前终止，合成一个新的分子质量约为 250 kDa 的蛋白质。

15. 一条 mRNA 分子靠翻译它的核糖体附着于 ER 膜上。然而这一核糖体群不是静态的，mRNA 在不断运动中通过核糖体。那些已经结束翻译的核糖体从 mRNA 的 3′ 端释放并从 ER 膜上解离下来。但 mRNA 本身仍结合着其他核糖体，从胞质库中补充的新核糖体结合到 mRNA 的 5′ 端进行新的翻译。通常有 10～20 个核糖体结合在每一个与膜结合的 mRNA 分子上，其数量取决于 mRNA 的长度。

16. 各剪接位点如图 A6-2 所示，突变后将产生缺失和移码突变。

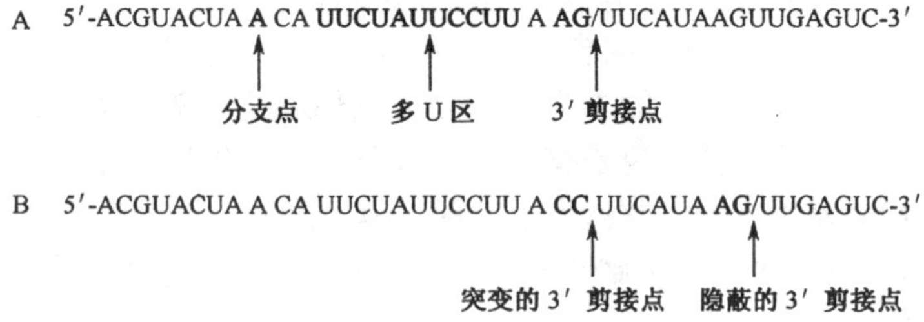

图 A6-2　剪接位点图

A. 正常序列的 3′剪接位点；B. 突变序列的剪接位点

七、名词释义

1. 是蛋白质在细胞中的合成过程，即由 mRNA 分子中的核苷酸顺序转变为多肽链中氨基酸顺序的过程。

2. DNA 分子或其转录的 mRNA 分子中每三个相邻核苷酸组成的能代表机体全部遗传信息、决定所有蛋白质的氨基酸的一套三联体编码，共 64 种。

3. mRNA 分子中每三个相邻的碱基决定了合成的多肽链中的一种氨基酸，故称为三联体密码或密码子。

4. 编码同一氨基酸的密码子，互称为同义密码子。

5. 某些蛋白质合成过程中，如果编码蛋白质的基因发生了点突变，tRNA 基因也跟着发生突变以抑制上述基因突变的结果，合成一条正常的多肽链，这种 tRNA 称为抑制型 tRNA。

6. 能携带同一种氨基酸的不同 tRNA 称为同功受体 tRNA。

7. 具有催化活性的 RNA，即化学本质是核糖核酸（RNA），却具有酶的催化功能。核酶的作用底物可以是不同的分子，有些作用底物就是同一 RNA 分子中的某些部位。核酶的功能很多，有的能够切割 RNA，有的能够切割 DNA，有些还具有 RNA 连接酶、磷酸酶等活性。与蛋白质酶相比，核酶的催化效率较低，是一种较为原始的催化酶。

8. 存在于真核生物细胞核和细胞质中，长度为 100～300 个碱基（酵母中最长约 1000 个碱基）。每个细胞中可多达 10^5～10^6 个分子，少的则不可直接检测到，由 RNA 聚合酶 Ⅱ 或 RNA 聚合酶 Ⅲ 合成，其中某些像 mRNA 一样可被加帽。

主要有两种类型的 sRNA：一类是 snRNA（small nuclear RNA），存在于细胞核中；另一类是 scRNA（small cytoplasmic RNA），存在于细胞质中。

小分子 RNA 通常与蛋白质组成复合物，在细胞的生命活动中起重要作用，某些 snRNP 和剪接作用密切相关，分别与供体和受体剪接位点以及分支序列相互补。scRNA 参与蛋白质的合成和运输，如 SRP 颗粒就是一种由一个 7S rRNA 和蛋白质组成的核糖核蛋白体颗粒，主要功能是识别信号肽，并将核糖体引导到内质网。

9. 具有自我催化能力，将自身的某些部位切除的现象称为自我剪接。在酵母和真菌的线粒体 mRNA 和 tRNA 前体加工、叶绿体的 tRNA 和 rRNA 前体加工、某些细菌病毒的 mRNA 前体加工中都发现了自我剪接现象。

10. 前体 RNA 中参与内含子剪接的两个特殊位点，即在内含子和外显子交界处有两个相当短的保守序列：5′端为 GU，3′端为 AG，称为 GU-AG 规律。GU-AG 规则主要适用于真核生物基因的剪接位点，说明内含子的切除有一共同的机理。但这种保守性不适用于线粒体、叶绿体和酵母 tRNA 基因转录后的加工。

11. 在剪接过程中形成的剪接复合物称为剪接体，剪接体的主要组成是蛋白质和小分子的核 RNA（snRNA）。复合物的沉降系数约为 50S～60S，是在剪接过程的各个阶段随着 snRNA的加入而形成的。即在完整的 pre-mRNA 上形成的一个剪接中间体。剪接体的装配与核糖体的装配相似，要依靠 RNA/RNA、RNA/蛋白质、蛋白质/蛋白质等三方面的相互作用，可能比核糖体更复杂，要涉及 snRNA 的碱基配对，相互识别等机制。

12. RNA 编辑是指在 mRNA 水平上改变遗传信息的过程。RNA 编辑是通过比较成熟的mRNA 与相应基因的编码信息时发现的，成熟的 mRNA 序列中有几种意想不到的变化，包括 U→C, C→U；U 的插入或缺失、多个 G 或 C 的插入等。最典型的例子是锥虫（trypanosome）动质体（kinetoplastid）的线粒体基因 mRNA 的编辑，涉及上百个 U 的缺失和添加。RNA 编辑是基因转录后在 mRNA 中插入、缺失或核苷酸的替换而改变 DNA 模板来源的遗传信息，翻译出多种氨基酸序列不同的蛋白质，RNA 编辑的结果不仅扩大了遗传信息，而且使生物更好地适应生存环境。有些基因的主要转录产物必须经过编辑才能有效地起始翻译，或产生正确的 ORF。

13. 嘌呤霉素是一种蛋白质合成抑制剂，具有与 tRNA 分子末端类似的结构，能够结合氨基酸，代替氨酰化 tRNA 与核糖体 A 位点结合，并掺入到生长的肽链中。虽然嘌呤霉素能够与 A 位点结合，但是不能参与随后的任何反应，因而导致蛋白质合成的终止并释放出 C 端含有嘌呤霉素的不成熟肽链。

14. 每一种蛋白质都有寿命特征，称为半寿期（half-life）。蛋白质的半寿期与多肽链 N 端特异的氨基酸有关。如末端是精氨酸或赖氨酸的多肽，寿命就很短，而末端是缬氨酸或甲硫氨酸的多肽，寿命就很长。蛋白质 N 端与半寿期的关系称为 N 端规则。

15. 细胞内多功能的蛋白酶复合体，是溶酶体外的蛋白水解体系，由 10～20 个不同亚基组成中空的圆桶形结构，可从碱性、酸性和中性氨基酸的羧基端水解多种与遍在蛋白连接的蛋白质底物。蛋白酶体主要降解两种类型的蛋白质，一类是错误折叠的蛋白质，另一类是需要进行数量调控的蛋白质。遍在蛋白（ubiquitin）的作用主要在于识别被降解的蛋白质，并将这种蛋白质送入蛋白酶体的圆桶结构内进行降解。

第七章　线粒体与过氧化物酶体

一、填空题

1. 质膜，线粒体内膜
2. 离体，膜整合
3. N
4. 细胞色素 *c*
5. 线粒体，细胞质
6. 细胞质，线粒体
7. 线粒体，叶绿体
8. 成熟的蛋白质
9. 虽然有自身的 DNA，但又受制于核基因的控制
10. H^+
11. 酸性磷酸酶，糖基转移酶，葡萄糖-6-磷酸酶
12. 0.3∶1，1∶1
13. 胞质溶胶中的 ATP，跨线粒体内膜的质子动力势
14. 泛醌，细胞色素 *c*
15. 分子伴侣
16. G_2，G_1
17. 40，过氧化氢
18. 物质运输，DNA、RNA 合成的场所，电子传递和 ATP 的合成
19. 3 分子 NAD^+ 和 1 分子 FAD
20. NADH-辅酶 Q 还原酶，琥珀酸-辅酶 Q 还原酶，辅酶 Q-细胞色素还原酶，细胞色素氧化酶
21. 膜电位梯度，质子浓度
22. 翻译后
23. 血红素，铁硫中心
24. 旋转泵
25. 内膜的表面积
26. 过氧化物酶体，乙醛酸循环体
27. 圆球体，过氧化物酶体，叶绿体
28. 热的方式消耗掉，ATP 的方式储存起来
29. 双层膜，电子，ATP，氧化磷酸化，光合磷酸化，内膜，类囊体膜，向内，线粒体外室流向基质，向外，类囊体腔流向叶绿体基质，2，3 个 H^+
30. 滑面内质网，磷脂交换蛋白，游离核糖体，羧基，三肽，过氧化氢酶，血红素，过氧化物酶体中

31. 种子，葡萄糖异生，线粒体，叶肉细胞，光呼吸，过氧化物酶体

二、判断题

1. 正确。
2. 错误。定位于内膜。
3. 错误。有个别密码是不一样的。
4. 正确。
5. 错误。也可氧化脂肪酸。
6. 错误。前导肽运送的蛋白质不是分泌蛋白。
7. 正确。
8. 错误。功能不同。
9. 错误。氯霉素抑制 70S 核糖体进行的蛋白质合成。
10. 正确。
11. 错误。线粒体自身基因编码的部分蛋白不需要转运。
12. 错误。是通过翻译后转运的。
13. 错误。不是来自高尔基体，也不参与膜流动。
14. 正确。
15. 错误。还有调节钙离子浓度的作用。
16. 错误。标准氧化还原电位的值越小，提供电子的能力越强。
17. 正确。
18. 错误。线粒体中没有组蛋白。
19. 错误。线粒体膜中的心磷脂有 4 个非极性的尾。
20. 错误。半自主性，因基因数量有限，且受控于核基因。
21. 正确。
22. 错误。线粒体和叶绿体进行电子传递时，被传递的电子穿膜的次数是不同的。

三、选择题

1.A	2.C	3.A	4.A	5.D	6.A	7.B	8.C	9.A	10.C
11.D	12.C	13.B	14.D	15.A	16.C	17.D	18.D	19.B	20.AD
21.D	22.A	23.B	24.B	25.B	26.A	27.B	28.B	29.B	30.B
31.A	32.B	33.A	34.A	35.C	36.A	37.C	38.A	39.AC	40.A

四、简答题

1. 质子从线粒体基质跨膜传递到线粒体膜间隙是一种耗能的过程，递氢体利用电子在呼吸链中传递时释放的自由能完成递氢过程。实际上，正是呼吸链中的递氢体通过对质子的跨膜传递，将 NADH 和 $FADH_2$ 在氧化过程中释放出来的自由能转变成势能，这种势能可进一步用于 ATP 的合成。
2. 有氧时酵母细胞生长状况好得多。在无氧条件下细胞不能进行氧化磷酸化作用，因此只由

糖酵解生产其全部ATP，效率较低，因为糖酵解中1个葡萄糖分子净得2个ATP分子，而柠檬酸循环和氧化磷酸化作用可提高能量产量达到约30个ATP分子。

3. 在分子氧存在的条件下，氧化磷酸化作用将细胞的大部分NADH转换为NAD^+。而发酵需要NADH，因此氧气的存在将严重抑制发酵。

4. NAD^+、$NADP^+$、FAD和FMN等四种辅酶作为电子供体或受体，它们具有一个共同的特性，即每一种都能从氧化的底物中接收一对电子，然后将接收的电子传递给另一种将被还原的分子。当辅酶从被氧化的分子接收电子被还原时，辅酶分子的自由能增加，因此这四种辅酶能够捕获从氧化底物释放出来的某些能量，作为氧化过程能量储存的中间体。

5. 1个乙酰辅酶A彻底氧化释放出4对H^+，通过呼吸链，每次传递出去2个H^+，但同时泵出去4个H^+，再回来6个产生1分子水，丧失2个H^+。

6. 复合物Ⅰ、Ⅲ、Ⅳ为主呼吸链，传递3对$NADH^+$的3对H^+；复合物Ⅱ、Ⅲ、Ⅳ为次呼吸链，只负责传递$FADH_2$的1对H^+。

7. 氧化是指NADH和$FADH_2$由还原型变成氧化型，磷酸化是指ADP→ATP；生理意义：为细胞提供了能量，同时保证了TCA循环的正常进行。

8. 表明催化一个具有高的负标准自由能变化的反应的酶在适当的细胞内条件下可用于催化相反的反应。更具体地说，ATP酶可用于从ADP和不充足的P_i合成ATP。

9. 一般来说只有蛋白质能够被运输。但在锥虫（*Trypanosoma brucei*）本身的线粒体基因组中没有发现编码tRNA的基因存在，表明tRNA可能是通过运输途径进入线粒体中的。

10. 所有电子都与某些原子或分子贴近。一个高能量的电子靠近一类还原力强的物质——倾向于将电子传递给其他化合物或原子，同时放出自由能；一个低能量的原子与一低电子传递能力的化合物或原子相靠近，因此不易成为通过与另一物质发生氧化还原反应而产生自由能的来源。

11. 化学梯度建立在区间两侧的浓度差上，以及扩散减小浓度差的趋势。电位梯度是由于区间两侧的电荷分布建立的，如同电荷互相排斥一样。质子在线粒体内膜两侧的分布是由于这两种梯度的作用。

12. 线粒体有自己的遗传物质——线粒体DNA，还有蛋白质合成系统（mRNA、rRNA、tRNA、线粒体核糖体等）。但是，其自身遗传信息量不足，仍然受控于核的遗传信息，即线粒体蛋白质只有少数几种是线粒体基因编码的，大多还是由核基因编码，所以线粒体的生物合成涉及两个彼此分开的遗传系统。

13. 在哺乳动物中，线粒体DNA的突变率比核DNA的突变率高。但在植物中，线粒体DNA的突变率比核DNA的突变率低。出现这种差异的可能原因是线粒体采用不同于细胞核DNA的聚合酶以及DNA修复系统。

14. 第1对：复合物Ⅰ；
第2对：辅酶Q；
第3对：辅酶Q和复合物Ⅲ。

15. 糖分子中的那些碳原子已被部分氧化，与脂肪酸酰基链开头的几个碳原子不同，所以，在丙酮酸转变为乙酰CoA期间葡萄糖以CO_2形式失去2个碳原子，糖分子的6个碳原子中只有4个被回收而能进入柠檬酸循环，在那里捕获大部分能量。对比之下，一个脂肪酸的全部碳原子都被转入乙酰 CoA。

16. 人类线粒体基因组很小，基因直接相连甚至重叠，仅出现一个启动子区，一些基因甚至不包括完整的终止密码，这些都反映了其基因组织方式的经济性。

五、实验设计与分析

1. 这一实验说明了线粒体导向序列对其所引导的蛋白质不具有特异性。
2. (1) 当内部向外翻转的亚线粒体颗粒进行电子传递时，小泡内部酸度降低（积累质子的结果)。
   (2) 当在完整的线粒体中电子传递被阻断，且通过降低介质的 pH 建立一人工 pH 梯度时，ATP 合成可以继续。
   (3) 电子传递继续，但 ATP 合成停止。
   (4) 在厌氧条件下的 pH 梯度与有氧条件下相比下降。
3. 间接的证据表明线粒体中存在聚腺苷化的 mRNA，这些 mRNA 来源于无编码终止密码子的线粒体基因，序列以 U 或 UA 结束。推测聚腺苷酸加上一个 A 残基之后产生 UAA 终止密码。为了直接证明线粒体 mRNA 有无 poly（A）尾，可使之与多聚 d（T）的柱子杂交，只有带 poly（A）尾的 RNA 才能结合到柱上。

六、问答题

1. (1) 大小，某些线粒体的大小和细菌的大小相近；
   (2) 膜脂的构成，线粒体内膜富含心磷脂且缺少胆固醇，这也是很多细菌质膜的特征；
   (3) 基因组特征以及转录和翻译机制。
   这些特征暗示线粒体一度是独立生存的。另外，其环状的 DNA 以及核糖体与真核细胞相比更近似于原核细胞。
2. 过氧化物酶体所有的酶和蛋白质都是由核基因编码并在细胞质中的游离核糖体上合成，然后通过引导序列转运进来。构成过氧化物酶体的脂类都是由内质网合成并通过胞质溶胶中的磷脂交换蛋白转运。如过氧化氢酶是研究得较多的蛋白质，它是一种含血红素的四聚体蛋白，在游离核糖体上先合成不含血红素的蛋白质单体，输入到过氧化物酶体后在血红素存在的条件下装配成四聚体。已发现在过氧化物酶体酶蛋白的羧基端有一个三氨基酸序列 Ser-Lys-Leu-(SKL) 起引导序列的作用，如果将这种序列连接到其他细胞质蛋白上，也能够将这种蛋白质引导到过氧化物酶体中。
3. 醌（UQ）即辅酶 Q，部分还原的称为半醌，完全还原的称为全醌（QH_2)。在电子传递链中，醌在内膜中可通过扩散进行穿膜循环（醌循环)。在循环的过程中，CoQ 在线粒体内膜的内侧被 $CoQH_2$-细胞色素 *c* 还原酶复合物还原成 $CoQH_2$，然后 $CoQH_2$ 在线粒体内膜的外侧将 2 个 H^+ 释放到线粒体膜间隙，从而转变成 CoQ，这一过程称为一个循环。
4. 呼吸链又称电子传递链，定位于线粒体内膜。是一组酶的复合体，功能是进行电子传递、质子的传递及氧的利用，产生 H_2O 和 ATP。
   复合物Ⅰ：又称 NADH 脱氢酶或 NADH-CoQ 还原酶复合物；
   复合物Ⅱ：又称琥珀酸脱氢酶或琥珀酸-CoQ 还原酶复合物；

复合物Ⅲ：又称 $CoQH_2$-细胞色素 *c* 还原酶复合物；

复合物Ⅳ：又称细胞色素 *c* 氧化酶。

主呼吸链由复合物Ⅰ、Ⅲ、Ⅳ组成，从 NADH 来的电子依次经过这 3 个复合物进行传递；次呼吸链依次由复合物Ⅱ、Ⅲ、Ⅳ组成，来自 $FADH_2$ 的电子不经过复合物Ⅰ。此外细胞色素 *c* 和辅酶 Q 这两种呼吸链成分独立存在于线粒体膜中。

5. 定位过程是，前体蛋白在游离核糖体合成释放之后，在细胞质分子伴侣 Hsp70 的帮助下解折叠，然后通过 N 端转运肽与线粒体外膜上的受体蛋白识别，并在受体附近的内外膜接触点处利用 ATP 水解产生的能量驱动前体蛋白进入转运蛋白（protein translocator）的运输通道，然后由电化学梯度驱动穿过内膜，进入线粒体基质。在基质中，由线粒体分子伴侣 Hsp70（mHsp70）继续维持前体蛋白的解折叠状态。接着在 Hsp60 的帮助下，前体蛋白进行正确折叠，最后由导肽酶切除引导序列，成为成熟的线粒体基质蛋白。

6. 线粒体内膜是氧化磷酸化的部位，细胞的大多数 ATP 由此产生。嵴是线粒体内膜向内折叠的部分。嵴密度高的线粒体具有较大的内膜区域因而具有较大的氧化磷酸化的能力。心肌在不断收缩的期间消耗大量的能量，而皮肤细胞则相对只需较少的能量。随着嵴密度的增大，心肌细胞产生 ATP 的能力也增大。这就是细胞怎样按需调节其组分丰度的一个典型例子。

7. 这两个术语都描述了由 ADP 和一个磷酸基合成 ATP 的过程。在底物水平磷酸化中，磷酸基团与一供体以共价键相连，然后当磷酸基团被转移给 ATP 时此键断裂。在氧化磷酸化中，没有磷酸基的供体。ATP 合酶从 ADP 和自由的无机磷酸催化合成 ATP，使用由质子梯度而来的能量。术语“氧化”是指建立质子梯度的能量来源，例如，在电子转移链中用有机物对氧的还原。

8. (1) 水轮机反向运转时就是一台电动水泵，类似于当 ATP 合酶利用水解 ATP 的能量，逆着电化学梯度，跨线粒体内膜泵送质子时的情况。

   (2) 从质子梯度取得的能量恰好等于合成 ATP 所需的自由能变化时，在此平衡点上，既没有 ATP 的净合成，也没有 ATP 的净消耗。

   (3) 细胞在消耗 ATP 的时候，基质中 ATP/ADP 的比率会低于上述的平衡点，ATP 合酶利用储存在质子梯度中的能量合成 ATP 以恢复原来的 ATP/ADP 比率。反之，当电化学质子梯度降到低于平衡点的梯度值时，ATP 合酶就会水解基质中的 ATP 以恢复这个梯度。

9. 这涉及蛋白质的四个基本作用：首先，由蛋白质氨基酸侧链提供的化学环境建立起每个铁离子的氧还电位，电子经一定的顺序从一个组分传递到下一个组分，一小步一小步地放出能量，也一步步使键变得更加牢固；第二，这些蛋白质对铁离子进行定位，使得电子在它们之间进行有效移动；第三，这些蛋白质阻止电子跳过中间步骤，引导电子沿着规定的途径传递；第四，这些蛋白质将电子顺特定能量阶梯的移动与泵质子穿过膜的过程相耦联，从而利用释放的能量并将其储存于质子梯度中，然后这个能量被用于合成 ATP。

10. 如果没有可利用的 O_2，线粒体电子传递链的所有组分将会以其还原形式积累。这是因为来源于 NADH 的电子进入传递链却又不能被传递给 O_2，电子传递链因此停止运转，所有的组分处于还原状态。如果突然加入 O_2，则细胞色素氧化酶中的电子载体会在 NADH 脱氢酶中的电子载体之前被氧化。因为在加入 O_2 之后，细胞色素氧化酶会直接向 O_2 提供电子，从而被氧化。

11. 通过酵解和 TCA 循环，将葡萄糖中的能量转移到还原型的辅酶（$FADH_2$，NADH）。然后通过氧化作用将还原型的辅酶氧化，释放的能量通过做功，建立氢质子梯度，同时利用电子呼吸链妥善地将氧化中释放的电子转移给氧。最后利用分子发动机（ATP 合酶），利用势能合成 ATP，从而完成将葡萄糖中的能量转移到 ATP 中的任务。

12. 如果这些细菌以常规的方式利用质子梯度来生产 ATP，就需要内部质子浓度低于外部的，即需要其胞质 pH 高于周围环境的 pH。而细胞在胞质 pH 高于 10 时是不能存活的。因此这些细菌必须在电子传递和 ATP 合酶之间的化学渗透耦联中利用除 H^+ 以外的其他离子梯度（如 Na^+ 梯度）。

13. 这两种膜均包围着线粒体，但它们在结构、功能和来源等各方面都不同。外膜对一般大分子物质都是高度通透的（因为含有孔蛋白），而内膜对大多数细胞的分子都不通透；外膜的脂类构成与细胞质膜相似，但内膜脂类的构成具有更多细菌质膜的特征，推测线粒体可能从细菌进化而来；外膜与脂肪酸、色氨酸和肾上腺素以及其他物质的代谢有关，并且识别转运进入线粒体的蛋白质，内膜与电子传递和 ATP 合成有关。

14. 在三羧酸循环中释放的能量大部分被储存在辅酶（NADH 或 $FADH_2$）分子中，只有将这些还原型辅酶氧化成氧化型的辅酶，能量才能完全释放出来。该过程涉及到电子从 NADH 或 $FADH_2$ 传递到氧，最后生成水。上述反应将能量不是一次性释放的，而是通过线粒体内膜的一系列电子载体（呼吸链）进行逐步的电子传递，将 NADH 或 $FADH_2$ 进行氧化，自由能逐步被收集最后用于 ATP 的合成，将能量储存在 ATP 的高能磷酸键内。ATP 的形成称为磷酸化，伴随氧化进行的磷酸化就称为氧化磷酸化。

15. 除了水解过氧化氢之外，还参与：

(1) 解毒作用：过氧化氢酶利用过氧化氢氧化底物，如酚、甲酸、甲醛和乙醇等，使这些毒性物质变成无毒性的物质，同时使 H_2O_2 变成无毒的 H_2O。这种作用对于肝、肾特别重要。

(2) 调节氧浓度：过氧化物酶体中氧化酶的反应对于细胞内氧气的消耗量具有很大的影响，特别在高浓度氧的条件下尤其明显，因此使细胞免受高浓度氧的毒害作用。

(3) 脂肪酸的氧化：动物细胞的过氧化物酶体中含有脂肪酸氧化酶，大约 25%～50% 的脂肪是在过氧化物酶体中氧化的。

(4) 含氮物质的代谢：大多数动物细胞中，尿酸氧化酶对于尿酸的氧化是必需的，此外过氧化物酶体还参与其他的氮代谢。

16. 不正确。虽然外膜含有孔蛋白，通透性非常高，使得膜间隙中的环境几乎与胞质溶胶相似。但是它有两个重要的作用：①隔离了膜间隙，有利于建立电化学梯度；②外膜含有一些特殊的酶类，如参与色氨酸降解、脂肪酸链延伸的酶，表明外膜不仅参与膜磷脂的合成，同时对那些将在线粒体基质中进行彻底氧化的物质先行初步分解。外膜上含有单胺氧化酶，该酶是外膜的标志酶，这种酶能够终止胺神经递质，如降肾上腺素和多巴胺的作用。

17. 线粒体前导肽转运蛋白质时，具有以下特点：

(1) 需要受体：由于被转运的蛋白质需要穿过（或插入）线粒体膜，前导肽首先需要与线粒体膜上的受体识别，然后才能进行转运。

(2) 从接触点进入：线粒体的内外膜要局部融合形成被运输蛋白进入的接触点（contact site）。

(3) 蛋白质要解折叠：蛋白质在合成时为了防止降解，需要立即折叠形成空间结构，但是在转运时必须解折叠，运入线粒体之后再重新折叠。

(4) 需要能量：前导肽引导的蛋白质转运是一个耗能过程，既要消耗 ATP，又要膜电位的驱动。

(5) 需要导肽酶：由于前导肽只是起蛋白质转运的引导作用，而非蛋白质的永久结构，所以，当蛋白质到达目的地后，前导肽要被切除，这是由导肽酶催化的。

(6) 需要分子伴侣的帮助：在线粒体蛋白的转运过程中，至少需要两种类型的分子伴侣的参与，一种是帮助转运的蛋白质解折叠，另一种是将转运的蛋白质重新折叠。

18. 一般将游离核糖体上合成的蛋白质 N 端信号序列称为导向序列、导向信号或前导肽。线粒体前导肽又叫线粒体转运肽，是新生蛋白质 N 端一段约 20～80 氨基酸残基的肽链，引导新生肽定位到正确的细胞区域。带正电荷的碱性氨基酸含量较丰富，这个特性对于其引导作用至关重要。前导肽序列基本不含电负性的酸性氨基酸，并且有形成两性螺旋的倾向。这些特性有利于穿越线粒体的双层膜结构。不同前导肽之间没有同源性，说明前导肽的序列与识别特异性有关。

七、名词释义

1. 存在于细胞质内的一个重要的细胞器，由内外两层单位膜围成的膜相结构，内膜向内凸起形成嵴，嵴上的颗粒为基粒，是氧化磷酸化的关键装置。线粒体基质是进行三羧酸循环的场所，线粒体是细胞内能量转换的系统，其主要功能是产生 ATP，提供细胞生命活动所需要的能量。

2. 是线粒体嵴膜上的有柄小球体，是磷酸化耦联的关键装置。由两部分组成：即头部，为可溶性 ATP 酶（F_1）；基部，有疏水蛋白（HP 或 F_0），为质子通道。头部为 $\alpha_3\beta_3\gamma\delta\varepsilon$ 9 聚体，基部为 $a_1b_2c_{12}$的 15 聚体。

3. 细胞呼吸是指细胞利用氧气氧化糖类或脂肪产生 CO_2 和 H_2O，同时放出能量形成 ATP 的生物氧化过程。细胞呼吸的主要步骤可简单归纳为：①糖酵解；②由丙酮酸形成乙酰辅酶 A；③进行三羧酸循环；④电子传递和化学渗透耦联磷酸化。

4. 内膜和嵴包围着的线粒体内部空间，含有多种蛋白质和脂类，催化三羧酸循环中脂肪酸和丙酮酸氧化的酶类，也都存在于基质中。此外，还含有线粒体 DNA、线粒体核糖体、tRNA、rRNA 以及线粒体基因表达的各种酶。基质中的标志酶是苹果酸脱氢酶。

5. 线粒体内膜向基质折褶形成的结构称作嵴，嵴的形成使内膜的表面积大大增加。嵴有两种排列方式：一种是片状，另一种是管状。在高等动物细胞中主要是片状的排列，多数垂直于线粒体长轴。在原生动物和植物中常见的是管状排列。线粒体嵴的数目、形态和排列在不同种类的细胞中差别很大。一般来说需能多的细胞，不仅线粒体多，而且线粒体嵴的数目也多。

6. 膜孔蛋白是分布于细菌的外膜、线粒体及叶绿体外膜上的通道蛋白，允许较大的分子通过，其中线粒体膜孔蛋白可通过的分子质量上限为 6000 Da，而叶绿体孔蛋白则可通过

10 000～13 000 Da 之间的物质。其膜脂结合区与其他跨膜蛋白不同，主要为β折叠。

7. 真核细胞内的小型细胞器（单位膜包裹的囊泡，直径 0.5～1.0 μm），含过氧化物酶与过氧化氢酶，功能为分解脂肪酸及氨基酸，而反应生成的毒性物质 H_2O_2 在过氧化氢酶的作用下分解为水和氧。与溶酶体不同，过氧化物酶体不是来自内质网和高尔基体，因此不属于内膜系统的膜结合细胞器。
8. 在电子传递过程中与释放的电子结合并将电子传递下去的物质称为电子载体。参与传递的电子载体有四种类型，黄素蛋白、细胞色素、铁硫蛋白和辅酶 Q，在这四类电子载体中，除了辅酶 Q 以外，接受和提供电子的氧化还原中心都是与蛋白相连的辅基。
9. 细胞色素是含有血红素辅基的一类蛋白质。血红素基团是由卟啉环结合一个铁原子（铁原子位于环的中央）构成的。与 NAD^+ 和 FAD 不同，在氧化还原过程中，血红素基团的铁原子可以传递单个的电子而不必成对传递。血红素中的铁通过 Fe^{3+} 和 Fe^{2+} 两种状态的变化传递电子。在还原反应时铁原子由 Fe^{3+} 状态转变成 Fe^{2+} 状态；在氧化反应中铁原子由 Fe^{2+} 转变成 Fe^{3+}。电子传递链中至少有 5 种类型的细胞色素 a、a_3、b、c 和 c_1，它们之间的差异在于血红素基团中取代基和蛋白质氨基酸序列的不同。
10. 烃链小分子（常为几个异戊二烯单位组成），是呼吸链上的一个重要电子传递体。泛醌获得一个电子和一个质子形成半醌（一个自由基），再获得一个质子和一个电子成为双氢醌。质体醌是植物中的醌形式，与泛醌几乎完全相同。
11. 在活细胞中伴随着呼吸链的氧化过程所发生的能量转换和生成 ATP 的反应。真核生物线粒体和细菌中，ADP 被磷酸化形成 ATP，此过程由传递到氧的电子传递作用所驱动。
12. 铁硫蛋白是含铁的蛋白质，也是细胞色素类蛋白。在铁硫蛋白分子的中心结合的不是血红素而是铁和硫，称为铁-硫中心（iron-sulfur center）。最常见的形式是在蛋白质的中央含有 4 个原子，其中 2 个是铁，另 2 个是硫，称为［2Fe-2S］；或在蛋白质的中央含有 8 个原子其中 4 个是铁，另 4 个是硫，称为［4Fe-4S］，并且通过硫与蛋白质的半胱氨酸残基相连。在铁硫蛋白中尽管有多个铁原子的存在，但整个复合物一次只能接受一个电子以及传递一个电子，并且也是靠 Fe^{3+}/Fe^{2+} 状态的循环变化传递电子。
13. 又称电子传递链，是分布于线粒体内膜上一组酶的复合体。其功能是进行电子传递、H^+ 的传递及氧的利用，最后产生 H_2O 和 ATP。呼吸链有 4 种复合物：①复合物Ⅰ：NADH-辅酶 Q 还原酶，主要成分是 NADH 脱氢酶（接受来自 NADH 的氢并转给辅酶 Q），共有 25 个亚基，有一个 FMN，6 个铁硫蛋白。②复合物Ⅱ：琥珀酸辅酶 Q 还原酶，有 4 个亚基，2 个铁硫蛋白和 1 个细胞色素 b，琥珀酸脱氢酶是其主要组分蛋白。主要功能是氧化琥珀酸，并将其获得的电子通过黄素蛋白传递给辅酶 Q。该复合物位于内膜的 M 侧。③复合物Ⅲ：辅酶 Q 细胞色素 c 还原酶，有 9 个亚基，含 1 个细胞色素 c_1、2 个细胞色素 b、1 个铁硫蛋白，位于内膜的 C 侧（靠近膜间隙），将电子传递到复合物Ⅳ。④复合物Ⅳ：细胞色素 c 氧化酶，是由 2 个单体组成的二聚体。每个亚基含有 1 个 a、1 个 a_3 和 2 个 Cu。主要功能是将细胞色素 c 上的电子移去，传递给 O_2 分子，生成 H_2O。
14. 以黄素核苷酸（FAD 或 FMN）作为辅酶或辅基的酶或蛋白质。在电子传递链的终端部分担当氧化还原酶或电子载体的功能。每个辅基能够接受和提供 2 个质子和电子。线粒体中的黄素蛋白主要是电子传递链中 NADH 脱氢酶和 TCA 循环中的琥珀酸脱氢酶。

第八章　叶绿体与光合作用

一、填空题

1. 叶绿体膜（外被），类囊体，基质
2. 叶绿素
3. 光合作用，光反应
4. 光能转变成电能，作用中心色素由基态转变为激发态
5. PSⅠ，PSⅡ，细胞色素 b_6/f
6. 外半层，内半层
7. 氧化磷酸化，内膜，光合磷酸化，类囊体膜
8. ctDNA，核 DNA
9. 光能的吸收
10. 2，3
11. 反向重复区
12. PQ
13. 发生在 G_2 期，发生在 G_1 期或 S 期
14. 捕光色素，光合作用中心
15. 叶绿体基因编码并在叶绿体核糖体上合成；核基因编码；在细胞质核糖体上合成；核基因编码，在叶绿体核糖体上合成
16. 铁氧还蛋白，质体醌
17. 质体蓝素，H_2O
18. 类囊体膜上
19. 6 分子，12 分子
20. FeS，铁氧还蛋白（Fd）
21. 原初反应，电子传递，光合磷酸化
22. 化学能，光能
23. 前质体
24. 叶绿体，线粒体，RNA，反向重复序列，单拷贝
25. 光反应，光能的吸收，电子的传递，光合磷酸化，CO_2 的固定，暗反应，光系统Ⅰ，光系统Ⅱ，细胞色素 b_6/f，循环式，非循环式，类囊体膜

二、判断题

1. 错误。只有叶绿体能够进行光合作用。
2. 正确。
3. 正确。

4. 错误。叶绿体的 ATP 合酶定位于类囊体膜。
5. 错误。8 个小亚基由核基因编码。
6. 错误。位于基粒类囊体上。
7. 错误。不含铁，而含铜。
8. 正确。
9. 正确。
10. 错误。由核基因和叶绿体基因共同编码。
11. 正确。
12. 正确。
13. 正确。
14. 正确。在光合作用进化过程中必须克服的最重要的障碍之一就是：部分还原的氧分子(如超氧化物自由基 O_2^-) 是有害物质，可攻击、破坏几乎所有的生物活性分子。因此这些中间产物必须与酶活性部位上的金属保持紧密结合直至 4 个电子全部从 2 个水分子中被转移。这需要该反应中心连续捕获 4 个光子。
15. 正确。NAD^+ 和醌是无须铁离子也能参与电子传递的例证。
16. 正确。两者在膜平面上迅速地移动。
17. 错误。不仅没有叶绿体的植物细胞需要由线粒体来制造 ATP，诸如根细胞，而且在所有的植物细胞中都需要线粒体制造大部分的胞质 ATP。
18. 错误。叶绿素的生理功能要求具有吸收光的特性，血红素则是一种有色化合物而使血液呈红色。
19. 错误。叶绿素吸光并以带能电子形式传递能量，而血红素中的铁只是一种简单的电子载体。
20. 错误。树的大部分干重主要为光合作用合成的有机化合物。

三、选择题

1. C	2. A	3. C	4. A	5. B	6. D	7. B	8. A	9. B	10. A
11. A	12. B	13. A	14. C	15. D	16. D	17. A	18. A	19. B	20. C
21. A	22. A	23. B	24. A	25. C	26. D	27. A	28. B	29. A	

四、简答题

1. 叶绿体的结构特征是含有三种不同的膜（外膜、内膜、类囊体膜），以及三种彼此分隔的区室（膜间隙、叶绿体基质和类囊体腔）。
2. 光合作用产生的糖类物质可通过运输系统运往根部细胞，被根部细胞的糖酵解作用和氧化磷酸化作用合成生成 ATP，以及被用作许多其他代谢物的结构元件。
3. 类囊体膜对质子的不通透性使得由光合作用建立起来的质子梯度不会因为质子扩散回类囊体腔内而消失。
4. 光能被捕光分子吸收，并传递至作用中心，发生最初的光化学反应（转换），分离电荷将光能转化为化学能的过程。

5. 在叶绿素进行光合作用的光反应中，要进行水的光解，产生电子和氧分子。
6. 类胡萝卜素最重要的作用是保护光合作用反应器不被氧的活性形式所氧化，还具有吸收蓝光和绿光的作用。
7. 高度的流动性可以提高移动的电子载体质体醌和质体蓝素在光合作用反应器之间的扩散速率。
8. 即使是在光照条件下，含有叶绿体的细胞仍然需要线粒体为细胞提供由氧化磷酸化作用产生的 ATP。叶绿体光合作用产生的甘油醛-3-磷酸可进入胞质溶胶，最终作为能源驱动线粒体中的 ATP 合成。
9. 两种光合系统 PSⅠ和 PSⅡ的存在，对于提高水中电子的能量，以足够用于还原 $NADP^+$ 具有重要意义。任何一个光系统都不能单独提供足够的能量来完成这一高度吸能的任务。
10. 两种类型的生物都可以还原 CO_2 并将碳固定到有机分子中。化能自养生物利用简单的无机分子如氨、硫化氢、亚硝酸盐的氧化电位作为能量来源，而光能自养生物则利用光辐射能来完成这项工作。

五、实验设计与分析

1. (1) C_4 和 CAM 植物；
   (2) C_3 植物；
   (3) CAM 植物；
   (4) C_4 植物。
2. (1) 溶液在类囊体膜两侧建立起一个 pH 梯度。沿电化学势而下的质子流驱动 ATP 合酶将 ADP 转化为 ATP。
   (2) 不需要光。因为这种 H^+ 梯度是人工建立的，不需要光驱动的电子传递链。
   (3) 不会出现合成 ATP 的情况。由于电化学梯度的方向，ATP 合酶将不工作。
   (4) 这个实验展示仅靠 H^+ 梯度就足以驱动 ATP 合成，为化学渗透模型提供了早期的支持证据。
3. (1) 当将这些小泡置于光照下，被菌紫质泵入小泡的 H^+（来自 H_2O）通过 ATP 合酶返流出，光照使小泡周围的溶液中合成 ATP。
   (2) 如果这些小泡泄漏，就无法维持质子浓度梯度，ATP 合酶也就不能工作。

六、问答题

1. 因为在实验中发现每固定 1 个 CO_2 分子（或者说每释放 1 分子 O_2）需要 2500 个叶绿素分子，即 2500 个分子的叶绿素吸收的光能才能用于 1 分子 CO_2 的固定，后来发现每固定1 分子 CO_2 需要消耗 8 个光子，由此推算固定 1 个光子大约需要 300 个分子的叶绿素($2500 \div 8 \approx 300$)。

   由此看来，分散的叶绿素分子是不利于行使功能的，必须由几百个叶绿素分子组成的功能单位才能进行光子的固定和进行光能的吸收。
2. 系统不同，产物也不同，详细列于表 A8-1。

表 A8-1　循环式和非循环式光合磷酸化的比较

	非循环式	循环式	假循环式
参与的系统	PSⅠ + PSⅡ	PSⅠ 或 PSⅡ	PSⅠ + PSⅡ
最终电子受体	$NADP^+$	无	O_2
最终产物	ATP，NADPH，O_2	ATP	ATP，H_2O

3. (1) 类囊体膜是光系统Ⅰ和Ⅱ的支持物和电子载体。膜使得光系统的组分保持适当的方向性，如光的能量被引入光反应中心，电子从供体沿一定的顺序传递到受体。
   (2) 类囊体膜可隔离质子以建立起梯度，且利用此梯度合成 ATP。叶绿体 ATP 合酶由朝向富含质子的内腔的 CF_0 和朝向基质的具催化活性的 CF_1 组成，合成 ATP。
   (3) 叶绿体的内、外膜分隔了固碳反应与细胞质中的催化反应，因为这两种途径共享很多中间产物，如果二者不在空间上分开，很多中间产物在合成糖类前就会被另外的反应分解。
4. 核酮糖 1,5-二磷酸羧化酶（ribulose-1,5-bisphosphate carboxylase，rubisco）是叶绿体基质中进行 CO_2 固定的重要酶类，分子质量为 550 kDa，总共有 16 个亚基，其中 8 个大亚基含有催化位点，8 个小亚基是全酶活性所必需的。rubisco 的大亚基由叶绿体基因编码，而小亚基则由核基因编码，在细胞质的游离核糖体上合成后被运送到叶绿体基质中。
   通过离体实验表明，小亚基前体蛋白的 N 端有一段引导肽序列，长为 44 个氨基酸残基，运输过程需要分子伴侣 Hsp70 的参与，运输到叶绿体基质后，引导肽要被切除，最后 8 个小亚基与叶绿体基因编码的 8 个大亚基结合形成全酶。
   在 rubisco 小亚基蛋白运输中，与通道形成和打开有关的受体蛋白有三种：Toc86 主要是识别信号序列；Toc75 是通道蛋白；Toc34 是调节蛋白，与 GTP 结合后可改变 Toc75 的构象使通道打开。
   与线粒体基质蛋白转运不同的是，叶绿体基质蛋白转运所需的能量仅仅是 ATP，不需要电化学梯度的驱动。
5. 被泵出线粒体内膜进入膜间隙的质子与胞质溶胶之间起着平衡作用，线粒体基质与胞质溶胶中都包含许多代谢反应，需要 pH 保持中性。因此线粒体基质与胞质溶胶间可以达到的 H^+ 浓度差就比较小（1 个 pH 单位），线粒体的质子电化学梯度主要是由膜电位所造成的。反之，在叶绿体中质子被泵至更小的专用区室，可产生更大的浓度差（可以达到 1000 倍，即 3 个 pH 单位）。
6. 两者都来自叶绿体的内膜系统，基粒类囊体叠成堆，而基质类囊体是连接基粒的扁平膜囊。多种与光合作用有关的复合物，包括细胞色素 b_6/f 复合物及 PSⅡ，都可在两种膜上发现。基质类囊体与不紧贴的基粒类囊体膜富含 PSⅠ、ATP 合酶及松弛结合的核酮糖 1,5-二磷酸羧化酶。二者在脂类构成上也有差别。
7. 在非循环光合磷酸化中电子从 H_2O 移动到 $NADP^+$，产生一个质子梯度用于合成 ATP，此过程需要两个光系统的参与，两次提高光的能量。在循环式光合磷酸化中，从叶绿素流出的电子不被来自 H_2O 的电子所取代，而是由同样从叶绿素中流出的电子循环再回到叶绿素。此过程只需要一个光系统 PS Ⅰ，在起点处提高电子的能量，用于产生一个质子梯度(如同在非循环光合磷酸化中一样)，被用于产生 ATP。

8. 这种细胞分类是 C_4 植物特有的，用于在空间上隔离 ATP 合成与 $NADP^+$ 的还原过程和糖生成的过程。这两类细胞排列成同心的圆柱面，叶肉细胞在外层的柱面而维管束鞘细胞在内层柱面，ATP、NADPH 在叶肉细胞中生成，CO_2 在叶肉细胞中被固定为四碳化合物(如苹果酸等)，四碳酸运输到维管束鞘细胞中去，CO_2 再释放出来，作为核酮糖 1,5-二磷酸羧化酶的底物并最终被固定到糖分子中。内层细胞与大气中的 O_2 隔绝，光呼吸减少。

9. 叶绿体是前质体在光照条件下诱导发育而来。在光的诱导下，激发了叶绿体蛋白的合成，并跨过前质体的内膜运输到前质体内。同时内膜向内出芽形成膜泡，这些膜泡能够自我成堆排列，通过摄取必要的蛋白和叶绿素，最后形成成熟的类囊体。详细过程包括：

   (1) 光触发叶绿素、磷脂、叶绿体基质蛋白和类囊体蛋白的合成，然后从叶绿体内膜出芽形成小泡；

   (2) 前质体变大，某些球形的小泡融合，最后形成连成一体的扁平的类囊体小泡，某些类囊体小泡堆积起来并在光诱导下大量合成 LHC 蛋白；

   (3) 叶绿体进一步变大，当更多的类囊体小泡形成基粒时，叶绿体成熟。

   叶绿体是惟一含有类囊体膜结构的质体，能够进行光合作用，这是叶绿体与其他质体的根本区别。

10. 主要表现在组成和功能上不同：

    在电子显微镜下观察可见到叶绿体基质中有一些细微颗粒，其中最多的是淀粉颗粒。这种颗粒是用于储存光合作用所产生的碳水化合物；另外还有一些含脂的沉积物称为质体小球，这种小球的产生与类囊体的破裂有关，当新类囊体形成时，老的类囊体破裂，可减少类囊体的数量和体积，由此可以推测质体小球可作为类囊体脂的储备库。基质中含有大量的可溶性蛋白，其中 RuBP 羧化酶占可溶性蛋白总量的 60%。此外，叶绿体基质中还含有 CO_2 固定反应的所有酶类。叶绿体基质中还有核糖体、DNA 和 RNA 等。叶绿体的 DNA 大约编码 100 种多肽，涉及叶绿体 DNA 的复制、转录、遗传信息的翻译。基质是光合作用固定 CO_2 的场所。

    线粒体基质中主要是参与 TCA 循环的酶类，功能是进行 TCA 循环。

11. 光能转变成化学能包括光的吸收、光能的传递和转变等三个主要过程。

    首先由光系统中的捕光复合物通过捕光色素吸收光子，使叶绿素分子由基态变为激发态，并通过共振机制极其迅速地相互传递，最后传给反应中心的一对特殊的叶绿素分子 a，这一对叶绿素分子与作为电子供体和受体的蛋白质紧紧地结合在一起。叶绿素 a 被激发成激发态，同时放出电子给原初电子受体，此时叶绿素 a 被氧化成带正电荷的氧化态，而受体被还原成带负电荷的还原型受体。氧化态的叶绿素 a 又可从原初电子供体处获得电子而恢复为原来的还原状态，原初电子供体则被氧化成氧化态，这样不断地氧化还原，就不断地把电子传递给原初电子受体，原初电子受体将高能电子释放进入电子传递链，完成了光能转化为化学能的过程。

12. 肉质植物的叶肉主要是叶肉细胞组成的。肉质植物对 CO_2 的固定方式很特别，最早发现于景天酸属（*Crassulaceae*）植物，所以将 CO_2 的这种代谢类型称为景天酸代谢（crassu-

lacean acid metabolism，CAM)。

当天气炎热和干燥时，如果在白天打开气孔吸收 CO_2，会损失过多的水分。为了解决这一问题，CAM 植物主要在夜间打开气孔。

CAM 植物也是通过 PEP 羧化酶固定 CO_2，固定反应发生在胞质溶胶中，产生大量的四碳酸——苹果酸。夜间形成的苹果酸暂时储存在叶肉细胞的中央液泡中，到了白天，气孔关闭，PEP 羧化酶暂时失活，苹果酸从液泡扩散到胞质溶胶中，然后被裂解释放 CO_2，进入卡尔文循环。到了夜间，气孔又打开，PEP 羧化酶被激活，开始新的循环。CAM 植物与 C_4 植物类似之处是 CO_2 需要固定两次，不同的是 CAM 植物不需要两种类型的细胞协同工作。

13. 是由含 Mn 的蛋白复合物介导的。该复合物中 4 个 Mn 离子与 PSⅡ的 D1 蛋白紧密地靠在一起，每个锰离子可以传递一个电子。4 个锰离子可以连续 4 次，每次传递 1 个，共传递 4 个电子给邻近的 $P680^+$，使 Mn 带上正电荷。Mn 传递的电子经过带正电荷的酪氨酸 (Tyr_z^+) 才能传给 $P680^+$，Tyr_z 也可写成 TyrZ，是反应中心的一种含酪氨酸残基的蛋白质。Mn 基团每传递 1 个电子给 $P680^+$，使其成为还原型的 P680 后，PSⅡ又可吸收 1 个光子，P680 又被氧化成 $P680^+$，以此反复，直到 4 个 Mn 都释放了电子成为氧化型之后，PSⅡ的氧释放复合物（oxygen-release complex）才能从 2 分子水中移去 4 个电子，形成 1 分子氧，并使 Mn 回复到原始状态（S_0 state)。

从水光解释放的电子传递给 PSⅡ的 P680，再从 P680 传递给 Q_B 的路线综合如下：

H_2O→Mn→P680→脱镁叶绿素（Pheo）→Q_A→Q_B。

14. 在叶绿体进行的光反应中，类囊体的膜在进行电子传递的同时，会在类囊体膜两侧建立 H^+ 梯度。类囊体膜两侧 H^+ 梯度的建立主要有三种因素：①首先是水的光解，在释放 4 个电子、1 分子 O_2 的同时，释放 4 个 H^+。水的裂解是在类囊体的腔中进行的，所以水的裂解导致类囊体腔中 H^+ 浓度的增加。②Cyt b_6/f 复合物具有质子泵的作用，当 P680 将电子传递给 PQ 时，从基质中摄取了两个 H^+，形成 PQH_2，传递 4 个电子，则要从基质中摄取 4 个 H^+。当 PQH_2 将电子传递给 Cyt b_6/f 复合物时，2 分子 PQH_2 的 4 个 H^+ 全被泵入类囊体的腔，叶绿体腔中 H^+ 浓度降低的同时，类囊体腔中 H^+ 浓度进一步提高。③当电子最后传递给 $NADP^+$ 时，需从基质中摄取 2 个 H^+ 将 $NADP^+$ 还原成 NADPH，这样又降低了基质中的 H^+ 的浓度。其结果使类囊体膜两侧建立了 H^+ 电化学梯度。

15. 光呼吸是一种依靠光来消耗 O_2，放出 CO_2 的作用。在光存在的条件下，光呼吸降低了光合作用的效率，因为光呼吸要氧化光合作用中产生的还原型的碳原子，同时消耗了大量的能量。

rubisco 除了作为羧化酶催化将 CO_2 添加到核酮糖 1,5-二磷酸，生成 2 分子 3-磷酸甘油酸外，也可作为加氧酶，利用分子氧催化核酮糖 1,5-二磷酸裂解成 3-磷酸甘油和磷酸乙醇酸。

由于磷酸乙醇酸不能被卡尔文循环利用，所以是碳同化的废物。磷酸乙醇酸的合成不仅浪费能源和碳源，而且磷酸乙醇酸的积累可能杀死植物本身，因为这种物质能抑制丙糖磷酸异构酶（triose-phosphate isomerase）的活性，从而破坏了叶绿体基质中甘油醛-3-磷酸与二羟丙酮（dihydroxyacetone）的平衡。

rubisco同氧的亲和力比与二氧化碳的亲和力低得多，所以RuBP的氧化反应要比羧化反应慢。可以推测一般情况下这种氧化作用不构成威胁，但是当CO_2的浓度很低而O_2的浓度很高时，O_2就会取代CO_2作为rubisco的底物。将叶或藻类细胞置于低比值的CO_2/O_2气体环境中研究，发现RuBP每发生2～3个羧化反应就要发生一次氧化反应，严重影响光合作用的效率。

生活在某些环境下的植物往往会受到这种影响，如生活在因强烈光照导致炎热和干旱地区的植物叶绿体中容易发生RuBP的氧化作用，因为这种环境会使叶绿体基质中CO_2/O_2的比值降低。虽然温度的升高，CO_2、O_2的溶解性都会降低，但CO_2的溶解性下降更快，其结果导致基质中CO_2/O_2比值的降低。另外生活在干旱地区的植物，为了防止水分蒸发会关闭气孔，CO_2就不能进入叶中，没有稳定的CO_2供给同化作用，叶细胞中的CO_2的浓度进一步下降。但是叶绿体中水的光解继续进行，由于释放的O_2不能扩散出叶，使得细胞内O_2的浓度不断增加，进而严重影响光合作用。因此这些植物通过光呼吸来提高CO_2的浓度，从而提高光合作用的效率。

16. 存在于叶绿体内膜中一类转运蛋白，参与叶绿体的物质运输。此类蛋白运输的主要特点是通过交换进行的，并且不消耗能量，而是靠浓度梯度进行的。交换是一对一的交换，如磷酸交换载体、二羧酸转运载体（dicarboxylate exchange carrier）等。

17. 线粒体和叶绿体的膜和区室在结构组成和功能上都有所不同，如线粒体内膜除了作为线粒体界膜之外，主要功能是电子传递和合成ATP。从结构上看，线粒体内膜向内折叠成嵴，ATP合酶位于嵴上。而叶绿体的内膜只是稍向内折形成小管或小泡结构，且表面光滑。叶绿体内膜是脂合成的场所，是叶绿体的界膜。线粒体、叶绿体膜和区室的主要结构和功能特征列于表A8-2。

表A8-2 线粒体、叶绿体膜和区室的主要结构和功能特征的比较

膜或区室	线粒体	叶绿体
外膜	标志酶：单胺氧化酶	
	厚5.5 nm，通透性强，有孔蛋白	厚7 nm，通透性强，有孔蛋白
内膜	标志酶：细胞色素氧化酶	
	蛋白质:脂＝0.7	蛋白质:脂＝0.9
	通透性差	通透性差
	向内折成嵴	稍向内折成管状或小泡状
	内表面有ATP合酶颗粒	内表面光滑
	有各种类型的运输蛋白	仅仅是运输交换蛋白
	是电子传递和氧化磷酸化部位	是脂合成的部位
类囊体膜	无	光反应的部位
		外表面有CF_0CF_1ATP合酶，光合磷酸化部位
膜间隙	标志酶：腺苷酸激酶	
	建立H^+梯度	
基质	含有各种酶系、mtDNA、核糖体、	含有一些酶、ctDNA、核糖体、
	tRNA和蛋白质表达因子	tRNA和蛋白质表达因子
	TCA循环场所	卡尔文循环场所
类囊体腔	无	建立H^+梯度
		水的光解

18. 电子传递链都是由一系列的电子载体构成的。但二者不同的是，线粒体呼吸链中的载体位于线粒体内膜，将 NADH 和 $FADH_2$ 的电子传递给氧，释放出的能量用于 ATP 的合成；而光合作用的电子载体位于类囊体膜上，将来自于水的电子传递给 $NADP^+$，并且这是一个吸热的过程而不是放热的过程。

与线粒体的呼吸链一样，光合作用的电子传递链中的电子载体也是由细胞色素、铁氧还蛋白、黄素蛋白和醌等构成。

七、名词释义

1. 前质体是质体的前身，仅由内膜和外膜构成，膜内是少量的基质和 DNA，但是没有 LHC 蛋白、叶绿素和电子传递系统。植物中的前质体随着在发育过程中所处的位置以及接受光的多少程度，分化成功能各异的质体，如叶绿体、白色体、淀粉体、有色体等。
2. 质体是植物细胞中由双层膜包裹的一类细胞器的总称，这类细胞器都是由共同的前体——前质体分化发育而来，包括叶绿体、白色体、淀粉质体、有色体、蛋白质体、油质体等。有些质体具有一定的自主性，含有 DNA、RNA、核糖体等。
3. 质体的一种，不含色素，多存在于植物的分生组织和储藏组织中，具有制造和储藏淀粉、蛋白质和油脂的功能。这类质体是由于前质体在发育分化过程中一直处于黑暗中，发育的顺序发生了改变，使内部的膜结构形成了片层体。如果将发育成熟的具有叶绿体的绿色植物置于黑暗中，这种植物的叶绿体也会转变成白色体，原因是叶绿体的类囊体的膜会破裂并互相融合形成典型的片层体结构，叶绿体就变成了白色体。
4. 有色体含有叶黄素、胡萝卜素和类胡萝卜素，不含叶绿素，无类囊体结构。分布于高等植物的某些器官，如花瓣、果实和根细胞中，使其呈现黄色或橘黄色。不进行光合作用，功能是富集淀粉和脂类。另外还有储存蛋白质的质体、储存淀粉的质体、储存脂的质体的功能等。
5. 光反应又称为光系统电子传递反应。在反应过程中，来自于太阳的光能使绿色生物的叶绿素产生高能电子从而将光能转变成电能。然后电子通过在叶绿体类囊体膜中的电子传递链间的移动传递，并将质子从叶绿体基质传递到类囊体腔，建立电化学质子梯度，用于 ATP 的合成。光反应的最后一步是高能电子被 $NADP^+$ 接受，使其被还原为 NADPH。光反应的场所是类囊体。概括地说光反应是通过叶绿素等光合色素分子吸收光能，并将光能转化为化学能，形成 ATP 和 NADPH 的过程。光反应包括光能吸收、电子传递、光合磷酸化等三个主要步骤。
6. 暗反应是 CO_2 固定反应，简称碳固定反应。在这一反应中，叶绿体利用光反应产生的 ATP 和 NADPH 这两个高能化合物分别作为能源和还原的动力将 CO_2 固定，使之转变成葡萄糖，由于这一过程不需要光所以称为暗反应。碳固定反应开始于叶绿体基质，结束于细胞质基质。
7. 能够吸收光的色素称为捕光色素或光吸收色素，此类色素位于类囊体的膜上，只具有吸收聚集光能的作用，而无光化学活性，又称为天线色素。
8. 由只具有吸收聚集光能的作用，而无光化学活性的色素分子组成的复合物。典型的捕光复合物是由几百个叶绿素分子、数量不等但都与蛋白质连接在一起的类胡萝卜素分子所组成。当一个光子被捕光复合物中的一个叶绿素或类胡萝卜素分子吸收时，就有一个电子被激活，激发状态从一个色素向另一个色素传递，直到传递给反应中心。

9. 电子载体，与线粒体电子传递链的泛醌一样，也是通过醌和醌醇的循环来传递电子和质子，不过质体醌与泛醌的结构是不同的。

10. 是类囊体膜上可分离出来的多亚基膜蛋白。由 4 个多肽组成：即细胞色素 f、细胞色素 b_6、一个铁硫蛋白和一个 17 kDa 的多肽。前 3 个都是电子载体，细胞色素 f 也是 c 型的细胞色素，与线粒体的细胞色素 c_1 关系密切。该复合物位于基质面，功能是参与电子传递。

11. 通过实验发现的 CO_2 在光合作用中被固定的一种途径，在这一途径中 CO_2 的固定是一个循环过程。在卡尔文循环中，固定 CO_2 产生的中间体是三碳的三磷酸甘油酸（3-phosphoglycerate，PGA），所以称为 C_3 途径，并将通过这种途径固定 CO_2 的植物称为 C_3 植物。C_3 途径分为三个阶段：羧化、还原和 RuBP 的再生。因这一途径是卡尔文发现的，称为卡尔文循环。

12. 有一些植物对 CO_2 的固定反应是在叶肉细胞的胞质溶胶中进行的，在磷酸烯醇式丙酮酸羧化酶的催化下将 CO_2 连接到磷酸烯醇式丙酮酸（PEP）上，形成四碳酸——草酰乙酸，这种固定 CO_2 的方式称为 C_4 途径。草酰乙酸被转变成其他的四碳酸（苹果酸和天冬氨酸）后运输到维管束鞘细胞，在维管束鞘细胞中被降解成 CO_2 和丙酮酸，CO_2 在维管束鞘细胞中进入卡尔文循环。由于 PEP 羧化酶的活性很高，所以转运到叶肉细胞中的 CO_2 的浓度就高，大约是空气中的 10 倍。这样即使在恶劣的环境中，也可保证高 CO_2 浓度，降低光呼吸作用对光合作用的影响。

13. 在光合作用的光反应中，除了将一部分光能转移到 NADPH 中暂时储存外，还要利用另外一部分光能合成 ATP，将光合作用与 ADP 的磷酸化耦联起来，这一过程称为光合磷酸化。与线粒体氧化磷酸化的主要区别在于：氧化磷酸化是由高能化合物分子氧化驱动的，而光合磷酸化是由光子驱动的。但二者同样可用化学渗透学说解释，在电子传递和 ATP 合成之间，起耦联作用的是膜内外之间存在的质子电化学梯度。类囊体膜进行的光合电子传递与光合磷酸化需要 4 个跨膜复合物参加：光系统Ⅱ、细胞色素 b_6/f 复合物、光系统Ⅰ和 ATP 合酶。通过 3 个可动的分子（质子）——质体醌、质体蓝素和 H^+ 将这 4 个复合物在功能上连成一体，即完成电子传递、建立质子梯度、合成 ATP 和 NADPH。

14. 在叶绿体中，光系统吸收的光能被用于产生 ATP（以及 NADPH）的过程。包括光系统Ⅱ光解 H_2O，电子经两个光系统最后传递给 $NADP^+$，并在电子传递过程中建立 H^+ 梯度，驱使 ADP 磷酸化产生 ATP。非循环式电子传递和光合磷酸化的最终产物有 ATP、NADPH、分子氧。

15. 进行光吸收的功能单位称为光系统，是叶绿素、类胡萝卜素、脂类与蛋白质分子组成的复合物。每个光系统含有两个主要成分：捕光复合物（light-harvesting complex）和光反应中心复合物（reaction-center complex）。

第九章　内膜系统与蛋白质分选和膜运输

一、填空题

1. 糙面内质网，高尔基复合体
2. 滑面内质网，氧化酶
3. 高尔基体反面网络，内体
4. 三维结构
5. 信号识别颗粒，11，6，7
6. 信号识别颗粒，亲水，疏水
7. 受体介导
8. GDP 与 GTP 的交换
9. 单体 GTPase，运输小泡锚定在膜上
10. 网格蛋白包被小泡，包被蛋白复合体包被小泡，小窝蛋白包被小泡
11. 回到原位，被溶酶体水解，转到另一部位的膜上
12. 内质网→顺面高尔基体，潴泡堆之间，潴泡堆到反面高尔基网络
13. 内吞的囊膜，受体蛋白，小泡
14. 微粒体，蛋白质
15. 分泌细胞，胚乳细胞
16. 隐性葡萄糖苷酶基因，葡萄糖苷酶
17. *N*-乙酰葡糖胺，*N*-乙酰半乳糖胺
18. 表面积与体积比，关键分子浓度对反应的影响，细胞质膜的合成
19. 圆球体
20. GNRP（鸟嘌呤核苷释放蛋白），GAP（GTPase 激活蛋白）
21. 磷脂交换蛋白，出芽形成小泡
22. Ca^{2+}-ATP 酶
23. 翻译暂停结构域，信号肽识别、结合结构域，受体蛋白结合结构域
24. *N*-乙酰葡萄糖胺磷酸转移酶，葡萄糖磷酸酶
25. 多萜醇
26. 质膜的膜受体，高尔基体膜受体
27. 细胞内的 pH 下降，引起溶酶体的破裂
28. 蛋白质的分选
29. α-1,4 葡萄糖苷酶，糖原
30. 识别并结合非正确折叠或装配的蛋白质
31. 胆固醇
32. 选择性，受体介导的内吞

33. 膜旁核糖体，内质网，高尔基体，糖基转移酶
34. 包被蛋白体，网格蛋白
35. 细胞质膜上有没有特定的受体
36. 前胰岛素原，胰岛素原，高尔基体，C 肽，胰岛素
37. BiP
38. pH 下降，酸性水解酶
39. 5′-6-磷酸酶 Na^+-K^+-ATP 酶，单胺氧化酶，腺苷酸激酶，细胞色素氧化酶，苹果酸脱氢酶，葡萄糖-6-磷酸酶，糖基转移酶，酸性磷酸酶，过氧化氢酶
40. 高尔基体反面网络，质膜，选择性，ER，高尔基体，非选择性，包被亚单位，包被小窝，衔接蛋白，羧基，4，小泡停靠后，装配反应因子（ARF），脂肪酸，单体 GTP 结合

二、判断题

1. 错误。线粒体不属于小泡运输系统，因而在糙面内质网中装配的 *N*-连接糖蛋白不能被转运至线粒体。
2. 正确。
3. 正确。
4. 正确。
5. 正确。
6. 错误。是外侧（反面）的分拣系统。
7. 错误。还有一个 7S 的 RNA。
8. 错误。如果穿膜信号就是信号序列本身，则要被切除。
9. 错误。因为有滞留信号。
10. 正确。
11. 错误。质膜上也有 M6P 受体蛋白。
12. 正确。
13. 错误。都是整合蛋白。
14. 正确。
15. 正确。
16. 正确。
17. 错误。受体介导的内吞不是吞噬细胞特有的。
18. 错误。网格蛋白包被小泡是由衔接蛋白介导。
19. 正确。
20. 正确。
21. 正确。
22. 错误。引导蛋白质进入糙面内质网的信号序列应含有 8 个或 8 个以上的疏水性氨基酸组成的核心。该序列却含有许多亲水性氨基酸，包括带电荷的 His、Arg、Asp 和 Lys，与不带电荷的亲水性氨基酸 Gln、Ser。
23. 错误。微粒体是人工概念。

24. 正确。
25. 错误。过氧化物酶体的酶是在游离核糖体上合成的。
26. 错误。在极性细胞中需要分选信号。
27. 正确。
28. 正确。否则它们不能停靠在正确的靶膜上或不能组织一个融合复合物到停靠部位。
29. 正确。溶酶体蛋白在高尔基体外侧网络内分选，并被装入运输小泡内，运输小泡将它们送至次级内体。如果不经分选，则进入错误的运输小泡中去，这些运输小泡定向向细胞表面移动。
30. 错误。溶酶体也通过自噬作用消化废旧的细胞器。

三、选择题

1.A	2.B	3.C	4.A	5.C	6.D	7.B	8.B	9.A	10.D
11.B	12.ABD	13.C	14.B	15.A	16.CD	17.B	18.ABCD	19.D	20.A
21.A	22.D	23.C	24.D	25.B	26.B	27.D	28.D	29.B	30.A
31.ACD	32.B	33.D	34.B	35.D	36.A	37.B	38.A	39.ACD	40.C

四、简答题

1. 并非所有的细胞都是如此。有的细胞中只有 RER，如胰腺外分泌细胞；有的细胞只有 SER，如平滑肌、横纹肌细胞；有的细胞中既含有 RER，又含有 SER。
2. 是常染色体上一个隐性基因突变，造成溶酶体缺乏 α-葡萄糖苷酶，不能分解过剩的糖原，造成糖原大量积累在溶酶体内。
3. 细胞分级分离是体外研究细胞组分的一种技术，亚细胞器片段，如高尔基体、内质网等结构可根据物理性质的不同而被分离。
4. 溶酶体是细胞内的消化器官，溶酶体既消化通过吞噬作用进入细胞的外源颗粒，又消化衰老或损坏的细胞器。
5. 是说明共翻译转运机制的一种学说。通过对信号序列的识别使核糖体锚定到内质网上，并通过信号序列将新生肽转入内质网后进行运输。
6. 休克患者缺氧，会造成细胞质 pH 下降，溶酶体不稳定容易破裂。注射糖皮质类固醇药物的目的是稳定溶酶体的膜，防止溶酶体破裂。
7. 内质网蛋白在 C 端有一段 KDEL 序列，KDEL 由分泌系统中特异的受体/转运蛋白识别。一旦结合，受体/蛋白质复合物可被运输回内质网。
8. 通过在高尔基体反面网络和细胞质膜上安装 M6P 受体蛋白的办法保证溶酶体的酶类不泄漏。高尔基体反面网络上的 M6P 受体蛋白将溶酶体的酶类集中形成溶酶体酶的分泌小泡，而质膜上的 M6P 受体蛋白则是将从 TGN 上逃脱出来的溶酶体的酶类重新形成溶酶体小泡。
9. 这两个过程都与细胞内消化有关。在吞噬作用中，外来颗粒通过胞饮小泡被摄入细胞，与内体和溶酶体融合并进行消化。在自噬作用中，衰老或损伤的细胞器被内质网衍生的膜包围，这样形成的小泡与溶酶体结合并进行消化。

10. 在正常细胞与应激细胞中，Hsp70 家族的分子伴侣完成以下任务：①稳定新生肽链；②维持多肽的折叠活性；③维持新生肽链的转运活性；④协助蛋白质降解；⑤促进蛋白质寡聚体的装配与解离；⑥使热变性的蛋白质恢复活性。
11. 这是一个先有“蛋”还是先有“鸡”的问题。事实上，这种情况并不存在于现代的细胞中。对于第一批进化出来的细胞，的确存在这个问题，由于遗传并不仅限于基因组的传递，细胞器也必须代代相传。实际上，ER 移位通道可追溯到结构上与之相关的原核生物质膜中的转运通道。
12. 外侧高尔基体网络是分选由高尔基体产生的不同小泡（以及它们运输的蛋白质）的场所。

五、实验设计与分析

1. Rothman 和 Orci 的 VSV-感染 CHO 细胞实验提供了强有力的证据，证明新合成的蛋白质通过小泡从顺面高尔基体到反面高尔基体的内腔，小泡是由一个膜囊产生，又融合到下一个膜囊。
2. 细菌被巨噬细胞吞噬后，放射性标记首先出现于一个大的内吞泡之中，内吞泡与靠近细胞外周的早期内体融合，当内体逐渐移向细胞内部时，细胞中部的放射性强度更高。溶酶体与次级内体融合后，细菌蛋白被消化。带放射性标记的氨基酸从内体中释放出来并最终进入细胞的各种蛋白质之中。
3. (1) 胰岛素原水解生成胰岛素的反应发生在分泌囊泡离开外侧高尔基网络后逐渐成熟的过程中。

   (2) 如果用抗网格蛋白的抗体处理三个样品，只有外侧高尔基体网络小泡会对网格蛋白出现阳性结果（表 A9-1）。

表 A9-1 用抗网格蛋白的抗体处理三个样品的结果

	anti-P	anti-I	anti-网格蛋白
成熟的分泌小泡	−	+	−
外侧高尔基网络	+	−	+
内侧及中间高尔基网络	+	−	−

4. 实验结果列于表 A9-2。

表 A9-2 利用无细胞体系研究蛋白质合成的结果

实 验 条 件	完全合成?	信号序列?	跨膜转运?
a. 一种胞质蛋白的 mRNA；无 SRP；无 SRP 受体；无微体	是	无	无
b. 编码分泌蛋白的 mRNA；无 SRP；无 SRP 受体；无微体	是	有	无
c. 编码分泌蛋白的 mRNA；加入外源的 SRP；无 SRP 受体；无微体	不是	无	无
d. 编码分泌蛋白的 mRNA；加入外源 SRP；加入游离的 SRP 受体（不结合在膜上）；无微体	是	有	无
e. 编码分泌蛋白的 mRNA；加入外源 SRP；加入外源的 SRP；加入微体	是	无	有

六、问答题

1. 核糖体与内质网的结合受制于 mRNA 中特定的密码子序列（可翻译为信号肽）。信号序列与 SRP 结合，引导核糖体与内质网结合；并通过信号序列的疏水性引导新生肽跨膜转运。主要内容包括：

   (1) 内质网转运蛋白的合成仍然起始于游离核糖体；

   (2) 信号序列与信号识别颗粒（SRP）结合；

   (3) 核糖体附着到内质网上，结合有信号序列的 SRP 通过第三个位点与内质网中的受体（停靠蛋白，DP）结合；

   (4) SRP 的释放与转运通道的打开，使核糖体与通道结合，新生肽可进入通道；

   (5) 信号序列与通道中的受体（信号序列结合蛋白）结合，蛋白质合成重新开始，并向内质网腔转运；

   (6) 信号肽酶切除信号序列；

   (7) 蛋白质合成结束，核糖体脱离内质网进入胞质溶胶。

   1972 年 Blobel 提出信号序列的建议，1975 年正式提出信号肽假说。1981 年研究人员对早期信号假说作了一些补充，增加了 SRP 以及 DP 的概念。

2. 具有节约能量的优点。将糖基逐个添加时可能产生错误，而出现一个错误就导致整个蛋白质的废弃。由于合成一个蛋白质所用的能量比合成一条短寡糖链要多得多，因此先合成寡糖链，经检测后再添加到蛋白质上的方案就更为经济。而且，酶要修饰一个已加到蛋白质上的分支糖链的支链，比在游离时要困难得多。当蛋白质移动到细胞表面时这种困难就明显了：虽然在分泌途径的各个区室中糖链不断为酶所修饰，但这些修饰往往不完整并造成糖蛋白离开细胞时具有相当的异质性。这些异质性在很大程度上是由于酶在接近附着在蛋白质表面的树状分支的糖链时受到的限制。这种异质性也解释了为什么研究和纯化糖蛋白比非糖基化蛋白质困难得多。

3. 信号序列具有一些共同特征：长度一般为 15～35 个氨基酸残基，N 端含有 1 个或多个带正电荷的氨基酸，其后是 6～12 个连续的疏水残基。

   起始转移信号：N 端信号序列可被 SRP 识别，还具有起始穿膜转移的作用，其附近有信号肽酶作用位点，可被切除，一般与分泌蛋白有关。

   内含信号序列：并不位于蛋白质 N 端，也可被 SRP 识别并具有起始穿膜转移的作用，但不可切除，因此是跨膜蛋白的组成成分。

   停止转移肽：停止转运信号可以 α 螺旋的形式锚定在脂双层。

   单次跨膜蛋白、二次跨膜蛋白或多次跨膜蛋白的形成与否取决于分子内所含各种信号序列的种类及数量。

4. 膜结合核糖体合成的蛋白质及去向：

   分泌蛋白：包括肽类激素、生长因子、消化酶类、血清蛋白及细胞外基质蛋白；

   释放到内质网腔的蛋白：包括 RER 中的酶类、高尔基复合体的酶、溶酶体酶；

   整合膜蛋白：如 ER 膜糖蛋白、高尔基体膜糖蛋白、溶酶体膜糖蛋白、质膜核膜糖蛋白、脂锚定质膜蛋白、质膜外侧面的外周蛋白。

游离核糖体合成可溶性胞质溶胶蛋白、脂锚定膜蛋白（质膜胞质面）、质膜胞质面的外周蛋白、核基因编码的线粒体/叶绿体蛋白、过氧化物酶体蛋白、核蛋白。

5. 流感病毒通过胞吞进入细胞，转入内体，在那里遇到酸性 pH 环境，激活其融合蛋白，病毒膜于是与内体膜融合，将病毒基因组释放入胞质溶胶内（图 A9-1）。NH_3 是易于穿过膜的小分子，能通过简单扩散进入包括内体在内的所有细胞区室。在内部环境为酸性的区室内，NH_3 结合 H^+ 形成带电离子 NH_4^+，此时不能靠扩散作用穿过膜，于是积累在酸性区室内提高了 pH。当内体的 pH 升高后，虽然病毒继续被胞吞，但由于病毒融合蛋白无法被激活，因此病毒不能进入胞质溶胶。

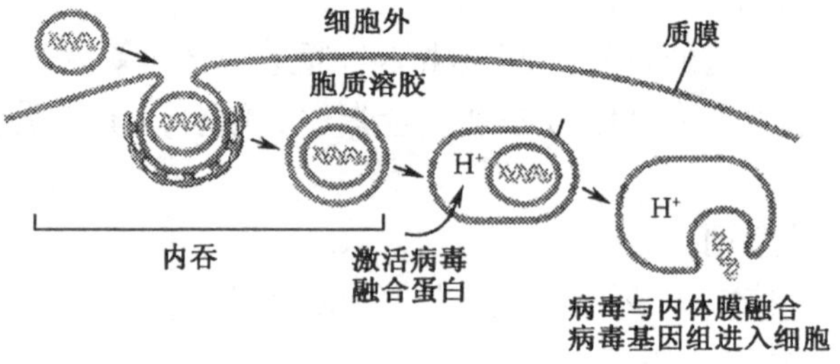

图 A9-1　流感病毒致病原理（引自 Alberts *et al*.，1998）

6. 溶酶体来自高尔基复合体。溶酶体酶有一个基本特征，即寡糖链含有磷酸化甘露糖残基，可被反面高尔基体的 M6P 受体识别与结合，从而被分拣出来。溶酶体的酶类在内质网上合成，跨膜进入内质网的腔，在顺面高尔基体带上甘露糖-6-磷酸标记后在反面高尔基网络形成溶酶体分泌小泡，最后经过脱磷酸成为成熟的溶酶体。溶酶体具有异质性，根据不同阶段，可分为以下几种：
初级溶酶体：刚从反面高尔基体形成的小囊泡，仅含非活性水解酶类；
次级溶酶体：是将要或正在进行消化作用的溶酶体。

7. 原核细胞与真核细胞中未加工过的多肽链在其 N 端至少含有 1 个甲硫氨酸，通常由氨肽酶切除。定位于细胞器、细胞核或与膜结合，通过膜转运的多肽在其 N 端均有一段信号序列。这段序列一般在通过膜后被切除。信号序列上的氨基酸通常为中性或疏水性残基。

8. 共转译转运是指新生肽链在进行翻译的同时就开始了定向转移，这是糙面内质网上核糖体的合成的蛋白质的转运方式。翻译后转运是指多肽合成后，再进行折叠或者在分子伴侣的协助下维持解折叠状态并进行转运，因此，这种蛋白质的定向转运是在翻译完成之后进行的，独立于翻译过程。

9. 细胞的内吞有两种类型，一种是吞噬细胞完成的对有害物质的吞噬；另一种是通过质膜受体介导的对细胞外营养物质（包括有害物质）的内吞。吞噬作用又叫胞吞作用，吞入物通常是较大的颗粒，形成的囊泡叫作吞噬体，直径一般大于 250 nm。在大多数高等动物细胞中，这是一种保护措施而非摄食手段，而且高等动物有一些特化的吞噬细胞。被吞噬颗粒与细胞表面结合后，激活受体向细胞传递吞噬信号。
受体介导的内吞作用主要用于摄取生物大分子，约有 50 种以上的不同蛋白质，包括激素、生长因子等通过这种方式进入细胞。吞入物质首先与质膜中的受体结合，配体/受体复合物在质膜上形成被膜小窝，再形成被膜小泡，随后网格蛋白解聚形成无被小泡，即初级内体。

10. 由于细胞各个部位所需蛋白质在结构和功能上各不相同，为了能准确运送蛋白质，在进化中每种蛋白质形成了一个明确的地址签，细胞通过对地址签的识别进行运送，这就是蛋白质的分选。蛋白质分选有两种主要方式：翻译后运输和共翻译运输。内膜系统参与共翻译运输，是蛋白质分选的主要系统。

分选是由内膜系统特定部位的受体蛋白促成的，这些受体蛋白结合具有特定地址签的蛋白质，将其装入正确的运输小泡，而没有地址签的蛋白质装入非特异性运输小泡。细胞生命周期的各阶段要不断补充及更新蛋白质，以满足细胞器的增殖，细胞的分裂生长，蛋白质的消耗等。所以蛋白质分选是细胞最重要的生命活动之一。

11. 关于真核细胞的细胞质膜的生物合成曾提出两个模型，一个是自装配模型，是指膜利用已有的材料装配合成。为了验证这一模型，用纯化的脂和蛋白质在体外装配时总是形成脂质体，这种脂质体与活细胞膜的一个根本区别是：脂质体总是对称的，而活细胞中膜结构则是不对称的。第二个模型是膜的合成通过不断地将脂和蛋白质插入已有的膜，即由已有膜的生长而来。由于是将脂或蛋白质插入已有的膜上，插入的方式就可以有选择地在膜的一侧或另一侧插入，从而保证了膜结构的不对称性。由于细胞的胞吞和胞吐作用以及小泡运输，使膜处于动态平衡状态，这样膜也就不必重新合成，而是在原有的基础上不断更新。目前第二种模型被普遍接受。

12. 转铁蛋白是血液中一种主要的糖蛋白，负责将肝组织（是铁储藏的主要场所）和肠组织的铁向其他细胞的运输。没有结合铁的转铁蛋白称作脱铁转铁蛋白（apotransferrin），它能够紧紧结合两个 Fe^{3+}，此时称为铁结合转铁蛋白（ferrotransferrin）。所有生长中的细胞表面都有铁结合转铁蛋白的受体，在中性 pH 条件下转铁蛋白与铁结合，然后通过内吞作用进入细胞。在细胞内，在内体的酸性环境下，转铁蛋白释放出铁后仍然同膜受体结合，并与受体一起回到质膜。当细胞外环境变成中性时，转铁蛋白同受体脱离，并自由地结合铁，然后又开始新一轮循环。实际上，转铁蛋白穿梭于细胞外液体和内体之间，避开了溶酶体，快速传递细胞生长所需的铁。

13. 在与内质网结合的核糖体上合成的蛋白质带有一特定的信号序列，与一信号识别颗粒（SRP）结合，由内质网上的 SRP 受体识别。这些蛋白质属于分泌出细胞的蛋白质，或与特定细胞器结合的蛋白质，以及整合膜蛋白。无这些信号序列的蛋白质在游离核糖体上合成，最后成为构成细胞质、细胞核、线粒体或叶绿体的蛋白质。

14. 在糙面内质网上合成的蛋白质的糖基可由两种途径添加：通过天冬氨酸残基的 *N*-原子或通过丝氨酸和苏氨酸残基的 *O*-原子。*N*-连接糖蛋白合成的第一步在糙面内质网上进行，一个糖链的核心部分从一脂受体磷酸多萜醇上转移至新生肽链上。糖链的核心部分在高尔基体中被修饰。*O*-连接的糖基完全在高尔基体中被添加在蛋白质上。

15. (1) 受体通过有被小泡回到细胞膜上参与再循环，而配体在溶酶体中被降解。LDL 受体就是通过这种受体介导的胞吞作用进行再循环的。

(2) 受体与配体都进入再循环，如转铁蛋白和转铁蛋白受体。

(3) 受体与配体都被降解，如表皮生长因子及其受体。

(4) 受体-配体复合物经过胞内运输到另一侧后通过胞吐作用释放出来。免疫球蛋白受体就是通过这种转胞吞作用在表皮细胞内运输免疫球蛋白。

16. 不同类型细胞中滑面内质网的功能各有不同，主要有：

(1) 参与脂质和胆固醇的合成与运输。脂质和胆固醇的合成是滑面内质网最明显的功能，合成的脂质分子可以通过运输小泡运送到高尔基复合体，也可通过特殊的磷脂交换蛋白送往各膜结合细胞器。

(2) 与糖原的合成和分解有关。肝细胞中常见滑面内质网与糖原相伴存在，肝糖原丰富时，滑面内质网增多；肝糖原减少时，滑面内质网减少。滑面内质网膜含有葡萄糖-6-磷酸酶，是糖原降解为葡萄糖的关键酶，由此说明糖原的合成与分解与滑面内质网有关。

(3) 解毒作用。滑面内质网能合成分解一些脂溶性毒素的酶类。生化研究表明，滑面内质网上集中着重要的氧化酶系，将药物和毒物进行解毒或转化，消除毒性。

(4) 与肌肉收缩有关。肌肉中的肌质网是 Ca^{2+} 的储存部位，Ca^{2+} 释放可触发肌肉收缩。

17. (1) ①衔接蛋白将网格蛋白连到膜上。无衔接蛋白时，网格蛋白外被无法装配起来。当网格蛋白浓度很高时，在适当离子条件下，溶液中也可以装配出网格蛋白笼状结构，但这种笼状结构只是空壳，没有其他蛋白质，也不含膜成分。②无网格蛋白时，衔接蛋白仍与膜中的受体结合，但不能形成网格蛋白外被，因而不产生披网格蛋白的小窝或小泡。③无发动蛋白时，在膜上形成凹陷的披网格蛋白小窝，但不能掐断形成封闭的小泡。

(2) 原核细胞不能进行胞吞。因此原核细胞不含有这类受体，从而没有网格蛋白能结合，也不能装配出网格蛋白外被。

18. (1) 内在信号序列起锚定在膜上的作用。因为没有转移终止序列，蛋白质的羧基端不断进入内质网腔。结果合成蛋白质的 N 端区域在胞质溶胶中，接着是单个跨膜区段及 1 个内质网腔内的 C 端区域（图 A9-2A）。

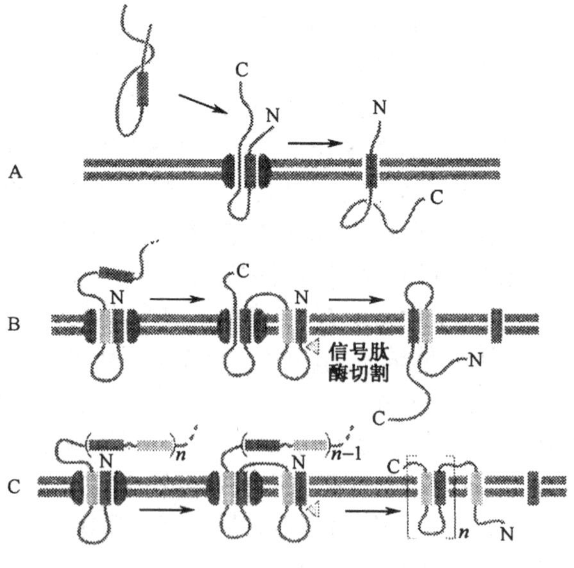

图 A9-2　膜蛋白的定向（引自 Alberts *et al*.，1998）

(2) 氨基端信号序列启动蛋白质N端移位，直到遇到终止序列才停止。蛋白质的C端进入内质网腔，结果产生的蛋白质跨膜两次。其N端和C端都在内质网腔内，而两跨膜区之间的环（loop）暴露于胞质溶胶中（图A9-2B）。

(3) 需要一个信号序列，接着一个内部终止转移序列，再接着是成对起始转移序列和终止转移序列（图A9-2C）。

七、名词释义

1. 内膜系统是指内质网、高尔基体、溶酶体和液泡（包括内体和分泌泡）等四类膜结合细胞器，因为它们的膜是相互流动的，处于动态平衡，在功能上也是相互协同的。广义上的内膜系统概念也包括线粒体、叶绿体、过氧化物酶体、细胞核等细胞内所有膜结合的细胞器。
2. 酸性水解酶是溶酶体的消化机制。这类酶的最适作用环境是低pH条件，可以催化所有类型生物大分子的水解。
3. 胞吞作用的一种类型，主要用于摄取特殊的生物大分子。约有50种以上的不同蛋白质包括激素、生长因子、淋巴因子和一些营养物都是通过这种方式进入细胞的。在受体介导的胞吞过程中，配体-受体复合物在质膜的特殊区域，即有被小窝（coated pit）中进行浓缩，并逐步形成有被小泡。覆盖于小泡外面的外被是一种纤维蛋白聚合体（网格蛋白）。脱离质膜的有被小泡的外被很快解聚，成为无被小泡，即初级内体。
4. 膜结合细胞器，内部pH一般为酸性。溶酶体含有多种水解酶类，在细胞内起消化和保护作用，可与吞噬泡或胞饮泡结合，消化和利用其中的物质。也可以消化自身细胞破损的细胞器或残片，有利于细胞器的重新组装、成分的更新及废物的清除。当细胞受损伤时，溶酶体可释放出水解酶类使细胞自溶。溶酶体来自高尔基复合体。植物细胞中也有与溶酶体功能类似的细胞器，如圆球体、糊粉粒以及中央液泡等。
5. 来自质膜的细胞内小泡，是一种含有游离的受体与配体的酸性非溶酶体小泡。有初级内体（early endosome）和次级内体（late endosome）之分，初级内体是由于细胞的内吞作用而形成的含有内吞物质的膜结合的细胞器。次级内体中的pH呈酸性，且具有分拣作用，能够分选与配体结合的受体，让它们再循环到细胞质膜表面或高尔基体反面网络。
6. 由高尔基复合体反面膜囊出芽形成的新生溶酶体，体积较小，含有无活性水解酶，没有作用底物及消化产物。
7. 此类溶酶体中含有水解酶和相应的底物，是一种将要或正在进行消化作用的溶酶体。根据所消化物质的来源，分为自噬性溶酶体与异噬性溶酶体。
8. 人工分离内质网时产生的碎片所形成的封闭小泡，称为微粒体，可用于研究内质网的有关特性。
9. 信号识别颗粒，是一种核糖核蛋白复合体，与信号肽、核糖体相结合形成SRP-信号肽-核糖体复合物，由SRP介导引向内质网膜上的SRP受体，并与之结合。
10. 在合成蛋白质时，一条mRNA串联多个核糖体，每个核糖体可合成一条多肽链，这样的核糖体称为多聚核糖体。在电镜下观察呈现各种各样的形态，有螺旋状、菊花状等。
11. 滑面内质网在肌细胞中形成的一种特殊结构称为肌质网，是肌细胞内的钙库。通过释放和摄入钙离子来调节肌肉的收缩活动。

12. 将蛋白质定位于细胞中特定位置的短氨基酸序列，位于新合成的分泌蛋白的 N 端，与信号识别颗粒发生相互作用，可促使核糖体附着到内质网膜上并激发新生肽向内质网腔内的运动。信号序列高度疏水性，并含有大量正电荷。

13. 细胞色素 P-450 是滑面内质网上的一类含铁的膜整合蛋白，因在 450 nm 波长处具有最大吸收值而得名。细胞色素 P-450 参与有毒物质以及类固醇和脂肪酸的羟基化。羟基化涉及四个基本反应，被氧化的物质与细胞色素 P-450 结合→细胞色素 P-450 中的铁原子被 NADPH 还原→氧与细胞色素 P-450 结合→底物结合一个氧原子被氧化，另一个氧原子用于形成 H_2O。

14. 溶酶体酶的 N 多糖链中特定的甘露糖残基发生磷酸化，生成 6-磷酸衍生物，这一过程在高尔基体中进行。该物质可能是酶分子定向进入溶酶体的信号分子。甘露糖 6-磷酸的受体（215 kDa）分布于特殊的前溶酶体中。

第十章　细胞骨架与细胞运动

一、填空题

1. 13，α、β
2. 单体，二联体，三联体
3. ATP，（+）端
4. 9 个二联管，一对，（9+2），9 个三联管，（9+0）
5. 解聚，抑制微丝的解聚
6. 肌动蛋白-肌球蛋白，Ca^{2+}，ATP，ATP 酶
7. 细胞松弛素 B，微丝
8. 1/2 明，暗
9. 细肌丝，粗肌丝
10. 细胞间期，有丝分裂
11. 形成纺锤体，将染色单体拉向两极；协助胞质分裂
12. 阻止微管的解聚，阻止微管的形成
13. 肌动蛋白纤维是稳定的结构，不存在聚合和解聚过程
14. 肌动蛋白，肌球蛋白，原肌球蛋白，肌钙蛋白
15. 运动性，维持一定的形态。
16. 动力蛋白，驱动蛋白
17. 角蛋白，波形蛋白
18. 中心体，成膜体，基粒
19. 右手螺旋，方向，37 nm
20. 原肌球蛋白，结合钙，抑制肌球蛋白的 ATP 酶功能
21. 运输作用，参与肌肉收缩
22. （−）端→（+）端
23. 肌原纤维，肌球蛋白，ATP 酶，原肌球蛋白，TnC，调节
24. （+）端，结合，两个或两个以上肌动蛋白结合，平行，交错
25. 纤维，肌肉收缩，非肌，胞质环流，胞吞胞吐，肌动蛋白，球，球形，纤维状肌动蛋白，纤维状肌动蛋白，肌球蛋白，2，2，ATP，肌动蛋白，肌动蛋白

二、判断题

1. 正确。
2. 错误。是肌动蛋白运动的结果。
3. 错误。同微丝的（+）端结合。
4. 错误。秋水仙碱只能作用于微管。

5. 正确。
6. 正确。两者都是很好的例子，说明共同的细胞膜的某些区域为某一特殊功能而高度特化。
7. 正确。将染色体分到两个子细胞中去的纺锤体是由微管组成的，而细胞质分裂时将两个子细胞分开需要收缩环的存在，而这是由肌动蛋白完成的。
8. 正确。
9. 正确。
10. 错误。驱动蛋白是正端走向的发动蛋白，而动力蛋白是负端走向。
11. 错误。鞭毛弯曲是由结合在鞭毛外侧微管上的动力蛋白水解 ATP 引起的。
12. 正确。
13. 错误。Mg^{2+} 是组装必需的。
14. 错误。只有 α-肌动蛋白存在于肌细胞中。
15. 错误。头尾是可变的，中间是保守的。
16. 正确。
17. 错误。有些是不变的，如鞭毛微管和组成膜骨架的肌动蛋白丝。
18. 正确。
19. 错误。肌动蛋白不与 GTP 结合，而只与 ATP 结合。
20. 正确。内质网持续向外侧移动是必需的。如果没有微管，内质网就会向细胞中心收缩。
21. 正确。两种伸展物都含有跨膜蛋白，这些跨膜蛋白从质膜上突起，使得细胞能在接触面上形成新的锚着点。
22. 错误。亲和力不同，β 亚基结合 GTP 的位点是可交换的位点。
23. 错误。细胞在进行分裂时必须重新排布其中间纤维，但是许多终极分化的细胞以及长寿命的细胞，如神经细胞，就含有稳定的中间纤维，目前还没有发现它们有解聚的现象。
24. 错误。生长速度与 GTP 帽的大小无关，正端和负端的生长速度之所以不同是由于其对添加的微管蛋白亚基提供了物理性质不同的结合部位，因而微管蛋白亚基在两端添加上去的速率是不同的。
25. 错误。肌球蛋白的运动是受到肌球蛋白轻链的磷酸化所激活，或是由于 Ca^{2+} 与肌钙蛋白的结合。

三、选择题

1. B	2. BC	3. B	4. C	5. A	6. B	7. C	8. B	9. B	10. A
11. C	12. B	13. D	14. A	15. B	16. C	17. C	18. C	19. B	20. C
21. A	22. D	23. C	24. C	25. C	26. C	27. A	28. D	29. B	30. B
31. B	32. B	33. D	34. A	35. A	36. A	37. D	38. B	39. C	40. D

四、简答题

1. 肌球蛋白Ⅰ为单体蛋白，有头、颈、尾三个结构域，每个结构域有不同功能。头部结合肌动蛋白，具 ATP 酶活性；轻链与颈部结合，起调节作用；尾部与膜结合。
2. 剑蛋白将微管沿长轴方向在远离 GTP 帽的位置上切断，这样产生的微管片段在断裂处就带有 GDP-微管蛋白，并迅速解聚。因而剑蛋白提供了一种机制，可以迅速破坏细胞中现有的微管。

3. 因为中间纤维没有极性，其两端在化学组成上是没有区别的。假如一个发动机蛋白结合在中间纤维上，将无法感知一个确定的方向，无法进行定向的运动。
4. 任何一种肌动蛋白的结合蛋白，如果能够稳定由两个或更多肌动蛋白单体组成的复合物，且不封闭纤维生长所需的末端，则这种肌动蛋白结合蛋白就可促进新纤维的产生（成核过程）。
5. 细胞含有肌动蛋白结合蛋白，使肌动蛋白成束或交联。从片状伪足和丝状伪足延伸过来的这些纤维稳固地结合在细胞皮层的纤维网格上，为生长中的棒状纤维提供所需的机械锚定点，使细胞膜变形。
6. 功能的“冗余”可防止细胞因某种蛋白质缺陷而受到不良影响。
7. 只有 ④ 是正确的。肌肉收缩时，Z 盘相互靠拢，而肌动蛋白纤维和肌球蛋白纤维都不收缩。
8. 如果所有的动力蛋白臂同等活跃，则弯曲所必需的微管之间显著的相对运动将不存在，因此，只有纤毛一侧的少数几个动力蛋白分子被选择性地激活。当它们将各自相邻的微管推向纤毛顶端时，纤毛就背向含有激活的动力蛋白一侧的方向弯曲。
9. 肌细胞的概念是指一个单独的骨骼肌细胞，但实际上每个细胞是由许多胚成肌细胞融合而成的多核体。肌原纤维呈细的圆柱状，在一个肌纤维中可以有数百条肌原纤维，肌原纤维由线形排列的肌节组成。
10. 肌节的缩短不是由于纤丝的缩短，而是纤丝间互相滑动所致。细肌丝向肌节中央滑动，导致重叠部分增加，缩短了肌节。粗肌丝与细肌丝之间的滑动必然涉及肌球蛋白Ⅱ头部与肌动蛋白细肌丝的接触，产生粗、细肌丝间的交联桥才能产生滑动。

五、实验设计与分析

1. 用影响微丝的药物细胞松弛素 B 处理细胞，可使胞质环流停止。
2. 这些色素颗粒可以迅速到达细胞各处，或者回到细胞中心，以适应体色的调节。实际上色素颗粒是沿着微管转运的，用破坏微管运输的药物处理就可以获得证据。
3.

AMP-PNP，秋水仙碱	轴突运输
秋水仙碱	有丝分裂纺锤体的形成
紫杉醇	有丝分裂纺锤体的解体
AMP-PNP，细胞松弛素	顶体反应
AMP-PNP，细胞松弛素	吞噬作用
AMP-PNP，细胞松弛素	胞质分裂

六、问答题

1. 细胞骨架是细胞内以蛋白质纤维为主要成分的网络结构，由微管、微丝、中间纤维组成。微管功能大致分为四个方面：支架作用，维持细胞形态、定位细胞器；作为胞内物质运输的轨道；作为纤毛、鞭毛的运动元件；参与细胞分裂。微丝的功能包括：肌细胞中参与肌原纤维收缩；在非肌细胞中参与胞质分裂、胞质环流、吞噬作用、细胞变形运动、膜泡运输、细胞黏着与连接等。中间纤维为细胞提供机械强度支持；参与细胞连接（桥粒与半桥粒）；维持核膜稳定；结蛋白（desmin）及相关蛋白对肌节的稳定作用。

2. 原肌球蛋白 <u>NONE</u>、乙酰胆碱受体 <u>PM</u>、Ca^{2+}-ATPase <u>SR</u>、肌联蛋白 <u>NONE</u>、Ca^{2+}-释放通道 <u>SR</u>。

3. 通常快速移动的细胞，如大变形虫（1）和精细胞（6）在细胞质中不需要中间纤维，因为它们既不产生也不承受张力。植物细胞（7）受到自然界较强的作用力，但它们通过坚韧的细胞壁，而不是通过细胞骨架提供机械支持。上皮细胞（2）、平滑肌细胞（3）以及神经细胞的轴突则含有丰富的中间纤维，可为细胞受到周围组织运动引起的牵张力提供支持。上述所有真核细胞的核膜中都含有中间纤维，而细菌，如大肠杆菌（D），则根本不含任何中间纤维。

4. 两个微管蛋白二聚体相互之间的亲和性较一个微管蛋白二聚体与微管末端的亲和性要低。因为在前一种情况下相互作用的部位十分有限，而后者有许多可能的相互作用位点，如微管蛋白二聚体以末端对末端的方式添加到一条原纤维上去，或以旁侧对旁侧方式与相邻原纤维中的微管蛋白亚基结合形成环状的横切面。因此，要从头开始形成微管，就必须有足够的微管蛋白二聚体聚集在一处并保持相当长时间的结合，以利于其他微管蛋白分子添加上去。只有当一定数量的微管蛋白二聚体已经聚集起来时，其余的亚基才能添加上去。因此，这种最初的“成核部位”的形成方式太罕见，在胞内的微管蛋白浓度下不可能自发进行。

   中心体带有预先聚合的 γ 微管微蛋白环（这里 γ 微管蛋白之间的旁侧对旁侧结合力要比 αβ 微管蛋白之间所能形成的强得多），αβ 微管蛋白二聚体可与之结合。微管蛋白的结合条件与添加到已聚合的微管末端的条件相仿，因此，中心体中的 γ 微管蛋白环可被看作是一个永久性的预先聚合好了的“成核部位”。

5. (1) 由于失去了 GTP 帽，即末端的微管蛋白亚基都以结合 GDP 的形式存在，微管因而缩短。溶液中带有 GTP 的微管蛋白亚基仍会添加到末端，但是寿命很短，因为 GTP 可能被水解，或者围绕着的微管解体使其脱落下来。但是如果足够的带有 GTP 的亚基以足够快的速度添加上去并覆盖了微管末端带有 GDP 的微管蛋白亚基，这时可产生一个新的 GTP 帽，微管就可重新开始生长。

   (2) 当微管蛋白浓度较高时，GTP 亚基的添加速率会比较高，因而缩短微管转变为增长微管的频率也会随微管蛋白浓度的升高而增加。这种调节机制使该系统达到自主平衡：较多微管的缩短可造成高浓度的游离微管蛋白，转为增长的微管也就增多；反之，增长的微管多了，游离微管蛋白浓度下降从而 GTP-亚基的添加速率也下降，在某些部位 GTP 水解的速率会超过添加速率，造成 GTP 帽破坏，微管又开始进入缩短状态。

   (3) 如果只有 GDP 存在，微管会持续短缩，并最终消失，因为结合有 GDP 的微管蛋白二聚体之间的亲和力十分低，不可能被稳定地添加到微管上。

   (4) 如果有 GTP 存在但不能被水解，那么微管将持续增长，直到所有游离的微管蛋白亚基被消耗完为止。

6. 单细胞个体可通过前端细胞质的推进从而实现它们在各自支持物上的“爬行”。细胞进行这种变形虫式的爬行运动时，会向前伸展出明显的圆形突起，叫做伪足。胞质从细胞内部流向这些突起形成向前的运动。通常一些组织细胞，例如，成纤维细胞在培养过程中，可伸出明显的、扁平的片状突起，这种突起叫做片状伪足。片状伪足在细胞与爬行的支持物之间形成暂时的黏着。这两种细胞质突起中都含有肌动蛋白。

7. 这是存在于几乎所有真核细胞的两种细胞骨架元件。两者都在细胞分裂、细胞运动以及维持细胞形态中起重要作用。两者都在细胞内处于一种动态的稳定状态之中，其装配与解聚的相对速度反应了任一时刻细胞的需求。它们的大小、发生、结合的动力蛋白、组成的亚基、受调节的方式以及它们在细胞中的功能都是不同的。

8. 两者都是将 ATP 的化学能转化为动能的大的发动机蛋白，都与微管结合在一起，但只有动力蛋白存在于纤毛和鞭毛的微管之中。驱动蛋白是通过加末端方式来引导微管的运动，动力蛋白则通过减末端方式来引导微管运动。虽然它们在功能上有相似之处，但不是同源蛋白，而且立体结构非常不同。它们并不属于同一蛋白家族。

9. 都是作为微管组织中心的细胞内结构，并且微管装配核心就沿着它们所结合的蛋白生成。都具有相同的由 9 个等间距的三联体微管组成的原纤维结构。中心体出现于部分真核细胞的核附近，分裂间期是微管汇聚的中心，在细胞有丝分裂时，纺锤体就起源于中心粒。而基粒则出现于纤毛和鞭毛的基部，在该处着生出微管纤丝。

10. 两种纤维均由蛋白二聚体形式的亚基组成，靠卷曲螺旋相互作用而维系在一起。二聚体均通过卷曲螺旋结构域聚合成纤维。中间纤维的二聚体是以头对头形式组成的，因而形成的纤维无极性；而所有位于肌球蛋白纤维同一半侧的肌球蛋白分子以头部取相同朝向的方式排列，因此具有极性，这对于在肌肉中形成收缩力是必需的。

11. ②或③都可以正确地完成句子。细胞膜上动作电位的直接结果是将 Ca^{2+} 从肌质网释放到胞质溶胶中，而肌细胞由于这一迅速的胞质 Ca^{2+} 浓度升高而触发收缩。Ca^{2+} 在高浓度时与肌钙蛋白结合，肌钙蛋白驱使原肌球蛋白移位，暴露出肌动蛋白纤维上的肌球蛋白结合位点。

    ①和④是错的，因为 Ca^{2+} 对肌球蛋白头部脱离肌动蛋白没有影响，该过程是由 ATP 水解造成的。Ca^{2+} 也不对维持肌球蛋白纤维的结构起作用。

12. (1) 动物细胞相当大，形状多变，而且没有细胞壁，因而需要细胞骨架来支撑并保持其形状。
    (2) 动物细胞及其他真核细胞都有细胞核，细胞核靠中间纤维在细胞中成形并维持在适当的部位。核纤层附着于核被膜的内侧，支持核被膜并使之成形，中间纤维网络包围核并穿行在细胞质中。
    (3) 动物细胞可通过改变细胞形状进行移动。这一过程需要肌动蛋白及肌球蛋白的参与。
    (4) 动物细胞的基因组比细菌大得多，分为许多染色体。细胞分裂时，染色体必须精确地分配到两个子细胞中。这一过程需要形成有丝分裂纺锤体的微管系统参与。
    (5) 动物细胞具有胞内细胞器。细胞器在胞内的定位依赖于沿着微管移动的发动机蛋白。显著的例子是从脊髓到脚部的神经轴突（该轴突可长达 1 m）中，胞内运输小泡（细胞器）沿着微管的长距离运输。

13. 细胞分裂既依赖于微管的装配，也依赖于它的解聚。为了形成纺锤体，必须先发生细胞内微管的解体，游离的蛋白亚基用于纺锤体的组装，这一过程在紫杉醇处理的细胞中是无法实现的。而在秋水仙碱处理的细胞中，由于无法组装形成纺锤体因而细胞分裂也是被阻断的。这两种药物通过不同的机制干扰了微管的动态不稳定性，并因此破坏有丝分裂中纺锤体的工作。

14. 可以看到正在缩短的微管的末端已破碎，由于末端解聚，一些原纤维出现分开和呈现弯曲状。因此这张显微照片提示 GTP 帽（已从缩短的微管上落下）的作用是维持原纤维正确地相互排列，可能靠增强 αβ 微管蛋白亚基间在 GTP 结合状态时的旁侧相互作用。

15. 原生动物中的变形虫，高等动物中的巨噬细胞和白细胞等没有鞭毛、纤毛等运动器官，但能够依靠细胞体的变化进行移动，叫作变形运动。通常要靠胞质环流形成伪足，细胞沿着伪足形成的方向前进。细胞内流动的细胞质叫作内质，从尾部流向前进中的伪足。当液流到达伪足时，流动的细胞质分向细胞的两侧，并形成较硬的外质。其间，位于细胞后部的外质被破坏并向前方提供新的内质，由此产生内质和外质的循环转变，并引起细胞向前移动。

细胞质由坚硬的凝质状态（外质）向可流动的液态（内质）转变的过程称为凝胶-溶胶转变，相反的过程叫溶胶-凝胶转变。

七、名词释义

1. 应力纤维又叫张力纤维，是真核细胞中广泛存在的一种较为稳定的束状纤维结构，与骨骼肌中肌原纤维非常相像。应力纤维由大量平行排列的肌动蛋白组成，此外还含有其他在肌细胞鉴定过的蛋白质，包括肌球蛋白Ⅱ、原肌球蛋白、α-辅肌动蛋白和细丝蛋白（filamin），这些蛋白质在肌动蛋白纤维上呈非连续排列，但肌动蛋白纤维是连续的，并成双向定向。应力纤维具有收缩功能，在细胞的形态发生、细胞分化和组织形成中具有重要作用。由整联蛋白介导的细胞外基质与细胞内的连接也是通过应力纤维。
2. 胞质环流是指植物细胞中细胞质的循环流动，在藻类（如绿藻）的巨大节间细胞、花粉管和鸭跖草的雄蕊绒毛中非常明显。该名词也可指有纤毛的原生动物的食物泡从口到胞肛的运动。
3. 存在于细胞质中，控制解聚后的微管重新进行组装的结构叫作微管组织中心。最常见的是动物细胞中的中心体区域。MTOC 的主要功能是协助胞质微管组装过程中的成核反应，微管从 MTOC 开始生长，这是细胞质微管组装的一个独特性质。MTOC 不仅为微管提供了生长的起点，还决定了微管的方向性。靠近 MTOC 的一端由于生长慢而称为负端，远离 MTOC 的一端生长速度快，称为正端。在有丝分裂的极性细胞中，通常是纺锤体的（+）端同染色体接触。其他例子还有纤毛基粒的 MTOC。
4. 是细胞骨架中最复杂的一种蛋白质纤维系统，其直径介于微管与微丝之间，约 10 nm。中间纤维在不同的组织细胞具有不同性质的纤维，主要包括：①角质蛋白纤维；②神经纤维蛋白；③结蛋白；④胶质纤维蛋白；⑤波形纤维蛋白。中间纤维与细胞核的固定、物质运输和有丝分裂等过程有关。
5. 是存在于细胞核旁的一种细胞器，包括中心粒和中心球。中心粒是成对并相互垂直排列的短筒状小体，它与纺锤丝的形成及锚定有关，参与细胞分裂，构成纺锤体的两极。中心球是中心粒周围的透明细胞质区，该区电子密度高，称作中心粒周围物质，具有 MTOC 的作用。

6. 中心粒超微结构的横切面上可见，管壁由 9 组微管环列而成，每组包括三条微管，三条微管连成一片形成三联体，由内向外分别是 A、B、C 三条微管。9 组三联管彼此斜向排列，类似风车的翼，称作中心粒小轮。
7. 见于中心粒和基体，由 A、B、C 三个单管组成，A 管由 13 根原纤维组成，B 管和 C 管都是 10 根原纤维，所以一个三联体微管共有 33 根原纤维。三联体微管对于低温、Ca^{2+} 和秋水仙碱的作用是稳定的。
8. 基体是纤毛和鞭毛的微管组织中心，不过基体只含有一个中心粒而不是一对中心粒。基体又称动质体（kinetosome），负责鞭毛和纤毛的合成。
9. 在细胞骨架纤维的组装过程中，构成骨架的基本构件（如微管蛋白、肌动蛋白）在一定的调节下形成一个核心，这一核心具有指导进一步装配的作用。
10. 所谓 αβ 微管蛋白二聚体的临界浓度就是微管进行组装和去组装的转换浓度，高于此浓度进行组装，低于此浓度进行去组装。因为微管是动态结构，细胞中存在大量的 αβ 微管蛋白二聚体，其浓度也是处于不断的变化之中。由于 αβ 微管蛋白二聚体的两个亚基都能结合 GTP，所以有两种形式的 αβ 微管蛋白二聚体，一种是刚从微管中脱下的，这种 αβ 微管蛋白二聚体是 GTP-GDP 型；另外一些 αβ 微管蛋白二聚体的两个亚基都结合有 GTP，是 GTP-GTP 型。所谓正端的 αβ 微管蛋白二聚体的临界浓度是指达到组装的最低浓度。
11. 将细胞内利用 ATP 供能，产生推动力，进行细胞内的物质运输或细胞运动的蛋白质分子称为分子发动机或发动蛋白（motor protein）。

    至今所发现的分子发动机可分为三个不同的家族：肌球蛋白家族、驱动蛋白家族、动力蛋白家族。

    驱动蛋白和动力蛋白是以微管作为运行的轨道，而肌球蛋白则是以肌动蛋白纤维作为运行的轨道。发动机分子是机械化学转化器，将化学能转变成机械能，以此运送细胞内的物质，包括各种类型的小泡、线粒体、溶酶体、染色体、其他的细胞骨架纤维等。
12. 在神经元细胞中，轴突末端到细胞体的距离很长，并且轴突末梢要释放大量的神经递质，所以神经元必须不断供给大量的物质，包括蛋白质、膜，以补充因轴突部位由于胞吐而丧失的成分。由于核糖体只存在于神经细胞的细胞体和树突中，在轴突和轴突末梢没有蛋白质的合成，所以蛋白质和膜必须在细胞体中合成，然后运输到轴突，这就是轴突运输。轴突中以微管为基础的运输有两种方式：顺向运输和逆向运输。
13. 又称松胞素，是第一个用于研究细胞骨架的药物，是真菌分泌的生物碱。细胞松弛素（细胞松弛素 B 及其衍生物）在细胞内与微丝正端结合，并引起 F-肌动蛋白解聚，阻断亚基的进一步聚合。当将细胞松弛素加入到活细胞后，肌动蛋白纤维骨架消失，使动物细胞的各种活动瘫痪，包括细胞的移动、吞噬作用、胞质分裂等。细胞松弛素对微管没有作用，也不抑制肌收缩，因肌纤维中肌动蛋白丝是稳定的结构，不发生组装及解聚的动态平衡。
14. 从一种毒菇中分离的剧毒生物碱，与细胞松弛素的作用相反，只与聚合的微丝结合，而不与肌动蛋白单体分子结合。与聚合的微丝结合后，抑制了微丝的解体，因而破坏了微丝的聚合和解聚的动态平衡。

15. 上皮细胞顶端表面的突起，由肌动蛋白微丝支持，微绒毛中肌动蛋白微丝的（+）端指向微绒毛的顶端。在小肠刷状缘中，微绒毛可大大增加肠上皮表面面积，有利于吸收营养物质；而耳蜗内的微绒毛在听觉传导中具有机械作用。

一个肠细胞表面有几千个微绒毛，微绒毛的长度为 1～3 μm，直径为 0.1 μm，由几十个成束平行排列的肌动蛋白纤维支持并定向。

第十一章 细胞核与染色体

一、填空题

1. 成熟的红细胞，植物成熟的筛管
2. 核小体，螺线管，超螺线管，染色单体
3. 植物表皮细胞
4. 高度重复，碱性染料
5. 核质蛋白
6. 组蛋白的表面正电荷
7. 两个蛋白质分子的亮氨酸残基之间的疏水作用
8. 组蛋白基因
9. TEL，ARS，CEN
10. 正，碱性
11. H1
12. 精蛋白
13. 1∶1，S，DNA 复制
14. 很深，浅或不染色
15. 13、14、15、21、22
16. 提供遗传物质复制分裂所必需的基础结构；参与基因表达调控，起粗调作用
17. DNA，组蛋白
18. 由 1000 ～ 4000 条染色质丝组成，有带及间带，有胀泡
19. 20，33
20. 合成 rRNA，装配核糖体
21. 定向（定位）作用，永久性
22. 不环化，不黏合，不被降解
23. 核基质（MAR）结合序列与拓扑异构酶Ⅱ的结合
24. 18S 与 28S rRNA，hnRNA，5S 与 tRNA
25. 8400
26. 蛋白质，DNA
27. 尾部
28. 启动子
29. 永久间期，双线期
30. $m^7GpppGp$
31. Q，吉姆萨，R，末端，结构性异染色质
32. 稳定 DNA 环，调节核基因的转录和复制，作为 DNA 复制的起点，作为基因的增强子

元件

33. 两层膜，孔，内质网，中间纤维，固定染色体，解体和重建，磷酸化和去磷酸化，核基质，储存场所，加工，细胞质，核定位，双向性，可调节性，核小体，染色体，核质蛋白

34. 间期细胞核，串珠，DNA，组蛋白，非组蛋白，RNA，核小体，常染色质，异染色质，相同，不同

35. DNA 片段，组蛋白，染色质，八，H3 和 H4，H2A 和 H2B，146，1.75（1 3/4），H1

二、判断题

1. 错误。组蛋白是组装染色体的蛋白质，不会存在于核孔。
2. 错误。非组蛋白是酸性蛋白质。
3. 错误。大肠杆菌染色体就没有端粒序列。
4. 错误。H1 不是核小体的核心蛋白，应该是 H4。
5. 正确。DNA 在每个磷酸基团上带负电荷，因而 DNA 总体带负电性。
6. 错误。不是每条染色体都有，如人只有 5 条染色体上具有核仁组织区。
7. 正确。
8. 正确。
9. 错误。带负电荷。
10. 正确。
11. 正确。
12. 错误。只能在间期观察到。
13. 正确。
14. 错误。是不同的，细胞内复制的引物是引物酶合成，并与复制起点的序列互补。而 PCR 引物是人工合成的，部位是由人决定的。
15. 正确。
16. 正确。
17. 错误。如组蛋白的基因就是中度重复序列。
18. 正确。
19. 错误。H1 不在中间部位而是位于进出口处。
20. 正确。
21. 正确。每次聚合反应产生的双链 DNA 在每个循环中必须变性以便和新的引物配对，从而再次复制 DNA 链。
22. 正确。
23. 正确。
24. 正确。
25. 错误。是指没有组蛋白结合的区域。

三、选择题

1. B　2. A　3. B　4. B　5. D　6. B　7. D　8. A　9. C　10. D

11. D	12. ABCD	13. C	14. C	15. B	16. C	17. A	18. BC	19. C	20. C
21. B	22. A	23. C	24. B	25. B	26. D	27. ACD	28. D	29. B	30. D
31. A	32. B	33. A	34. C	35. D	36. A	37. C	38. C	39. B	40. C

四、简答题

1. 核定位信号与前导肽的区别在于：①核定位信号可以反复利用，即永久性；②核定位信号由核孔复合物识别。
2. 核基质维持细胞核的形态；参与形成染色质环；引导 RNA 进入核孔。
3. 不能，因为真核生物的基因有内含子，初级转录物必须经过加工。
4. 基因表达的时空隔离增强了对基因表达的调控机制，更有利于稳定染色体，并在细胞分裂活动中有利于遗传物质的均等分配。
5. 动粒和着丝粒都指染色体上与有丝分裂纺锤体相连的点。动粒在显微镜下是染色体上一个与微管相连的密集区域。着丝粒是染色体进行正确分离所必需的区域。
6. Q 带：氮芥喹吖因染色，富 AT 段呈亮色，富 GC 段呈暗色；
   G 带：吉姆萨染色，富 AT 处显暗带；
   C 带：主要显示异染色质部分；
   N 带：Ag-As 染色法，用于核仁组织区酸性蛋白的染色；
   R 带：也叫反带，与 G 带的明暗带型相反；
   T 带：针对染色体末端染色。
7. 这种机制使有限的抗体基因表达出高度可变的抗体分子，是抗体多样性的原因之一。
8. 高度保守的氨基酸序列表明这种蛋白质具有基础性的关键作用，因此大部分的突变不能被保存下来。
9. 降低组蛋白的正电荷，协助组蛋白与 DNA 形成正常的核小体结构。
10. 核孔复合物识别蛋白质和 RNA 分子，并且沿正确方向进行转运，调控物质在细胞核和细胞质间的流动。
11. 组蛋白进化的保守性证明这类蛋白质的每个氨基酸都具有重要功能。
12. 非组蛋白是细胞核中组蛋白以外的蛋白质。非组蛋白是一类不均一的蛋白质，约有 500 多种不同组分。一般呈酸性，带负电荷，常是磷酸化的。具有组织特异性和发育阶段特异性。参与基因表达调控的非组蛋白具有以下几种序列特征：锌指结构基序，α 螺旋-转角-α 螺旋基序，亮氨酸拉链基序，螺旋-环-螺旋基序。
13. H1 组蛋白维持染色质的 30 nm 纤维结构，没有 H1 组蛋白，染色质纤维将展开。
14. 两者都是分裂间期的染色质形态，但压缩程度不同。异染色质保持高度浓缩状态，转录不活跃，而常染色质是松散的，可作为转录模板。
15. 核内 DNA 多次复制产生的子染色体平行排列，且体细胞内同源染色体配对，紧密结合在一起，从而阻止了纤维进一步聚缩，形成巨大的由多条染色体组成的结构称作多线染色体。
16. 可以重复利用，有利于细胞的重建过程。
17. 是的，称为基质附着区的特殊 DNA 序列与核基质的蛋白质相结合。虽然这些 DNA 序列并没有明显的共同序列，但它们都富含 AT。

18. 染色质是细胞间期细胞核内能被碱性染料染色的物质，主要是由 DNA 和蛋白质组成的复合物。染色体是细胞分裂期间形成的，由染色质凝缩而成的棒状结构。二者在化学本质上没有差异，只是在构型上不同，是遗传物质在细胞周期不同阶段的不同表现形式而已。

五、实验设计与分析

1. 为了研究紧密结合于核心部分的 DNA 的量，可采用剂量逐渐增加的微球菌核酸酶消化 DNA，然后通过凝胶电泳分析消化产物。在低浓度核酸酶作用下，可得到染色体切割所形成的梯度条带。随着酶浓度的增高，梯度带中的各条带将聚合成一条带，代表剪切过的核小体 DNA。进一步的消化将使条带的长度减少，这是位于核小体核心部分紧密结合的 DNA（大约为 146 个核苷酸）。
2. 先将细胞培养在含有碳、氮重同位素的培养基中，在 DNA 复制前将细胞转移到含有轻同位素的培养基中。从细胞中分离染色质及交联八聚体，通过密度梯度离心确定交联的组蛋白八聚体的密度。结果表明：交联八聚体的密度适中，这说明“旧”的八聚体分开之后与“新”的八聚体进行随机重组。电子显微照片显示了新的 DNA 中的核小体，表明核小体是在复制之后立即形成的。

六、问答题

1. 间期细胞核的结构有主要 5 个组成部分：双层膜组成的核被膜，液态的核质，一个或多个核仁，核基质为细胞核提供骨架网络，DNA 纤维（染色质或染色体）。细胞核主要有两个功能：①通过遗传物质的复制和细胞分裂维持细胞世代间的连续性（遗传）；②通过基因的选择性表达，控制细胞的活动。
2. 1991 年 Ellis 等人提出了分子伴侣（molecular chaperone）的基本概念：由不相关的蛋白质组成的一个家系，介导其他蛋白质的正确装配，但自身不是最后功能结构的成分。注意：①凡具有这类功能的蛋白质都可称为分子伴侣；②作用机理不清楚；③不一定是一个独立的实体。分子伴侣分布广泛，根据同源性可分为 10 类：核质蛋白家族，Hsp70 家族，Hsp60 家族，TCP-1 家族，Hsp90 家族，Hsp100 家族，分子内伴侣，周质分子伴侣，RNA 分子伴侣，其他种类。

   主要功能包括：帮助蛋白质正确折叠和装配；帮助蛋白质转运和定位；参与细胞器和细胞核结构的发生；应激反应；参与信号转导等。
3. 利用天然染色体的功能元件，构建重组染色体，大大提高了插入外源基因的能力，并且能在宿主细胞内稳定的复制和遗传，称为人工染色体。

   如果以酵母染色体的 ARS、CEN、TEL 序列构建载体即酵母人工染色体（YAC），以 YAC 为载体，建立的文库就是 YAC 文库。
4. 染色体的绳珠模型是染色体的一级结构。由核小体组成，各核小体之间有连接（linker）DNA 相连。核小体又称为核体、核粒，是染色质的基本结构单位。由 200 bp 左右（160～240）的 DNA 与 5 种组蛋白结合而成。其中 4 种组蛋白（H2A、H2B、H3、H4）各 2 分子组成八聚体的小圆盘，是核小体的核心结构。146 bp 的 DNA 在圆盘外围绕 1 3/4 圈，1 分子 H1 与 DNA 结合，锁住核小体 DNA 的进出口，起稳定核小体的作用。两个相邻核小体间的连接 DNA 长度因种属和组织而异，一般为 60 bp。

5. 染色体骨架是一个密集、纤维状的染色体支架结构。当蛋白质从分裂中期的染色体中抽提出来后就只剩下骨架了，大的环形 DNA 还连在骨架上。核基质是与核被膜的内部相连的一个纤维状网络结构。它是间期核抽提除去蛋白质后得到的。因此，核骨架出现于分裂期的细胞，而核基质出现于分裂间期的细胞。这两种结构具有一些共同的蛋白质，但也有各自独特的蛋白质。

6. 真核基因的表达机制比原核基因更复杂，特别是原核基因没有内含子，因而一条原核 mRNA 在转录以后能立即翻译而不需再加工。事实上，原核细胞核糖体中大多数 mRNA 在转录结束之前就已开始翻译了。而真核细胞的大多数 RNA 转录物在被翻译之前必须经过适当的剪接。细胞核膜将转录与翻译的过程在空间、时间上分隔开来，初级 RNA 转录物分布在核内，直至加工形成 mRNA，才被转运离开核，进入细胞质开始翻译过程。

7. 二者都是高度浓缩的间期染色质。组成型异染色质在细胞周期内始终维持压缩，即异固缩的染色质状态，从不转录，主要由高度重复的非编码 DNA 构成，位于染色体的着丝粒附近。兼性异染色质在生命周期的特定时期内进行压缩，停止转录，但在其他时期可进行表达。女性的不活跃 X 染色体——巴氏小体就是这样的例子。

8. 基因中存在突变并不一定意味着所表达的蛋白质就有缺陷。例如，密码子突变后仍编码同一个氨基酸，并不会改变蛋白质的氨基酸序列；或者，突变可能在蛋白质中使氨基酸变成另一种氨基酸，但此氨基酸所处的位置对蛋白质的折叠或功能并不重要。在确定这种突变是否导致蛋白质功能缺陷时，必须知道已发现的人类 β 珠蛋白突变的信息。如果配偶有一对正常的珠蛋白基因，那么所有的子女都不会患地中海贫血，但是一般说来，其中的一半孩子将是突变基因的携带者。

9. 假基因没有内含子，因为是由已经剪接过的 mRNA 衍生而来，可能也不含启动子，所以不可能被转录。在哺乳动物基因组中已发现许多无活性的假基因，被视为物种进化历史中偶然反转录事件的遗迹。假基因通常不完整，因为反转录酶可能没有合成出完整的 mRNA。

10. 原核生物具有一种或一类 DNA，一般是非重复的编码 DNA 序列。真核生物具有三类 DNA，依重复程度不同而区分：非重复 DNA，中度重复 DNA，高度重复 DNA。其差别可以用复性曲线来显示。原核生物 DNA 的复性曲线很简单，而真核生物的曲线则有三个平台——代表三种不同类型的 DNA。

11. 核型是染色体组在有丝分裂中期的表型，是染色体数目、大小、形态特征的总和。在对染色体进行测量计算的基础上，进行分组、排列、配对，并进行形态分析的过程叫核型分析。核型分析可用于细胞染色体畸变鉴定，物种分类鉴定以及进化关系的分析等。

12. 核孔复合物（NPC）是一种轮形结构，呈 8 面对称。具有一中央运输蛋白，向外伸出 8 个辐条，与细胞核面的核质环及细胞质面的胞质环相连。在胞质环表面常有 8 个细胞颗粒位于其上，而核质环、胞质环上分别有细纤丝伸向核质、胞质，形成笼形结构。

13. (1) $\frac{100\,000\text{ 基因}}{23\text{ 染色体}} = 4348\text{ 基因/染色体}$

(2) $\frac{3\times10^9\text{ 碱基对}}{1\times10^5\text{ 基因}}=30\ 000\text{ 碱基对/基因}$

(3) $\frac{3\times10^9\text{ 碱基对}\times0.05}{1\times10^5\text{ 基因}}=1500\text{ 碱基对/基因}$

14. 染色体是遗传物质的高级结构，这种结构只是在细胞分裂时才会出现，便于均等分配。为了均等分配遗传物质，不仅遗传物质要凝集成染色体，同时核膜要解体，此时见不到细胞核。反之，新细胞生长时需要基因活动，需要蛋白质合成，为此染色体必须去凝集，此时见不到染色体。但是，此时为了稳定遗传物质，保证基因转录的微环境，必须形成完整的核。所以不可能在同一个细胞中既见到细胞核又能见到染色体。
15. 是关于共激活子通过组蛋白乙酰化调节转录的作用模型。转录因子，如糖皮质激素受体与DNA结合，引起共激活子（如CBP）的结合，而CBP具有组蛋白乙酰基转移酶的活性（这些酶以乙酰CoA作为乙酰基供体转移到组蛋白的赖氨酸残基），引起组蛋白的乙酰化而进行转录。具体地说，①去乙酰化的组蛋白抑制核小体转录；②糖皮质激素受体（GR）同GRE结合，然后CBP同GR结合，导致TATA框上游和下游核小体中的组蛋白乙酰化；③乙酰化的组蛋白与DNA脱离；④TFIID与DNA的开放区结合，CBP和TAFII250一起使更多的核小体组蛋白乙酰化，启动转录；⑤更多的与启动子结合的核小体被乙酰化，RNA聚合酶与启动子结合，转录开始。

七、名词释义

1. 交换是配子中进行的一种新的遗传组合，并传给后代。如果同一亲本染色体上的遗传性状没有一起进入后代细胞，交换可造成不完全的连锁。
2. 在昆虫体内，这种染色体扩增方式可产生合成大量蛋白质所需的众多基因拷贝。由于这些巨大染色体结构上的条带与特定的基因相关，因此通过研究其交换频率可提供可视的遗传图谱证据。
3. 拓扑异构酶催化DNA复制或转录过程中关键的第一步反应——超螺旋DNA的解旋。
4. 限制性片段长度多态性（RFLP）作为基因标签，通过限制性内切核酸酶处理的办法区分DNA序列的差异。对于基因组的特定区域，RFLP具有高度特异性，能作为可靠的鉴别特征。RFLP已用于建立基因组物理图谱，也用于寻找某些疾病相关基因。
5. 是转录活跃的DNA部分，在间期细胞核中为解旋的细纤维丝，折叠盘曲度小，分散度大。常染色质含有单一和重复顺序的DNA，在一定条件下可进行复制和转录，是正常情况下经常处于功能活跃状态的染色质。
6. 是指间期或分裂前期核内染色很深的块状结构。异染色质的DNA分子与组蛋白等紧密结合，螺旋缠绕紧密，很少转录，功能上处于静止状态，是低活性的染色质。在分裂期，异染色质位于着丝粒、端粒或在染色体臂的常染色质之间。
7. 是染色质的四级结构，又称子染色体。在细胞分裂中期，染色质转变成染色体，每条染色体都是通过着丝粒连接两条染色单体而形成的。这两条染色单体互称为姐妹染色单体。
8. 是在主缢痕处两条染色单体相连处的中心部位，即主缢痕的内部结构。着丝粒的位置是鉴别染色体类型的一个重要标志。根据着丝粒所在位置，可把染色体分成中部、亚中部、近端、端着丝粒染色体四种类型。

9. 是指在主缢痕处两条染色单体的外侧表层部位的特殊结构。是纺锤丝微管的连接处，是微管蛋白的组织中心之一。动粒的超微结构可分外、中、内三层。外层电子密度中等，纺锤丝微管主要与外层相连，少数微管伸入外层以内；中层的电子密度低，是一无结构的亮区；内层电子密度高，是一些类似于染色质的颗粒状结构。

10. 是染色体上主缢痕以外的另一个凹陷。常分布于染色体臂中或在短臂靠近动粒处。次缢痕也是染色体的一种固定的形态特征，所以也可作为鉴别染色体的标志。

11. 在某些染色体的短臂上连接着一个或多个球形小体，这个球形结构称为随体。具有随体的染色体称为 SAT 染色体。染色体上随体的形状、大小和位置是固定的，也是识别染色体的标志之一。

12. 是指体细胞中形态、结构和遗传功能彼此不同而互相协调的全套染色体数，也称染色体组型。根据染色体的相对大小、着丝粒的位置、臂的长短、有无随体等特征，可把生物体细胞中全套染色体按一定顺序分组排列。染色体组数，每组染色体的数目多少，均随生物种而异。正常人的 46 条染色体可分为 A～G 等 7 个组，因此，正常人的核型可表示为 46，XX（XY）。

13. 是细胞核内无包膜、折射率较强的球状小体。核仁的形状、大小、数目和位置随生物种类、细胞类型和生理状态不同而异。核仁由原纤维、颗粒成分、核仁相随染色质和基质组成。核仁在细胞分裂前期消失，后期在染色体的核仁组织区重新形成。核仁是合成 rRNA 的场所。

14. 是存在于细胞内特定染色体区段，常位于染色体端部的次缢痕处，含有主要 rRNA 基因，是产生核仁的部位。人类的 rRNA 基因家族位于 5 对染色体（13、14、15、21 和 22 号染色体）的随体内侧。产生的核仁可融合形成一个大的核仁。

15. 由于染色体的数目或结构发生改变而产生的疾病称为染色体病。数目的增减包括染色体组数的改变及个别数目的改变，结构的畸变包括缺失、倒位、重复、易位等。这些改变有自发产生的，也有由各种理化因素引起的。染色体数目异常或结构畸变会导致遗传性疾病和肿瘤的发生。

第十二章　细胞周期与细胞分裂

一、填空题

1. G_1期，S期，G_2期，M；G_1期、S期、G_2期
2. 启动期，DNA合成期，细胞分裂期
3. 纺锤体，中心体，星体，染色体
4. 固定在动粒上，中心体上
5. 无丝分裂，有丝分裂，减数分裂
6. 纺锤体
7. 为了均等分配遗传物质
8. S，M
9. $P34^{cdc2}$蛋白激酶，细胞周期蛋白
10. 周期蛋白B，周期蛋白A
11. 双线，粗线
12. 偶线期，粗线期，双线期
13. 秋水仙碱抑制了纺锤体的形成
14. G_1/S，G_1，M，纺锤体
15. 偶线期，双线期
16. 染色质凝集成单条细线，细线与核膜相连，染色质线上有染色粒
17. 粗线期
18. MPF
19. 20，100
20. 抑制纺锤体的形成
21. 纺锤体的形成
22. 细胞周期蛋白
23. 丝氨酸或苏氨酸
24. 细线状，双线状，粉末状
25. $P34^{cdc2}$
26. 同步，1∶1
27. 前期Ⅰ，后期Ⅰ
28. 生殖，2，1，$2n$，精子或卵子

二、判断题

1. 正确。
2. 正确。

3. 错误。极微管末端相互重叠并通过将微管之间跨接起来的蛋白质而相互连接。
4. 错误。植物细胞没有中心体。
5. 正确。是减数分裂的结果。
6. 正确。事实上，核膜与内质网膜之间是连续的，因此某些区段含有具两个来源的膜。
7. 正确。减数分裂产生的配子是单倍体。
8. 正确。中心体在有丝分裂第一步时复制。关于一个中心体产生两个而且仅有两个中心体的机制，尚不清楚。
9. 错误。是暂时处于休眠状态的细胞。
10. 正确。
11. 错误。不存在 G_1 期与 M 期的转换，但有关 G_1 期与 S 期的转换的叙述是正确的。经过这一转换，细胞就可决定其是否进入分裂周期。
12. 错误。有丝分裂不需要进行配对。
13. 正确。
14. 错误。正确的说法应将“着丝粒”改成“中心体”。
15. 正确。
16. 错误。减数分裂中产生的突变能被遗传，除非它们没有进入有活力的配子。
17. 错误。未成熟的生殖细胞也能进行有丝分裂。
18. 正确。如果染色体的非对应区域也能发生重组，将产生大范围的基因重排，这对于生物而言几乎是灾难性的。然而，少数罕见的“不等交换”对生物体可能有利，基因组中已发现这些罕见的例子。
19. 正确。
20. 错误。是不同步的，GC 含量高的先复制，常染色质也是先复制。
21. 错误。结构不一定完全相同。
22. 正确。该实验利用了所谓的条件突变体。条件突变体所产生的蛋白质在某一温度下是稳定的、有功能的，但在其他温度条件下，则变得不稳定且失去功能。细胞可以先在突变蛋白正常工作的温度下培养，然后转换到蛋白质功能丧失的温度下培养。
23. 错误。发生在同源染色体之间。
24. 错误。应该是染色体组数目的减少。
25. 正确。Cdk 与细胞周期蛋白的偶合是其活性所必需的，而且细胞周期蛋白/Cdk 复合物的激活依赖于 Cdk 蛋白上某些特殊部位的磷酸化和另一些部位的去磷酸化。

三、选择题

1.B	2.B	3.B	4.C	5.D	6.A	7.C	8.C	9.B	10.A
11.C	12.A	13.C	14.A	15.A	16.C	17.B	18.C	19.B	20.D
21.B	22.A	23.A	24.A	25.A	26.C	27.C	28.ACD	29.C	30.B
31.D	32.B	33.C	34.ABC	35.B	36.D	37.B	38.A		

四、简答题

1. 有丝分裂为 $2n$，每条染色体只有一条染色单体；减数分裂为 $1n$，每条染色体有两条染色单体。

2. 在 G_1 期，RB 结合转录因子 E2F，使得 S 期所需基因的表达受阻。在 START 时，RB 被一种周期蛋白/Cdk 复合物磷酸化而释放 E2F，E2F 激活 S 期所需基因的转录。
3. 同源染色体的分离、自由组合和交换，一方面保证了物种遗传的稳定性，另一方面增加了生物遗传的多样性。
4. 都处于有丝分裂的早期阶段。早中期早于中期，其特征是染色体与纺锤丝结合，以及染色体向赤道板移动。在中期，染色体全部排列在赤道板上。中期是有丝分裂的“节点”，在染色体正确地排好之前，细胞会一直处于中期。
5. 能够结合的周期蛋白不同，功能不同。
6. P53 蛋白是一种防止细胞癌变的转录因子，可调节一种周期蛋白——Cdk 抑制蛋白的合成，这种物质是细胞进入 S 期所必需的。
7. 因为有害基因发生纯合的概率大得多。
8. 染色体交叉提供了染色体上易于发生重组的位点。
9. 组蛋白磷酸化参与细胞分裂前的染色体包装，其作用是降低组蛋白与 DNA 的亲和力。
10. 内质网的解体便于在细胞分裂时将内质网分配到子代细胞中。
11. 两极微管形成一个结构框，维持纺锤体的完整。
12. G_0 期正好与减数分裂形成的精卵细胞所处的时期一致。
13. 分裂后期染色体低速移动可确保染色体的准确分配，并防止互相缠绕。
14. 细胞周期关卡是环境不适合细胞分裂或进行 DNA 复制时，细胞周期可在该点终止。
15. 后期有两个独立但同步的事件发生，后期 A 和后期 B。后期 A 指染色体向两极的移动，后期 B 指纺锤体两极相互远离。
16. “偶”指同源染色体配对形成的复合体，由于染色体的凝缩程度不高，每一同源染色体中的两个姐妹染色单体是不可分的，仍为一条；“双”指每一同源染色中的两个姐妹染色单体变得明显可见。
17. 分裂期细胞的这两种结构都用来分隔细胞质。在植物细胞的成膜体处发生微管聚集，最终形成细胞板。收缩环则存在于动物细胞中，由结合了肌动蛋白的收缩纤维组成，通过收缩细胞膜使细胞质分开。
18. 有丝分裂染色体的形成将遗传物质以高度压缩的形式包装起来，便于有效地分配到子代细胞中。
19. S 期鼓起，M 期变圆。
20. 细胞周期的这两个阶段处于染色体复制之前，那些高度特化并且已经停止分裂的细胞，如肌细胞和神经细胞，被锁定在 G_0 期，这与那些处于 G_1 期的细胞不同，G_1 期染色体虽未复制，但很快就会进入 S 期。
21. 将处于分裂期的细胞与处于其他周期阶段的细胞融合，分裂期的细胞质总是能诱导非分裂期的细胞中的染色体发生凝集，这种现象称为早熟染色体凝集（PCC）。该现象说明 M 期的细胞中存在某种促进染色体凝集的物质。
22. 当 P34 激酶的 ATP-结合结构域上两个磷酸化的残基（苏氨酸-14 和酪氨酸-15）去磷酸化时，P34 分子就被激活。苏氨酸-161 的磷酸化是其活性所必需的，当周期蛋白受到破坏时激酶失活。

五、实验设计与分析

1. 将同步化的分裂期细胞与同步化的处于其他周期的细胞进行融合，然后分析染色体的早熟现象。如有早熟，则证明有 MPF 的存在。
2. B 峰中的细胞所含 DNA 是 A 峰中细胞所含 DNA 的 2 倍，表示 B 峰含有复制好的 DNA，而 A 峰中细胞的 DNA 则未复制。因此 A 峰包含处于 G_1 期的细胞，而 B 峰包含处于 G_2 和 M 期的细胞。S 期细胞已开始复制 DNA 但尚未完成，因此它们含有不同数量的 DNA，位于两峰之间。大多数细胞处于 G_1 期，表明这是细胞周期中最长的期。
3. 蛙卵母细胞中肯定含有非活化形式的 MPF（即非活化的 Cdk/周期蛋白复合物）。一旦注入到新的卵母细胞中，一小部分活化的 MPF 通过调节酶活性而使非活化 MPF 分子的相应位点发生磷酸化和去磷酸化反应，从而激活一个或更多的非活化 MPF。此时已处于 M 期的第二个卵母细胞的提取物，含有与原来胞质提取物一样多的活化 MPF。以下类推。
4. 抗体能紧密地结合抗原（本题中为肌球蛋白）。结合抗原后，抗体能通过阻止抗原与其他细胞组分的结合来干扰抗原的功能。由于后期染色体的运动依赖于微管而不依赖于肌动蛋白或肌球蛋白，因此在有丝分裂中给细胞注入肌球蛋白的抗体对染色体的移动无影响。胞质分裂依赖于肌动蛋白和肌球蛋白纤维组成的环状结构的收缩，这个环会形成将细胞分裂为二的分裂沟，因此注入肌球蛋白抗体能阻断胞质分裂。
5. 三种类型的突变细胞理论上不能分裂。

   (1) 细胞能进入有丝分裂，但不能从有丝分裂中退出。

   (2) 细胞将永远停止在 G_1 期，因为 G_1 期周期蛋白-Cdk 复合物失活。

   (3) 细胞分裂所需的基因转录将无法被激活，因为所需的基因调控蛋白被非磷酸化的 RB 蛋白所隔离。

六、问答题

1. 这种说法是正确的。如果体细胞中的 DNA 不够稳定（即如果积累突变过程过快）则导致个体死亡（如死于肿瘤），因为这些突变常发生在生物繁殖之前，因此导致该物种的灭绝。如果生殖细胞中的 DNA 不够稳定，就会积累许多突变并传递给后代，所以该物种将难以维持下去。
2. 减数分裂是生殖细胞产生配子的分裂，包括两次连续的分裂，形成四个单倍体子细胞。减数分裂可分为三个主要类型：配子或终末减数分裂；合子或起始减数分裂；孢子或中间减数分裂。有性生殖中雌雄配子的融合，把不同遗传背景的双方亲本遗传物质混合在一起，既稳定了遗传，又增加了遗传变异，大大增强了生物对环境变化的适应能力。因此，必须要求一种机制使配子的遗传物质量减半，才能保证子代染色体数目的恒定。所以，减数分裂是有性生殖的前提。此外，减数分裂还是遗传变异产生的主要原因。亲代染色体在单倍体细胞中的自由组合，以及同源染色体配对时的交换，这两种机制产生了遗传上独特的四个单倍体细胞，每个细胞都含有新重组的遗传信息。
3. 对于多细胞生物来说，细胞分裂的控制是极为重要的。G_0 状态保护细胞避免反常地激活。

如果一个细胞仅停留在 G_1 期，仍会含有全部的细胞周期机构，而且仍可能会被引发分裂。此时的细胞必须不断地做出不分裂的“决定”。如果 G_0 期细胞再进入细胞周期，细胞必须合成已消失的组分。

4. 核纤层是核膜内表面一层 30～160 nm 厚的网状蛋白，对核被膜起支持作用。由三种亚单位（α、β、γ，也可用 A、B、C 表示）组成，属于中间纤维。有丝分裂早期，在 MPF 的作用下三种核纤层蛋白的丝氨酸残基磷酸化，引起核膜的解聚。在核被膜重建过程中，MPF 失活，其他一些磷酸酶被激活并使核纤层蛋白脱磷酸化，导致核膜的重建。

5. (1) 无 DNA 聚合酶，复制根本不可能进行，RNA 引物将在复制起始位点积累。
   (2) DNA 连接酶负责连接后随链上合成的 DNA 片段。没有连接酶，则新复制的 DNA 链将保持片段状态，但核苷酸不会丢失。
   (3) 无滑动夹钳，DNA 聚合酶常会脱离 DNA 模板，虽然原则上能够再结合上来并继续反应，但不断地脱离与再结合将会耗费很多时间，从而大大降低 DNA 复制的速度。
   (4) 没有 RNA 切除酶，则 RNA 片段将保持与新复制的 DNA 片段共价连接。由于连接酶不能将 DNA 连接于 RNA，连接反应不能进行。因此，后随链将由 RNA 和 DNA 片段两者组成。
   (5) 没有 DNA 解旋酶，则 DNA 聚合酶将不会前进，因为它不能分开其前方模板 DNA 双链，不合成或极少合成新的 DNA。
   (6) 无引物酶，则 RNA 引物在前导链或后随链上均不能合成。DNA 复制不能起始。

6. 虽然在第一次减数分裂后每个子细胞最终含有双倍体数量的 DNA，但每个细胞实际上只含有一套单倍体染色体（尽管有两个拷贝），代表每一类型染色体的一个或另一个同源染色体（虽然在交叉期间会出现一些混合）。由于一对染色体中的父本和母本染色体会携带许多基因的不同版本，这些子细胞在遗传学上是不等同的。对比之下，有丝分裂产生的体细胞继承了一套双倍体染色体，且所有子细胞在遗传学上是等同的。通过减数分裂产生配子的目的是在有性繁殖中互相混合并重新分配基因库。因此对于每一个配子而言，具有一定程度的遗传组成差异肯定是有益的，相反，体细胞的作用在于建成一个所有细胞都含有相同基因组的生物，因此遗传的成分不应存在差异。

7. 前期Ⅰ的第三个阶段是粗线期，又称重组期。该阶段染色体明显变粗变短，染色体是一个明显的四分体；核仁融合为一个大核仁，并与核仁中心所在的染色体相连。粗线期可持续几天至几个月，发生染色体的交换重组，并可见联会复合体的梯状结构中出现重组节。

8. 许多卵细胞体积很大且含有足够的细胞成分储备，以维持受精卵的早期分裂。卵受精后最初几次分裂期间形成的子细胞在体积上逐渐减小，因为它们的产生不需要新蛋白质和 RNA 的合成。而正常分裂的细胞将在 G_1 期和 G_2 期暂时停顿，直至体积倍增。实际上 G_1 期和 G_2 期在卵细胞最初几次分裂中并不存在，其中由于 G_1 期通常比 G_2 期长，G_1 期是缩减得最多的时期。

9. 实验中将同步化的受精的海胆卵细胞培养在有放射性氨基酸的培养液中，每 10 min 取样一次分离纯化蛋白质，然后通过凝胶电泳、放射自显影进行蛋白质分析。结果发现，经过几轮细胞周期之后，放射性标记的蛋白质的量稳定增加。其中有一种蛋白峰在有丝分裂的早期特别高，但是到了有丝分裂后期就急剧下降，然后在下一个细胞周期又慢慢积累直到有丝分裂前达到高峰，这种蛋白质后来被命名为细胞周期蛋白 B（cyclin B）。科学家用基因工程技术从海胆中分离了细胞周期蛋白 B 的 cDNA 克隆，然后用这种 cDNA 作探针从非洲爪蟾中分离了同源的细胞周期蛋白 B 的 cDNA 克隆，最后用周期蛋白 B 制备的抗体证明了非洲爪蟾中的 MPF 的一个亚基的确是细胞周期蛋白 B。

10. 通常细胞必须长到一定大小才开始分裂。这两种突变株的细胞大小控制系统显然有缺陷。在 *Gee* 细胞中，细胞只增大而不分裂，说明此突变的细胞周期控制蛋白已无法检测细胞的大小，可能永远抑制 MPF。而另一方面在 *Wee* 细胞中，细胞在长到一定大小之前，突变的控制蛋白过早地引发细胞分裂，包括 MPF 过早被激活等。实际上，Wee1 就是一种酵母的细胞周期调控蛋白，能够使 MPF 特定部位发生磷酸化以使之失活的一种激酶。Wee1 突变的酵母细胞有短的细胞周期，其细胞个体也较小。

11. 如果在姐妹染色单体分开前一个微管断裂，同一染色体的两个拷贝就会进入同一个子细胞中。另一方面，来自同一纺锤极的一些微管可与这条染色体的两个动粒连接。这一罕见错误的结果是：一个子细胞将含有那条染色体上所有基因的 1 个拷贝，而另一个子细胞将含有 3 个拷贝。改变了基因数量，将相应地影响产生的 mRNA 和蛋白质的数量，且在多数情况下是对细胞有害的。如果错误发生于减数分裂这一配子形成过程中，就会在新个体的所有细胞中出现。例如，一种称为唐纳综合征的严重智力障碍，就是由于体内所有有核细胞中存在 3 个拷贝的 21 号染色体所致。

12. 真核生物 G_2/M 的转换实际上就是 MPF 的完全激活。$P34^{cdc2}$ 与周期蛋白 B 结合，形成的是无活性的 MPF。然后在激酶 Wee1 和 mikl 的作用下，将 $P34^{cdc2}$ 的 Tyr15 和 Thr167 磷酸化，形成的是无活性的前 MPF，然后在 Cdc25 磷酸酶的作用下，将 Tyr15 位的磷酸脱去，形成活性 MPF，使一系列的底物发生磷酸化，进入 M 期。由此看来，Tyr15 位的磷酸化起抑制作用，Thr167 磷酸化起激活作用。

13. 减数分裂开始于 DNA 的复制，产生一个含有各条染色体 4 个拷贝的四倍体细胞，在随后的两次减数分裂中这 4 个拷贝必须被均等分配至 4 个单倍体细胞。姐妹染色单体保持配对，这样：
    (1) 第一次减数分裂产生的细胞接受完整的两套染色体。
    (2) 在第二次减数分裂中染色体将会再次均等分配。如果姐妹染色单体不保持配对，在第二次分裂中将不可能鉴别哪些染色单体应被组合在一起，因而很难保证每一染色单体的一个拷贝被精确分配到每一个子细胞中。因而在第一次减数分裂中保持姐妹染色单体配对是一种简易的方法，用于始终监视哪些染色单体应被分配在一起。

14. (1) 突变体 1 的 *cdc25* 基因编码的蛋白质有缺陷，因此它是 $cdc25^-$ 突变体。Cdc25 去除 Cdc2 上抑制性的磷酸基团从而激活 Cdc2。如果 *cdc25* 基因不能产生一个有功能的磷酸酯酶，细胞将不正常地长期生长。突变体 2 是缺少 *wee1* 基因编码的蛋白。*wee1* 基因编码一种激酶，将抑制性的磷酸基团添加到 Cdc2 上。缺少 *wee1* 的细胞在未成熟时即提前分裂。
    (2) 在两种突变体中，G_2 期的持续时间不正常，在突变 1 中延长，在突变 2 中缩短。

15. 因为 START 所需基因，如 *cdc28* 的突变使染色体周期、中心粒周期和细胞质周期都停止，可知这些周期是受到协同控制的。而某些基因的突变只阻断单个周期的进行，这表明各个周期的各个部分具有其独立性。例如，*cdc31* 的突变只阻断中心体周期，*cdc7* 的突变特异性阻断染色体周期，而 *cdc24* 的突变只是使细胞质周期出现故障。

16. 控制系统至少有三个关卡，G_1 关卡（靠近 G_1 末期）、G_2 关卡（靠近 G_2 末期）、中期关卡（中期末）。每一个关卡处，由细胞所处的状态与环境决定细胞能否通过此关卡，进入下一阶段。G_1 关卡（限制点）检测细胞大小和环境，如果条件合适就会激发 DNA 复制，使控制系统向前移动。G_2 关卡处，控制系统检测细胞大小、状态，以及 DNA 复制是否完毕。在中期关卡，控制系统检测所有染色体是否都与纺锤体相连并排列于赤道板上，检测 MPF 是否失活，否则不能进行有丝分裂和胞质分裂。
17. 细胞周期蛋白消失导致有丝分裂 Cdk 的失活，所以其靶蛋白受磷脂酶作用而去磷酸化，细胞退出有丝分裂，包括细胞解散有丝分裂纺锤体，重组核膜，染色体解凝聚等。周期蛋白在蛋白酶体中以遍在蛋白依赖性的方式降解。有丝分裂 Cdk 的活化作用很可能以延滞的方式引起细胞周期蛋白的遍在蛋白化，遍在蛋白标记蛋白质，使之在蛋白酶体中降解。
18. 结果见图 A12-1。

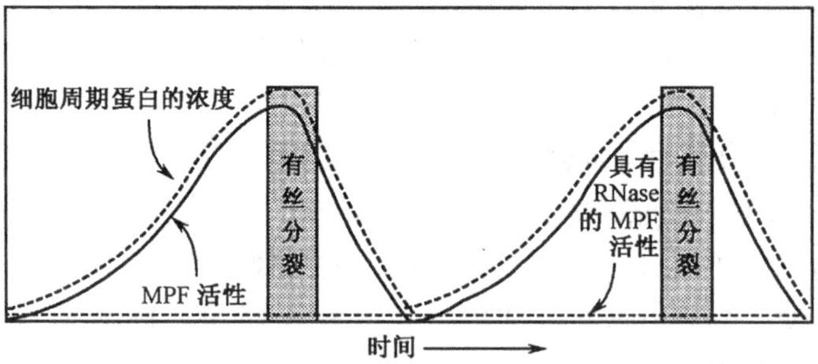

图 A12-1　有 RNase 存在的条件下 MPF 的活性曲线（引自 Pruitt，1996）

七、名词释义

1. 通常将通过细胞分裂产生的新细胞生长到下一次细胞分裂形成子细胞结束为止所经历的过程称为细胞周期。大多数真核生物的细胞周期可分为 4 个阶段：DNA 开始复制前为 G_1 期，DNA 开始复制为 S 期，DNA 复制完成后为 G_2 期，细胞开始分裂时为 M 期，最终产生两个子细胞。在特定的条件下，细胞能从 G_1 期退出细胞周期，并保持在 G_0 期，此时细胞既不生长，也不分裂，为休眠细胞。对休眠细胞进行适宜的刺激将促使细胞返回到 G_1 期，并重新开始生长与分裂。
2. 培养物中的所有细胞都处于细胞周期的相同阶段，称为细胞的同步化。细胞同步化分自然同步化和人工同步化。人工同步化是利用细胞培养的方法，用各种理化因素处理，获得同步化生长的细胞。
3. 在整个真核生物的细胞周期中，浓度随细胞周期的变化而时升时降的几个相关的蛋白质。细胞周期蛋白与依赖于细胞周期蛋白的激酶之间形成复合物，从而激活并决定了这些酶的底物特异性。如细胞周期蛋白与 P34 激酶（Cdc2）结合形成促成熟因子（MPF）。

4. 限制点是哺乳动物细胞周期控制 G_1 期进入 S 期的调节点，相当于酵母的 START 点。主要在体外细胞培养实验中发现的。哺乳动物细胞体外培养时，需要添加生长因子促进细胞的分裂。如果缺少生长因子，就会被阻止在 G_0 阶段，一旦在培养基中添加了生长因子，这些细胞将在 14～16 h 后通过细胞周期限制点，再过 6～8 h，细胞进入 S 期，并完成余下的细胞周期过程。由此推测，哺乳动物细胞周期的限制点相当于酵母的 START 点。
5. 是一种蛋白质，其含量在有丝分裂前迅速上升，在有丝分裂后迅速下降，被认为是触发有丝分裂的物质。
6. 监控细胞周期事件的发生、发展过程是否严格按程序进行的控制点称为关卡。如酵母细胞在 DNA 合成开始前的启动点（START）、哺乳类细胞周期的 G_1 期 R 点或限制点（restriction point）等。这些关卡保证了细胞周期的正常进行，典型的细胞周期控制系统至少有三个关卡：G_1 关卡（靠近 G_1 末期）、G_2 关卡（在 G_1 期结束点）、中期关卡（在中期末）。在每一个关卡，由细胞所处的状态和环境决定细胞能否通过此关卡进入下一个阶段。如 DNA 损伤未修复则不能进入 S 期，S 期 DNA 合成未结束不能进入 M 期，如果 M 期的纺锤体和染色体连接不良则不能进入后期。
7. 有丝分裂是细胞周期 M 期进行的分裂活动。在这个时期，通过纺锤丝的形成和运动以及染色体的形成，将 S 期复制的 DNA 平均分配到两个子细胞的过程，由于纺锤丝的出现，故称为有丝分裂。典型的有丝分裂过程分为四个阶段，前期，染色质浓缩并以双股的形式出现（每股称为染色单体），核膜解聚，纺锤体形成，染色体在动粒处与纺锤体纤维结合；中期，染色体排列于中期板；后期，染色单体通过纺锤体微管的作用被拉向两极；末期，染色单体的分离完成，染色质逐渐分散，新的核膜形成。通常接着进行胞质分裂，这样细胞质也被分配到两个子细胞中。有丝分裂保证每个子细胞都拥有与母细胞同样的一套双倍染色体。
8. 特殊的核分裂形式，染色体仅复制一次，而进行两次连续的核分裂（减数分裂Ⅰ、Ⅱ）。每次分裂也可分为四个阶段（前期、中期、后期和末期）。每个子代细胞只接受每个同源染色体对的一个，母本和父本染色体随机分布，这对于基因的分离很重要。在减数分裂Ⅰ的前期（分为细线期、偶线期、粗线期、双线期），同源染色体对形成双倍体，从而允许染色体互换，即基因发生重组。动物界的减数分裂发生于配子形成过程中，植物中减数分裂通过孢子体世代导致孢子的形成。
9. 核分裂（有丝分裂）完成后是细胞的原生质体分裂的过程。有丝分裂后期，将细胞膜、细胞骨架、细胞器以及可溶性蛋白质等均等分配，并形成两个新的子细胞的过程称为胞质分裂。胞质分裂通常开始于有丝分裂后期，直到两个新细胞核形成后才结束。
10. 同源染色体配对称为联会，是在减数分裂的偶线期两条同源染色体侧面紧密相贴并进行配对的现象。联会染色体间的配对是专一性的，可以同时发生在分散的几个点上。同源染色体联会在细线期就已开始，在偶线期十分明显，在粗线期装配成联会复合体。在双线期，联会复合体开始解体，终变期时完全消失。
11. 重组结是同源染色体配对联会复合体中的球形、椭圆形或棒状的结节，直径约为 90 nm，是由蛋白质装配成的小体，结构不清楚。重组结中含有催化遗传重组的酶类，因此推测某些重组结与染色体重组有关。交叉与重组结在总量上是相等的，而在联会染色体上的分布方式两者也极为相似。果蝇的某些突变引起了交叉分布的异常，重组频率因此降低，此时，可发现重组结不仅数量减少，分布也发生了变化，这也从另一个角度证明重组结与染色体交换的发生有关。

12. 磷酸化蛋白，是一种常见的肿瘤抗原，在多种转化细胞中表达。然而 P53 被认为是肿瘤抑制基因的产物，而不是癌基因产物。正常 P53 的生物功能类似“基因组卫士”，在 G_1 期检查 DNA 损伤点，监视基因组的完整性，阻止损伤的 DNA 进行复制，以保证 DNA 及时进行修复；如修复失败，则 P53 引发细胞凋亡。如果 *P53* 基因的两个拷贝都发生突变，将对细胞的增殖失去控制，引起细胞癌变。
13. 成对的染色体，一个来自父本，一个来自母本，它们含有同样的线性基因顺序，是除了突变位点之外都相同的染色体，在有丝分裂过程中易于配对或联会。二倍体细胞核内成对染色体中的两条染色体（父本与母本染色体）就是同源染色体。
14. 组成纺锤体的微管，由两极微管组织中心衍生出来的微管在赤道面相嵌。纺锤丝与动粒纤维不同，后者是连接在动粒上的微管，但在广义上纺锤丝也可以指动粒微管。
15. APC，即遍在蛋白连接酶（ubiquitin ligase，E3）复合物。E3 通常是一种复合体，由多亚基组成。例如，从非洲爪蟾卵细胞中分离的周期蛋白 B 的 E3 至少含有 8 个不同的亚基。APC 激发 E2-遍在蛋白复合物与有丝分裂周期蛋白破坏框结合，然后激发遍在蛋白与破坏框 C 端的赖氨酸残基结合，此过程不断循环使遍在蛋白多聚化。

第十三章　胚胎发育与细胞分化

一、填空题

1. 卵巢，增殖，有丝分裂
2. 细胞分化
3. 全能性，绵羊，全能性
4. 一群细胞而不是单个细胞发生变化
5. 100
6. 终端分化细胞
7. 卵黄生成素，卵黄高磷，卵黄脂磷
8. 全能向多能向专能逐步限制的
9. mRNA 的 5′端的鸟嘌呤（G）甲基化
10. 单独的谱系
11. 卵细胞质膜的快速去极化，多精受精的一级阻断
12. 解旋，解体，雄性原核
13. 外胚层，内胚层，中胚层
14. mRNA 和蛋白质
15. 40S 核糖体
16. 维持细胞的功能，导致细胞的分化
17. 睾丸，保护，营养，支持细胞的表面，精原细胞
18. 内胚层，外胚层，外胚层，中胚层，中胚层
19. 体节极性基因，镜像对映重复，体节极性，体节极性，体节极性，体节极性，细胞谱系限制区
20. 配子发生，10 000，核 DNA，基因组，细胞质结构，细胞质，二，单倍体，4，1，3 个极体

二、判断题

1. 正确。
2. 错误。细菌只有一种 RNA 聚合酶，转录所有的基因。相反，真核细胞有三种不同的聚合酶，每一种用于三类基因中的一类。
3. 正确。
4. 错误。原核生物无组织分化。
5. 正确。
6. 错误。起开关的作用，到底是正控制还是负控制则是由与之作用的蛋白质决定。
7. 错误。动物细胞也有全能性。
8. 正确。原核 mRNA 常常是整个操纵子的转录物，核糖体可以在这些“多聚操纵子”mRNA

的内部 AUG 位点启动翻译。

9. 正确。
10. 错误。不均匀的。
11. 错误。反式作用因子可作用于不同染色体上的顺式作用元件。
12. 正确。
13. 错误。细胞决定子主要是指受精卵。
14. 正确。
15. 正确。
16. 错误。不包括调节基因。
17. 正确。
18. 错误。主要被结合的蛋白质所保护。
19. 正确。在一条途径中尽可能早的位点上进行控制是有利的，这样可以节省代谢能量，因为没有合成不必要的产物。
20. 错误。转决定是一群细胞突变的结果。
21. 错误。真核细胞的分化相当于分工，为整个有机体服务。
22. 正确。双链 DNA 的大沟足够宽，使蛋白质的表面能接近碱基对。
23. 正确。
24. 错误。锌指结构域中的锌原子是蛋白质结构正确折叠所需的，位于这些结构域的内部，并不和 DNA 接触。
25. 错误。甲基化程度越高，转录活性越低。

三、选择题

1.A	2.C	3.D	4.D	5.A	6.D	7.A	8.ABDF	9.C	10.A
11.D	12.A	13.ABDE	14.A	15.ABC	16.A	17.B	18.A	19.AB	20.B
21.B	22.ABC	23.A	24.A	25.BCE	26.D				

四、简答题

1. 原核生物 DNA 中，胞嘧啶的第 5 位碳原子可添加一个甲基，保护 DNA 免受自身限制酶的攻击，这些限制酶可降解外来 DNA。在真核生物中，DNA 甲基化可导致转录沉默，真核 DNA 的甲基化主要发生于基因的调控区。
2. 这两种蛋白质是同一个基因的产物，但在细胞核内的转录方式不同。成纤维细胞的纤连蛋白与肝细胞的纤连蛋白在两个肽段间存在差异。前体 RNA 中的这些区域在成纤维细胞中得以保留，而在肝细胞的转录产物中则被剪切。
3. 如鸡红细胞与 HeLa 细胞的融合实验说明：在 HeLa 细胞质调节下，鸡红细胞核重新出现并活化。
4. 根本原因是分化细胞保留全部基因组，可通过适当条件去分化，然后再进行分化，形成各种器官和组织。
5. 包括控制蛋白质合成速度；对 mRNA 稳定性的控制；翻译起始的控制等。

6. 只有当 Biciod 达到一定的阈值时，*hunchback* 基因才能表达。因此，Bicoid 的梯度就成为调节 *hunchback* 基因表达的一个双向式开关。
7. 背腹模型的建立是通过一个只激活受精卵腹面的跨膜受体 Toll 的信号来完成的，这种受体普遍存在于受精卵中。
8. 间隔基因的突变将引起部分体节的缺失。对控基因的突变造成体节每隔一节缺一节的现象。体节极性基因的突变可导致每一体节内的前后极性颠倒，体节前后部形成镜像对映重复。

五、实验设计与分析

1. (1) 带 1 中的 DNA 片段对 DNase Ⅰ 不敏感，显示它们在组织中并不活跃转录，因此带 1 最像卵清蛋白基因的片段。
   (2) 凝胶 B。珠蛋白基因出现在带 2 中，仅在凝胶 B 中对浓度加大的 DNase Ⅰ 敏感，并且该基因在红细胞中活跃转录，在脑组织中的转录不活跃。
2. (1) 可用核酸酶保护实验来确定。分离带有 5S rRNA 基因的片段，进行标记，TFⅢA 与 DNA 进行结合反应，然后用 DNase Ⅰ 处理，另有未结合蛋白质的 DNA 样品作参照，进行凝胶电泳分析。有蛋白质结合的位置就是 DNA 上没有被限制酶消化的区域。
   (2) 这些残基的突变应导致锌结合能力的丧失。
   (3) 这些氨基酸的缺失并没有影响到 DNA 结合结构域，但是影响到了其他一些功能域的活性。
   (4) TFⅢA 调节爪蟾卵母细胞中 5S rRNA 的积累，因为它既能结合编码 5S rRNA 的基因，又能结合 5S rRNA。当只有少量的 5S rRNA 存在时，大部分 TFⅢA 与 DNA 结合并激活 5S 基因的转录。随着 5S rRNA 水平的上升，TFⅢA 与 RNA 结合而使转录丧失活性。这是一个反馈调节的例子。

六、问答题

1. 在个体发育中，细胞的后代在形态、结构和功能上发生差异的过程即细胞分化。其本质是基因选择性表达的结果，即基因表达调控的结果。主要特征是出现不同的形态结构以及合成组织特异性的蛋白质，演变为特定表型的细胞类型。其结果是，在空间上细胞之间出现差异，在时间上同一细胞与其以前的形态有所不同。
2. 细胞质对细胞核具有影响。实验表明细胞质能影响细胞核基因的表达，对基因表达具有调节能力，细胞质的某些成分可激活一些基因，而抑制另一些基因。细胞核对细胞质具有决定性作用。
3. 由 *bicoid* 和 *nanos* 基因负责，前者的产物是主要的前部形态发生素，而 *nanos* 产物则是主要的后部形态发生素。*bicoid* mRNA 定位于受精卵前端，受精后翻译为 Bicoid 蛋白，第七次核裂时从前端向后扩散，形成前后轴浓度梯度。*nanos* mRNA 定位于受精卵后端。Bicoid 蛋白是一种转录激活因子，可激活很多体节基因的表达，同时也是一种翻译阻遏物，使某些基因失活。Nanos 蛋白是一种翻译阻遏物。不同部位体节基因被转录还是被阻遏，由所在部位的调节因子的浓度阈值决定。

4. *Hox* 基因与 *ANT-C* 和 *BX-C* 基因具有序列同源性，存在于相似的基因簇上。小鼠基因与果蝇的对应基因一样是根据表达模式的顺序组织起来的。这些相似性可以作为 *Hox* 和 *ANT*/*BX-C* 基因在进化上有相近的亲缘关系的证据。与果蝇对应基因相比，*Hox* 基因簇要小一点，数量上要多一点（其中也包括一些复制基因）。
5. 如软体动物极叶（polar lobe）的形成就是细胞质对分化影响的典型例子。极叶是卵裂初期从植物极形成的一个暂时性的大的细胞质突起，如果人工将极叶除去，将会发育成足、眼和壳等有缺陷的个体。在软体动物的卵裂球分裂时可以观察到，受精卵胞质中的物质分布并不是完全均匀的，含有一些将分化为中胚层必需的特殊物质可能在分裂时先“偏心”地突出胞体，形成极叶，在分裂时这部分胞质只进入一个子细胞，而同时核物质包括基因组倍增复制，然后均匀分布到两个子细胞中。有意义的是，分裂后这部分极叶胞质会缩回，到下一次分裂时再重复这个不均等分裂的过程。

   如双翅目昆虫的受精卵后端有一部分称为极质（pole plasm）。极质中含有膜包起的颗粒状物质，称为极粒（polar granule）。当核进入极质后，极粒围绕在核周围，诱导极细胞分化为生殖细胞。因此，生殖细胞的分化决定于细胞质中的极质。

   果蝇的卵在受精后的 2 h 内只进行核分裂，细胞质不分裂，形成合胞体胚胎。随后核向卵边缘迁移，每个细胞核周围包上了细胞膜，结果在卵周边形成了细胞胚层，共约 3500 个细胞。每一个核都具有全能性，既可分化成体细胞，又可分化成性细胞。细胞的分化命运决定于核迁入不同的细胞质区域。迁入卵后端极质中的形成极细胞，最后分化为生殖细胞。
6. 受精卵早期蛋白质的合成所需的 mRNA 是由卵母细胞带来的，以非活性状态存在，只有受精后才被激活。关于受精后蛋白质合成被激活的机理，有几种推测：

   (1) 卵母细胞中的 mRNA 是以 RNP 颗粒形式存在的，有伪装蛋白保护，受精后保护蛋白被去除；

   (2) 卵母细胞中的 mRNA 5′端没有帽子结构，受精后进行了 5′端修饰被激活；

   (3) 一些参与蛋白质合成的起始因子被激活。
7. 细胞始终在合成一些组成型表达的基因调节蛋白。蛋白质的活性受细胞内或细胞外的信号所控制，从而调整转录活性以适应细胞的生理需要，而且一个基因调节蛋白通常可调节多个不同基因的表达。基因调节蛋白常以各种组合方式来使用，并能互相影响活性，这样通过有限几套蛋白质来调节各种基因表达的可能性得到进一步增加。不可否认的是，真核细胞全部基因组的确有近 10%的基因编码调节蛋白。
8. 干细胞是一类具有自我复制能力的多潜能细胞，在一定条件下可以分化成多种功能细胞。干细胞具有几个显著的特点：

   (1) 干细胞本身不是终末分化细胞（即干细胞不是处于分化途径的终端）；

   (2) 干细胞能无限地分裂；

   (3) 干细胞分裂产生的子细胞只能在两种途径中选择其一，或保持亲代特征，仍作为干细胞，或不可逆地向终末分化。从功能上来讲，干细胞不是执行已分化细胞的功能，而是产生具有分化功能的细胞。

   干细胞有时可以根据其形态学特征和存在位置来辨认。如在果蝇的性腺和外周神经系统，干细胞与其外周的分化细胞有固定的组织方式，形成增殖结构单元。但对许多组织而言，干细胞的存在部位目前仍未确定，也没有与分化细胞截然不同的形态学特征。不同的干细胞具有各自特异的生化标志，这对于确定干细胞位置、寻找和分离干细胞有重要意义。如角蛋白 15 是确定毛囊中表皮干细胞的分子标记，巢蛋白（nestin）为神经干细胞的标记分子等。然而，干细胞生存的微环境可以影响其形态和生化特征，因此不能仅根据细胞的形态和生化特征来寻找干细胞。具有增殖和自我更新能力以及在适当条件下表现出一定的分化潜能是干细胞最基本的特点。

9. 即使没有新的转录，细胞仍发生差异。卵中不均等分布的组分不等量地由子细胞继承，使子细胞之间存在差别。进一步说，即使没有转录，这些组分仍能选择性地调节不同 mRNA 的翻译，或通过修饰蛋白质活性（如通过磷酸化）使细胞表现出不同特性。

10. 畸胎癌是由畸胎瘤转化而来的。畸胎瘤是因环境受到严重破坏，胚胎细胞的增殖和分化严重失控的情况下产生的。主要表现为卵细胞未经排卵就被激活，并在卵巢异位发育；细胞的增殖和分化失调，已分化的毛发、牙、骨、腺上皮等细胞和未分化的干细胞杂乱无章地聚集成无组织的肿块。它可转化为畸胎癌，但也可以被许多化学物质诱导分化为多种正常细胞，这表明畸胎癌细胞的转化并非因控制细胞正常增殖的基因突变，很可能是基因调控紊乱而造成的表型异常，这是异常环境诱发的结果。如果有适应的环境条件启动细胞正常发育，可诱导癌细胞转向正常。

11. “翻译”是扩大基因产物的方式之一，一个转录产物可多次翻译。但是那些不翻译的 RNA，例如 rRNA，则不需要这种步骤。在需要大量核糖体的细胞（如两栖类卵母细胞）中，rRNA 基因是通过选择性复制来扩增的，产生出数以千计的具有转录活性的拷贝，惟一不进行选择性扩增的 rRNA 即 5S rRNA，其本身在基因组中的拷贝数已达到 20 000。

12. 酵母 3 号染色体的 *MAT* 座位的等位基因决定酵母的交配型，但是座位的两侧各有一个重复的基因座，左侧的为 *HMLα*，右侧的为 *HMRa*。在交配型转换中，酵母细胞从两侧的座位中制造一个等位基因拷贝，*α* 或 *a*，并将之插入 *MAT*。在新的拷贝插入之前，*MAT* 座位原有的 DNA 被位点特异的内切核酸酶切除，但 *HMLα* 和 *HMRa* 座位的 DNA 从不会被切除。在三个等位基因座中，只有 *MAT* 能决定细胞是 *α* 交配表型或是 *a* 交配表型，因为 *MAT* 座位左右两侧的基因的转录被 *SIR* 基因产物所抑制，所以它们不会转录，但能够进行复制，为 *MAT* 座位的基因转换提供拷贝。*MAT* 座位的 *a* 或 *α* 被取代后，使 *HML*、*MAT*、*HMR* 三个位点的基因发生了重排，从而改变了交配型。

13. 一类含有同源框的基因，在胚胎发育中的表达水平对于组织和器官的形成具有重要的调控作用。该类基因的突变，会在胚胎发育过程中导致某一器官异位生长，即本来应该形成的正常结构被其他器官取代了。例如，果蝇的同源异型基因 *Antp*（触角基因）的突变，导致果蝇的一对触角被两只腿所取代。

同源异型基因中有一段高度保守的 DNA 序列称为同源异型框，最初是通过对果蝇的同源异型突变和体节突变体的杂交分析发现的，简称同源框。同源框是由 180 个碱基对组成的序列，可编码 60 个氨基酸。这 60 个氨基酸序列，被称为同源异型结构域。同源框普遍存在于果蝇、鼠、人、蛙等生物中。

已发现的 *Hox* 基因的产物基本上都是转录因子，同源框的蛋白质产物呈螺旋-转角-螺旋的立体构型，可以和DNA双螺旋的主沟吻合，附着于邻近于TAAT的碱基，由于它能识别所控制的基因启动子的特异序列，从而在转录水平调控基因表达。

同源异型基因的突变称为同源异型突变。这种突变可致使身体某一部位的性状特征在其他部位出现，并有可能干扰机体各部分的正常发育。

Hox 基因大多在染色体上串联排列成簇，基因之间的距离很近，其线性排列顺序可能与各自表达区域相对应，例如，在果蝇发育中，位于DNA 5′端的 *Hox* 基因在接近其尾部的体节中表达，而位于3′端的 *Hox* 基因在接近头部体节中表达。

Hox 基因的表达具有区域特异性（特别在胚胎发育阶段）。例如，果蝇触须足基因和超级双胸基因只限于在头部和胸部的体节中表达，其表达量与发育的进程有关。*Hox* 基因表达的开和关，对个体发育和形态发生起到时间和空间上的调控作用。

同源异型基因表达的产物蛋白为同源异型蛋白（homeoprotein），由5个结构单元所构成：①保守的N端，通常以MSSLYYXN开始延伸大约45个氨基酸残基；②富含丙氨酸、丝氨酸、甘氨酸、脯氨酸、谷氨酸的可变区；③同源框，即位于同源盒N端的保守五肽IYPWM；④同源框结构域（homeodomain），即相应于同源盒的氨基酸序列；⑤偏酸性的羧基端区域。

14. 对控基因是控制副节形成的基因，由于这种基因发生突变，可引起每隔一节缺一节，因此之故称为对控基因。果蝇胚胎共分14个副节，每一个副节在特定的一组基因控制下成为一个独立的发育单位。前3个副节参与形成头部体节，再3个副节形成胸部体节，最后8个副节形成腹部体节。副节与后来的体节并不对应，每一个体节是由一个副节的后区和后一个副节的前区组成。胚胎前部的副节发生了融合，因此头区不分节。对控基因包括 *fushi*、*tarazu*、*hairy*、*even-skipped* 基因等，它们在细胞副节的条纹中表达，编码产物是转录因子。每一个对控基因在7个副节中表达，表达的副节可以是偶数，也可以是奇数副节，表达后产生7条表达条纹。各种不同的研究结果表明条纹的出现为一渐变过程，条纹的最初边缘模糊，随后才逐渐明显。每一条纹中表达的基因分别受不同的间隔基因和母体基因编码的转录因子的控制，对控基因对不同浓度和不同组合间隔基因转录因子的反应，确定了每一条带纹的位置。

15. 从转录水平说明基因差别表达的调控机制，首先染色质螺旋化程度与DNA转录活性有关。疏松的常染色质可进行转录，异固缩的染色质阻碍RNA聚合酶沿DNA前进，从而抑制转录。不同类型的分化细胞由于常染色质区段不同，所以转录的mRNA不同，合成的结构蛋白、酶也不同。组蛋白和非组蛋白对DNA的转录调节也有不同，染色质是DNA和组蛋白组成的，组蛋白对基因表达有抑制作用，非组蛋白与组蛋白结合可使DNA裸露，裸露的DNA可进行转录。由于非组蛋白能识别DNA特异位点，不同类型细胞有不同的非组蛋白，导致不同的基因转录，这是调控基因转录的重要因素之一。RNA聚合酶的种类和数量对转录也有重要影响，其主要功能是对转录启动和转录过程进行催化。

另外，还有一些转录因子——广泛分布的通用转录因子和对细胞分化起作用的特异性转录因子（大部分是DNA结合蛋白），如肝细胞至少有4种转录因子使特异性基因表达，最终形成肝细胞。这些转录因子参与了基因的选择性表达，使细胞逐渐成熟。

七、名词释义

1. 细胞分化具有严格的方向性，细胞在未出现分化细胞的特征前，分化的方向就已由细胞内部的变化及受周围环境的影响而决定，这一现象称为细胞决定。
2. 受精卵产生的细胞在形态、功能和蛋白质合成方面发生稳定性差异的过程称为细胞分化。
3. 在胚胎发育过程中，一部分细胞对邻近的另一部分细胞产生影响，并决定其分化方向的作用称为胚胎诱导。
4. 是与各种分化细胞的特殊性状有直接关系的基因，丧失这种基因对细胞的生存并无直接影响，只在特定的分化细胞中表达，常受时间和空间的限制。如编码血红蛋白的基因。
5. 也叫管家基因，是维持细胞基本生存所不可缺少的基因，但是对细胞分化一般只起协助作用。如编码细胞分裂等蛋白质的基因，它的表达不受时空的限制。
6. 成体的许多组织中都保留一些未分化的细胞，当机体需要时这些细胞便可按发育的途径分裂分化产生特定的细胞。机体组织中这种未分化细胞称为干细胞。
7. 胚胎细胞的增殖和分化失控，在错误的时空条件下进行决定和分化而形成的一种畸胎，是一些已分化的毛发、牙、骨等与未分化的干细胞杂乱聚集而成的无组织的肿块。
8. 多细胞生物既有时间上的分化，又有空间上的分化。在个体的细胞数目大量增加的同时，分化程度越来越复杂，细胞间的差异也越来越大，而且同一个体的细胞由于所处位置不同而在细胞间出现功能分工，头与尾、背与腹、内与外等不同空间的细胞表现出明显的差别。因此，胚胎发育不仅需要将分裂产生的细胞分化成具有不同功能的特异的细胞类型，同时，要将一些细胞组成功能和形态不同的组织和器官，最后形成一个具有表型特征个体，这一过程称为形态建成。在形态建成的过程中，细胞间的位置关系要发生改变，同功能细胞组成组织，其关系密切，与不同功能的组织细胞进行协调工作，共同维持个体生命。
9. 是受精作用的反应之一，受钙离子的调节。反应过程较长，包括顶体受体的激活、顶体膜与精细胞质膜融合、顶体中水解酶的释放、卵细胞外被（透明带）的水解等，最终导致精细胞质膜与卵细胞质膜的融合。
10. 是受精作用的反应之一，主要是防止多精受精，属于多精受精的二级阻断。机理是：当精细胞与卵细胞的细胞质膜融合时，激活了卵细胞的磷脂肌醇信号转导途径，引起卵细胞局部胞质溶胶中 Ca^{2+} 浓度的升高，激活了卵细胞；定位于卵细胞质外周的皮层颗粒（cortical granule）与卵细胞质膜融合释放内含物（酶类）；释放的酶类快速分布到整个卵细胞的表面，改变透明带的结构，使之变得“坚硬”，这样精子就不能与卵细胞结合，从而提供了一种缓慢的二级多精受精的阻断作用。从机理上说，皮层颗粒释放的酶类破坏了卵细胞透明带中与精细胞结合的受体。
11. 又称原核融合。精细胞的细胞核进入卵细胞质后，包装紧密的染色质开始解旋。精子的细胞核膜解体形成小的囊泡，并立即与精子细胞核脱离，形成没有核被膜的精子染色质，但很快形成新的核被膜，此时称为雄性前核（male pronucleus）。雄性前核向卵细胞的雌性前核移动，这种迁移是由精细胞的中心粒产生的微管指导的，精细胞的中心粒是随细胞核一同进入卵细胞的。当两个前核相互接触时，通常会发生融合，形成一个二倍体的核，即前核融合。

12. 受精卵进行的快速有丝分裂称为卵裂。卵裂时细胞不会生长，只是被分割成很多小细胞，这些由小细胞组成的中空球形体称为囊胚（blastula）。由于卵细胞的受精作用可以发生在成熟的任何阶段（如初级卵母细胞、中期Ⅰ、次级卵母细胞、中期Ⅱ，或减数分裂结束），如果卵细胞还没有完全成熟就进行受精，则受精作用激发完成减数分裂，待减数分裂完成之后再进行卵裂。受精卵的卵裂中的有丝分裂与体细胞有丝分裂比较具有以下三个特点：①细胞增殖伴随着一定程度的卵内物质的重新分配，但无细胞生长；②由于第一个特点而产生的核质比例越来越大；③细胞间期较短，分裂快，迅速形成囊胚。
13. 经过卵裂，受精卵被分割成很多小细胞，这些由小细胞组成的中空球形体称为囊胚。卵裂结束，囊胚细胞要经过一系列复杂的运动，导致细胞空间相互关系的改变。不同生物的囊胚细胞的运动过程变化极大，但是脊椎动物都有一个共同的特点：在囊胚的表面形成一个开口，叫作胚孔（blastopore），细胞通过胚孔移入到囊胚的内层。
14. 原肠胚是由囊胚细胞迁移、转变形成的，由三层细胞层构成，外胚层、中胚层、内胚层。外胚层和内胚层最终形成组织的鞘，即上皮，覆盖在器官的外表面和内表面。外胚层形成上皮覆盖在外表面（皮肤和腺体），以及中性组织；内胚层分化成的上皮覆盖在组织的内表面（胃肠和相关的腺体）；中胚层最终发育成扩散的海绵网状间充质细胞，这些细胞形成支持细胞，如肌肉、软骨、骨、血和结缔组织。

    在原肠胚中形成的新的细胞关系，激发了细胞-细胞的相互作用、代谢的变化、细胞的移动，最终形成组织和器官。
15. 一般胚胎细胞一旦决定，那么沿着特定类型进行分化的方向是稳定的；但在果蝇中发现了某种突变体或培养的成虫盘细胞有时会出现不按已决定的分化类型发育，而生长出不是相应的成体结构，这种现象叫转决定。转决定同基因突变不同，是一群细胞而不是单一细胞发生变化。转决定的细胞可以回复到决定的原初状态，但更多的是突变成其他类型的结构，如触角成虫盘细胞变成翅或腿等。

第十四章　细胞衰老、死亡与癌变

一、填空题

1. 生理性，病理性，心理性
2. 制动器，加速器
3. 超氧化物歧化酶，过氧化氢酶
4. 细胞生命现象不可逆地停止，活体染色，中性红，台酚蓝
5. 坏死性，程序性，侵袭，生理，病理
6. 溶酶体
7. 基因程序，损伤积累
8. 无限增殖，双倍体
9. 更新缓慢，快速更新
10. 引起死亡的原因，死亡的过程，死亡的反应
11. 黏性，流动性
12. 50，15～30
13. Hayflick
14. 树叶或花的自然凋落
15. 2002，线虫，细胞分裂，分化，细胞图谱，程序性细胞死亡
16. 死亡激活期，死亡执行期
17. 1090，131，15
18. *P53*，置换
19. 决定死亡的，执行死亡的，死亡细胞被吞噬细胞所吞噬的，死亡细胞在吞噬体中被降解的
20. 天冬氨酸特异性半胱氨酸蛋白酶，FAS/TNF，Apaf-I、细胞色素 *c*，10，天冬氨酸，酶原，起始者，执行者
21. BCL-2，胞质溶胶，细胞色素 *c*，多亚基的蛋白质，构型，执行
22. 正常，促癌，编码蛋白，表达，激活，编码区，调节区，染色体重排，新的蛋白质，融合

二、判断题

1. 正确。
2. 错误。肿瘤虽然是一种基因性疾病，但肿瘤与先天性遗传疾病不同，后者系缺陷基因通过性细胞传递到子代而发病，而肿瘤主要是体细胞后天获得性 DNA 的改变导致细胞无节制地增殖。
3. 正确。
4. 错误。杀手基因是基因 *ced-3*，基因 *ced-9* 的产物是存活因子。
5. 错误。只有当肿瘤抑制基因两个拷贝都丢失了或两个拷贝都失活了才会使细胞失去增殖的

控制，只要肿瘤抑制基因有一个拷贝是正常的，就能够正常调节细胞的周期。

6. 正确。通常情况下，一种细胞在转变为癌细胞前要积累特定类型的多重突变。编码DNA修复酶的突变可能使一种细胞倾向于积累更多突变，从而加速癌症的发生。
7. 正确。程序性细胞死亡是由特殊功能的一些蛋白酶所执行的一个主动过程。
8. 错误。活细胞染成红色，死细胞不着色。
9. 正确。程序性细胞死亡不会导致细胞破裂，因而不会有伤口，也就不会引起感染。
10. 错误。龟细胞体外培养可分裂100次以上，而小鼠细胞在体外分裂的次数一般不超过30次。
11. 错误。主要是通过氧化作用破坏DNA、蛋白质、脂以及生物膜结构。
12. 错误。所有的caspase都是效应物。
13. 错误。插入造成突变就有可能癌变。
14. 错误。是分裂失控，即细胞周期失去控制。
15. 错误。原癌基因突变成癌基因后其编码的蛋白质产物使细胞增殖失控。而抑癌基因通常阻止细胞增殖，其突变失去功能，从而不能阻止细胞的增殖。
16. 错误。是决定死亡的基因。
17. 正确。该机制能够调节神经元的数目适应神经元所连接的特殊靶细胞的数目。
18. 错误。应是磷脂酰丝氨酸。
19. 错误。正确的表述应是：若细胞外的信号促进程序性细胞死亡，则属于死亡的正控制；若细胞外信号抑制细胞的程序性死亡，则是死亡的负控制。
20. 正确。
21. 错误。正常细胞是如此，而癌细胞由于对密度依赖性生长抑制失去敏感性，因而不会在形成单层时停止生长。
22. 正确。

三、选择题

1.A	2.D	3.D	4.B	5.A	6.D	7.ABD	8.D	9.B	10.B
11.D	12.D	13.ABCD	14.A	15.C	16.D	17.D	18.B	19.A	20.D
21.B	22.D	23.ABD	24.ACEF	25.ACDE	26.D	27.D	28.D	29.D	30.A

四、简答题

1. 该研究是首例将癌症与环境因素（如煤焦油）联系起来的研究，说明了化学物质可以致癌。
2. 伤口附近应急分泌的微量PDGF，只能在有限的时间内激发伤口附近细胞分裂，随后PDGF会被降解。而突变细胞则不同，它们持续地表达并分泌PDGF，而且这些表达PDGF的突变细胞常常不正常地表达其自身的PDGF受体，所以这些细胞可刺激自身增殖，促进了癌的形成。
3. 白细胞进入循环系统并在组织中迁移进出，行使其保卫机体免受感染的功能，先天具有迁移性、侵染性，所以一旦发生突变，可以很容易扩散到全身。这样，引起白血病所需要累积的基因突变就要比其他癌症少得多。

4. 任何癌基因都会导致细胞的生长分裂失去控制。当编码生长因子的基因过度表达时，产生过量的生长因子使得细胞过度地生长。如果编码受体的基因突变时产生不正常的受体，无论是否结合生长因子，都持续处于信号开放状态。
5. 原癌基因编码的蛋白质涉及细胞周期许多方面，包括启动细胞分裂的信号转导途径。如果由于突变、不正确的转录以及病毒感染造成任一等位基因丧失功能，就会转变为癌基因。
6. 患有成视网膜细胞瘤儿童的染色体缺失发生于染色体含 *RB* 基因的位置，而 *RB* 基因在细胞周期负调控中起重要作用。显然这种病症是遗传性的。
7. 抑癌基因的正常功能如同抗增殖基因，它们编码的蛋白质能阻断细胞周期。在正常细胞分裂期间，这些基因必须被关闭。如果所有细胞都超量表达这些蛋白质，那么可能已经失去了关闭这些基因的机制，从而细胞分裂会停止，人体会走向死亡。
8. SSV 的 *sis* 癌基因是第一个被分离鉴定的癌基因，编码一种生长因子 PDGF。
9. (1) 辐射能引起 DNA 损伤，激活了（由 P53 和 P21 介导的）一种反馈调控机制，阻断细胞周期以完成 DNA 修复。
   (2) 这种情况会使损伤的 DNA 通过细胞分裂使突变传至子代细胞。
   (3) 细胞能正常分裂，但容易发生突变，因为自然界中的辐射（如宇宙射线）总会引起一些 DNA 损伤。P53 介导的关卡主要是作为一种安全措施，防备 DNA 损伤所造成的破坏性结果，而对未损伤细胞中细胞周期的自然进展则无作用。
   (4) 细胞分裂是一种持续的过程，直到细胞成熟。如血细胞、皮肤或消化道黏膜的上皮细胞以及免疫系统的细胞经细胞分裂而不断地产生以满足机体所需。人体内仅新生的红细胞每天就产生约 10^{11}个。
10. 由于某些外界因素造成细胞的急速死亡为坏死性细胞死亡，其特征是细胞膜通透性增加、细胞外形变得不规则、细胞核及线粒体肿胀、内质网扩散、溶酶体破裂、最终细胞破坏、胞浆外溢、细胞解体。这种反应常常引起炎症反应。
11. 细胞凋亡的主要特征是：细胞变圆，与邻近细胞脱离，细胞核及胞质浓缩，DNA 核小体连接区被降解为 180～200 bp 的片段，核膜破裂，内质网扩张，胞膜内陷将细胞内容物包被成一些囊状小泡后被周围细胞吞噬。无细胞内容物外泄，不引起炎症。
12. 电离（高能）辐射可穿透物质，将电子击出轨道，破坏化学键。尤其会导致 DNA 的断裂或其他损伤，使细胞周期阻断。如果损伤十分严重以至无法修复，那么细胞就会永远停滞并走向编程性死亡，即启动一个自杀程序。
13. 使生物膜的不饱和脂肪酸发生过氧化，形成氧化脂质，使膜的流动性降低；使 DNA 发生氧化破坏或交联，使核酸变性，扰乱 DNA 的正常复制与转录；与蛋白质发生交联变性，形成无定形沉淀物，降低酶活性和导致机体发生自身免疫；加速细胞衰老。
14. 一些储藏在潮湿条件下的坚果、谷类容易长黄曲霉，这些真菌产生的黄曲霉毒素 B（aflatoxin B）是肝癌的主要诱发物质。其机制是黄曲霉毒 B 能够引起抑癌基因 *P53* 的第 249 位密码中的碱基置换，即 G→T。
15. 病毒 *onc* 基因能够引起癌变，因为它们比细胞内 *onc* 基因的表达水平高。v-*onc* 基因也可能引起改变编码蛋白活性的突变。

16. 抑癌基因编码一些检测细胞周期的蛋白质。如果这类重要基因的两个拷贝发生突变，将导致细胞生长和分裂失去控制。
17. 由于癌细胞的基因组得不到完善的维持，癌细胞的生长并不依赖于正常的染色体结构，因此存在非整倍化。
18. 激活编码 P21 蛋白的基因，抑制周期蛋白的作用。
19. 这些基因编码的蛋白质产物都导致细胞生长、分裂失去控制。肿瘤病毒基因通过感染途径进入宿主细胞的基因组，将癌基因片段插入宿主 DNA，使宿主细胞转化为癌细胞。癌基因是一个更普遍的概念，指任何可使细胞发生癌变的基因（无论是病毒来源的，或由于正常细胞基因组发生突变，或者基因组丧失正常功能等）。
20. 细胞凋亡与肿瘤发生有密切的关系，如抑癌基因产物 P53 介导的细胞凋亡一旦受到抑制，可使细胞恶性变异。还能使相对良性的肿瘤转化为高度恶性的肿瘤，这是肿瘤细胞自然凋亡速度减慢所造成的。

五、实验设计与分析

1. (1) 从正常未突变的肿瘤病毒中提取 RNA，用反转录酶与放射性标记的脱氧核苷三磷酸体外合成 cDNA。再从突变的病毒株提取 RNA，与正常病毒的 cDNA 杂交。通过羟基磷灰石柱分离 DNA-RNA 杂交链与未杂交的 DNA。未杂交的 DNA 带有全部或部分致鼠类白血病的相关基因。

   (2) 第一步是确定与癌症有关的 cDNA 序列及基因产物的氨基酸序列。确定功能的一种策略是与已知功能的基因进行序列比较，找出功能已知的癌基因产物中特殊的氨基酸结构域，比如，这种蛋白质是否具有锌指结构，是否有酪氨酸激酶结构域？这类比较可以发现有关蛋白质功能的线索。许多核酸序列和氨基酸序列都可以从数据库中查找。

2. (1) 是转化细胞；

   (2) 是正常细胞；

   (3) 是转化细胞；

   (4) 是转化细胞。

六、问答题

1. 可通过活体染色来判断细胞是否死亡，常用的方法是以中性红或台酚蓝染色。中性红染色时活细胞染成红色，死细胞不着色；台酚蓝则相反，染成蓝色的是死细胞，不着色而透明的是活细胞。除了形态学特征外，更重要的是根据细胞是否具有生活力，主要是细胞的繁殖能力来判断。单细胞生物的细胞死亡，即是个体的死亡，而多细胞生物个体死亡时，并非机体的所有细胞都立即停止生命活动。所以对多细胞个体死亡的判断，不能简单的以心脏停止跳动作标准，而是以脑神经是否死亡来判断。
2. 研究表明，在健康的 G_1 细胞中 P53 蛋白的浓度很低。如果 G_1 细胞受到遗传损伤（如受到紫外光照射或化学致癌物的作用），P53 蛋白的浓度会快速上升。将含有断裂链的 DNA 注入细胞，可检测到 P53 蛋白浓度的这种变化。P53 蛋白的浓度变化不是由于 *P53* 基因表达的提高，而是由于 P53 蛋白降解速度的下降。P53 蛋白的降解受 MDM2 蛋白的控制，该蛋白与 P53 蛋白结合，并将 P53 蛋白由细胞核输出到细胞质，并经遍在蛋白化途径被降解。DNA 损伤如何导致 P53 蛋白的稳定，这与 *ATM* 基因有关。该基因编码一种蛋白激酶，该激酶是识别 DNA 损伤的多亚基复合物的组成部分，这种复合物一旦与受损伤的 DNA 结合，ATM 激酶通过使一些靶蛋白磷酸化传递细胞周期停止的信号，而 P53 则是被 ATM 激酶磷酸化的靶蛋白之一。P53 蛋白磷酸化之后不再与 MDM2 蛋白结合从而不再被输送到细胞质中被降解，因此 DNA 损伤后 P53 蛋白的浓度升高，从而激活 *P21* 基因和 *bax* 基因的表达，使细胞停止分裂进行修复或使细胞进入程序性死亡。

3. 参与秀丽新小杆线虫的细胞程序性死亡的 15 个基因，根据其作用不同大致可分为四组。第 1 组含同 PCD 有关的决定死亡的两个基因，即 *ces-1*（ces 表示 CE 细胞存活的调控基因）和 *ces-2* 基因，即该组基因在线虫 CE 的 PCD 调控具有重要意义；第 2 组含有执行死亡的四个基因：*ced-3*（cell death）、*ced-4*、*ced-9* 和 *egl-1* 基因；第 3 组含有 7 个与死亡细胞被吞噬细胞所吞噬的基因，即 *ced-1*、*ced-2*、*ced-5*、*ced-6*、*ced-7*、*ced-10* 和 *ced-11*；第 4 组是死亡细胞在吞噬体中被降解的基因，如核酸酶基因 1，即 *nuc-1* 基因，如果 *nuc-1* 发生突变，则 DNA 裂解受阻，但不能抑制细胞死亡，表明此核酸酶并非 PCD 所必需。由这四组基因共同作用导致线虫细胞的程序化死亡。
4. 如果抑癌基因的一个等位基因发生突变，该突变基因的产物就不能正常发挥功能；肿瘤的形成是由于完全缺乏了功能正常的肿瘤抑制蛋白，由于另一个未突变的抑癌基因的等位基因的产物能够充当其在细胞周期调控中的角色，细胞不会癌变，因此抑癌基因的突变表现为隐性。对于癌基因来说，不正常的蛋白质产物足以致癌，因为这种基因产物的作用是刺激细胞生长分裂，而不是进行负调控。即使存在功能正常的原癌基因产物（由另一未突变的等位基因编码），细胞也会出现恶变，因此癌基因的作用是显性的。
5. 任何企图解释细胞衰老的机制都涉及到经多次细胞世代所累积的变化，这些变化可能是突变的积累，也可能在某些特殊基因中这些突变没有被修复。另一种理论涉及到染色体两端的端粒。如果随着年龄的增大，端粒酶受损的话，端粒将随着 DNA 的复制而缩短。虽然衰老牵涉到很多因素，但其真正的原因仍是一个谜。
6. 癌细胞不受机体的约束而恶性增殖，主要原因有如下几方面。癌细胞表面出现与诱发癌肿瘤相关的胚胎抗原，有时出现去遮盖表面抗原等，还有癌细胞的鞘糖脂常有改变，这导致癌瘤相关抗原的出现，这可能与癌细胞的生长失控有关。正常细胞内存在的原癌基因受致癌因素（包括物理的、化学的、生物的）刺激而被激活变成癌基因，这是外因、内因与癌基因活动相关的结果。癌基因的表达产生质和量上异常的癌蛋白，这些癌蛋白可以是细胞生长因子，也可以是生长因子受体，这些癌细胞不受细胞增殖的调控而无限增殖，引起细胞增殖、分化异常而致癌。
7. 程序性细胞死亡在发育中的组织和成熟组织中大量存在，它不会引发通常伴随着细胞损伤的应激反应。例如，组织损伤导致 PDGF 的释放，PDGF 可诱导周围细胞增殖以使伤口愈合，或者其他信号的释放，引起破坏性的炎症反应等。胞内成分的释放还可引发免疫反应，这种免疫反应针对正常情况下免疫系统不会遇到的那些分子。在正常发育过程中如果发生这些反应以响应细胞死亡，这类反应将是毁灭性的。
8. 能够激发细胞程序性死亡的细胞内源信号包括：DNA 损伤、细胞质中 Ca^{2+} 浓度过高、极度氧胁迫（产生大量的自由基）等。在内源信号中有些是促进细胞死亡的正控制信号，如细胞色素 *c*，凋亡蛋白酶激活因子。内源信号中有些是抑制细胞死亡的负控制信号，如哺乳动物中的 BCL-2 和 BCL-x 蛋白。

9. 坏死细胞（图 Q14-1A）的质膜崩溃，在相当于时钟 11 点钟的位置可以看到一个明显的缺口。细胞内容物（大部分是膜和细胞骨架碎片）从这些缺口流到胞外。由于在细胞固定前大部分可溶性成分都流失了，所以胞质溶胶着色较浅。对比之下，程序性细胞死亡的细胞（图 Q14-1B）有完整的质膜包被，胞质溶胶着色深，表明细胞组分维持在正常浓度。然而胞内的情形则不同于正常细胞，特别典型的结构是细胞核中突出的大囊泡，可能是核纤层解聚造成的。胞质溶胶中也存在正常细胞所没有的来源未知的膜被大圆泡。这两张图证明了坏死细胞发生裂解，而经历程序性死亡的细胞保持得比较完整，直至在一正常细胞内被消化掉的推测。
10. 都由于细胞生长失控而造成，但良性肿瘤缺乏在体内转移的能力，所以可通过手术根除；而转移性的恶性肿瘤的细胞可脱离原来的位置，侵入邻近的组织或更远的位置，并在新的位点迅速生长。恶性肿瘤常由良性肿瘤转化而来。
11. 酗酒者体内肝细胞增生是由于肝脏负担过重，并被大量应被代谢的酒精所损害，这就需要更多的肝细胞激活那个通常调节增生的控制机制。如果肝脏没有严重损坏，在酗酒者停止饮酒后，肝通常会恢复为原来大小。然而在肝癌中，突变破坏正常的细胞增殖控制而使细胞不受控制地持续分裂。
12. 都是由于 *RB* 基因丧失功能而引起的癌症。如果是家族性的，例如，遗传性 13 号染色体的单染色体缺失，那么肿瘤通常是多发性的，两侧眼都有，剩余的那条单染色体上的等位基因也有不可逆的突变。如果是偶发性的，通常只是单侧眼患一个肿瘤，虽然没有染色体的缺失，但是一对 *RB* 等位基因都发生了突变。
13. 肠上皮细胞所面临的是一个相当恶劣的环境，其中有消化酶和因机体每天摄入的食物不同而变化多样的各种物质。上皮细胞同时又是对周围环境中普遍存在的有害物质和致突变剂的第一道防线。受伤以及病变的细胞由于快速的细胞更新而被及时清除，从而防止其对机体产生有害的后果。如果由于突变的缘故一个上皮细胞开始发生不适时的分裂，那么该细胞及其子代细胞常常会通过常规的办法简单地从绒毛顶端脱离，所以突变虽然常常发生，却极少导致癌变。另一方面，神经元生活在高度受保护的环境中，与外界隔离。它的功能依赖于一个与其他神经元相连接的复杂系统，该系统是在发育过程中建立起来的，而且一旦神经元死亡就很难重建。
14. 转录因子的活性以及合成速度的增加，或者失去正常的调节机制都会引起细胞癌变。例如，Fos 和 Jun 是组成 AP1 转录因子的亮氨酸拉链蛋白。通过截短、缺失及点突变，每种突变体蛋白都能引起癌变。这些突变体失去了蛋白质正常调节所需的结构域。另一类转录因子因为失去激活转录的功能而导致癌变。
15. 该假说是 Harley 于 1990 年提出的关于细胞衰老的假说。人染色体端粒是由 250～1500 个进化上高度保守的 TTAGGG 重复序列组成，是由端粒酶催化合成的。Harley 等发现人体内成纤维细胞的端粒每年约缩短 14～18 bp，而外周血淋巴细胞则每年缩短 33 bp。正常人二倍体成纤维细胞在体外培养时随代数的增加，细胞中的端粒以一定速率缩短，DNA

每复制一次，端粒就缩短一段。人体血细胞与皮肤细胞端粒长度也随增龄而相应缩短。因此，端粒记录着细胞的年龄并预示它死亡的时限。

Harley 认为由于端粒酶的存在，生殖细胞的端粒相当稳定，不会衰老。高度分化的体细胞由于端粒酶活性处于抑制状态，细胞分裂时 DNA 不完全复制而引起端粒 DNA 的少量丢失，不能靠端粒酶补偿，所以随着细胞分裂次数的增加，端粒不断缩短。由于端粒的缩短，靠近染色体两端的基因就有可能随端粒的缩短而缺失，引发染色体畸变，使突变发生。当端粒缩短到一定程度（临界长度）时引发了 Hayflick 极限，细胞不再分裂。这一假说从一个侧面阐明衰老机制和癌变原理。

16. P53 包括一个转录激活结构域，一个识别特异的由 10 个碱基对组成的回文序列的 DNA 结合结构域，一个寡聚体化结构域，和一个结合非特异性损伤 DNA（单链）的 C 端结构域。大部分的致癌突变位于位点特异性 DNA 结合结构域中。

17. 肿瘤细胞的增殖特征是它不受密度依赖性抑制，在增殖时失控，不断增殖形成肿块，而且侵袭破坏周围正常的组织，并可能转移其部位滋生继发性的肿瘤，又可侵袭和破坏植入部位的组织。癌细胞在宿主体内广泛地传播，而宿主缺乏阻止它生长的有效机制。

18. 癌细胞来源于正常细胞，具有某些来源细胞的分化特点，但更多见的是缺少这种特点，甚至完全缺失，表现为去分化。癌细胞的分化与其来源细胞是有联系的，癌细胞保留或继承了其来源细胞的某些特点和规律，在形态结构上具有来源细胞的某些特征。癌细胞分化具有自己的特点，与来源细胞有本质的区别。细胞正常分化是按严格的程序有步骤地进行，在时间与空间程度上都受到机体的严格控制；而癌细胞在增殖时，出现去分化，并转入永久产生低分化、未分化的细胞，肿瘤的恶性程度越大，分化程度越差，同时它还不间断地继续分裂，表现为恶性生长。

19. 细胞的衰老一般指细胞的形态、结构、化学成分和生理功能逐渐衰退的总现象。细胞衰老的主要特征有如下几个方面：①细胞内水分减少，细胞收缩原生质脱水，体积缩小，失去正常形状，代谢速率减慢；②细胞膜衰老变化：膜结构中磷脂含量下降，细胞膜变厚，流动性随年龄增长而下降；③细胞器发生改变：线粒体数目减少，形态异常，体积肿胀，嵴退化，并出现空泡，衰老的细胞内质网逐渐减少，合成下降，高尔基复合体囊泡肿胀，分泌功能、运输功能减退；④脂褐色素的沉积，溶酶体功能低下，不能将摄入的大分子全部分解为可溶性成分，也不能及时地排出；⑤细胞核衰老变化，核膜内陷形成皱壁，染色质呈异固缩，DNA 受到损害，转录活性降低，核质的比例缩小。

20. 细胞内自由基的浓度过高时，常与生物大分子发生反应，破坏了生物大分子的结构，从而伤害了细胞，这些反应包括：

(1) 自由基与核酸分子中的碱基发生加成反应，OH·等加到碱基（胸腺嘧啶 C_6 或 C_5，腺嘌呤 C_8）的双链上，破坏碱基可产生基因突变。

(2) 自由基可加成到膜脂及其他脂类不饱和脂肪酸的双链中，引起脂质过氧化，并可产生新的自由基。如脂质过氧化可使线粒体损伤，导致能量代谢障碍；微粒体损伤，使多聚核糖体解聚，抑制蛋白质合成；溶酶体损伤可使溶酶体膜通透性改变，使机体受到更大损伤。

(3) 自由基常攻击肽链上的脯氨酸残基，引入羰基而生成 α-吡咯烷酮，经水解与其相邻氨基酸断开，造成蛋白质断裂。此外自由基还引起蛋白质交联、蛋白质残基侧链基发生改变、破坏蛋白质高级结构等。

(4) 自由基的氧化损伤涉及到细胞骨架蛋白。如肌动蛋白是构成微丝的主要蛋白质，其 4 个—SH 可成为氧化的对象，肌动蛋白与氧化型谷胱甘肽之间形成二硫键可导致分子表面电荷的改变；在老化的红细胞中也可检测出类似的修饰物，用醌处理的细胞中也发现不同肌动蛋白分子或肌动蛋白与其他蛋白质之间形成二硫键，这种氧化性蛋白质交联引起大分子的聚集。

七、名词释义

1. 又称 Hayflick 极限。动物细胞组织培养，在其达到临界边缘之前，表现出能分裂的次数。Hayflick 利用来自胚胎和成体的成纤维细胞进行体外培养，发现胚胎的成纤维细胞分裂传代 50 次后开始衰退和死亡，相反，来自成年组织的成纤维细胞只能培养 15～30 代就开始死亡。Hayflick 等还发现，动物体细胞在体外可传代的次数与物种的寿命有关，细胞的分裂能力与个体的年龄有关。由于上述规律是 Hayflick 研究和发现的，故称为 Hayflick 界限。
2. 组织或细胞坏死是病理原因造成的被动死亡。坏死细胞的膜通透性增高，细胞肿胀，细胞器变形或肿大，最后细胞破裂。另外坏死的细胞将裂解释放出内含物，通常引起炎症反应。
3. 又称为细胞凋亡（apoptosis）。程序性细胞死亡是指为维持内环境稳定以及机体发育过程中，由基因控制的细胞自主、有序性的死亡，它涉及一系列基因的激活、表达以及调控，因而是具有生理性和选择性的。
4. 衰老是机体在退化时期生理功能下降和紊乱的综合表现，是不可逆的生命过程。细胞衰老是细胞生理与生化反应发生变化的过程，主要表现是细胞对环境变化适应能力和维持细胞内环境恒定能力的降低，导致细胞形态结构和功能上发生一系列的变化。对多细胞生物而言，细胞的衰老与机体的衰老是两个不同的概念，机体的衰老并不等于所有细胞的衰老，但是细胞的衰老又是同机体的衰老紧密相关的。
5. 具有高度活性、通常寿命短暂的分子片段，有一个或多个未配对电子。自由基的种类很多，活性最强的是氧中心自由基，简称氧自由基，包括·O_2（超氧自由基）、·OH（羟自由基）和 H_2O_2。
6. 程序性死亡细胞的核 DNA 在核小体连接处断裂成核小体片段，并向核膜下或中央异染色质区聚集形成浓缩的染色质块。随着染色质不断聚集，核纤层断裂消失，核膜在核孔处断裂形成核碎片。同时在程序性死亡过程中，由于不断脱水，细胞质不断浓缩，细胞体积减小。凋亡细胞的核经核碎裂形成染色质块（核碎片），然后整个细胞通过出芽（budding）、起泡等方式形成一个球形的突起，并在其基部绞断而脱落形成一些大小不等，内含胞质、细胞器及核碎片的小体称为凋亡小体。
7. 抑制细胞程序性死亡的因子称为存活因子，这种因子对死亡起负控制作用，如秀丽新小杆线虫中的 Ced-9 蛋白能够抑制 Ced-3 蛋白诱导的细胞程序性死亡，因此是一种存活因子。
8. 在体内和体外实验中杀死肿瘤，或抑制组织癌变的因子。人的 TNF 有两种类型，一种是 TNFα，是一种由 157 个氨基酸组成的蛋白质，通常将它视为细胞因子；另一种是 $TNF_β$（称为淋巴毒素），与 TNFα 有 35%的同源。这两种类型的 TNF 与相同的受体结合。$TNF_β$

是由 T 细胞和 B 细胞产生的。

9. *RB* 基因即成视网膜细胞瘤基因，为视网膜母细胞瘤易感基因，是世界上第一个被克隆和完成全序列测定的抑癌基因。*RB* 基因转录产物约 4.7 kb，表达产物为 928 个氨基酸组成的蛋白质，称为 P105-Rb。RB 蛋白分布于核内，是一类 DNA 结合蛋白。RB 蛋白的磷酸化/去磷酸化是其调节细胞生长分化的主要形式，在细胞周期的 G_0、G_1 期，表现为去磷酸化，在 G_2、S、M 期则处于磷酸化状态。

10. 一种发现于黏着斑的激酶，可能参与调节黏着以及延展的过程。

11. 储藏谷物或霉变花生中由黄曲霉或其他霉菌产生的毒素，对肝细胞有毒害作用并可能致癌。

12. 人体抑癌基因，该基因编码一种分子质量为 53 kDa 的蛋白质，命名为 P53。*P53* 基因的失活对肿瘤形成起重要作用。P53 蛋白主要集中于核仁区，能与 DNA 特异结合，其活性受磷酸化调控。正常 P53 的生物功能好似"基因组卫士"，在 G_1 期检查 DNA 损伤点，监视基因组的完整性。如有损伤，P53 蛋白阻止 DNA 的复制，以提供足够的时间使损伤 DNA 修复；如果修复失败，P53 蛋白则引发细胞凋亡；如果 *P53* 基因的两个拷贝都发生了突变，将对细胞的增殖失去控制，导致细胞发生癌变。

13. caspase 是一类蛋白酶家族，成员较多，在人类，已经鉴定了 10 种不同的 caspase。各种 caspase 都富含半胱氨酸，被激活后，能够在靶蛋白的特异天冬氨酸残基部位进行切割。在正常的细胞内，每一种 caspase 都是以非活性状态存在的，这种非活性的 caspase 称作酶原（zymogen），是酶的非活性前体，其肽链比有活性时长一些，将多出的部分切除，就转变成有活性的 caspase。有两类 caspase，一类是起始者（initiator），另一类是执行者（executioner），起始 caspase 在外来蛋白信号的作用下被切割激活，激活的起始 caspase 对执行者 caspase 进行切割并使之激活，被激活的执行者 caspase 通过对 caspase 靶蛋白的水解，导致程序性细胞死亡。

14. 编码的蛋白质直接或间接抑制细胞周期进程的基因，该基因发生的功能丢失突变是致癌的。许多肿瘤抑制基因（如 *RB*，*APC*，*BRCA1*）的单个突变体等位的遗传能大大提高形成某种类型肿瘤的危险性。抑癌基因又称肿瘤抑制基因，是细胞的制动器（brake），它们编码的蛋白质抑制细胞生长，并阻止细胞癌变。在正常的二倍体细胞中，每一种抑癌基因都有两个拷贝，只有当两个拷贝都丢失了或两个拷贝都失活了才会使细胞失去增殖的控制，只要有一个拷贝是正常的，就能够正常调节细胞的周期。从此意义上说，抑癌基因的突变是功能丧失性突变。

15. 这类基因编码的产物可促进细胞生长失控并且使细胞转化为恶性状态。癌基因的来源分为两类，一类是细胞癌基因（cellular oncogene，c-*onc*），由细胞原癌基因突变而来；另一类是病毒癌基因（viral oncogene，v-*onc*）。已鉴定的约 100 多种不同的癌基因中大多数属于 RNA 肿瘤病毒的癌基因。推测病毒癌基因起源于细胞的原癌基因，反转录 RNA 病毒感染宿主细胞后将病毒 RNA 反转录为双链 DNA，整合于宿主染色体原癌基因旁侧。在病毒成熟前，病毒 DNA 转录为 RNA，将原癌基因一起转录，后经过突变，原癌基因突变成癌基因，成为病毒 RNA 的一部分被包装进入病毒的蛋白质外壳内。

主要参考文献

Alberts B, Bray D, Johnson J *et al*. 1998. Essential Cell Biology, An Introduction to the Molecular Biology of the Cell. New York & London: Garland Publishing, Inc

Becker W M, Kleinsmith L J, Hardin J. 2000. Solutions Manual, The World of the Cell, 4^{th}ed, San Francisco: The Benjamin/Cummings Publishing Company

Kleinsmith L J, Kish V M. 1995. Principles of Cell and Molecular Biology. 2^{nd}ed. New York: Harper Collins College Publishers

Klotz M G, Siliciano P G. 1998. A Student Companion and Workbook for Genes Ⅵ

Lodish H, Berk A, Zipursky S L *et al*. 1999. Molecular Cell Biology. 4th ed. New York: W. H. Freeman and Company

Pruitt N L. 1996. Problems Book and Study Guide, Cell and Molecular Biology: Concepts and Experiments. 2^{nd}ed. New York: John & Wiley Sons, Inc